ARCHICAD 21

ではじめる

BIM設計入門

［企画設計編］

鈴木裕二・新貴美子・亀岡雅紀 著

X-Knowledge

JN171736

本書について

本書はパソコンと2次元CADの基本操作ができる方を対象としています。パソコンやOSの基本操作は、市販の解説書などを利用して習得してください。本書の内容はARCHICAD 21 Windows版で執筆されています。ARCHICADをお持ちでない方は、グラフィソフトジャパンのホームページから体験版をダウンロードしてください（P.8）。なお、本書発刊後にソフトがバージョンアップされることがありますが、執筆バージョン以外の動作については保証いたしかねます。

ARCHICAD 21について

ARCHICAD 21はGRAPHISOFT社が開発・販売する建築3次元CADです。BIM（Building Information Modeling）のプラットフォームとして、多くのゼネコンや組織設計事務所などで採用されています。

価格：本体価格720,000円（税抜）

開発／販売元：グラフィソフトジャパン株式会社　　http://www.graphisoft.co.jp/

■ 動作環境

	Windows	Mac
OS	Windows 8.1（64-bit）、Windows 10（64-bit）	Mac OS X 10.11 El Capitan、macOS X 10.12 Sierra
	● Java 8以降が必要です。 ● Windows 7（64-bit）、Windows 8（64-bit）、Mac OS X 10.10 Yosemiteは互換性がありますが、GRAPHISOFTによる検証はされていません。 ● Windows Vista以前、およびMac OS X 10.9 Mavericks以前のシステムとは互換性がありません（ARCHICADをインストールできません）。	
CPU	64-bitプロセッサ必須。4コア以上必須	
RAM	16GB以上を推奨。複雑なモデルには32GB RAM以上推奨	
ハードドライブ	SSD（またはFusion Drive）へのインストール推奨。インストールには5GB以上の空き容量が必須。プロジェクトごとに10GBの空き容量必須	
ディスプレイ	1440x900 以上を推奨	
ビデオカード	OpenGL 2.1対応のグラフィックカード。複雑なモデルの操作には1024MB以上のRAMを推奨	

※ Windows は米国 Microsoft Corporation の登録商標、Mac は米国 Apple.Inc の登録商標です。その他、本書に記載されたすべての製品名、会社名などは、一般に各社の商標または登録商標です。

はじめに

この本の初版発行日が2015年2月だ。まだ3年は経っていないが、当時のARCHICADはバージョン18を使い、この本ではARCHICAD 21を使っている。

その間に、ARCHICADはユーザーインターフェースが一新され、新機能もたくさん追加された。前著の改版となる本書では、図版はすべて取りなおし、追加された新機能はできるだけ取り上げて解説するようにした。

テーマとした建物モデルのデザインはそのままだが、新機能の階段ツールや手摺ツールを使ったモデリングの操作方法を取り上げ、さらに便利になった［お気に入り］や［表現の上書き］を使った設定で解説している。

本ではなかなか説明しにくい操作、たとえば「マウスを右に動かすと青色水平線のスナップガイドが表示される」というような、新しいインターフェースは図も使ってわかりやすく解説したつもりだ。ARCHICAD 21のますます進化した機能を実感してほしい。

1章と2章は鈴木が、3章は亀岡が、4章と5章は新が担当した。

ゼネコン、大手設計事務所ではBIMを使うのがあたりまえになってきたが、町の工務店や個人の設計事務所ではまだまだ手が届かないところも多いようだ。それもここ数年で一気に風向きが変わってBIMユーザーが増えるのではと予感している。

そんな初心者ユーザーが最初に手に取る入門書として、この『ARCHICAD 21ではじめるBIM設計入門［企画設計編］』がきっと役に立つと思う。すでにARCHICADを使っていて、より使いこなしたいと思っているユーザーにも、なるほどと感じてもらえるテクニックをできるだけ紹介した。

今回も、グラフィソフトのみなさん、エクスナレッジ編集担当の杉山さんに助けていただいた。あらためて感謝の意を表したい。

2017年11月

鈴木 裕二

新 貴美子

亀岡 雅紀

目 次

3 ● 1Fモデルを作成 ··· 081

● デザイン KINDS ART ASSOCIATES　● 編集・DTP トップスタジオ

ARCHICAD 21 体験版のインストール

グラフィソフトジャパンのWebサイト「MyArchiCAD.com」からARCHICAD 21体験版をダウンロードし、インストールする方法を説明します。体験版の利用にはグラフィソフトアカウントが必要です。グラフィソフトアカウントをお持ちでない方は、アカウント登録を済ませてからダウンロードしてください。なお、体験版の動作環境は製品版と同じです（P.2）。

※体験版の使用期限はダウンロードから30日間です。また、体験版インストール時の不具合については、著者、当社ならびに開発元では質問を受け付けておりません。

※以下は2017年10月現在のインストール方法です。体験版のバージョンアップやダウンロードページの仕様変更などがおこなわれた場合、下記内容との違いについては著者、当社ならびに開発元ではお答えできません。

01 | 体験版をダウンロードする

01 グラフィソフトジャパンのWebサイト「MyArchiCAD.com」（https://myarchicad.com/）を開き、アカウント登録したメールアドレスとパスワードを入力して[ログイン]ボタンをクリック。

※新規でアカウント登録する場合は、「プロフェッショナル」の[登録＆ダウンロード]ボタンから登録できます。

02 ログインページが開く。「ARCHICAD 21 Japanese（日本語）」の「ダウンロード」をクリック。

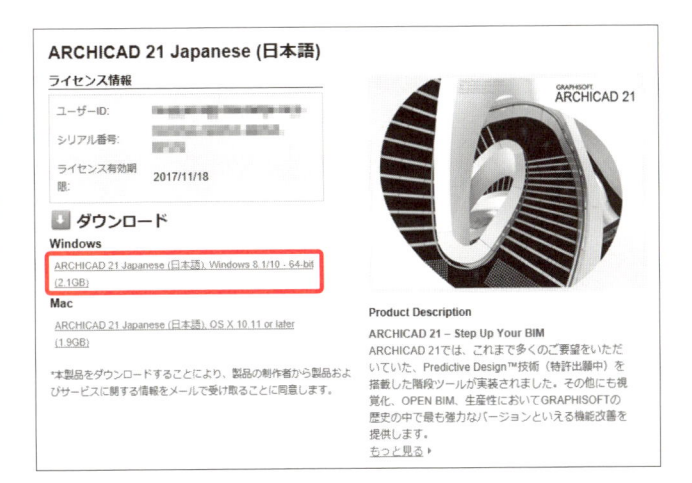

03 「ARCHICAD 21 Japanese（日本語）」のページが開く。WindowsまたはMacのリンクをクリック（ここではWindows）。
※表示されている「シリアル番号」は起動時に必要です。メモをとるか、画面を保存して番号を控えておきましょう。

04 インストールファイルの実行／保存メッセージが表示される。[実行]ボタンをクリックして、ダウンロードを開始する。
※「ユーザーアカウント制御」メッセージが表示されたら[はい]をクリックしてください。

05 ダウンロードが完了すると「ARCHICAD 21インストールパッケージ」が表示される。[展開]ボタンをクリック。

02 体験版をインストールする

01 インストーラの展開が終わると、「ARCHICAD 21インストールウィザード」が開く。[次へ]ボタンをクリック。

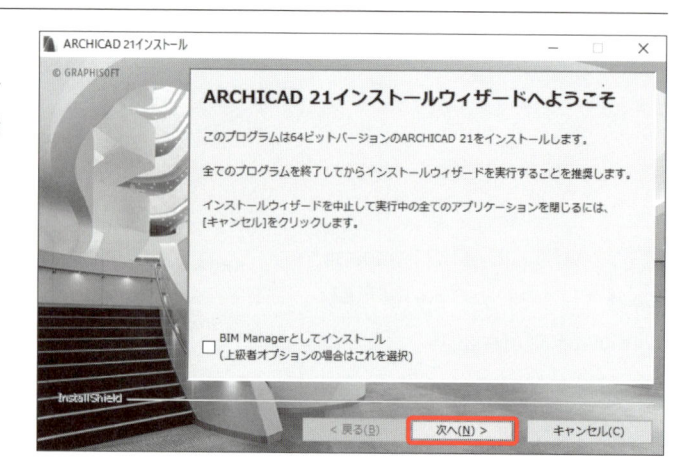

02 使用条件を読み、「同意します」を選択して[次へ]ボタンをクリック。

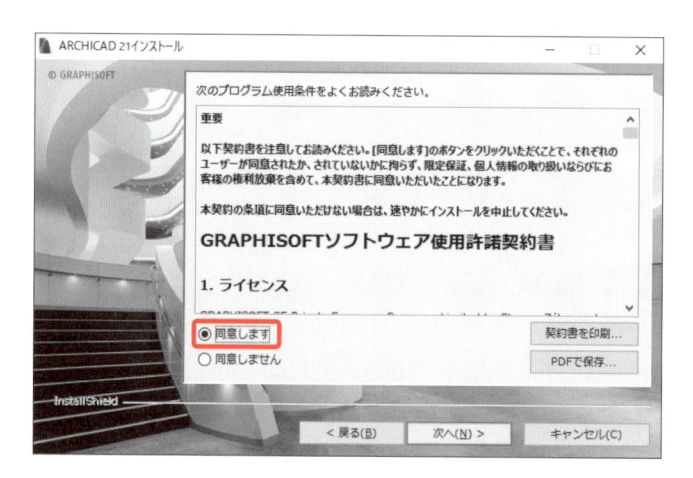

03 インストールされる「フォルダ」を確認し、[次へ]ボタンをクリック。

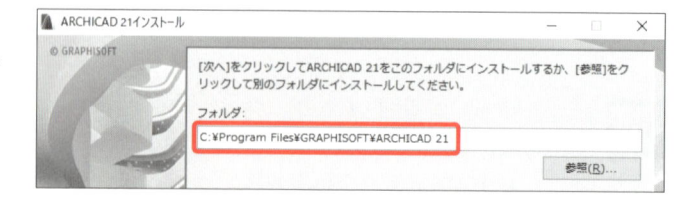

04 「標準」が選択されていることを確認し、[次へ]ボタンをクリック。

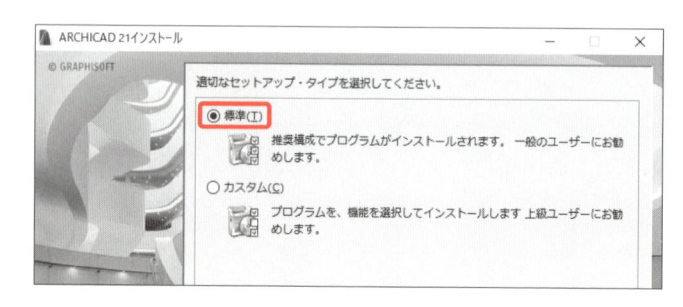

05 要約情報を確認し、[インストール]ボタンをクリックすると、インストールが開始される。

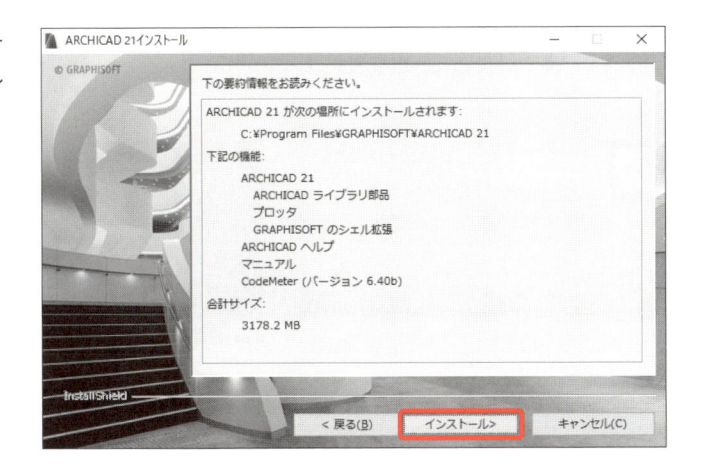

06 インストールされるとオプションの選択画面が開く。チェックを確認して[次へ]ボタンをクリック。

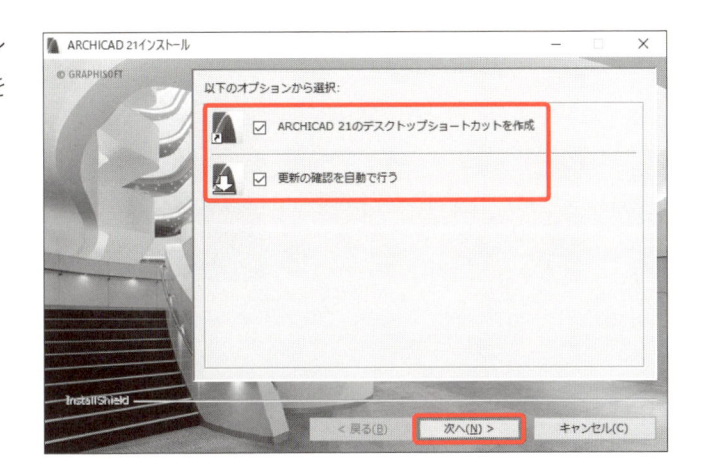

07 再起動を促す画面が開く。ここでは「はい」を選択して[次へ]ボタンをクリックすると終了画面になる。[終了]ボタンをクリック。

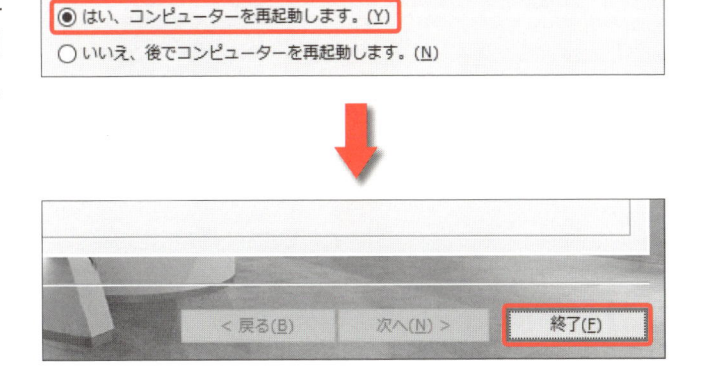

03 | 体験版を起動する

01 デスクトップに作成されたショートカットをダブルクリックする。

02 ライセンスの選択画面が表示される。「体験版ライセンス」を選択して[次へ]ボタンをクリック。

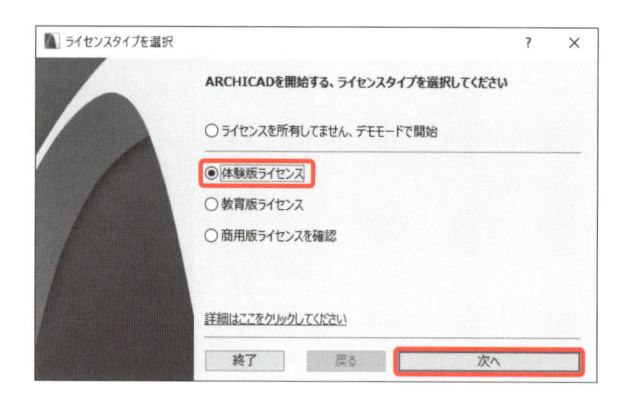

03 「ユーザーID」（メールアドレス）と「体験版シリアル番号」を入力して[ARCHICADを再起動]ボタンをクリック。
※ここで控えたシリアル番号を入力します。

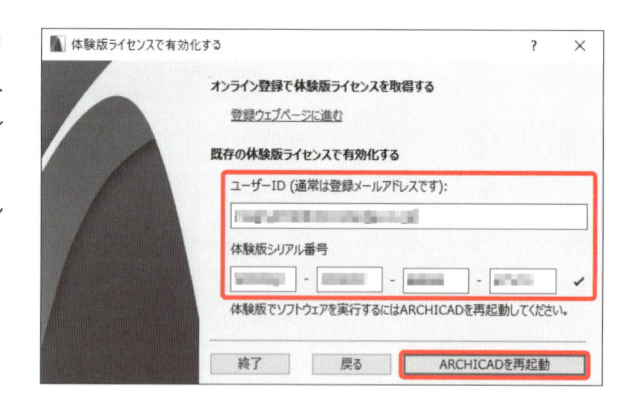

04 使用可能日数が表示される。[体験版で起動]ボタンをクリックして開始する。

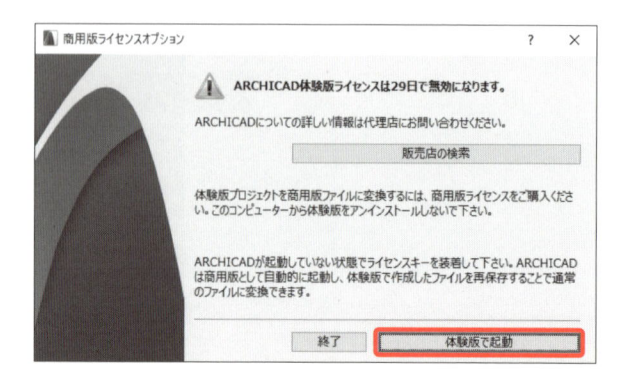

ダウンロード付録について

本書の操作練習で使用するファイルやARCHICAD BIMガイドラインの参考用ファイルは、以下のエクスナレッジサポートページからダウンロードできます。下記ページの記載事項を必ずお読みになり、ご了承いただいたうえで付録データをダウンロードしてください。

http://xknowledge-books.jp/support/9784767824123

ダウンロード

●本データは、ZIP形式で圧縮されています。ダウンロード後は解凍（展開）して、デスクトップなどわかりやすい場所に移動してご使用ください。ZIP形式ファイルの解凍（展開）方法は、ご使用のWindowsなどOSのヘルプやマニュアルを読んでご確認ください。

●練習用ファイルは、ARCHICAD 21バージョンに対応しています。それ以前のバージョンでは開けません。

●以下のリンクをクリックするとダウンロードが開始されます。ダウンロードデータの保存方法、保存先などはご使用のWebブラウザの種類やバージョンによって異なります。ご使用のWebブラウザのヘルプやマニュアルを読んでご確認ください。

■ ARCHICAD BIMガイドライン企画設計編
  ▶ archicadbimguideline_kikaku.zip [126.17MB]

■ 本書操作練習データ
  ▶ archicad21kikaku_lesson.zip [155.76MB]

「ダウンロード」にあるリンクをクリック

● ARCHICAD BIM ガイドライン企画設計編

ZIPファイルを解凍（展開）すると、「ARCHICAD BIMガイドライン企画設計編」フォルダーが表示されます。このフォルダー内のファイルは、グラフィソフトジャパンのホームページ（http://www.graphisoft.co.jp/download/BIMguideline/）からダウンロードできる「ARCHICAD BIMガイドライン企画設計編」と同じものです。参考として提供しているため、本書では使用しません。対応バージョンはARCHICAD 21です。

● 本書操作練習データ

ZIPファイルを解凍（展開）すると、「LOD」フォルダーと「練習用ファイル」フォルダーが表示されます。「LOD」フォルダーには付録の章に掲載したLODの資料（PDF）とモデル要素テーブルの白紙のファイル（Excel）が、「練習用ファイル」フォルダーには操作練習で使用するファイルと各節の完成ファイルがあります。対応バージョンはARCHICAD 21です。操作練習で使用するファイルは、実際の「ARCHICAD BIMガイドライン企画設計編」の完成ファイルとは違う部分があります。

ファイルの開き方

「ARCHICAD 21を起動」ダイアログボックスで
［プロジェクトを開く］と［単独プロジェクトを参
照］を選択して、［参照］ボタンをクリックします。
［ファイルを選択］ダイアログボックスが開いた
ら、ダウンロード付録のデータをコピーしたフォ
ルダーから、開きたいファイルを選択して［開く］
ボタンをクリックします。起動後にファイルを開く
場合は、［ファイル］メニューの［開く］か、［標準］
ツールバーの［開く］ボタンから操作します。

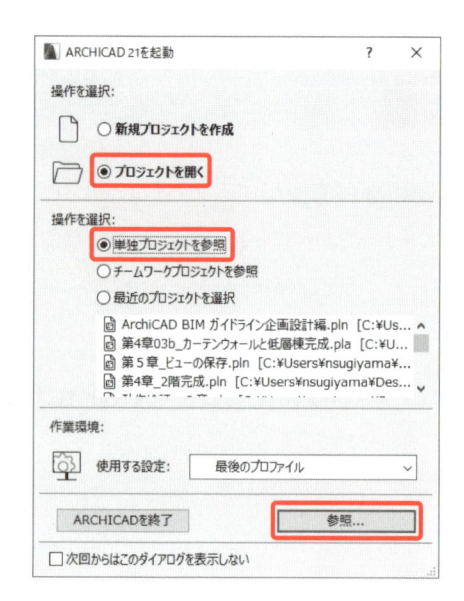

注意画面の対処方法

付録のファイルを開く時に注意画面が表示されたら、以下の方法に従ってください。

●「エラー！ ARCHICAD は体験版で実行中です。」

付録のファイルを体験版で開くと表示されます。［体
験版に変換］ボタンをクリックしてください。上書き
保存すると次回からそのファイルを開いても表示さ
れなくなります。

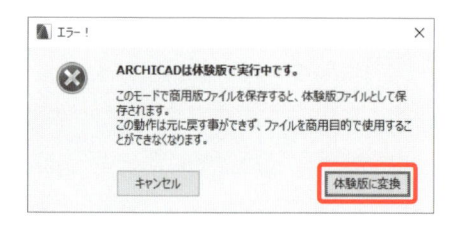

> **詳細**
> 上記の画面は製品版では表示されません。体験版で保存したファイルは製品版では開けなくな
> ります。また、保存したコンピュータでしか開けません。

●「警告！一部のホットリンクモジュールのソースが欠落」

低層棟が含まれたファイルを開くと表示されます。操
作練習ではデータソースを更新しないため、［OK］ボ
タンをクリックしてください。

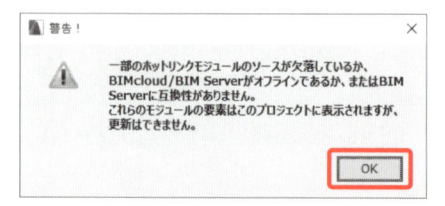

● 「アーカイブプロジェクトを開く」

[要素をアーカイブから直接読み込み]を選択し、[開く]ボタンをクリックします。

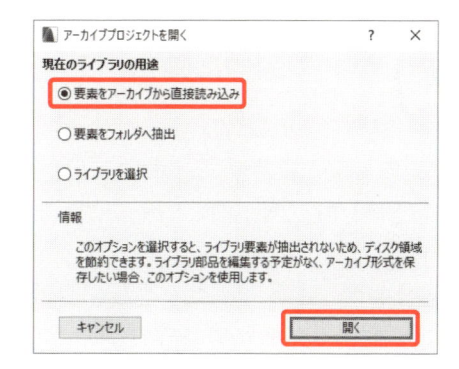

● 「図面を更新」

[全て無視]ボタンをクリックします。

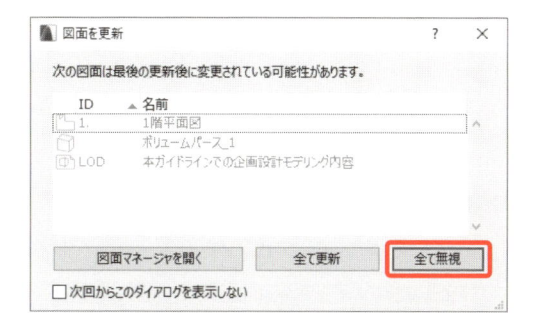

● 「移行アシスタント」

旧バージョンのデータを開くと表示されます。[ライブラリ移行をスキップ]ボタンをクリックすればライブラリ移行を省略します。[ARCHICADライブラリを移行]ボタンをクリックすると、データが新バージョンのライブラリに割り当てられます。どちらを選択していただいてもかまいません。

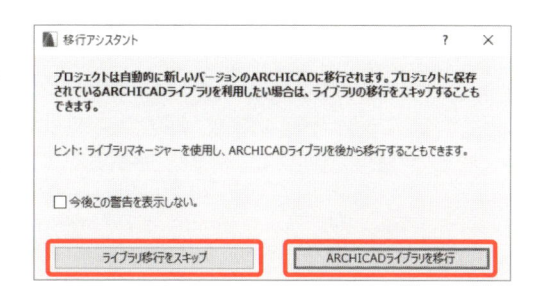

● 「ライブラリロードレポート」

右上の閉じるボタンをクリックしてダイアログボックスを閉じます。続けて、「ライブラリマネージャー」ダイアログボックスが表示された場合は、何も選択せずに[OK]ボタンをクリックします。

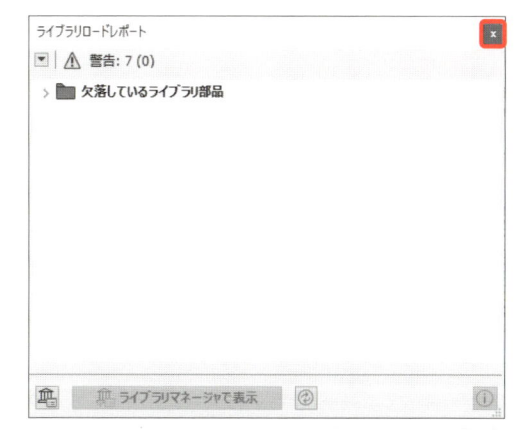

詳細 Macで開いた練習用ファイルが文字化けしていた場合

　　練習用ファイルはWindowsで作成されています。Windowsに用意されているフォントを使用しているため、Macで練習用ファイルを開くと文字化けすることがあります。その場合はMacで読めるフォントに置き換えてください。

●文字・寸法

ツールボックス（P.40）から A［テキストツール］（寸法は ⊷［線形寸法ツール］）をクリックし、［編集］メニューから［テキスト（寸法）を全て選択］を選択、要素がすべて選択されたら情報ボックス（P.41）のフォントタイプをMacで読めるフォントに変更してください。

●室名

ARCHICADの室名は［ゾーンツール］で制御されています。［ゾーンツール］をクリックして［編集］メニューから［ゾーンを全て選択］を選択、要素がすべて選択されたら情報ボックス（P.41）の［設定ダイアログ］ボタンをクリックし、設定ダイアログボックスで［ゾーンスタンプ］パネルのフォントタイプをMacで読めるフォントに変更してください。

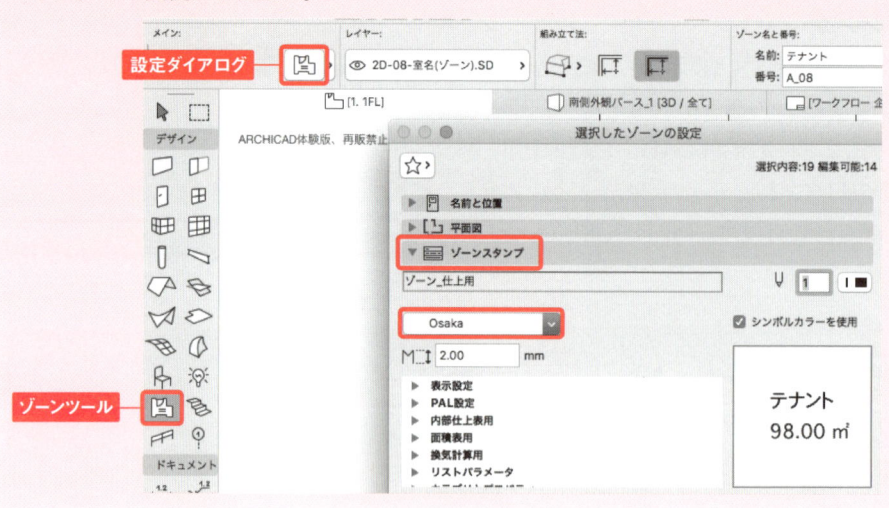

chapter 1

BIM でできること

BIMで何ができるかがわかれば、
BIMとは何かを理解したことになるだろう。
そう考えて第1章では「BIMでできること」を解説する。
本書で想定している読者は、現在2次元CADを使っていて、
BIMに移行しようとしている設計者やCADマネージャだ。
CADとBIMとの違い、BIMでできること、
BIMならではの仕事の流れを解説する。
「BIMを使えば仕事がはかどりそうだ」と
思ってもらえることがこの章の目的だ。

01 CAD と BIM ここが違う

CADと言っても2次元データのみを扱うJw_cadのようなCADもあれば、AutoCADのように3次元データを扱え、レンダリングなどでBIMアプリケーション以上の性能を持つCADもある。それでも一般には、AutoCADはBIMアプリケーションとは呼ばれない。CADとBIMでは何が違うのだろうか? また、同じ電子データを扱うCADでは変わらなかったのに、BIMを導入すれば設計の方法、設計から施工、維持管理までの流れが劇的に変わる。なぜだろう?

1 > BIMはインフォメーションが大事

BIMは「Building Information Modeling(ビルディング インフォメーション モデリング)」の略称で、次のような意味だ。

Building:　　　ビルディング(建物)
Information:　　インフォメーション(情報)
Modeling:　　　モデリング(カタチづくり)

3次元の建築モデルを作成し、コストや仕上げ、内部の構造、管理情報などの属性データを与えると、BIMになる。3次元の建物をつくるだけではBIMとは言えない。AutoCADで3次元モデルをつくっても、建築要素としての情報が含まれていないので、それはBIMではない。
BIMではI(アイ)のインフォメーション(情報)が最も大事だ。

図1　情報の詰まった建物モデルを形づくる

Tips　BIMじゃない

筆者の属している設計事務所BIM LABOでモデルや図面を作成するときに、たとえば窓を[窓ツール]以外の方法でつくって窓らしく見せることもある。しかたなくそうしたのだが、そのようなモデルや図面は「BIMじゃない」と仲間内から批判される。

またあるときに、階段を作成して、その平面図で階段幅の寸法が1199と表示された。モデルの修正がめんどうになって、寸法値のみを「1200」と書き込み寸法にした。すると「BIMじゃない」と批判される。モデルが持っている情報を正しく表現していないので「BIMじゃない」のだ。

BIMアプリケーションの操作に習熟した設計者が増えてきたことと、BIMアプリケーションの機能改善も行われたこともあいまって、「BIMじゃない」モデルや図面はかなり減ってきた。BIMアプリケーションを上手に使いこなすコツは「BIMじゃない」ことを1つでも減らすことにある。

2 ＞ モデルがまわるBIM

CADではなくBIMでは作成されたモデルがまわる。まわると言ってもグルグルと回転して表示されるという意味ではない。意匠設計－構造設計－設備設計－施工－維持管理という建物のライフサイクルで、作成されたモデルが使いまわされる。

そのモデルを使う関係者も、設計者だけでない。施工会社、ビルの管理会社、ビルのオーナーと多岐にわたる。

図2　図面が中心でなくモデルを中心に

CAD図面ではこうはいかない。設計モデルと図面は別のものだ。意匠設計者、構造設計者、設備設計者はそれぞれの必要性に応じた違う図面を使うのがあたりまえだし、施工図という施工用の図面も作成される。ビルの維持管理用の図面はデータベースと組み合わせて使われる。施工用の専門図面を施主が読みこなせるとは限らない、通訳をする専門家が必要になる。関係者の意思疎通に時間がかかる。

もちろんBIMだからと言って、これらさまざまな用途にたった1つのモデルで対応できるわけではない。設計が進むにつれてモデルの精度が上がり、建築要素に与えられる情報も豊かになってくる。コンピュータ内のモデルを中心に仕事を進めようという点では関係者の意思は一致している。設計のモデルと施工のモデルはそれぞれ独立していていいというワークフローもある。

本書で取り上げている「ARCHICAD BIMガイドライン」では、日本の業界の現状に合わせて企画－基本－実施というそれぞれの設計段階で、あえて異なるモデルを使っている。もちろんそれぞれの段階でまったくの白紙からモデルをつくっているわけではなく、現在のモデルから次のモデルに発展させる方法を採用して提案している。このような段階に応じてモデルを作成し、発展させる手法をとるために「LOD」という概念を採用している(LODについては付録「モデル要素テーブル」と「要素ごとのLOD」で紹介する)。

CADは図面が中心で、BIMはモデルが中心だ。そのBIMモデルが必要に応じて形を変えながら建物ライフサイクルを通じて設計から建物が解体されるまで使われるのが理想だ。

図3　企画－基本－実施の3つの設計モデル

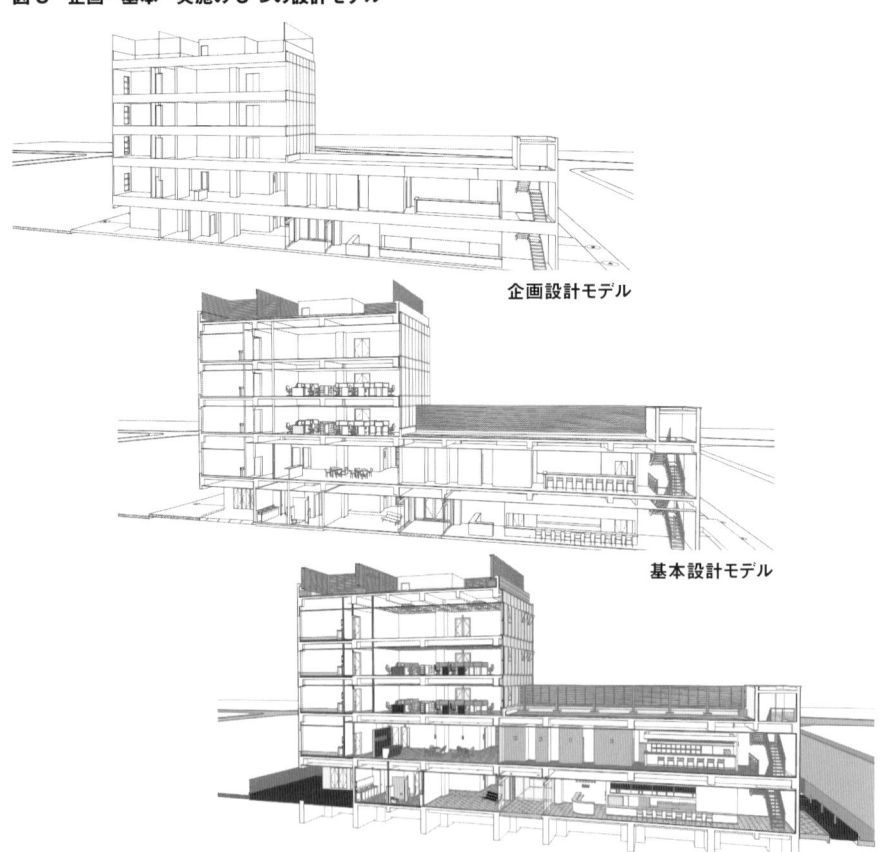

企画設計モデル

基本設計モデル

実施設計モデル

3 BIMなら仕事の流れが変わる

手書きからCADの図面が主流になっても使われるのは紙の図面だった。だから大きな仕事の流れが変わることはなかった。宅配便で送っていた紙の図面をデータとしてメールで送れるようになったという点では、ずいぶんスピードアップに貢献はしたが、メールを受け取ったほうは図面を印刷して見ている。BIMアプリケーションを使っていても、単なる図面作成のツールとして使っているだけの設計事務所もある。これは「BIMじゃない」CADだ。

BIMは少し違う。設計モデルがつくられると、設計のかなり早い段階で詳細なおさまりのチェックができる。施主や意匠、構造、設備の設計者が集まってモデルを検討することができる。顔を合わせて1つの場所で検討することもできるし、違う場所にいながらネットワークを介して1つのモデルを検討することもできる。

ある敷地に対していくつかの設計モデルを詳細に検討して、最適な設計案を選ぶことができる。

図4 設計の早い段階で関係者がモデルを検討

設計の早い段階から細かな検討をすることは「フロントローディング」と呼ばれる。「フロントローディング」によって、施工が始まってから設計変更が起きてコストアップになるという事態を防ぐことができる。コストアップ要因を排除することで、設計と施工を合わせたコストを下げることができる。

設計の早い段階から細かな検討を求められることで、新たな問題も出てきた。設計のコスト、フィーだ。「そんなことまで設計・検討する設計料をもらっていない」という声を設計者から聞くことがある。設計－施工のワークフロー変化についていけていない現状は改善が必要だろう。

CADからBIMへの流れは、単なる設計ツールの移行ではなく、設計－施工の流れを大きく変える意味を持っている。設計者も図面を作成しておしまいということでは済まない。幅広い知識を持って施工から維持管理、そしてその建築物の解体までを見通してかかわることが求められている。

4 > BIMアプリケーションの種類

代表的なBIMアプリケーションには次のようなものがある(五十音順)。

表　代表的な BIM アプリケーション

製品名	参考価格(税別)	会社名	製品URL
ARCHICAD	295,000円(Solo)〜720,000円	グラフィソフトジャパン株式会社	http://www.graphisoft.co.jp/
GLOOBE	レンタルパック144,000円/年〜	福井コンピュータアーキテクト株式会社	http://archi.fukuicompu.co.jp/
Revit	サブスクリプション66,000円/年(LT)〜305,000円/年	オートデスク株式会社	http://www.autodesk.co.jp/
VECTORWORKS	Fundamentals305,000円〜	エーアンドエー株式会社	http://www.aanda.co.jp/

※参考価格はホームページもしくはプレスリリース記載の2017年9月現在の価格(税抜)

02 BIM で できること 11

BIMを使ってできることをリストアップする。まだちょっと難しくてできていないことも、できることとして挙げた。また少し重複するところもある。まだBIMを導入していない読者は、この「できること」を読んで、BIMはこんなことができるのだと驚き、あせってほしい。

1 ミスの少ない図面を早く作成できる

BIMといえども図面は必要だ。現場でノートパソコンやタブレットで3次元モデルを見ながら施工することは、まだあまり一般的ではない。また、建築確認や開発の申請などにも、今のところ紙の図面が必須である。

この紙の図面を正しく作成できるかが、設計者の能力の1つと言われてきた。CADでは、平面図、立面図、断面図の間で建具などの位置や大きさが違っていないかのチェックが必要だった。特に設計変更があったときが危険で、平面図だけを変更し、関連する立面図、断面図で変更を忘れるというようなことがよく起きた。

これはBIMならありえない。1つの建物モデルから図面を作成するので、その建物モデルから作成されるすべての図面に矛盾はない。変更をし忘れて平面図、立面図、断面図の間に矛盾が生じることはありえない。BIMではさらに意匠、構造、設備で1つのモデルを使うこともできる。確認申請時に「開口部の寸法が意匠図と構造図で不整合」などという指摘を受けることはない。正確で早く図面を製造する装置としてのBIMだ。

図面に寸法や文字を書き込んでいる場合は、それらがモデルの変更に追随しないミスもある。たとえば「ゾーン」を使わずに文字として部屋名を記入したり、壁間の寸法を記入したりした場合だ。部屋名の変更、壁位置の変更に図面がついてこなくなってしまう。書き込みで図面を仕上げずに、できる限りBIMアプリケーションの機能を使って図面を作成することが、まちがいのない図面を作成するコツでもある。

図1　1つのモデルから平面図、立面図、断面図を作成する

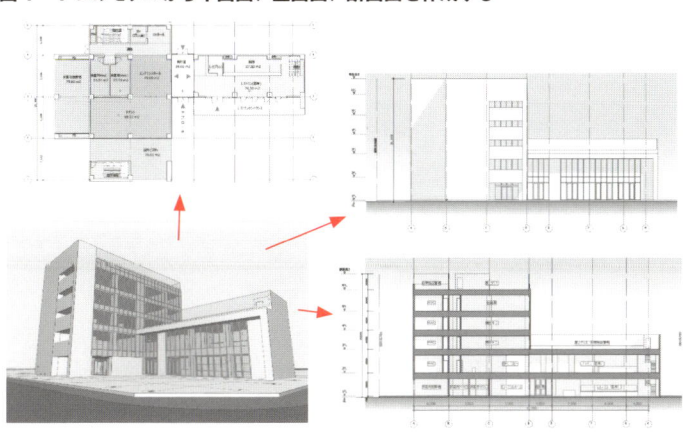

2 ＞ 自動で大量の図面を作成できる

たくさんの図面を管理して、必要に応じて出力、送信することも大事だ。たとえばグラフィソフトジャパンのホームページからダウンロードできる「ARCHICAD BIMガイドライン」の実施設計編では、図2に示すように、一般図9枚、詳細図13枚（表紙除く）、構造図13枚の計35枚の図面を1つのプロジェクト内の[レイアウトブック]に保存している。本書P.271に掲載している企画設計段階の図面でも表紙を含めて14枚を[レイアウトブック]に保存している。

実務ではこれ以外に、設備図、各行政提出用の図面や住民説明用の図面、打ち合わせ用の図面、専門工事会社に渡す図面を管理しないといけない。またDWGやDXF、PDFで受け取った図面やカタログも管理しなければいけない。

BIMでは、これらをBIMアプリケーションの中ですべて管理できる。必要に応じて選択して印刷することもできる。BIMアプリケーションは図面の管理ツールとしても使うことができるのだ。

図2　ARCHICAD の［レイアウトブック］で表示された図面の一覧

3 ＞ 正確な積算ができる

正確で透明なコスト管理をおこなうことは、建物の総コストを下げるという意味でも重要だ。いわゆる「ド
ンブリ勘定」ではコストを管理することができない。

図3は建具表だ。建具表というのはこの建物で使われているドアや窓すべてのリストだ。この建具表で
「SD301」というドアを選択し[平面図で選択]ボタンをクリックすると、この建具が平面図のどこで使
われているかを瞬時に表示させることができる。同じように[3Dで選択]ボタンで3Dでこのドアの使われ
ている場所を表示できる。またこのドアの[選択したドアの設定]ダイアログボックスでは、このドアのメー
カーや価格をパラメータとして登録することもできる。建具表以外に建具の「積算書」というコスト管理
シートを用意しておくことも簡単にできる。

このことが意味するのは、設計者が設計作業を進めながら常にコストを見ておくことができるということ
だ。予算の範囲内に収めるために、図面から積算作業を別におこなわなくても、設計者自身が常に概算
の価格をつかみながら設計することができる。

図3　建具表でドアを選択

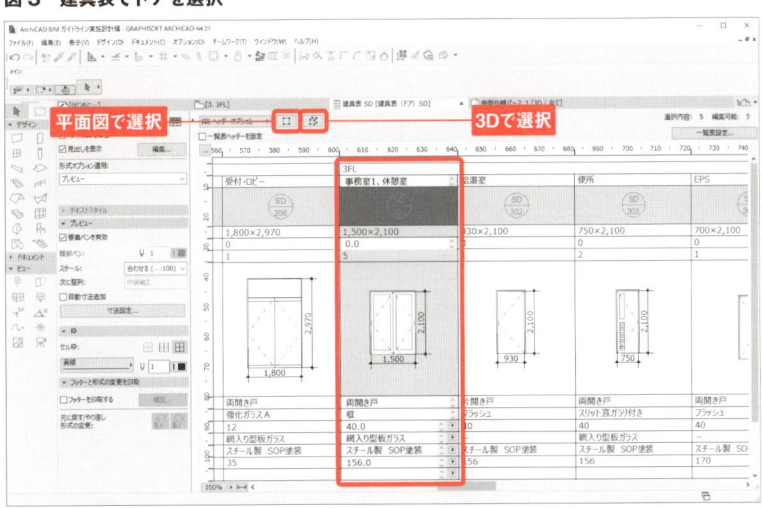

図4　選択したドアが平面図で表示される

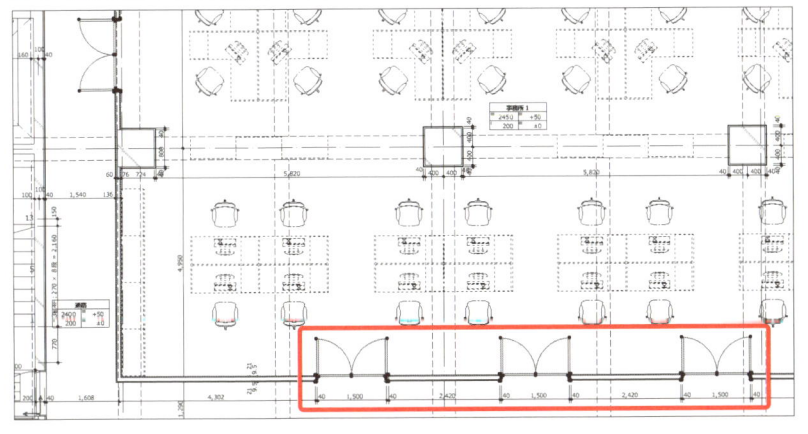

025

図 5　[選択したドアの設定] ダイアログボックス

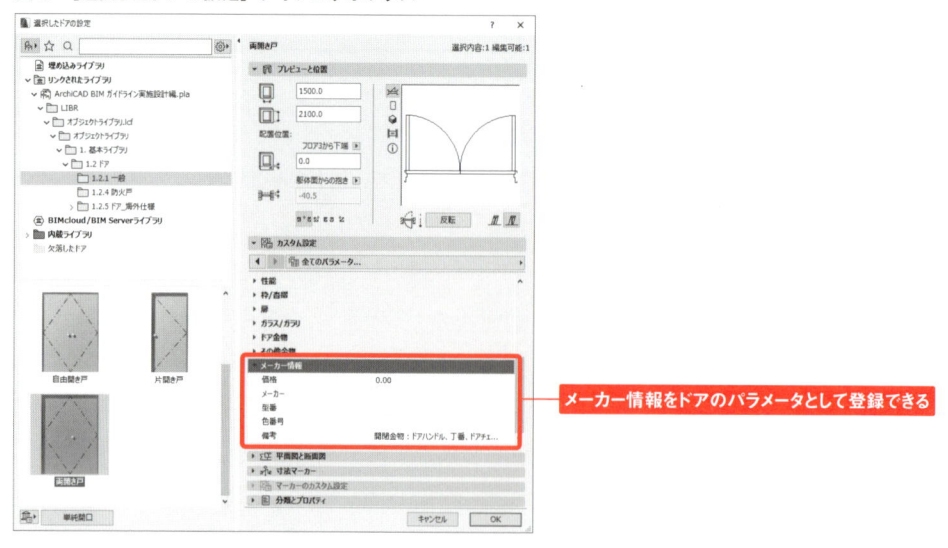

メーカー情報をドアのパラメータとして登録できる

また積算アプリケーションと組み合わせて、官公庁で使われるような形式の正式積算書を作成することも可能だ。図6はNCS/HELIOSヘリオス（株式会社日積サーベイ）というARCHICADで動くBIM対応の数量積算アプリケーションを使っている例だ。

図 6　NCS/HELIOS によって ARCHICAD からつくられた積算書

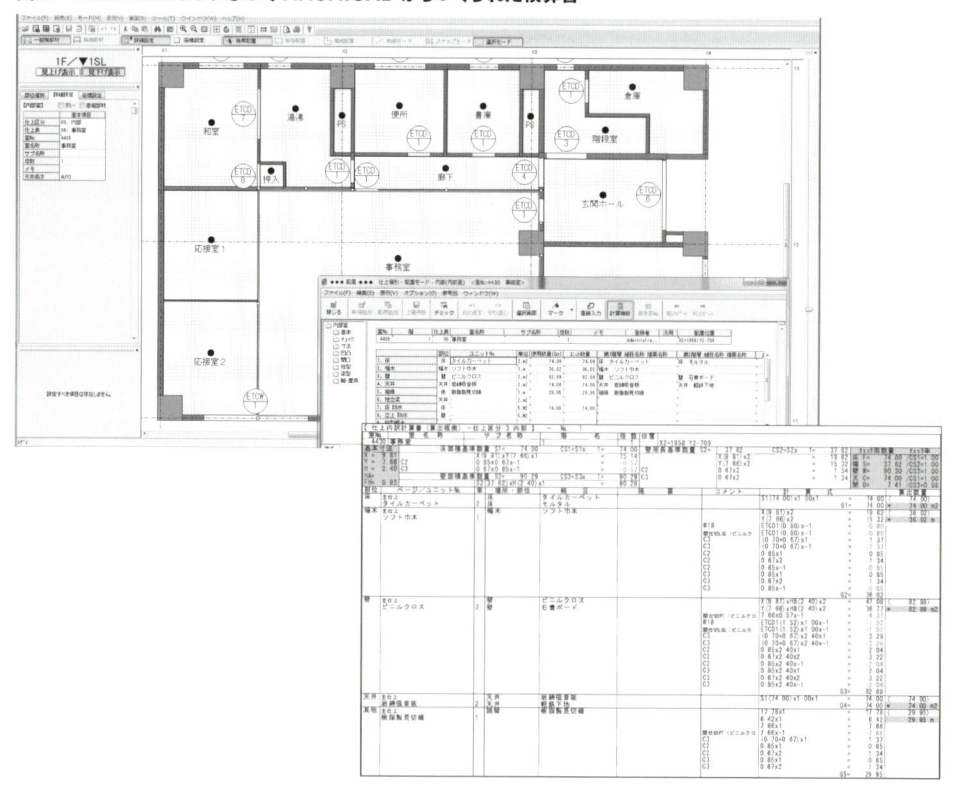

4 〉 設計−施工のコストを削減できる

BIMについて話されるときに必ず引用されるのが、図7に示すグラフだ。MacLeamy Curve（マックリーミイ カーブ）と呼ばれ、2004年に発表されたものだ。1のカーブは設計の初期段階は設計変更がおこないやすく、工事が進むにつれて難しくなることを示し、2のカーブは設計の初期段階の変更はコストが小さくて済み、施工段階での変更はコストに大きく跳ね返ることを示している。3のカーブは実施設計段階に時間を使う従来の設計手法で、4はそれを前倒しにして、設計初期の段階に時間を使えば、設計変更が容易で建物のコストへの影響を低減できるということを説明している。

この設計検討をできるだけ初期段階で、かつできるだけ細かい点までやってしまうことが「フロントローディング」と呼ばれている。「フロントローディング」により、従来の手法では現場で発見されるような設計ミスを、早い段階でコンピュータの中で見つけることができる。設計変更を現場でしないことがコストダウンにつながるのはまちがいないだろう。

「フロントローディング」は、BIMで建設業全体の生産性が向上するという主張の根拠になっている大事な要素だ。逆にいえばコストダウンを実現する設計手法の「フロントローディング」を実現できるのがBIMだ。

図7 MacLeamy Curve（マックリーミイ カーブ）
Construction Users Roundtable's "Collaboration, Integrated Information, and the Project Lifecycle in Building Design and Construction and Operation" (WP-1202, August, 2004)

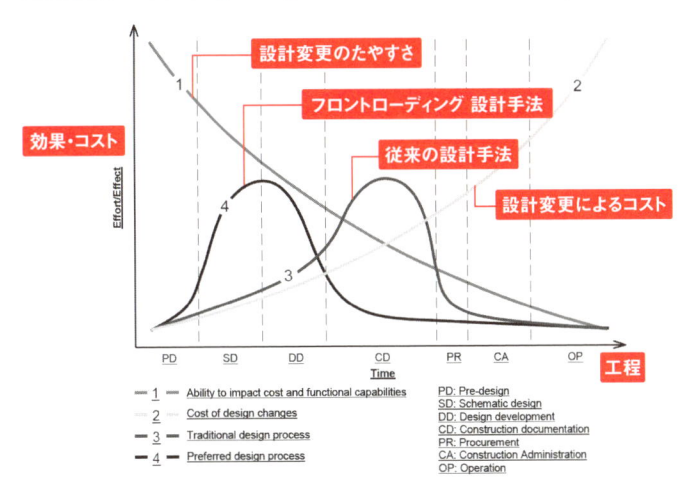

027

5 〉 すばやい打ち合わせができる

打ち合わせをおこなうのに大量の紙を持参する必要はない。図8の写真は、実際にある物件について打ち合わせをしている場面だ。紙の図面を使わずに、大型テレビにHDMIケーブルをつないでノートパソコンのARCHICADの画面を表示させながら打ち合わせをおこなっている。

家具を配置した状態でカウンターやドアの位置を検討しているが、大事なのはこの画面上で「ではこのカウンターを少し移動してみましょうか」とその場で操作しながら打ち合わせをしていることだ。「では次

回に打ち合わせ内容を反映した図面をお持ちしますので、そちらでご確認ください」などと言う必要はない。スピードが大事だ。

図8　紙の図面を使わず、大型テレビに ARCHICAD の画面を表示させながら打ち合わせ

6 ＞ BIMならテレワークも可能

設計やモデリングは会社に出勤して、同じ時間に顔を合わせながらしなければいけないとは限らない。チームのメンバーが自由な場所で自由な時間に共同作業して進める方法は考えられないだろうか?

子育て中、あるいは障がいをもった人たちにとって、毎日特定の時間に会社に出勤しなくていいなら、ずいぶん働きやすくなる。それを実現するのがBIMだ。インターネットさえあればテレワークで、自宅で世界中の仲間とメッセージを交換しながら作業することができる。

たとえば図9は「BIMcloud」というプロジェクトを共有するクラウドサービスを、ARCHICADで使っている例だ。複数のユーザーが同時に1つのモデルの編集作業を行っている。チームのメンバーはまったく離れた場所にいても問題なく作業を進めることができる。

やっとこのようなインターネットとクラウド、BIMアプリケーションを使った仕組みが実用になるようになってきた。この仕組みだけで長時間労働がなくなるなど働き方改革が進むとまではいえないが、テレワークによる働き方改革を技術として支えるのがBIMだ。

図9 ARCHICADでBIMcloudを使う例

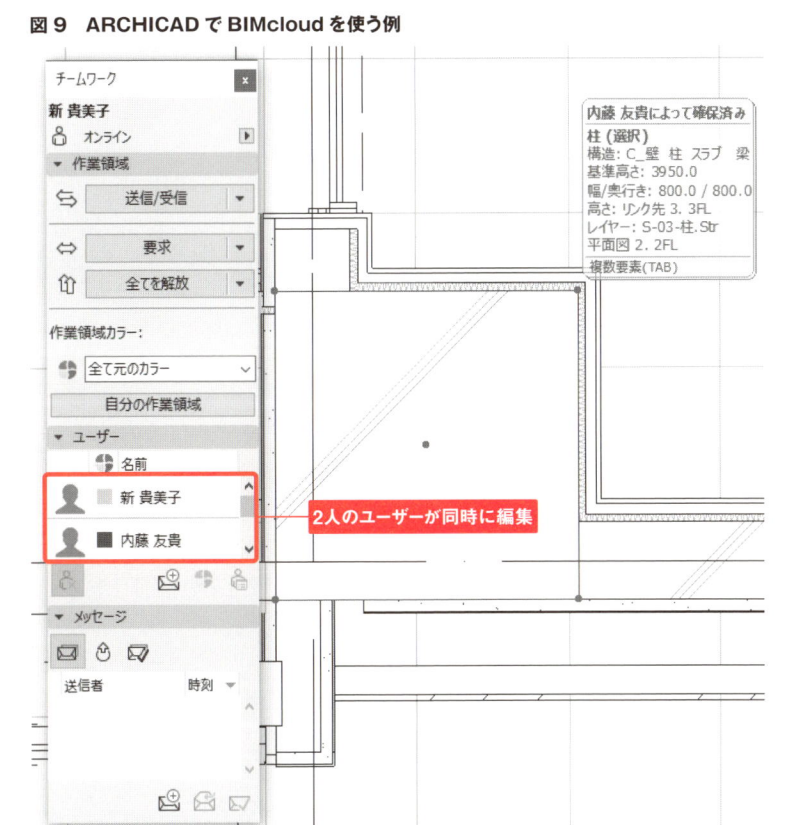

7 施工前に設計内容をだれでも理解できる

建築の専門家でない人が立面図に記載されたドアや縦すべり窓の記号を見て、どのような開き方のドアや窓なのか理解できるだろうか。平面図の破線を見て、これは上階の梁を示していると判断できるだろうか？ある平行な2本の線が壁なのか手すりなのか区別できるだろうか？

建築の図面は決して実際の建物形状を「絵」にしたものではない。いくつかのルールの下に記号やシンボルで表現している、プロが読むための専門資料だ。そのため、建築のプロでない施主や関係者と図面を見ながら打ち合わせを行い、充分理解してもらったつもりでいても、いざ施工が始まると「こんなつもりじゃなかった」という事態になりがちだ。「4　設計－施工のコストを削減できる」(P.27)で触れたように、現場での設計変更は大きくコストに跳ね返る。

BIMで3次元のモデルを作成し、その3次元モデルを施主に見てもらえば理解を得やすい。さらに、ただ見てもらうだけでなく、iPadなどを使って自由に建物の中を歩くようなウォークスルーという機能もある。

図10　BIMx で建物の中を歩き回る。iPad の動きに応じて画像が表示される

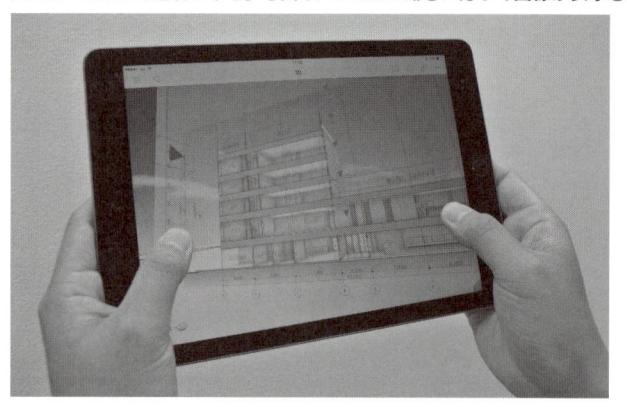

図は本書で取り上げているARCHICADのモデルをiPadで動作する無償のBIMxアプリで表示している。三次元のモデルのなかを歩きまわる感覚で移動し、同時に図面を表示させることもできる。

このような仕組みがあれば、だれでも設計内容を理解できる。住宅の設計者が施主と打ち合わせするときに、一番喜ばれるのがこのiPadで歩き回れるデータを渡すことだ。その家の子どもたちが子ども部屋の中を表示して楽しんでくれる。

8 ＞ 設計意図を豊かに表現できる

BIMをパース作成のツールとして使っている設計者も多い。BIMアプリケーションの多くは高機能なレンダリングエンジンを備えている。ARCHICADでは、[シーン]を[アウトドア　晴れ]などと設定するだけで、照明や背景、影などの複雑な設定をしなくても図11のような高品質のパースを得ることができる。

パースという2次元の絵画的な表現のほかにも、BIMからの出力ファイルを使って、3Dプリンタで模型を作成することもよくおこなわれる。BIMでいったん正確なモデルを作成すれば、さまざまな技術で豊かに設計意図を表現できるのだ。

図11　レンダリング設定を選択するだけで高品質のパースを出力

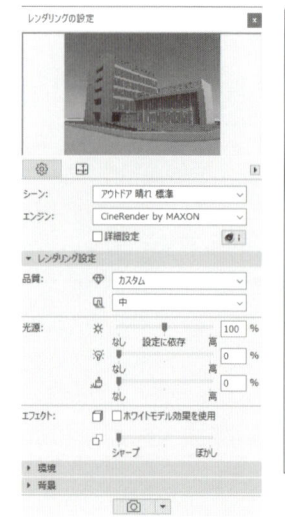 

9 ＞ 構造計算やシミュレーションとつなぐことができる

日本では建築の構造計算に「一貫構造計算プログラム」が使われる。この「一貫構造計算プログラム」は意匠設計の流れと平行して使われることが多い。ある段階で意匠と構造との打ち合わせがおこなわれ、構造柱や梁などと意匠デザインとの整合が図られる。

これがBIMを使うことで、いつでも「一貫構造計算プログラム」のデータから3次元のBIM構造モデルを作成でき、さらに意匠モデルと重ね合わせてチェックすることも可能になった。逆にBIMでモデリングしながら、そのモデルをFEM解析などをおこなう構造解析アプリケーションに渡して、構造の検討をおこなうこともできる。図12は代表的な一貫構造計算プログラム「Super Build/SS3」（ユニオンシステム株式会社）のデータを「SSC-構造躯体変換 for ARCHICAD」（株式会社ソフトウエアセンター）を使ってARCHICADに読み込んだものだ。

図 12　SSC- 構造躯体変換 for ARCHICAD による Super Build/SS3 データの読み込み

031

構造の検討だけではない。熱流体解析というコンピュータのパワーを多く使う計算も、クラウドを使って簡単に設計者がおこなうことができる。クラウドコンピュータにデータを送り、クラウド側で計算して結果が送り返されるという仕組みだが、ほとんどタイムラグはなく、計算をスタートすればリアルタイムに建物周辺の気流が表示される。図13は、Revit上で動くAutodesk Flow Designというアプリケーションで流体解析をおこなっている様子である。

図 13　Revit で動く Autodesk Flow Design で流体解析

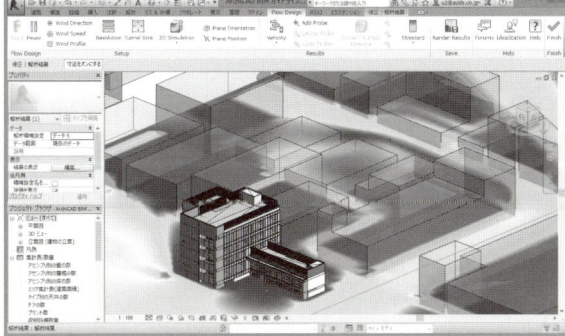

照明のシミュレーションも専門家に依頼しなくても、設計者自身が簡単にできる。図14は、ARCHICADで遠藤照明が提供している配光データを照明器具に割り当ててレンダリングしているところだ。照明器具をリアルタイムで選択しながら照度をシミュレーションして決めることができる。

常に設計者が構造や風、熱、照明の簡単な解析を自分でおこないながら設計を進める——そんな状況をBIMがつくり出してくれた。

図14　照明メーカー提供の配光データを照明器具に割り当ててレンダリング

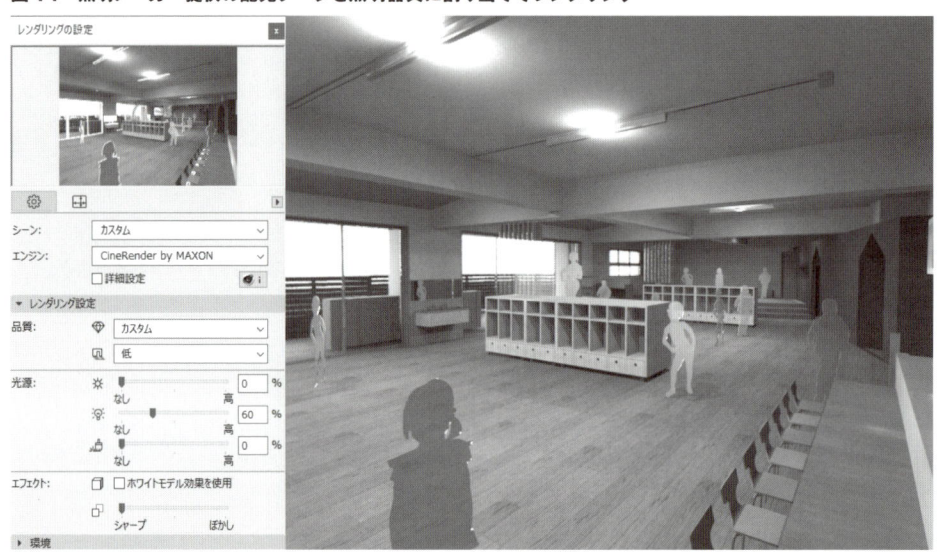

10 ＞ 設計レベルに応じてモデリングできる

BIMが使い始められた頃、「どこまでモデリングしたらいいかわからない」という混乱があった。BIMアプリケーションでは、たとえばドアならその材質、ハンドル、枠の断面、躯体との納まりなどをいくらでも詳細に表現できてしまうのだ。まだ企画設計の打ち合わせ段階でこれらの要素をすべて入力していたのではとても時間が足りない。企画設計段階では、そこに片開きのドアがあるという程度の情報で充分だ。

公共工事の実施設計で、配管や配線などの正確な位置を含めて、設備すべてのメーカーや仕様のモデリングを発注者から求められたという話もあった。これも発注前にどこまでのBIMなのか決めておくべき内容だ。

この「どこまでモデリングしたらいいかわからない」に対する回答の1つがLOD（レベル オブ デベロップメント＝本書では「設計のレベル」と訳す）だ。

米国では、BIMFORUMという組織によって2013年8月に「2013 LEVEL OF DEVELOPMENT SPECIFICATION」（2013 LOD 仕様書）、2016年にはその最新版になる2016年版が発行され、1つの標準が確立した。

図 15　2016 LEVEL OF DEVELOPMENT SPECIFICATION（BIMFORUM）

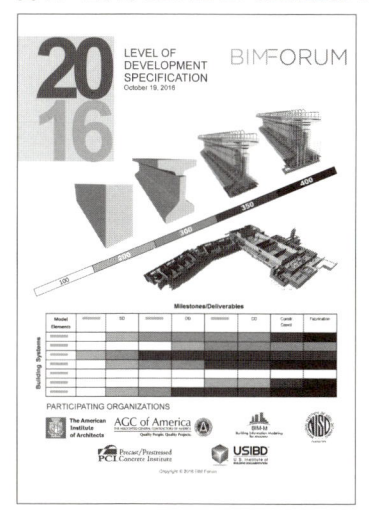

日本では2014年3月に国土交通省から「BIMガイドライン」が発表され、その中でLODという用語が「詳細度：BIMモデルの作成及び利用の目的に応じたBIMモデルを構成するオブジェクトの詳細度合いをいう」と定義された。

図 16　「BIM ガイドライン」国土交通省

LODでは、どこまで詳細に設計をおこなうかを100から400までの数値で、100ないし50きざみで表現する。本書で取り上げている「ARCHICAD BIM ガイドライン」では、このLODをARCHICADのモデルとともに具体的な例で説明している。

このガイドラインモデルの企画設計段階ではどの建築要素もLOD100を基準とする。実施設計段階では構造躯体や間仕切り壁はLOD300だが、ドアではもう少し詳しいLOD350、天井は詳細寸法・吊材を含まないLOD200とするとしている。

本書の付録として、筆者らが作成した「ARCHICAD BIM ガイドライン」の「要素ごとのLOD」を掲載している（P.278）。この「要素ごとのLOD」では、さまざまな建築要素について、どの設計段階でどのような表現をおこなうべきかを案として提示している。図17はその一部だ。

図 17　「ARCHICAD BIM ガイドライン」の「要素ごとの LOD」より一部抜粋

B1010　構造床、構造梁、構造柱

LOD	解説	図	ガイドラインモデル
100	他の意匠床などの要素内に含まれる サイズや位置は決定ではない	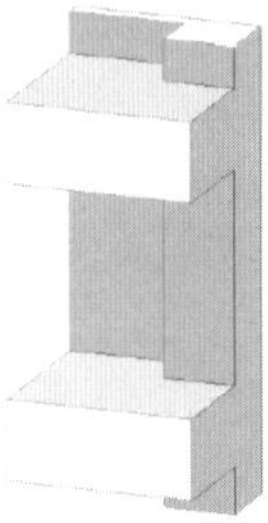	A
200	構造タイプ（=コンクリート） 概略のサイズ、形状	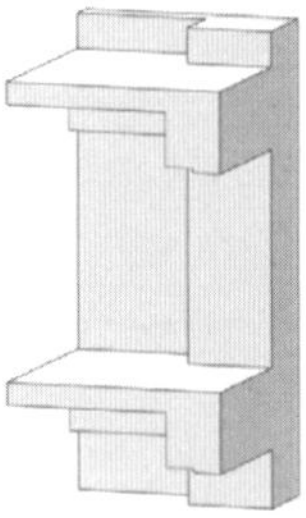	B
300	モデリングする要素 ・躯体サイズと位置、構造芯と方向 ・コンクリート種類 ・既成品でない場合は斜めの面の形状、寸法 ・配筋（非グラフィックでも） 非グラフィク要素としての情報 ・設備の貫通 ・仕上げ、むくり、面取り ・おさまり詳細図 ・埋め込み金物やアンカー・ロッド ・積載荷重 ・せん断補強とスタッド ・断面リスト情報	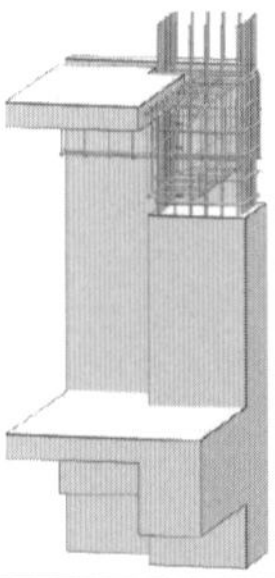	C

図18 さまざまな設計段階の表現

企画設計の表現
例）床、天井も含む1つのスラブとしてモデリング

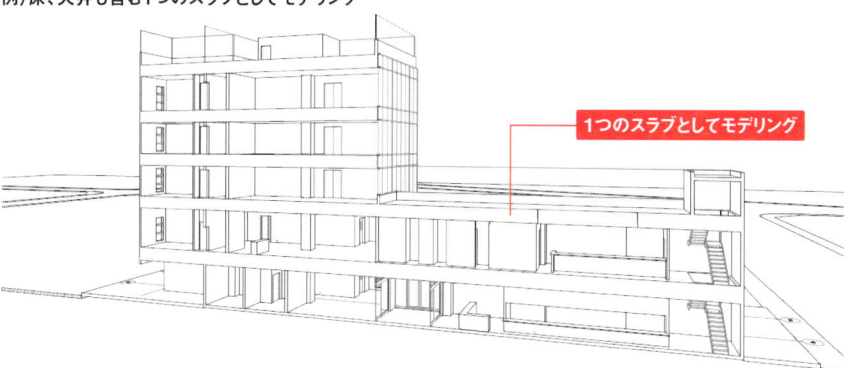

1つのスラブとしてモデリング

基本設計の表現
例）床、梁、天井を分けてモデリング

床、梁、天井をモデリング

実施設計の表現
例）床仕上げ、構造躯体、天井おさまりもモデリング

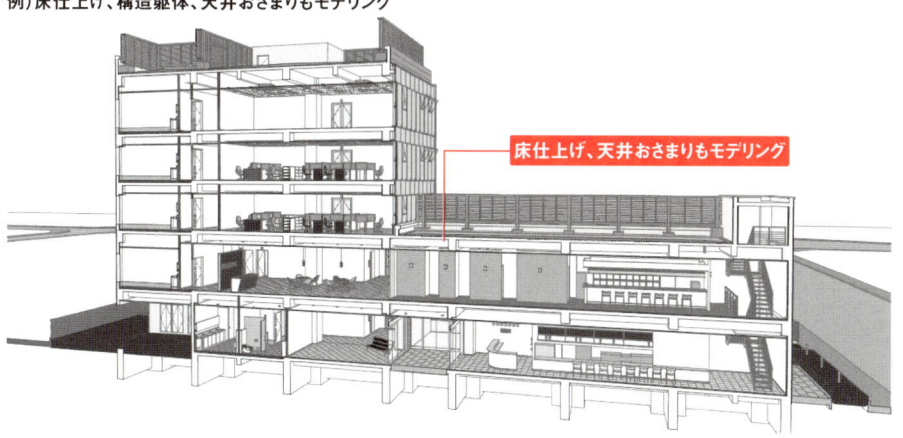

床仕上げ、天井おさまりもモデリング

11 建物の維持管理（FM）に使える

BIMの正体はデータベースだと言われる。設備を含む建築のすべての要素が、位置や形状というジオメトリ情報と属性情報の組み合わせで電子データに保存される。

いったんこのようなデータベースができれば、それを建物の維持管理（FM）に使うのは簡単だ。固定資産管理、管理者別の設備機器一覧、消耗品の交換時期別の一覧表、掃除方法別の建具の管理、社員の管理、電話帳など、さまざまなデータベースとリンクできる。

BIMモデルからIFCファイルを作成し、そのIFCファイルから建物情報を抽出して維持管理（FM）データとして使う、そのBIMからFMにデータを渡す方法の標準としてCOBie（コビー）という規格がある。図19はARCHICADからつくられたIFCファイルをCOBie TOOLKITを使ってExcelに書き出したものだ。BIMでモデリングされた便器などの設備機器を含む建物情報が書き出されている。米国の公共工事の一部ではこのようなシートの各項目を埋めて提出することが義務付けられている。

ARCHICADとCOBieの使い方については「GRAPHISOFT ARCHICADとCOBie2」（http://www.graphisoft.co.jp/jp/downloads/cobie/ARCHICAD19%20and%20COBie2.pdf）が詳しい。

図19　ARCHICAD から作成された COBie シート

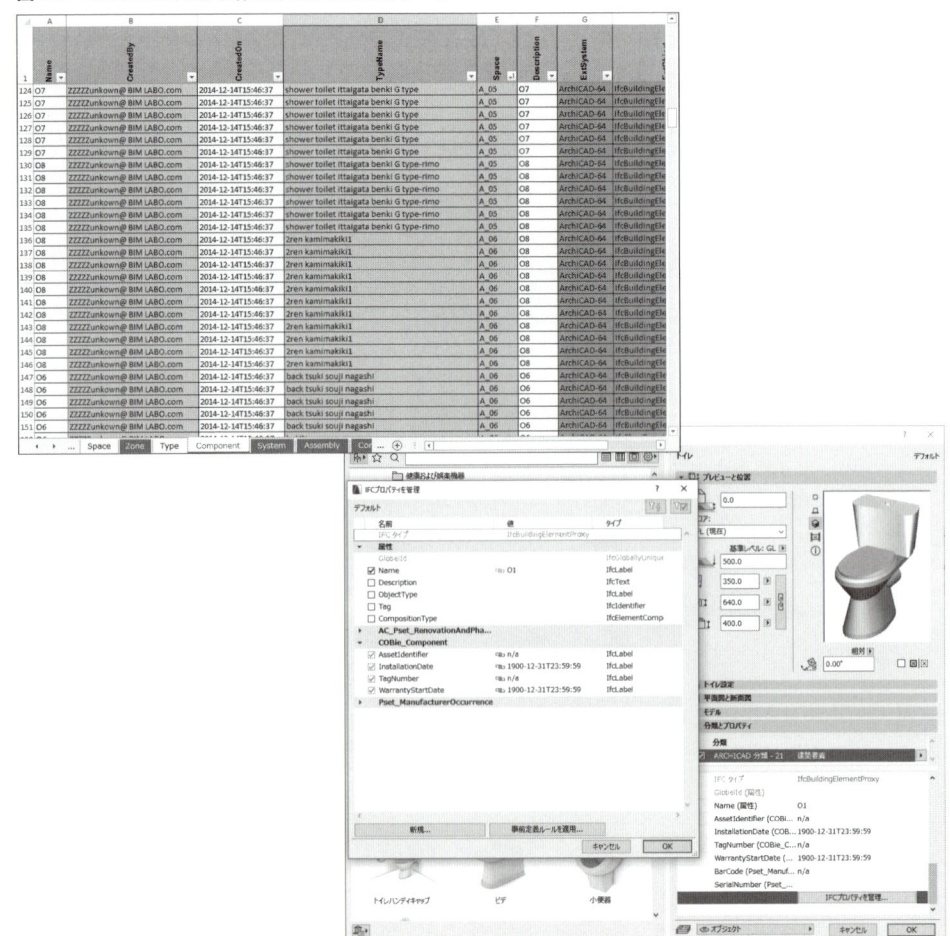

chapter 2

ARCHICAD と
ガイドラインの概要

実際に手を動かして、ARCHICADのモデリングを始める前に

知っておかなければいけないことがある。

まずARCHICADのユーザーインターフェースと用語だ。

WindowsでもMacでも動くARCHICADでは

Windowsだけで動作する他のアプリケーションと少し違う点もある。

壁をつくってそれを変更するという一連の操作を通じて確認していこう。

次に本書で扱う「ARCHICAD BIM ガイドライン」の解説だ。

ガイドラインには企画設計編、基本設計編、実施設計編の3つがあるが、

本書で取り上げるのは最初の企画設計編だ。

企画設計の考え方についてもここで解説している。

01 これだけは知っておこう・・・始める前に

ARCHICADには独自の用語も多い。ARCHICADはWindowsとMacの両方のプラットホームで使えるアプリケーションのため、Windowsを使い慣れたユーザーには耳慣れない用語やとまどう操作もあるかもしれない。

最小限覚えておくべきARCHICAD用語と基本となる操作をここで説明する。壁を作成し、編集するという単純な操作だが、この練習だけでARCHICADの基本をつかむことができる。

1 > プログラムの起動・終了

デスクトップのアイコンからARCHICADを起動する。起動すると、[ARCHICAD 21を起動]ダイアログボックスが開くので、新規プロジェクトを始めるか、すでにあるプロジェクトを開くかなどを設定してスタートする。

図1 デスクトップにある ARCHICAD のアイコン **図2 [ARCHICAD 21を起動] ダイアログボックス**

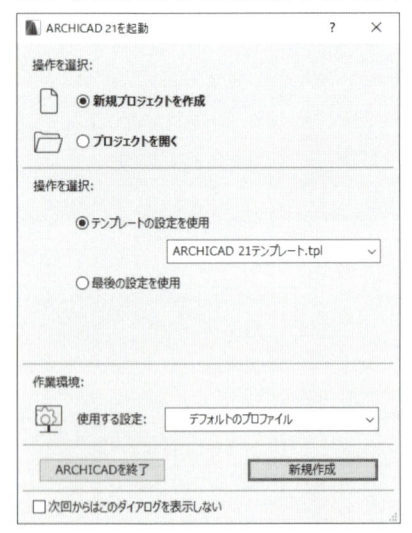

2 画面構成とユーザーインターフェース

ARCHICADが起動すると次のような画面が表示される。Windows版でもMac版でも画面構成はほぼ同じだ。ここからの解説に必要な名称になるので、ここでおさえておこう。

図3 ARCHICADの画面構成

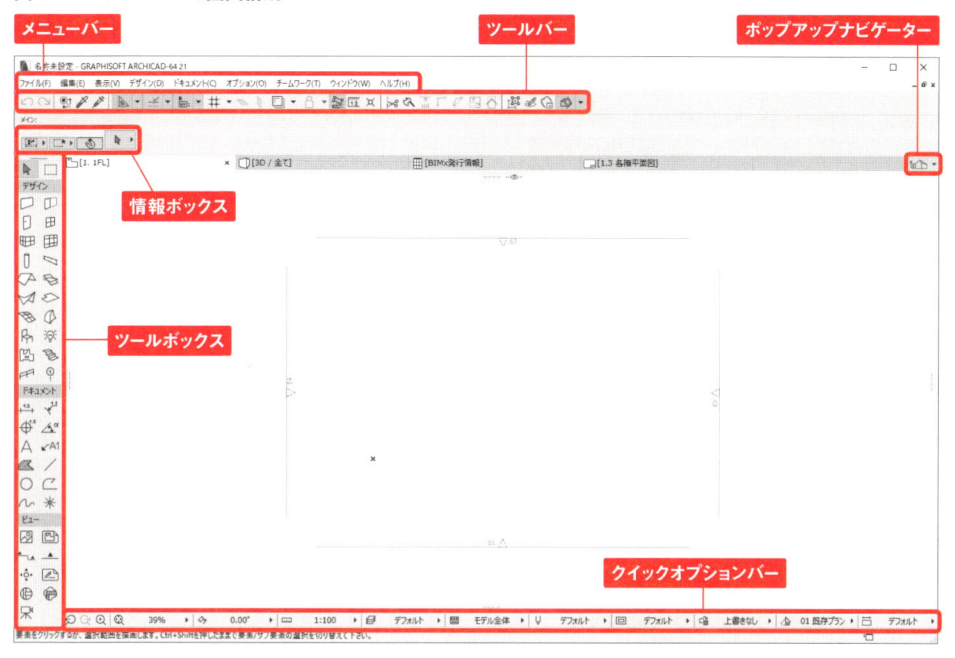

01 メニューバー

ARCHICADウィンドウの一番上に［ファイル］［編集］［表示］……と表示される部分が「メニューバー」だ。［ファイル］［編集］［表示］などをそれぞれ「メニュー」と呼ぶ。たとえば［表示］メニューをクリックすると、図4のようにプルダウン表示される。

図4 メニューバーから［表示］メニューを選択

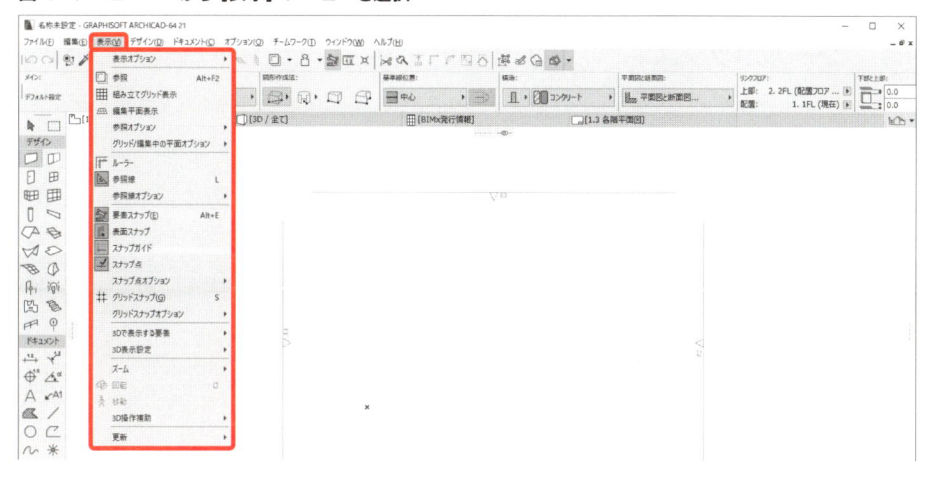

02 | ツールバー

メニューバーの下にARCHICADのコマンドや機能がアイコン（ボタン）で並んでいるのが「ツールバー」だ。既定値では［標準］ツールバーが表示されている。

［ウィンドウ］メニューから［ツールバー］を選んで、［標準］以外のツールバーを表示させることもできる。

図5　既定値として表示される［標準］ツールバー

［標準］ツールバー

図6　ユーザー独自のツールバー表示を選択できる

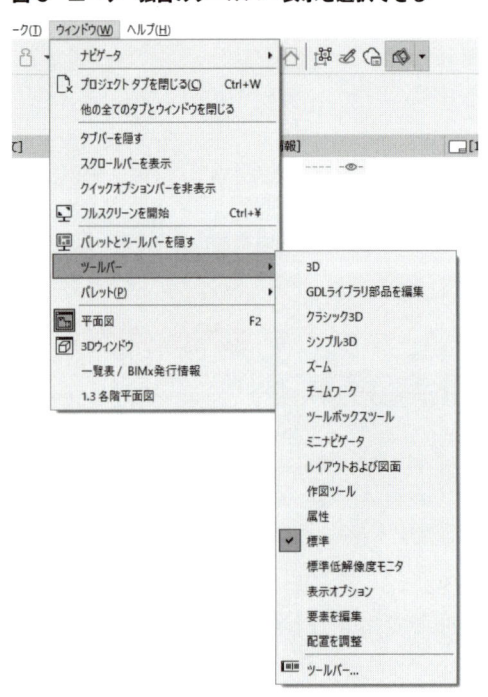

03 | ツールボックス

ツールボックスにはモデルを作成するためのツールが並ぶ。［選択］［デザイン］［ドキュメント］［ビュー］の4つのグループに分かれている。ツールバーと同様、このツールボックスの表示も［オプション］メニューから［作業環境］→［作業環境］を選択して表示される［作業環境］ダイアログボックスでユーザーによるカスタマイズが可能だ。

図7　ツールボックスはカスタマイズ可能

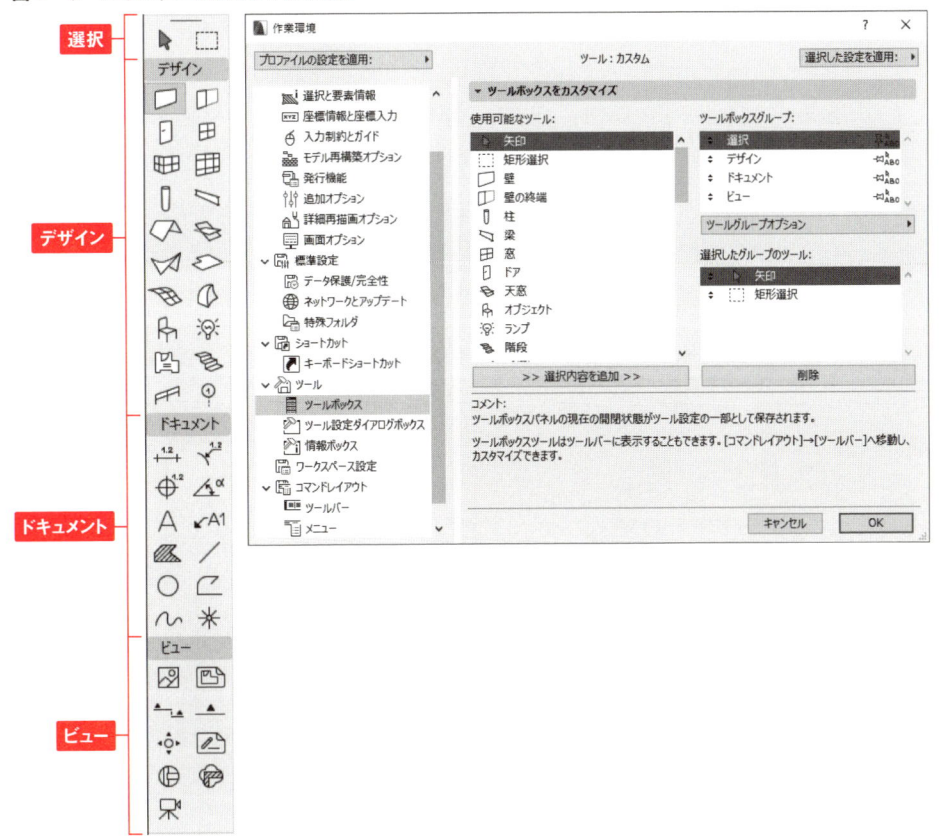

04 | 情報ボックス

ツールバーの下に表示されるのが「情報ボックス」だ。選択したツールや図形によって変化する。

情報ボックスは、選択しているツールや図形要素の情報を表示する。図8は［窓ツール］を選択しているときの情報ボックスの表示だ。何も選択していないときは図9のように表示される。

図8　［窓ツール］を選択しているときの情報ボックス

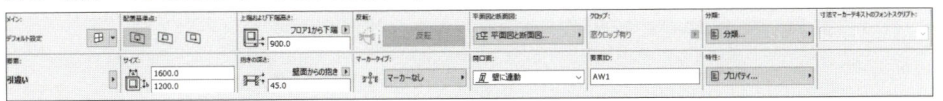

図9　何も選択していないときの情報ボックス

05 | ポップアップ ナビゲータ

［ポップアップ ナビゲータ］ボタン のクリックで図10のポップアップナビゲータが表示される。ナビゲータ内の左上のボタンで図のように「ナビゲータを表示」「オーガナイザを表示」「図面マネージャを表示」「変更マネージャを表示」を選択することができる。「ナビゲータを表示」を選択することでナビゲータとして常時表示しておくこともできるが、本書では必要に応じて表示するようにしている。また右上の3つのボタンで「プロジェクト一覧」「ビュー一覧」「レイアウトブック」を切り替えることができる。

図10　表示されたポップアップナビゲータ

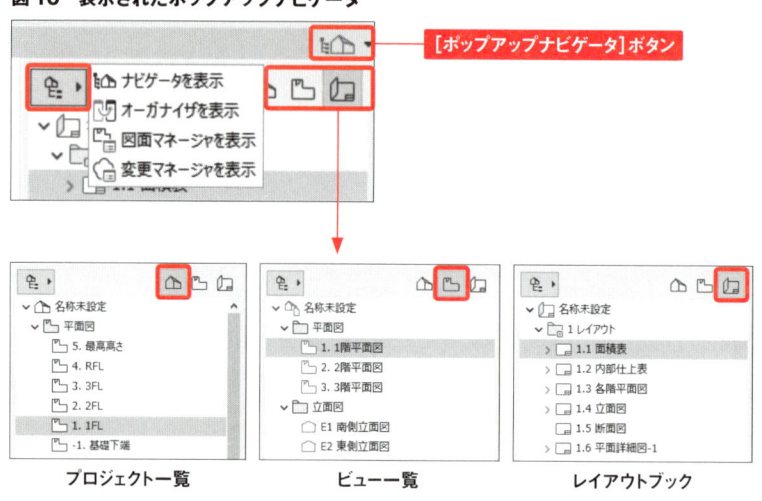

プロジェクト一覧　　　　　ビュー一覧　　　　　レイアウトブック

06 | クイックオプションバー

ARCHICADウインドウの最下部にあるのがクイックオプションバーだ。現在表示されているビューにどのような設定が行われているかをここで確認できる。さらにここで、現在の設定を変えることもできる。たとえば3Dのビューで表示されるクイックオプションバー右端の［3Dスタイル］ボタンをクリックすると、図のように3Dスタイルがリスト表示される。

図11　2Dと3Dのクイックオプションバー

3 ARCHICADの用語と概念

ARCHICADの用語と概念のなかで重要なものをここで解説する。すべてWindowsでもMacでも共通だ。

01 ARCHICAD で開く／保存できるファイル

［ファイル］メニューから［開く］を選択してファイルを開く。［ファイル］メニューから［上書き保存］もしくは［名前を付けて保存］を選択してファイルを保存する。

図12　ARCHICAD の［ファイル］メニュー

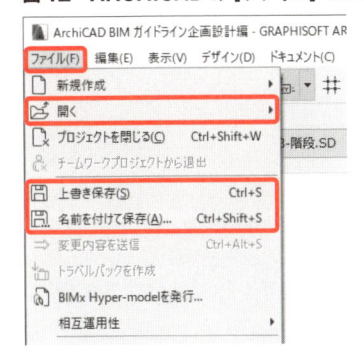

（1）開くことができるファイル

ARCHICADで作成・保存したファイル以外に、他のCADで作成したDWGファイルやDXFファイルも開くことができる。

表1　ARCHICAD で開くことができるファイル

ARCHICADファイル	単独ユーザープロジェクト(.pln)、アーカイブ(.pla)、バックアッププロジェクトファイル(.bpn)、旧ARCHICADチームワーク(AC12以前)ファイル形式(.plp、.plc、.pca、.bpc)、ARCHICADテンプレート(.tpl)、ARCHICAD 2Dライン(.2dl)、モジュールファイル(.mod)、PlotMakerレイアウトブック(.lbk)、PlotMaker図面(.pmk)
2D CADファイル	DWFファイル(.dwf)、DXFファイル(.dxf)、DWGファイル(.dwg)、MicroStationデザインファイル(.dgn)、JWCAD(.jww、.jwc)※VIPツール／Windowsのみ
モデル／3Dファイル	3DStudioファイル(.3ds)※VIPツール、IFC 2x3ファイル(.ifc)、IFC 2x3 XMLファイル(.ifcxml)、IFC 2x3 圧縮ファイル(.ifzip)、SketchUp(.skp)、Google Earth(.kmz)、Stereolithography(.stl)、Rhino3D(.3dm)
画像ファイル	画像ファイル(.bmp、.dlb、.rle、.jpg、.jpeg、.jpe、.jfif、.gif、.tif、.tiff、.png、.hdr、.exif、.jwi)
その他のファイル	HPGLファイル(.plt)、emfファイル(.emf)※Windowsのみ、wmfファイル(.wmf)※Windowsのみ、測量データ(.xyz)

1つのARCHICADでは1つのファイルしか扱えない。複数のファイルを開く場合は［ファイルを開く］ダイアログボックスにある［別途ARCHICADを起動］にチェックを入れ、現在開いているファイルとは別にもう1つARCHICADを起動する。

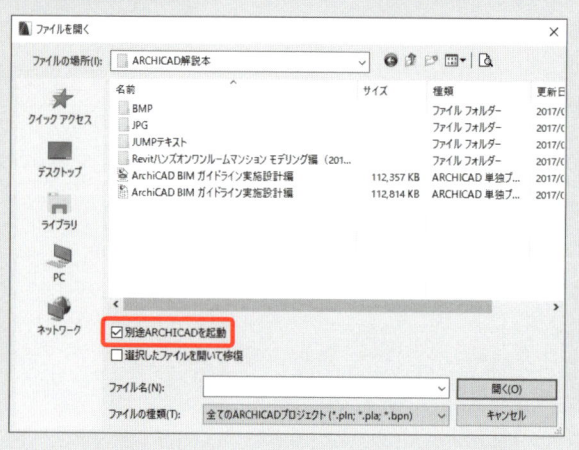

(2) 保存できるファイル

ARCHICADのプロジェクトを保存するときは、PLNファイル（プロジェクトファイル）とPLAファイル（アーカイブファイル）が使われる。PLNファイルが標準のファイルで、そのプロジェクトで使われているデータが含まれる。PLAファイルは、PLNファイルのデータに加えて、ライブラリと呼ばれる部品のデータやテキスチャを含んでいる。標準ライブラリ以外のものを使用している場合は、このPLAファイルに保存したほうが部品データの欠落などが起きずに安全だ。

表2　ARCHICAD で保存できるファイル

ARCHICADファイル	ARCHICADプロジェクト（.pln）、アーカイブ（.pla）、ARCHICADテンプレート（.tpl）、モジュールファイル（.mod）、GDLスクリプト（.gdl）、ARCHICAD 2Dライン（.2dl）
2D CADファイル	DWFファイル（.dwf）、DXFファイル（.dxf）、DWGファイル（.dwg）、MicroStationデザインファイル（.dgn）、JWCAD（.jww、.jwc）※VIPツール／Windowsのみ
モデル/3Dファイル	IFC 2x3ファイル（.ifc）、IFC 2x3 XMLファイル（.ifcxml）、IFC 2x3圧縮ファイル（.ifzip）、IFC 2x3 XML圧縮ファイル（.ifcxml）、WaveFrontファイル（.obj）、3DStudioファイル（.3ds）※VIPツール、ElectricImageファイル（.fact）、VRMLファイル（.vrl）、Lightscapeファイル（.lp）、U3Dファイル（.u3d）※Windowsのみ、SketchUp（.skp）、Google Earth（.kmz）、Stereolithography（.stl）、GSオブジェクトファイル（gsm）、BIMx（.bimx）、Piranesiファイル（.epx）、Artlantis Render Studioファイル（.atl）、Rhino3D（.3dm）、Piranesi（.exp）、Twinmotion（.tma）
画像/その他のファイル	画像ファイル（.bmp、.jpg、.gif、.tif、.png）、PDFファイル（.pdf）、emfファイル（.emf）※Windowsのみ、wmfファイル（.wmf）※Windowsのみ

02 ARCHICAD のレイヤー

一般にCADで使われるレイヤー（画層）という概念をARCHICADも使う。「窓」と「ドア」を除く要素を自由なレイヤーに置くことができる。またツールごとに、たとえば「柱」は常にこのレイヤーに置くなどと設定しておくこともできる。

「窓」と「ドア」は特別だ。これらは壁なしに存在できないため、それぞれが配置された「壁」と同じレイヤーに割り当てられるようになっている。

どのレイヤーを表示や非表示、ロックやロック解除しておくかの組み合わせは、「レイヤーセット」として名前を付けて登録をしておくことができる。

これらのレイヤーの作成、表示や非表示、ロックやロック解除、レイヤーセットの作成などは［レイヤー設定］ダイアログボックスでおこなう。［レイヤー設定］ダイアログボックスは［ドキュメント］メニューから［レイヤー］→［レイヤー設定］を選択するか、キーボードから [Ctrl]＋[L] キーを押して表示する。

図13　[レイヤー設定] ダイアログボックス

03 ARCHICAD のフロア

建物の「階」「レベル」に相当する概念が「フロア」だ。

「フロア」ごとの平面図で作業できるのはもちろん、柱や壁などを特定のフロアを指定して配置すると、フロアの高さが変更されたときに、フロアの高さに合わせて柱や壁などの建築要素も移動する。

フロアの設定は、［デザイン］メニューから［フロアの設定］を選択して［フロアの設定］ダイアログボックスを表示しておこなう。

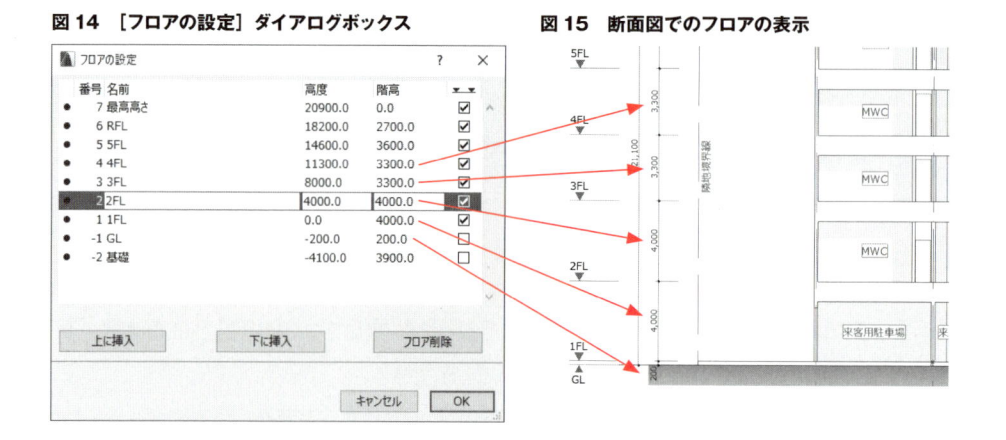

図14 ［フロアの設定］ダイアログボックス

図15 断面図でのフロアの表示

04 | オブジェクトパラメータ

ARCHICADでは「壁」「柱」「梁」「スラブ」「窓」「ドア」「オブジェクト」「ランプ」「屋根」「メッシュ」といった建築要素を使って建物をモデリングしていく。これらの建築要素は属性として寸法、高さ、材料やスケールなど各要素に応じた細かなパラメータ(変数)を持っている。これらのパラメータを設定することで、思い通りの建築要素を使うことができる。

たとえば図16の［窓のデフォルト設定］ダイアログボックスでは、窓の開口幅や建具高さ、取り付け位置だけでなく、枠の納まりや材料などもパラメトリック(変更可能)な設定として変更できる。

このような各ツールの設定をおこなうダイアログボックスは、ツールボックスにある目的のツールをダブルクリックすることで表示される。

図16 ［窓のデフォルト設定］ダイアログボックス

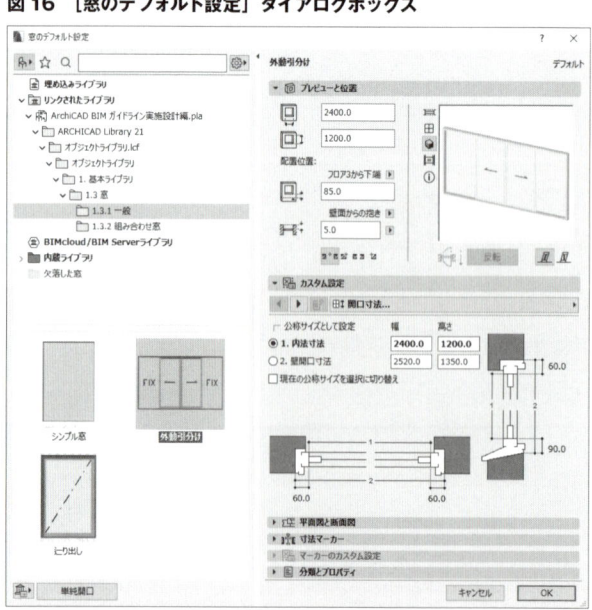

05 ARCHICAD のライブラリ

窓、ドア、オブジェクト、ランプはARCHICADプログラム内ではなく、ライブラリフォルダに独立した図形ファイルとして保存されている。ライブラリの操作は[ファイル]メニューから[ライブラリとオブジェクト]→[ライブラリマネージャー]を選択して[ライブラリマネージャー]ダイアログボックスを表示しておこなう。

図17 [ライブラリマネージャー] ダイアログボックス

06 作業ウィンドウ

ARCHICADには4つの作業ウィンドウがあり、これらを切り替えて作業する。作業ウィンドウの切り替えには次のキーボードショートカットを使うと便利だ。

- 平面図ウィンドウに移動する: `F2`
- 3Dウィンドウに移動する: `F3`
- 選択中の要素のみを表示する3Dウィンドウに移動する: `F5`
  (何も選択していない時はすべての要素を表示する)
- 3Dウィンドウ(パース)に移動する: `Shift` + `F3`
- 3Dウィンドウ(平行投影)に移動する: `Ctrl` + `F3`
- 最後に表示した断面図ウィンドウに移動する: `F6`
- 最後に開いたレイアウトに移動する: `F7`

詳細

Macでファンクションキーを使う場合は、[システム環境設定]の[キーボード]にある[F1、F2などのすべてのキーを標準のファンクションキーとして使用]にチェックを入れておく。

（1）平面図ウィンドウ

ARCHICADの編集作業の中心になるのは平面図ウィンドウだ。平面図ウィンドウはフロアごとの平面図を表示する。この表示をそのままDXFなどの2次元CADファイルに書き出すこともできる。

図18　平面図ウィンドウ

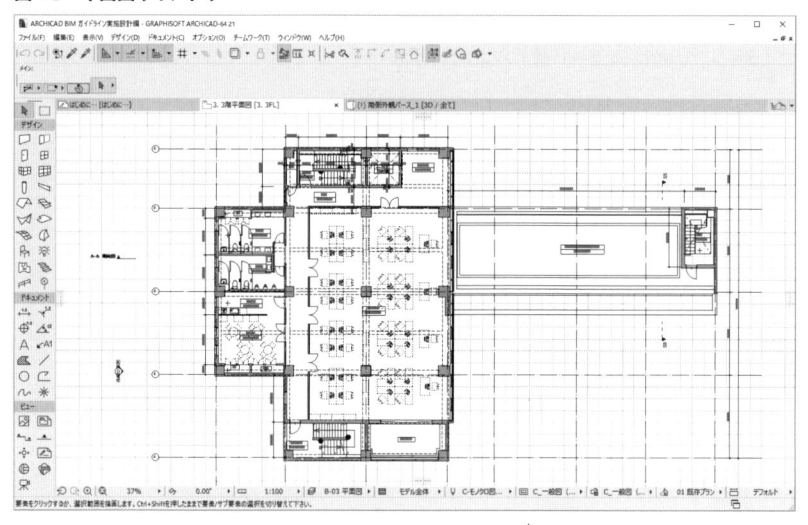

（2）断面図・立面図ウィンドウ

ツールボックスにある［断面図ツール］や［立面図ツール］を使って生成されるウィンドウだ。3Dの要素から切り出されるので、平面図や3Dウィンドウと完全に連動し、断面図や立面図での変更はすぐ平面図や3Dウィンドウに反映される。

図19　断面図・立面図ウィンドウ

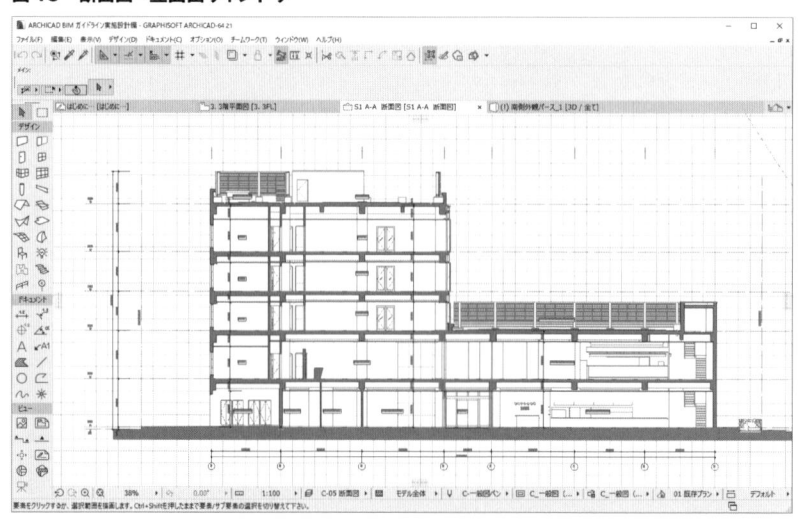

（3）3Dウィンドウ

3Dウィンドウは作成されたモデルを立体的に表示する。平行投影表現と、遠近感を表現したパースを表示できる。3Dの表現も3Dスタイルを切り替えてさまざまに表現を変えることができる。もちろん3Dウィンドウ内で各要素を編集することも可能だ。

図20　3D ウィンドウ

（4）詳細図ウィンドウ・ワークシートウィンドウ

詳細図ウィンドウとワークシートウィンドウは2Dの図面を作成、表示するウィンドウだ。詳細図ウィンドウは平面図や断面図などのモデル図面から全体または一部を取り込んで2Dの図面にする。元の図面とリンクさせて変更があれば更新されるようにすることもできるし、リンクを切って加筆修正をすることもできる。ワークシートウィンドウは自由に2Dのツールを使って作図したり、他のCAD図面を取り込んだりなどの汎用ウィンドウとしても使用できる。

図21　詳細図ウィンドウ・ワークシートウィンドウ

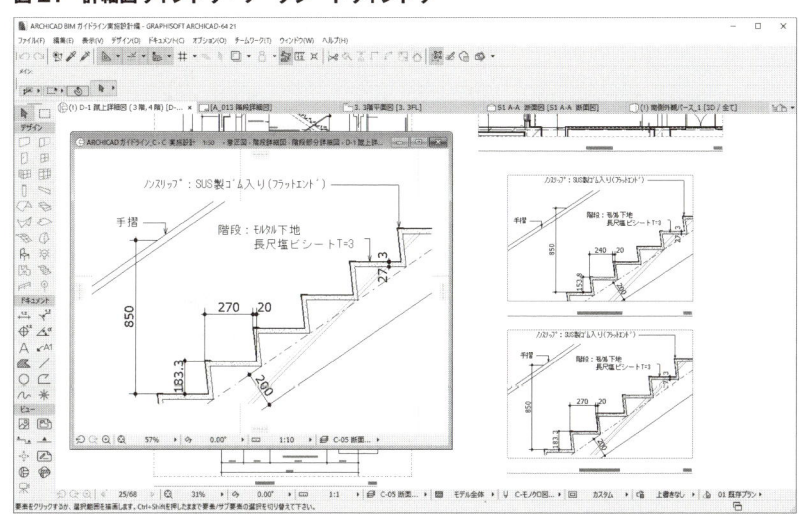

4 > 壁をつくってみよう

実際に使いながら基本操作を覚えよう。ここでは壁を取り上げるが、柱でも梁でもスラブでも、ツールを選びダイアログボックスや情報ボックスで設定して作図するという一連の手順は共通だ。ここではARCHICADで新規プロジェクトを作成し、白紙の状態から始める（P.38参照）。

01 ツールを選択

まずはツールを選択する。ここではツールボックスの[壁ツール]を使用する。ツールを選択するとそのツールに合わせた情報ボックスが表示される（次頁参照）。

① ツールボックスの[壁ツール]にマウスを重ねるとカーソル位置に[壁ツール]と表示される。[壁ツール]をクリックする。

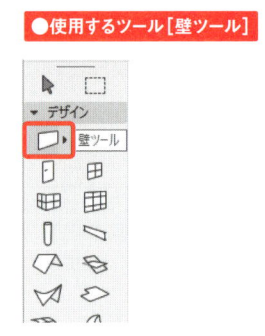

●使用するツール[壁ツール]

02 デフォルト設定をおこなう

これから作成する壁の設定をおこなう。[壁のデフォルト設定]ダイアログボックスを表示して詳細な設定をする。

① [壁ツール]をダブルクリック、もしくは情報ボックスの壁[設定ダイアログ]ボタンをクリックする。

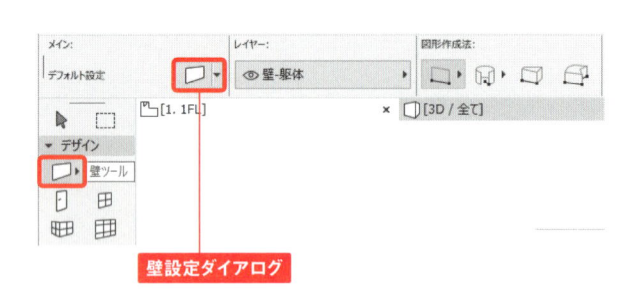

壁設定ダイアログ

② ［壁のデフォルト設定］ダイアログ
ボックスが開く。ここで壁の詳細設定
をおこなう。ここでは設定を変更しな
いが、［配置フロア］が「1FL」と［レイ
ヤー］が「壁-躯体」であることは最低
限確認しておこう。

③ ［OK］ボタンをクリックしてダイアログ
ボックスを閉じる。

●壁の設定

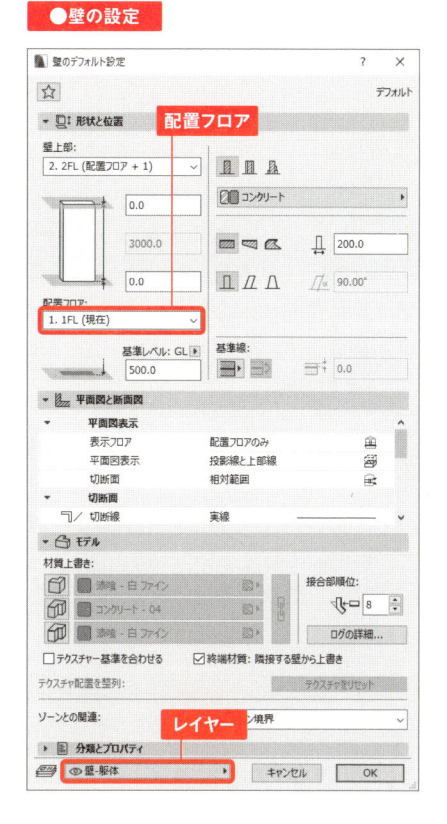

051

03 | 情報ボックスで設定

次に情報ボックスで設定をおこなう。ここでは壁の情報ボックスで、連続線か単線か、基準線
位置はどうするかなどを選択する。ここでは直線（単一）の壁で、基準線位置が中心になるよ
うに設定する。

① 直線状の単一の壁に設定するには、
情報ボックスで［図形作成法］ボタン
を長押しし、表示されたリストから
［直線（単一）］ボタンをクリックする。

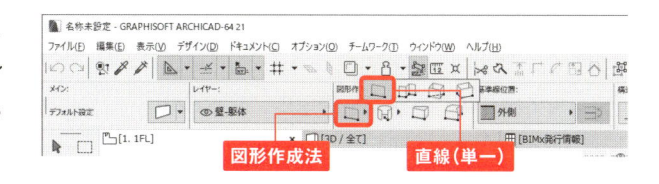

② 壁の基準線位置を中心に設定する。
情報ボックスで［基準線位置］ボタン
をクリックし、表示されたリストから
［中心］を選択する。

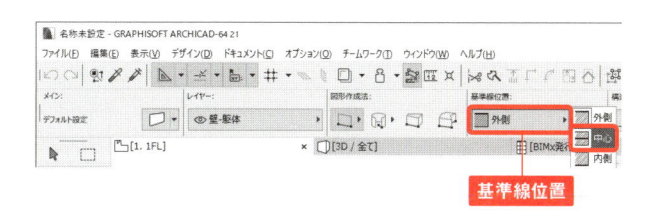

04 | 水平な壁を作成する

長さ5,000mmの水平な壁を作成する。

① 作業ウィンドウで壁の始点をクリックする。座標情報が表示される。
② 終点の方向がX方向であることを指示するためにマウスを右方向に動かし、X方向に青色水平線のスナップガイドが表示されることを確認する。
③ キーボードから「5000」 Enter と入力する。この時マウスを動かすとスナップガイドが消えることがあるので注意する。
④ 図のように長さ5,000mmの水平な単一の壁が作成される。

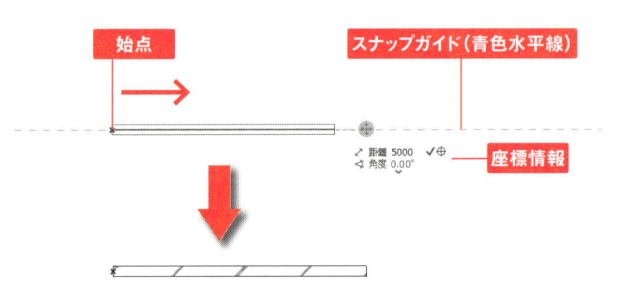

05 | 角度のついた壁を作成する

長さ6,000mm、角度30°の壁を作成する。

① 壁の始点として図のあたりをクリックする。
② キーボードから「6000」と入力する。これが壁の長さになるが角度の入力がまだなので、 Enter ではなく Tab キーを押す。この時マウスを動かすと数値が消えることがあるので注意する。
③ 角度の欄にカーソルが移動するので「30」 Enter と入力する。
④ 図のように長さ6,000mm、角度30°の壁が作成される。

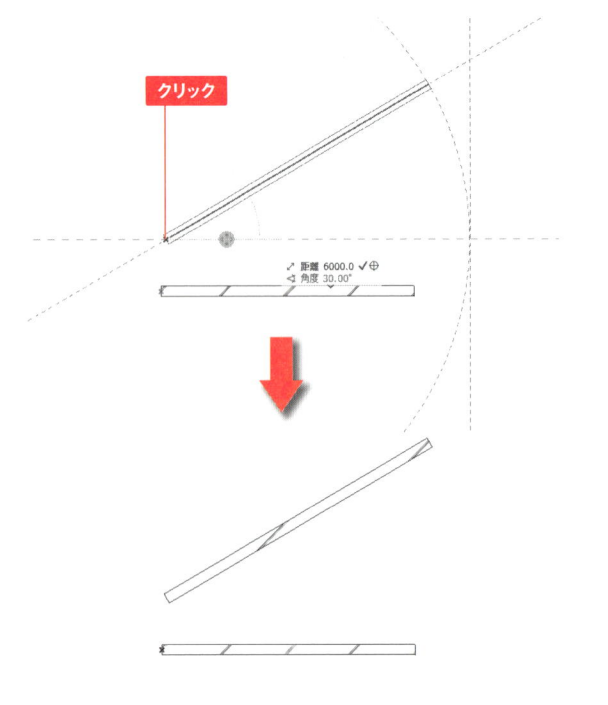

06 四角形の壁を作成する

外周壁のように平面的に四角形になった壁を作成する。四角形の大きさは10,000mm×5,000mmとする。

① 情報ボックスの[図形作成法]ボタンを長押しし、[矩形]ボタンをクリックする。

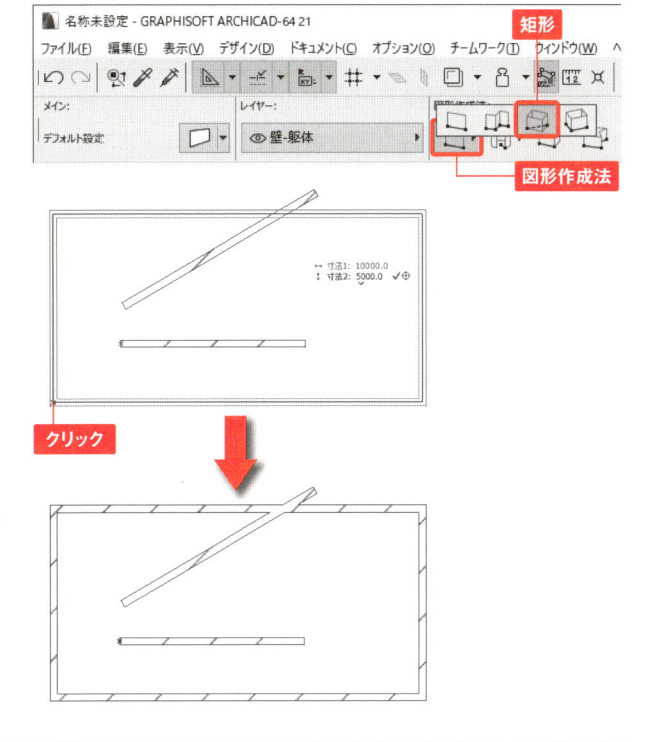

② 壁の左下コーナー点として図のあたりをクリックする。

③ キーボードから「10000」と入力する。これが壁の1辺の長さ（寸法1）になる。続けて[Tab]キーを押す。

④ 寸法2の欄にカーソルが移動するので「5000」[Enter]と入力する。

⑤ 図のように10,000mm×5,000mmの四角形の壁が作成される。

053

---

07 3Dに画面を切り替え

これまでは平面図で作業してきた。2Dと3Dは常に連動している。思ったとおりモデルが作成されているか3D表示で確認してみよう。

① [F3]もしくは[F5]キーを押すと3D表示に変わる（MacはP.47詳細参照）。

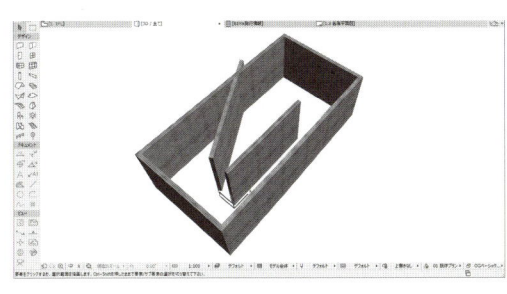

② [F2]キーを押すと元の平面図表示に戻る。

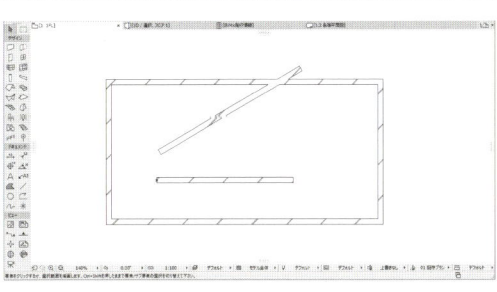

5 編集コマンドの使い方

前項で作成した壁を、編集コマンドを使って変更してみる。ここでは代表的な編集コマンドと、図形選択の方法をマスターすることが目的だ。

01 | 壁の移動

「移動」は文字どおり位置を動かすこと、「移動コピー」は元の図形を消してしまわない「コピー」だ。ここでは「移動」をおこなう。

① 4つの外周壁を選択する。[矢印ツール]で壁を1つ選択して、続けて [Shift] キーを押しながら残りの3つの壁を選択し、右クリックして[移動とコピー]→[移動]を選択する。

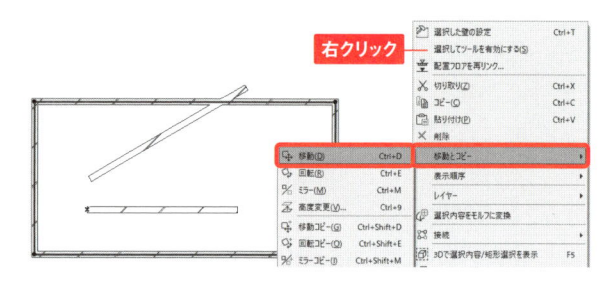

② 基準点と目標点として適当な2点をクリックして4つの壁を移動する。

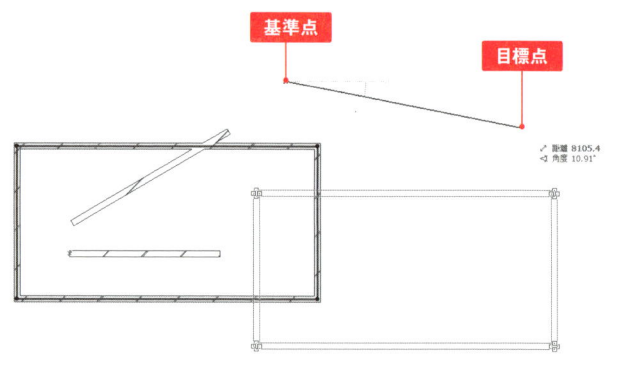

詳細

ここでは4つの壁を選択するのに [Shift] キーを押しながらクリックするという方法を使った。選択したものを「除外」するのも [Shift] キーを押しながらだ。[Ctrl] キーを使う一般のWindowsアプリケーションとは少し違ってとまどうが、ARCHICADの操作に慣れよう。

詳細

スクロールボタン付きのマウスを使っている場合は、真ん中のスクロールボタンを使ってズーム、ビューの方向変更ができる。ARCHICADウィンドウの下に並んでいるスクロールバーのボタンでも同じ操作ができる。

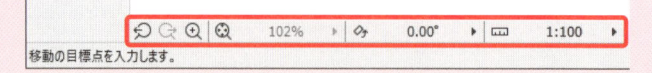

02 壁の回転

前項で「移動」が終わっても4つの壁が選択されている状態だ。このまま4つの壁を回転する。回転するには、回転の中心、回転の開始点、回転の角度を入力する。

① 壁が選択されている状態で右クリックして、[移動とコピー]→[回転]を選択する。

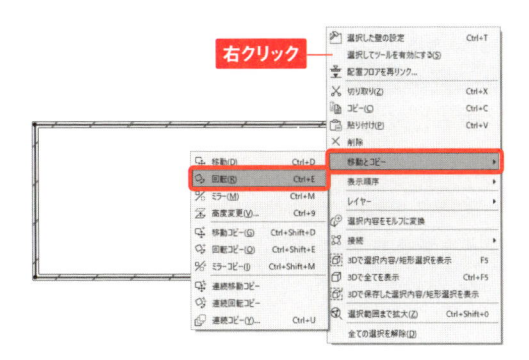

② 回転の中心として壁左下の基準線のコーナーにカーソルを近づけると ✓ マークが表示される（インテリジェントカーソル）。この状態で、回転の中心として壁コーナーの点❶でクリックする。

③ 壁コーナーの点❷を回転の開始点として指示する。このままマウス操作で回転角度を指示してもいいが、ここではキーボードから「60」 Enter と角度を入力する。

④ 図のように四角形の壁が反時計回りに60°回転する。

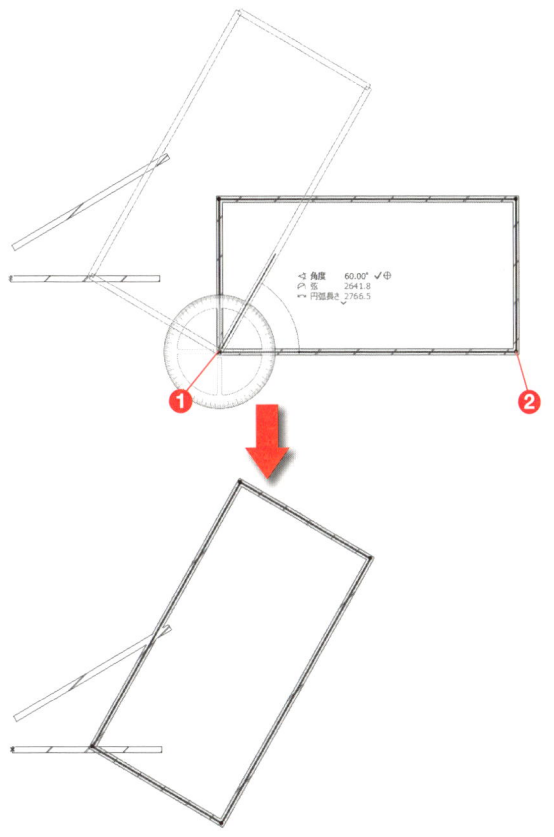

詳細 インテリジェントカーソル

　　　　壁左下の基準線のコーナーにカーソルを近づけたときに表示される ✓ マークは、「インテリジェントカーソル」と呼ばれるARCHICADの便利な機能だ。これ以外にも、ある点から垂直な点や軸上の位置など、スナップできるポイントにカーソルが近づいたときにカーソル形状が変化するインテリジェントカーソルがある。詳しくは「Tips　インテリジェントカーソル」（P.60）を参照されたい。

03 | 壁の延長

右クリックで表示されるメニューからの編集以外にARCHICADらしい編集コマンドを紹介する。ここでは壁を別の壁にあたるまで延長する。

① 延長する壁❶を選択し、ツールボックスの[壁ツール]をクリックする。

② 延長する相手になる壁❷を Ctrl キーを押しながら選択すると、最初に選択した壁❶が壁❷まで延長される。壁の延長を確認したら、 Esc キーで壁の選択を解除しておく。

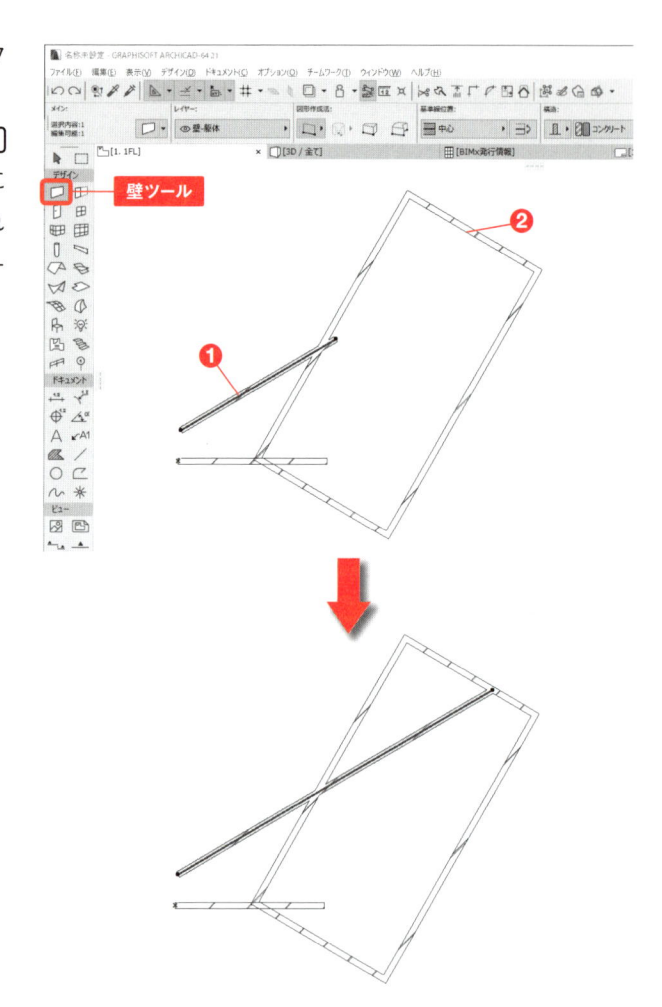

04 | 壁の切り取り

壁のはみ出した部分を切り取る。

① Ctrl キーを押しながらマウスカーソルが ✂ の形状に変わったことを確認して❶のあたりで壁をクリックする。

② 図のように壁のはみ出した部分が切り取られる。

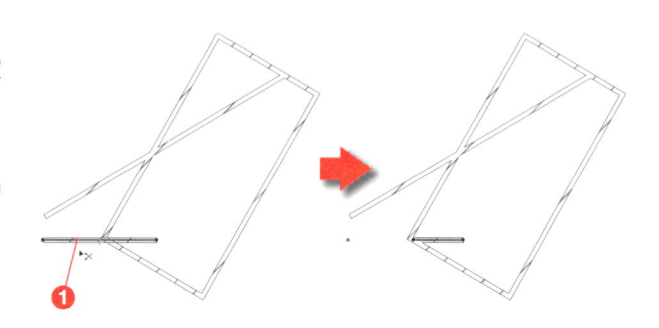

05 | 壁の属性を変更

1つの壁の属性、ビルディングマテリアルを「コンクリート」から「レンガ」に変更する。
壁の属性を変更するには、壁を選択し、情報ボックスから設定を選択するのが簡単だ。

① ❶の壁を選択し、[構造]ボタンをクリックして[レンガ]を選択する。

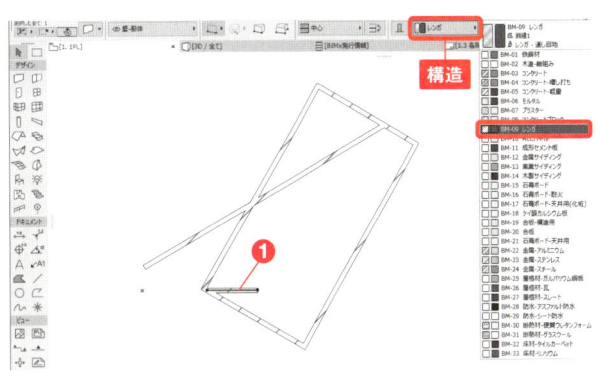

② 図のように「レンガ」のビルディングマテリアルに変更された。

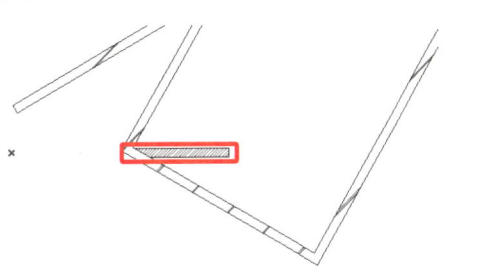

06 | 壁の属性をコピー

もう1つの壁もレンガの壁にする。すでにある壁の属性を別の壁にコピーする。スポイトで属性を吸い上げて注射器で注射するという楽しい操作だ。

① [Alt]キー（Mac版では[Command]キー）を押しながら、スポイトのカーソルでレンガの壁❶をクリックする。白い色だったスポイトの色が青に変わる。

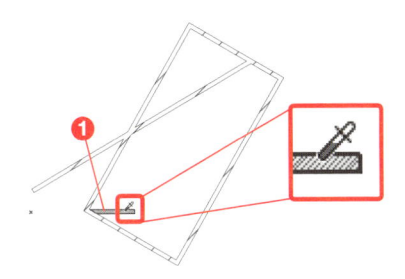

② [Alt]キー（Mac版では[Command]キー）と同時に[Ctrl]キーを押しながら、注射器のカーソルで別の壁❷をクリックする。青色だった注射器の色が白に変わり、壁のマテリアルが「レンガ」に変更される。

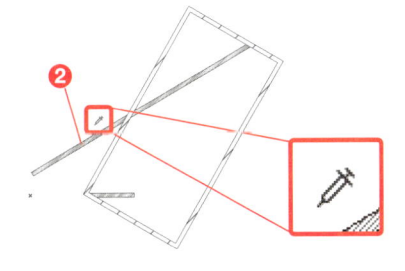

07 | 壁を選択して 3D 表示

ここで3D表示に切り替えるが、F3キーではなくF5キーを使う。F5キーは選択されている要素だけを3D表示し、選択されていない要素は表示されない。

① ツールボックスで[矢印ツール]をクリックする。

② 情報ボックスの[選択方法]で[要素全体]ボタンをクリックする。

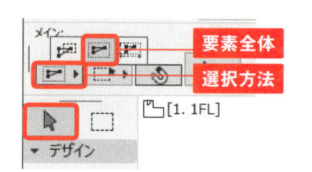

③ 四角の壁を囲むように対角の2点で選択する。手順②の設定により、四角の壁とその内側の壁のみが選択される。

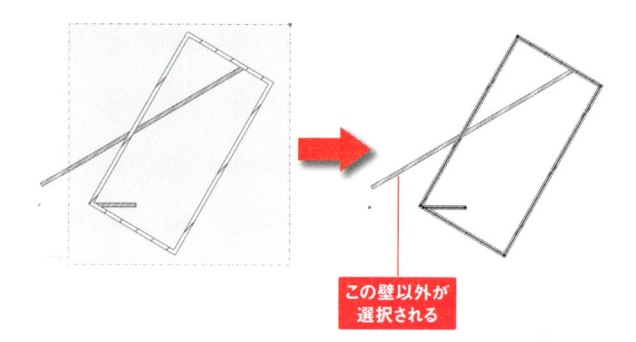

この壁以外が選択される

④ F5キーで3D表示にすると、図のように選択された壁のみが3D表示される。

詳細

矢印ツールによる図形要素の選択には2種類の方法がある。

1. 矢印ツールで選択したい図形要素を直接クリックする方法。連続して複数の図形を選択する場合はShiftキーを押しながら要素をクリックする。

2. 選択したい図形要素を囲むように対角の2点で矩形選択する方法。情報ボックスの[選択方法]で、次の3種類の矩形選択を設定する。

　　☞ 要素一部——選択ポリゴンもしくは選択矩形内に要素の一部があるとその要素は選択される

　　☞ 要素全体——選択ポリゴンもしくは選択矩形内に要素のすべてがある場合に選択される

　　☞ 方向依存——矩形を描画する方法に応じて選択方法が変わる

　　　　● 右→左に描画——要素一部

　　　　● 左→右に描画——要素全体

Tips　AutoCADからARCHICADへ乗り換える

オブジェクトを移動、複写、削除するためのコマンドは、AutoCADでも、BIMアプリケーションのARCHI
CADでも同じような構成になっている。キーボードショートカットや操作の呼び方は異なっているが、基
本的には共通する操作だ。

AutoCADとARCHICADの編集および表示コマンドの対応表を作成したので、参考にしてほしい。

ARCHICAD の [編集] メニュー

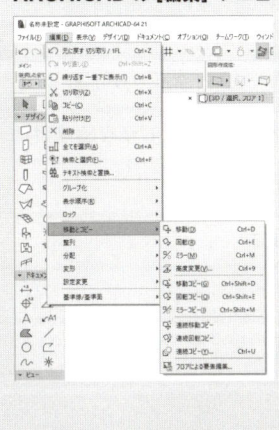

● AutoCAD と ARCHICAD の編集／表示コマンド対応

種類	AutoCAD コマンド	ARCHICAD メニュー	ARCHICAD ショートカット
編集	ERASE	[編集]→[削除]	Delete ／ Backspace
編集	MOVE	[編集]→[移動とコピー]→[移動]	Ctrl + D
編集	ROTATE	[編集]→[移動とコピー]→[回転]	Ctrl + E
編集	MIRROR	[編集]→[移動とコピー]→[ミラー]	Ctrl + M
編集	COPY	[編集]→[移動とコピー]→[移動コピー]	Ctrl + Shift + D
編集	ARRAYRECT	[編集]→[移動とコピー]→[連続移動コピー]	——
編集	ARRAYPOLAR	[編集]→[移動とコピー]→[連続回転コピー]	——
編集	SCALE	[編集]→[変形]→[サイズ変更]	Ctrl + K
編集	TRIM	[編集]→[変形]→[切り取り]	Ctrl + クリック
編集	EXTEND	[編集]→[変形]→[一括ストレッチ]	Ctrl + -
表示	DRAWORDER	[編集]→[表示順序]	——
表示	ZOOM E	[表示]→[ズーム]→[ウィンドウに合わせる]	Ctrl + 1
表示	REGEN	[表示]→[更新]→[再構築]	Ctrl + Shift + R

● **AutoCAD と ARCHICAD に共通のキーボードショートカット**

種類	ショートカット	機能
ファイル	Ctrl + N	ファイルを新規作成
	Ctrl + O	ファイルを開く
	Ctrl + S	ファイルを上書き保存
	Ctrl + Shift + S	ファイルに名前を付けて保存
クリップボード	Ctrl + C	クリップボードにコピー
	Ctrl + X	切り取り（クリップボードにコピー）
	Ctrl + V	クリップボードから貼り付け
その他	Ctrl + P	印刷
	Ctrl + Q	終了
	Ctrl + A	すべてを選択
	Ctrl + Z	元に戻す

Tips　インテリジェントカーソル

スナップできるポイントにカーソルが近づいたときにカーソル形状が変化する機能を「インテリジェントカーソル」と呼ぶ。カーソルの形状を見て「垂直にスナップ」や「交点にスナップ」などの状態を確認して操作することができる。さまざまな状況で使用できるインテリジェントカーソルを以下にまとめた。

●**要素の入力または編集時**

意味	カーソルの形状	
ウィンドウ内の何もない領域	十字線	+
基準線上の壁の節点、または基準軸上の梁の節点	濃いチェックマーク	✓
任意の要素のその他の節点/ホットスポット	薄いチェックマーク	✓
壁の基準線、または梁の基準線軸	濃い三つ又	人
任意の要素のその他の辺	薄い三つ又	人
辺の交点の包絡	交点	×

●複数点の定義が必要な要素を入力する場合

意味	カーソルの形状	
空の領域や、ホットスポットや辺のない要素	白抜きの鉛筆	
壁の基準線、または梁の基準軸の端	芯入り鉛筆	
壁の基準線または梁の基準軸上の節点	黒塗り鉛筆	
その他の節点またはホットスポット	端が白抜きの黒塗り鉛筆	
辺の交点	交差のある鉛筆点	
垂直の辺	垂直記号のある鉛筆点	
接線	正接記号のある鉛筆点	

●矢印ツールを使用している場合

意味	カーソルの形状	
ウィンドウ内の何もない領域	矢印（黒）	
サブ要素を選択	矢印（白）	
クイック選択	クイック選択（磁石）	
壁の基準線と梁の基準軸上の節点にスナップ	濃いチェックマーク付き矢印	
壁の基準線と梁の基準軸以外のホットスポットおよび節点にスナップ	薄いチェックマーク付き矢印	
壁の基準線と梁の基準軸にスナップ	濃い三つ又付き矢印	
壁の基準線と梁の基準軸以外の辺にスナップ	薄い三つ又付き矢印	
エッジの交点にスナップ	交差のある矢印	
要素の移動中に辺または円弧に垂直にスナップ	垂直記号のある矢印	
要素の移動中に円弧に接してスナップ	正接記号のある矢印	

●特殊な状況でのみ表示されるカーソル形状

意味	カーソルの形状	
パースビューの地平線上の何もない領域	雲	
マジックワンド	頂点の識別	
	辺の識別用	
	何もない領域	
要素の切り取りをおこなうはさみ	黒塗りのはさみ	
	白抜きのはさみ	
屋根の勾配方向、要素を分割したときに選択された状態を維持する側の要素、有限断面の奥行き、およびドア/窓の向きを定義	目玉	
カーテンウォールの「外部」部分を定義	太陽	
ある要素からのパラメータを取得	スポイト(半分)	
基準線または軸の節点にスナップ	スポイト(満杯)	
ホットスポット、一般節点、または選択可能な領域にスナップ	スポイト(半分)	
何もない作業領域内にカーソルを配置	スポイト(空)	
パラメータを移動させるショートカット	注射器	
要素のコピーの移動、回転、またはミラーをおこなう場合	プラス符号	
要素の複数のコピーの移動または回転をおこなう場合	ダブルプラス	
塗りつぶし完了後に、ベクトル方向を決める	塗りつぶしハンドル	
寸法列、角度寸法、立面寸法配列、ゾーンスタンプ、および塗りつぶし領域、または閉じた多角形を配置	ハンマー	
矩形選択範囲や貼り付け後のクリップボードの内容を移動	三つ槍型	

●寸法操作時

意味	カーソルの形状	
3D ドキュメントでクリックした要素の寸法設定をおこなう平面を選択	ハンマー	
[任意の方向]を使った直線寸法操作時に、このアイコンで線または辺を選択	三つ又+平行寸法アイコン	

実際にモデル作成に入る前に、ここで「ARCHICAD BIMガイドライン」の全体像を解説する。またこのガイドラインを使って作業を効率化するプロジェクトデータの分け方や、BIMを使った設計をおこなう上でより効果を生む組織体制についても提案する。

1 ＞ ARCHICAD BIMガイドラインとは？

ARCHICAD BIMガイドラインとは、従来の2次元図面を利用した設計ワークフローからBIMを活用した設計ワークフローに移行する際の手順を、実務でも設計をおこなっている筆者らによるノウハウをもとに、すべてのARCHICADユーザーに活用してもらえるようにまとめたBIMガイドラインである。グラフィソフトジャパンのホームページからダウンロードできる（P.65詳細参照）。

架空の建物をベースに、モデルの構築から図面への展開を解説している。ガイドラインのモデル構成として、実務のフェーズに沿って「企画設計編」「基本設計編」「実施設計編」のモデルを作成している。フェーズごとで設計の目的を設定してそのモデリングルールをLOD（Level of Development）により明瞭化している。また各フェーズのモデルデータのレイアウトブック内に、モデリングのコツや環境設定の考え方などの解説のドキュメントも作成してある。モデルデータには次の3つがある。

- 企画設計編.plaファイル
- 基本設計編.plaファイル
- 実施設計編.plaファイル（意匠・構造）

それぞれのフェーズごとで環境設定を整えたテンプレートファイルも作成してある。たとえば新規にプロジェクトを始めるときに、最初にいくつかの環境設定において基本を決めておけば、複数人数でも効率的にBIMを進めていくことができる。

ARCHICAD BIMガイドラインでは、［レイヤー設定］［ペンとカラーの設定］［材質の設定］［ビルディングマテリアルの設定］などをフェーズごとに整え、テンプレートファイルとしてある。これらをベースにして、各社オリジナルテンプレートとしてアレンジしながら、実務で効率的かつ効果的に活用してもらうことができる。

このARCHICAD BIMガイドラインを「BIMトレーニングのサンプルモデル」として、また「テンプレートファイルでBIM導入の安心材料」として、ぜひとも活用していただきたい。

2 3段階に分けた理由 －企画・基本・実施－

本書で紹介している「ARCHICAD BIMガイドライン」では、企画・基本・実施という3つのフェーズで、それぞれ別のモデルを作成している。そこには企画・基本・実施というそれぞれの設計目的ごとに明快に分けられたガイドラインデータを作成するという主旨がある。また、ガイドラインを3つのフェーズに分けることで、さまざまな実務レベルの設計作業環境にいるARCHICADユーザーが、いずれのフェーズからでも、その時々で必要とされる環境設定の設定方法や、どのようにモデリングされていて、どのように図面化していくかをシンプルかつスマートに見てもらえるようにと考えた。

図1 企画設計モデル

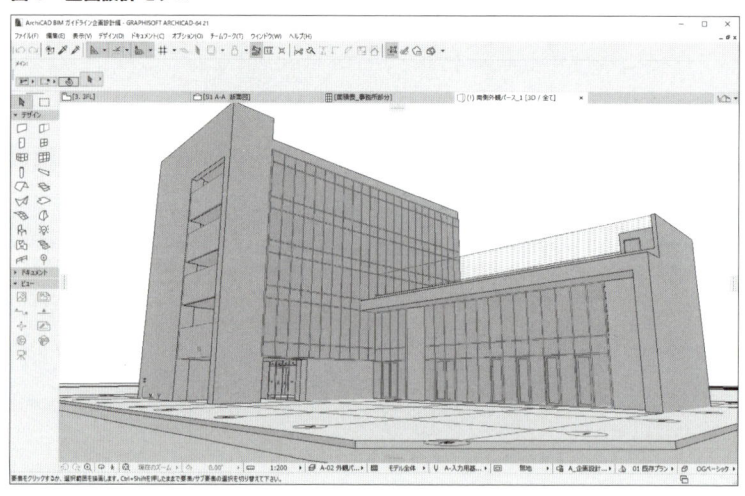

図2 基本設計モデル

図3　実施設計モデル

詳細

ARCHICAD BIMガイドラインはグラフィソフトジャパンのホームページ（http://www.graphisoft.co.jp/download/BIMguideline/）からダウンロードできる。本書ダウンロード付録の「ARCHICAD BIM ガイドライン企画設計編」フォルダーに収録しているファイルは、上記ホームページジからダウンロードできる「企画設計編」と同じものだ。

3 1つのモデルで異なるフェーズを表現

ガイドラインでは企画、基本、実施の3つのモデルを別々に作成しているが、1つのモデルから［モデル表示］の設定や［詳細レベル］の切り替えを使って、異なるフェーズを表現することができる。設計フェーズは企画→基本→実施と進むのが前提だ。たとえば逆に実施から基本へ戻ることが求められる場合があっても、すでに作成した複雑な実施フェーズのモデルを使いながら、シンプルな基本フェーズで表現することも可能だ。

01 ［モデル表示］の利用

［モデル表示］という設定を変えて1つのモデルでも詳細な表現とシンプルな表現を使い分けることができる。たとえば「ARCHICAD BIMガイドライン」の実施設計データでは、［モデル表示］の設定を使ってポップアップナビゲータの［ビュー一覧］の［一般図　1:100］フォルダー内に、基本設計フェーズの平面図、立面図、断面図をおさめている。詳細に入力されたモデルをあえてシンプルに表現している実例だ。1つのモデルの表現を変えてフェーズを切り替えるという設計手順を踏む場合の参考にされたい。

図4 実施設計モデルのビュー一覧をナビゲータで表示

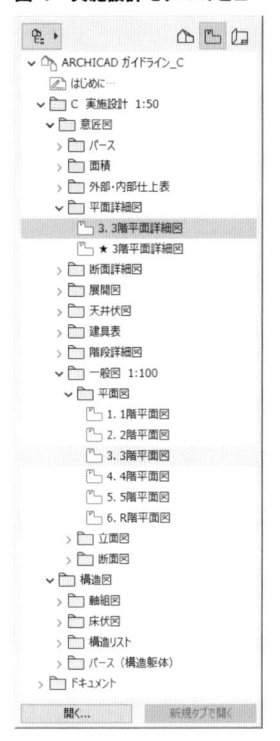

図5 実施フェーズの平面詳細図の表現　1:50

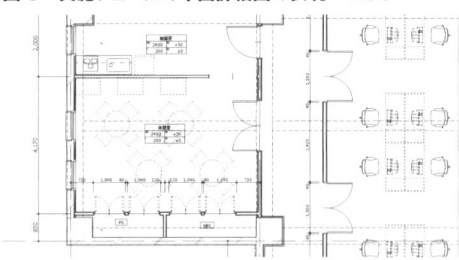

図6 基本フェーズの平面図の表現 1:100

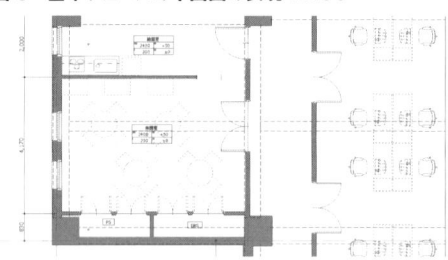

図7 実施フェーズの断面詳細図の表現　1:50

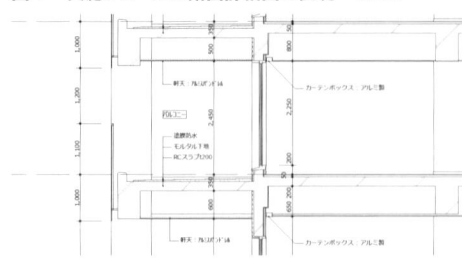

図8 基本フェーズの断面図の表現　1:100

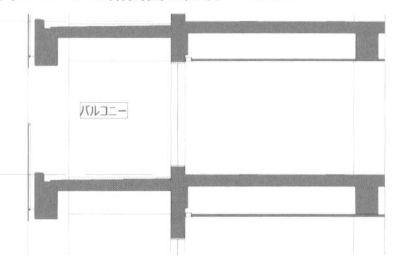

02 詳細レベルを切り替える

詳細レベルを切り替えて表現するテクニックも紹介する。

環境設定の1つである［モデル表示オプション］から、窓やドアの詳細レベルがモデル表示オプションセットとして登録できる。［モデル表示オプション（MVO）］ダイアログボックスに［ドア、窓、天窓シンボルの詳細レベル（ARCHICADライブラリ21）］パネルがあるので、そこで窓/ドアとも、いずれかの詳細レベルを選んでおいて、モデル表示オプションセットとして登録をおこなっておく。

モデル表示オプションセットとして登録した詳細レベルを有効にするには、窓やドアツールの設定ダイアログボックスから［カスタム設定］パネル→［モデル表示オプションに依存］を選択して配置しておけばよい。

スケールに関係なく詳細レベル表現が選べるので、たとえば図面のスケールが1:100の場合に、1:50レベルの詳細表現が必要となったときに、登録しておいたモデル表示オプションセットを選択すれば、実際のスケールに影響されず、一括して詳細レベル表現が切り替えられる。

図9　メニューから［モデル表示オプション］を選択

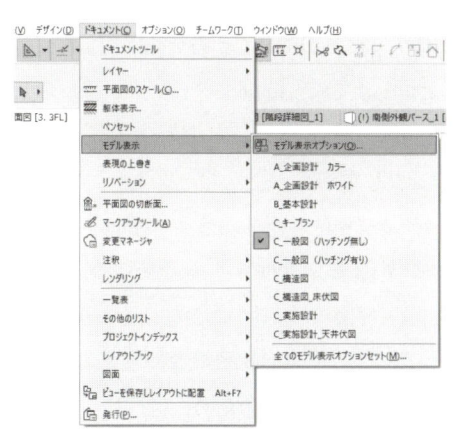

図11　［ドアツール］の設定ダイアログボックスの　　　［カスタム設定］パネル（右側のみ）

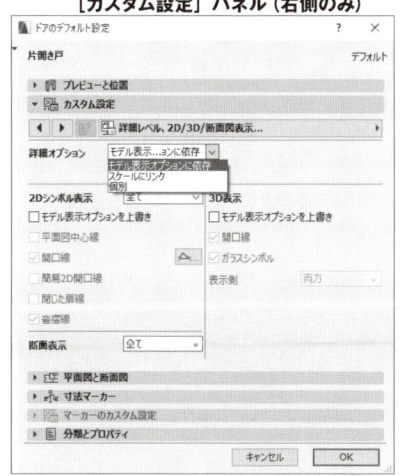

図10　［モデル表示オプション（MVO）］　　　ダイアログボックス

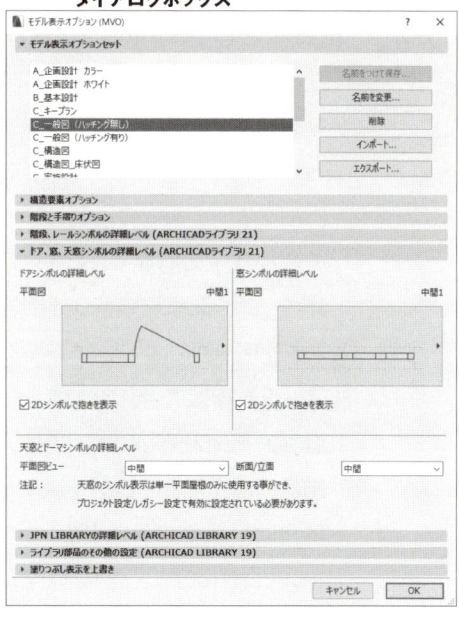

067

4 チームでガイドラインを使う

「ARCHICAD BIMガイドライン」では、複数人による作業を想定している。BIMモデルを作成するメンバーが2人以上の複数にわたる場合のポイントを解説する。

01 複数人数で作業する場合のポイント

BIMモデルを複数人で取り扱うときのポイントを6つ挙げておく。

① ARCHICADの環境設定で[属性]メニューの中にある[レイヤー設定][ビルディングマテリアル][複合構造][ペントカラー][材質][モデル表示]などを、お互いの共通言語として扱えるようにルールづけをした「テンプレートファイル」を準備しておく。

② 新しいプロジェクトをスタートするときに、作成しておいたテンプレートファイルからプロジェクトファイルを作成することをルールづけておく。目的はプロジェクトにかかわっていない、またこれからかかわるメンバーがBIMモデルデータを確認したり、モデリングを新たにおこなう場合に理解しやすく作業に入りやすくするためにだ。

③ 建築の知識が豊富な設計リーダーと同じ並びで、BIMアプリケーションの知識が豊富なメンバーを「BIMマネージャー」として確立しておく。その2大リーダーの下で、各設計者は、BIMアプリケーションでモデリングしながら設計をおこなう。

④ BIMマネージャーの役割はBIMプロジェクトを遂行するうえで、BIMプロジェクト全体の進捗状況の把握や、BIMモデルの作業環境を管理する権限を持つ。また各設計のメンバーに作業領域の振り分けをおこない、円滑に作業がおこなえるように管理する。

⑤ ARCHICADには「チームワーク」というインターネット回線を使って、1つのBIMモデルデータを複数人で作業できる機能（P.29）がある。そのためにはIT技術に詳しいIT管理者もチームワークメンバーの1人としておいたほうがよいだろう。

⑥ 物件の規模によって、作成するBIMモデルデータの分け方を工夫する。大規模な物件の場合は、1物件のデータを1つのファイルで作成しきるのではなく、モデルデータの構成をいくつかに分けて作業をおこなう。たとえば躯体モデル、内装モデル、設計図書データといった具合だ。最終の成果品としてはBIMモデルデータを1つに統合する。BIMモデルデータを1つに統合するには、「ホットリンク」という機能を使う（ARCHICAD Soloにはない）。ホットリンク機能については「低層棟を配置する」（P.213）で解説する。

次の図12は、「ARCHICAD BIMガイドライン」のモデルデータの一部を例として「躯体モデル」「内装モデル」「躯体+内装モデル」と3つに分け、またそれらを統合した設計図書データの例だ。BIMマネージャーを含め5人の分業で作業する想定をした。

図12　さまざまなモデルを統合した設計図書データの例

躯体モデル

内装モデル

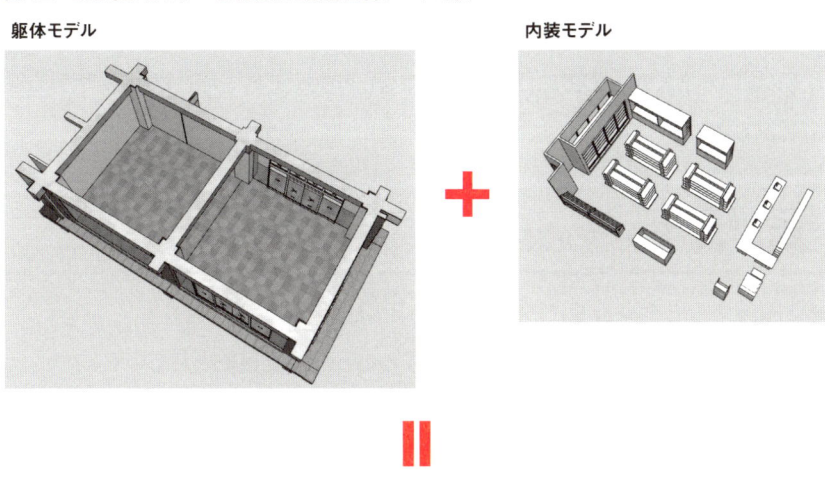

躯体+内装モデル

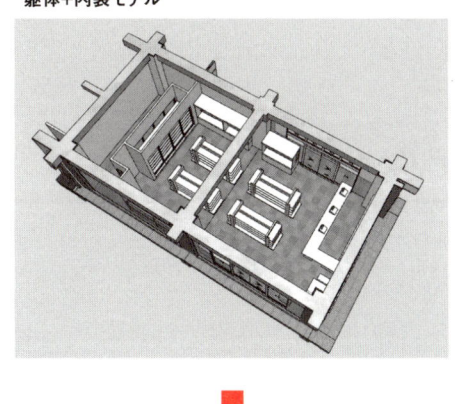

069

設計図書データ

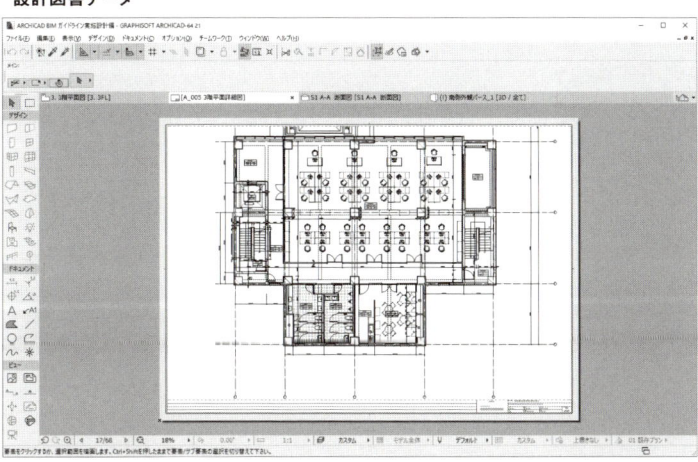

03 企画設計モデルの目的と特徴

企画モデルの目的とその目的を実現するためのルールを確認しておこう。ともすれば過剰なモデリングをおこなってしまいがちだが、最初に目的とルールをしっかり決めておけば必要十分な企画モデルを作成することができる。

1 企画設計モデルの目的

概略の計画を検討するモデルのイメージはホワイトボリュームモデルだ。
この企画設計モデルを使って以下の項目を決定することを設計目的としている。

目的： ● ゾーニング計画を行う
● 当該敷地や近隣と比較できる建物ボリュームをつかむ
● 今後の設計の方向性として合意形成を得るためのモデルをつくる

2 企画設計モデリングのルール

企画設計モデリングのルールを次のように決めた。

① 全体的なボリューム検討のフェーズと考えているので、モデルのマテリアル色の表現はホワイトカラーとし、余計な情報を排除する。
② 屋根などの勾配や傾斜はなし。ただし、今後のフェーズで勾配や傾斜が必要になってくる可能性のある部分については、勾配設定のできるツールで入力をする。
③ 梁は、ホワイトボリュームモデルとして見えがかり上、必要なところのみ入力をする。
④ 柱は配置する。
⑤ 床はスラブツールで天井懐を含んでスラブとして入力、次の基本設計フェーズで躯体スラブと天井に分ける。
⑥ 屋上フェンスについては、詳細なモデル表現ではなく、ボリュームのみ表現する。
⑦ ドアと窓の開口部は表現。ただし枠表現はこの後のフェーズで変化する。
⑧ 主な部屋のみ、室名と面積をゾーンツールで表示する。
⑨ 企画上必要な家具はボリュームのみ入力するが、基本的に入力はおこなわない。
⑩ 外構モデルはホワイト表現。スロープなどの勾配は表現しない。

図1　企画設計モデルのイメージ

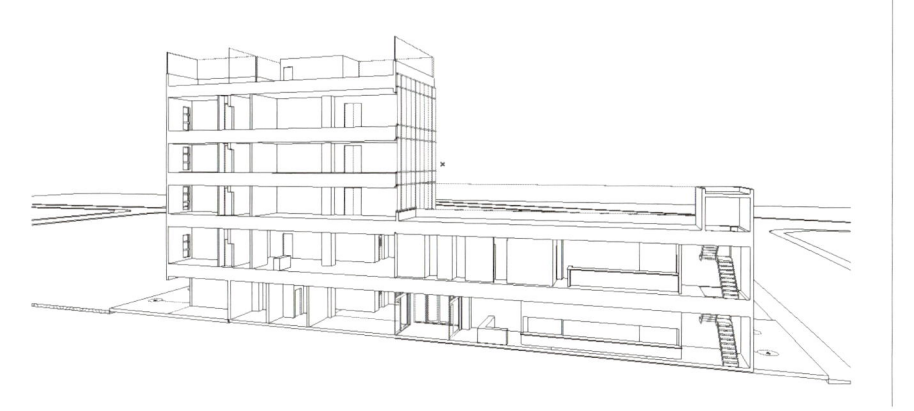

全体的なボリュームを表現

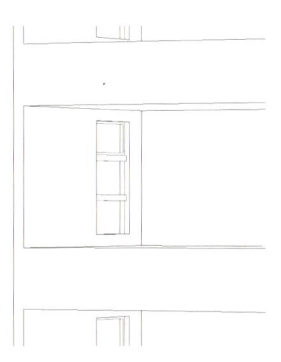

床は天井を含んだスラブ

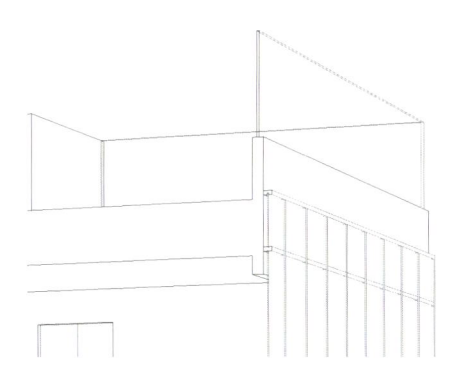

屋上フェンスはボリュームのみ

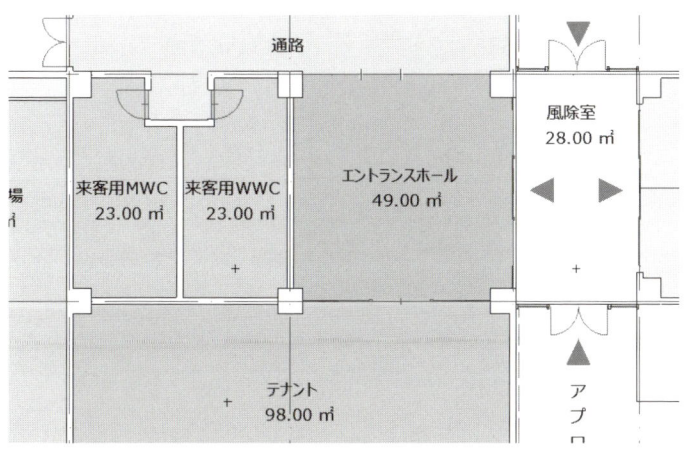

室名と面積を入力表示する

04 企画設計で使用する環境設定

モデル作成作業に着手する前に、企画設計用に環境設定を整えておく。ここでは、レイヤーの設定とビルディングマテリアルの設定について解説する。最初に「練習用ファイル」フォルダーに収録されている「ARCHICAD BIMガイドライン企画設計編.pln」を開いておく。

1 レイヤー設定を見る

企画設計モデルのレイヤー設定がどうなっているのか見ていこう。[オプション]メニューから[属性設定]→[レイヤー設定(モデル)]を選択して、[レイヤー設定]ダイアログボックスを開く(もしくは Ctrl + L のキーボードショートカットを使用)。

図1 [オプション] メニューから [属性設定] → [レイヤー設定] を選択

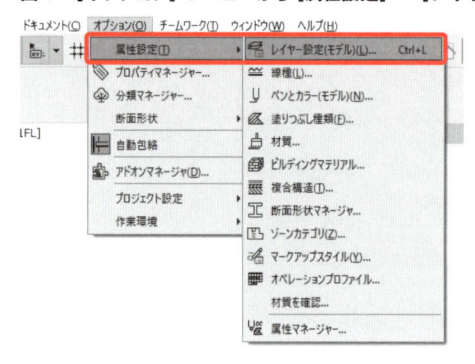

図2 [レイヤー設定] ダイアログボックス

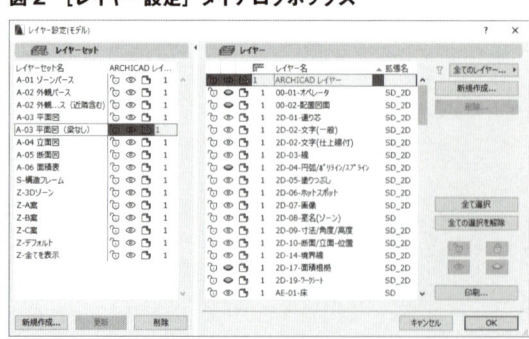

01 [レイヤーセット] 名のルール

[レイヤー設定]ダイアログボックスの左側は[レイヤーセット]と呼ばれ、レイヤーの表示・非表示・ロックなどの組み合わせに名前を付けたものだ。

［レイヤーセット］名のルールとして、どのフェーズで使われるレイヤーセットかを区別するために、たとえば企画設計時の場合は頭文字に「A」、基本設計時の場合は「B」、実施設計時の場合は「C」としている。頭文字「Z」は設計フェーズに関係のない一般的なレイヤーセットだ。またARCHICADのレイヤーセットは図面ごとに適用されるので、図面名と同じレイヤーセット名にしている。このモデルは企画設計フェーズなので、頭文字Aから始まる次の6つのレイヤーセットを作成した。

> A-01ゾーンパース
> A-02 外観パース
> A-02 外観パース(近隣含む)
> A-03 平面図
> A-04 立面図
> A-05 断面図
> A-06 面積表

02 ［レイヤー］名のルール

レイヤー名のルールとして、頭文字でカテゴリーがわかるようにしている(表1)。ソートの順番として「数字→アルファベット」というルールをうまく使って、目的のレイヤーを見つけやすいようにするためだ。

表1　レイヤーの頭文字の意味

頭文字	意味
00	オペレーターとグリッド
2D	線、文字等2Dの要素
AE	意匠のエクステリアの要素
AI	意匠のインテリアの要素
AL	ランドスケープ(添景など)の要素
S	建築構造要素

レイヤー名には「拡張名」もある。拡張名のルールとして、企画設計は英語で「Schematic Design」ということから、頭文字をとって「SD」としている。ただし、2Dツールにおいては3Dツールと区別するために「SD_2D」、構造レイヤーに関してはフェーズに関係なく英語のStructureから「Str」とした。

このように拡張名を付けることによって、拡張名ごとにフィルタを適用し、ある拡張名のみを表示できるので、選択する際に煩雑に見えがちなレイヤー名をシンプルに表示させることができる。フィルタをかけたい拡張子を選択しておいてから［拡張名でフィルタ］をクリックする。

図3　レイヤー名を拡張名でフィルタ

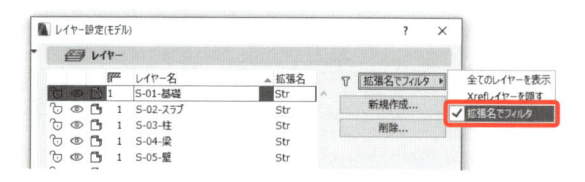

Tips　レイヤー「ARCHICAD」って？

プロジェクトには最低でも1つのレイヤーが含まれている必要がある。

「ARCHICAD」という名前のレイヤーはそのために準備された特別なレイヤーだ。そのため、削除、非表示、およびロックをおこなうことができない。あるプロジェクトファイルを読み込んだときにエラーが発生する場合は、レイヤーの定義が失われている可能性がある。そのようなエラーが発生したときに、自動的に要素が「ARCHICAD」レイヤーに属するようになっている。

人生には越えてはならない一線があるが、コンピュータの中でそれを文句も言わずに守ってくれるのがARCHICADレイヤーだ。

2　ビルディングマテリアルを見る

建築物を構成する各部位にビルディングマテリアルの「優先度」機能を使うことで見えがかりの優先順位を設定できる。

また断面での塗りつぶし表現や材質の設定、物理的な特性なども1つのビルディングマテリアルでまとめて設定できる。

［オプション］メニューから［属性設定］→［ビルディングマテリアル］を選択して、［ビルディングマテリアル］ダイアログボックスを開き、このガイドラインモデルでのビルディングマテリアルの設定を見てみよう。

図4　［オプション］メニューから［属性設定］→［ビルディングマテリアル］を選択

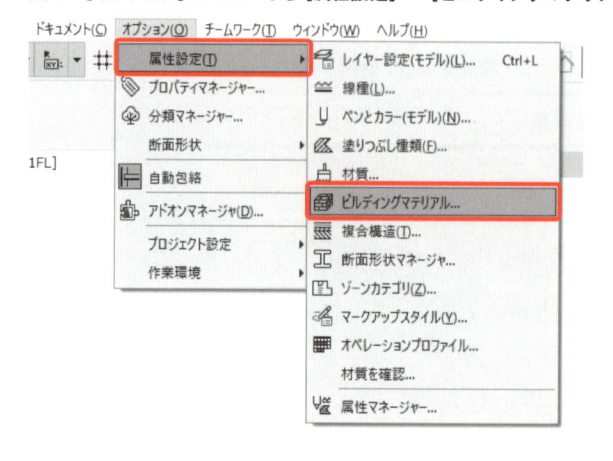

図5 [ビルディングマテリアル] ダイアログボックス

01 ビルディングマテリアル名と優先度

企画設計フェーズ用に、建物ボリュームをつかむためだけのシンプルなビルディングマテリアルを3つ用意した。内外の仕上げなどは、まだ先の検討事項なので、コンピュータの中にホワイトスタディ模型をつくるイメージで、ビルディングマテリアルの[材質]は「白」とした。

表2 企画設計フェーズ用のビルディングマテリアル名と優先度

ビルディングマテリアル名	優先度
A_家具・設備	990
A_壁　柱　スラブ　梁	980
A_間仕切り	970

図5に示した[優先度]は0〜999の間で指定できる。数字が大きくなればなるほど優先度は高くなる。図6は3種類のビルディングマテリアルを使った要素の断面図だ。スラブと間仕切りが交差するところで、スラブが「勝って」表現されている点に注目されたい。これが優先度だ。

図6 3種類のビルディングマテリアルを使った要素の断面図

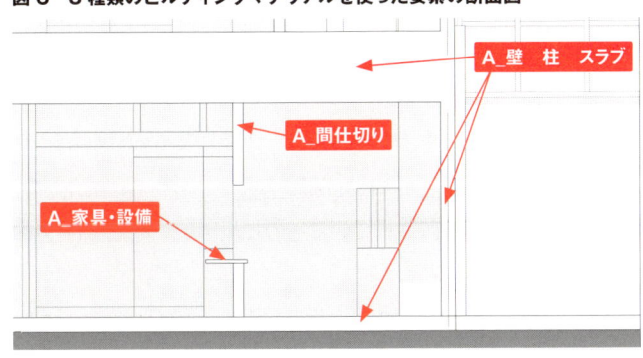

Tips 優先度の便利な編集方法

たとえば断面図の作成中に、ある部位のビルディングマテリアルの優先度を編集したい場合は、それらの要素を選択して、[ビルディングマテリアル]ダイアログボックスを開く。選択された要素に割り当てられたビルディングマテリアル名がハイライト表示されるので編集しやすくなる。

また、編集したい要素を選択したまま、リストのタイトルの[選択した要素]をクリックすると、選択されたビルディングマテリアル名だけが上部に集まってハイライト表示される。さらに[ID][名前][優先度]をクリックすると、降順、昇順のどちらかの順番で並べ替えられる。

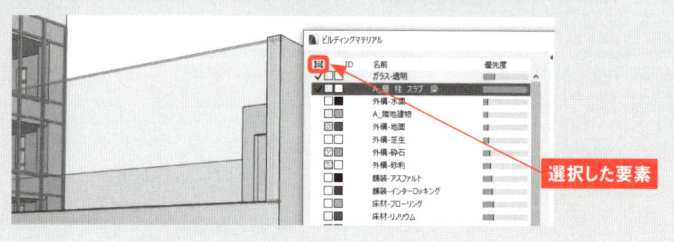

02 ビルディングマテリアルの追加

ビルディングマテリアルを追加する場合は[新規]と[複製]の2つの方法がある。[ビルディングマテリアル]ダイアログボックス左下の[新規作成]ボタンをクリックすると[新規ビルディングマテリアル]ダイアログボックスが表示される。ここで[新規]と[複製]のどちらかを選ぶ。[新規]を選択すると、白紙の詳細設定でビルディングマテリアルが追加される。

[複製]で追加する場合は、複製の元に最適なビルディングマテリアルを選択しておいてから[OK]ボタンをクリックする。詳細な設定をする必要がないので簡単だ。

図7 [新規ビルディングマテリアル] ダイアログボックス

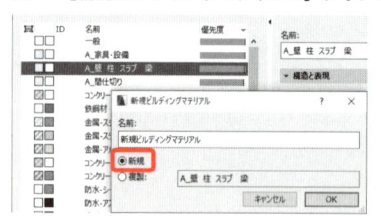 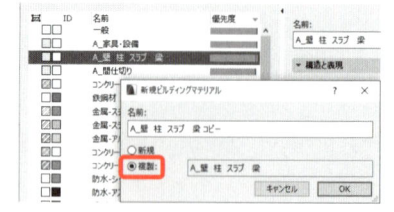

03 ビルディングマテリアルの削除

ビルディングマテリアルを削除する場合は、ダイアログボックス中央下の[削除]ボタンをクリックする。その削除方法も2つの方法があり、1つは[削除]、もう1つは[削除と置換]になり、前者の[削除]はプロジェクトファイルに配置されているそのビルディングマテリアル属性のすべてのモデルが削除されてしまう。

後者はそのビルディングマテリアルを別のビルディングマテリアルに置き換えておいて、削除

する方法。この場合はビルディングマテリアルの名前だけを削除することになるので、モデル
データが消えてしまうことがなく、安全な削除方法だ。

図8 ［削除と置換］ダイアログボックス

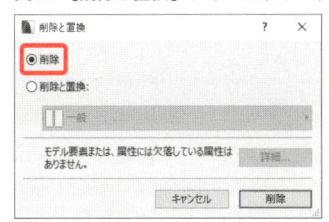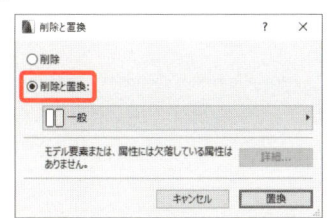

3 ＞ 正しく包括させる設定

ビルディングマテリアルの優先度設定を使って、要素が重なっているときに、どちらの要素が見え
がかりとして表示されるかを優先度の「勝ち負け」によって表現できる。

図9のようにスラブを壁の基準線位置までくるように入力しても、壁のビルディングマテリアルの優
先度のほうがスラブより大きいので、壁の断面が優先して表示される。

室内のスラブであれば、壁の内側でモデリングをする……などモデリングする位置をあらかじめ考
えることなく、壁芯や壁の外側をスラブの境界としても、優先度設定により、スラブに対して常に壁
が優先されるなど、モデリングの自由度が広がる。

また反対に、それぞれ異なったツールで作成された床と壁と梁と屋根でも、同一のビルディングマ
テリアルであれば図10のようにきれいに包絡する。

**図9　壁のビルディングマテリアルの優先度
　　　のほうがスラブより大きい場合**

**図10　床と壁と梁と屋根のビルディングマテリアル
　　　　が同一の場合**

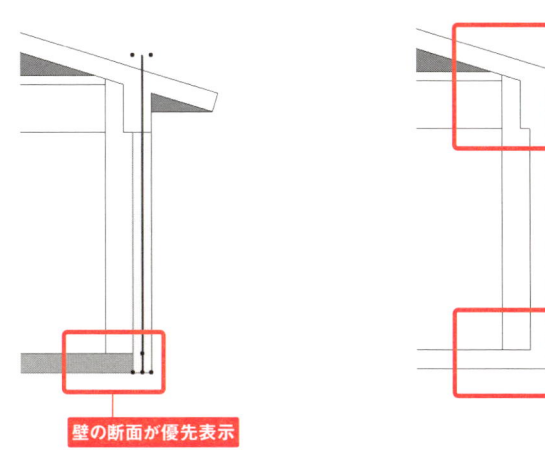

壁の断面が優先表示

同一のビル
ディングマテ
リアルで
包絡して
表示される

ただし各ツールの組み合わせによって、包絡させる方法にパターンがあるので、その詳細を表3で紹介する。同じビルディングマテリアルを使った場合に、異なったデザインツールの組み合わせできれいに包絡するモデリングルールを表している。

表3　包絡のパターン

	壁	梁	柱	スラブ	屋根	シェル	モルフ
壁	基準線	干渉	干渉	干渉	接続 (要素の結合)	接続 (要素の結合)	接続 (要素の結合)
梁		干渉 (平面：基準線)	干渉	干渉	接続 (要素の結合)	接続 (要素の結合)	接続 (要素の結合)
柱			接続 (ソリッド編集)	干渉	接続 (要素の結合)	接続 (要素の結合)	接続 (要素の結合)
スラブ				接続 (ソリッド編集)	接続 (要素の結合)	接続 (要素の結合)	接続 (要素の結合)
屋根					接続 (要素の結合)	接続 (要素の結合)	接続 (要素の結合)
シェル						接続 (要素の結合)	接続 (要素の結合)
モルフ							接続 (要素の結合)

※GRAPHISOFTホームページのHOW TO USE ARCHICADの「優先度ベースの接続」より表を抜粋。
http://www.howtousearchicad.com/?p=1766

図10の壁、床（スラブ）、梁の組み合わせでは「干渉」となっている。「干渉」とは、2つのモデル要素の一部が立体的に重なっている、もしくは2つのモデル要素の面がぴったり接しているモデリング状態のことだ。この場合、ビルディングマテリアルが同一であれば異なったデザインツールでもきれいに包絡する。

同じく図10の梁と屋根は表3で「接続」となっている。「接続」とは、2つのモデル要素の面がぴったり接しているモデリング状態のことだ。

片方が［屋根］［シェル］［モルフ］要素が重なってきている場合は、図12のように［デザイン］メニューの［接続］から［屋根／シェルで要素を切り取り］もしくは、［要素の結合］のどちらかの編集をおこなって、きれいに包絡させる。図11は屋根より上に突き出た壁と屋根を［屋根／シェルで要素を切り取り］で包絡させている。図12は重なっている柱と屋根を［要素の結合］で包絡している。

図11 [デザイン] メニューの [接続] から [屋根／シェルで要素を切り取り] を選択

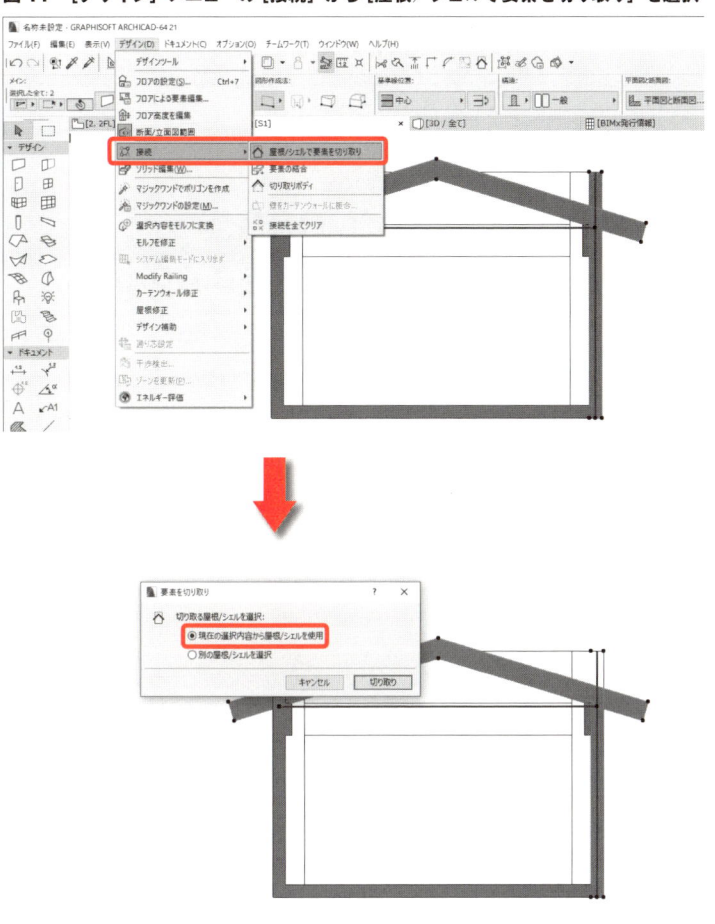

図12 [デザイン] メニューの [接続] から [要素の結合] を選択

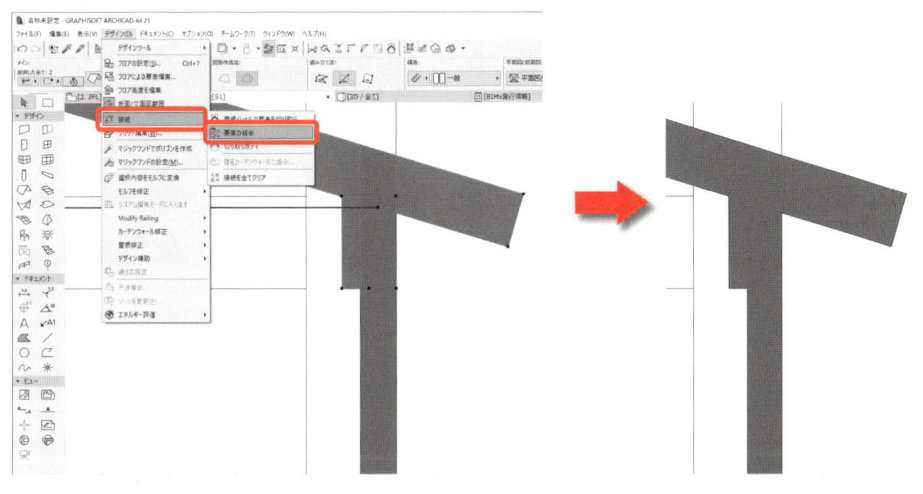

ARCHICAD 21ではじめるBIM設計入門
［企画設計編］

FAX質問シート

［送付先］
FAX **03-3403-0582**
メールアドレス **info@xknowledge.co.jp**

以下を必ずお読みになり、ご了承いただいた場合のみご質問をお送りください。

- ●「本書の手順通り操作したが記載されているような結果にならない」といった本書記事に直接関係ある質問にのみ回答いたします。「このようなことがしたい」などの特定のユーザー向けの操作方法については受付しておりません。
- ●体験版のインストール、ご使用の機器やOSについての操作方法やトラブルなどの質問には回答できません。
- ●ARCHICAD 21以外のバージョンやARCHICAD soloでの操作方法については回答できません。
- ●ご質問の内容によっては日数を要する場合がございます。またお電話での質問はお受けできません。

ふりがな

氏名 　　　　　　　　　　　　　　年齢　　　　歳　　　　性別　男　・　女

回答送付先（FAX番号またはメールアドレスのいずれかをご記入ください）

FAX番号 　　　　　　　　　　　　**メールアドレス**

※送付先ははっきりとわかりやすくご記入ください。判読できない場合は回答いたしかねます。※電話による回答はいたしておりません

ご質問の内容（本書記事のページおよび具体的なご質問の内容）
※例）01の手順4までは操作できるが、手順5の結果が別紙画面のようになって本書通りにならない。

【本書　　　　　ページ　～　　　　　ページ】

ご使用のパソコンの環境
パソコンOSの種類とバージョン、メモリ量、ハードディスク容量など。

chapter 3

1F モデルを作成

手を動かして建築のモデルを作成していこう。

3章では1階のモデルを作成する。

フロアと通り芯、柱、梁、壁、ゾーン、建具、床、階段と

基本的な建築要素の作成方法を解説する。

ARCHICADを操作しながらこの章を読むことを前提に、

ていねいに1操作ずつ説明してある。

図面を作成するためにモデリングするという感覚でなく、

コンピュータの中に建物を建てるという感覚で

作業すると楽しく操作できると思う。

また一般のWindowsのCADなどにはない

ARCHICADらしい操作も、できるだけ紹介するようにした。

ARCHICADらしい操作をここでぜひマスターされたい。

01 フロアと通り芯

プロジェクトを新たにつくることから始める。プロジェクトを新規に作成し、敷地の方位を設定する。さらにプロジェクトには高さ方向の寸法である階高と、水平方向の寸法を示す通り芯がある。階高はARCHICADで「フロア」と呼ばれる。このフロアと通り芯を作成してプロジェクトを始めよう。

3章で作成する1F モデル

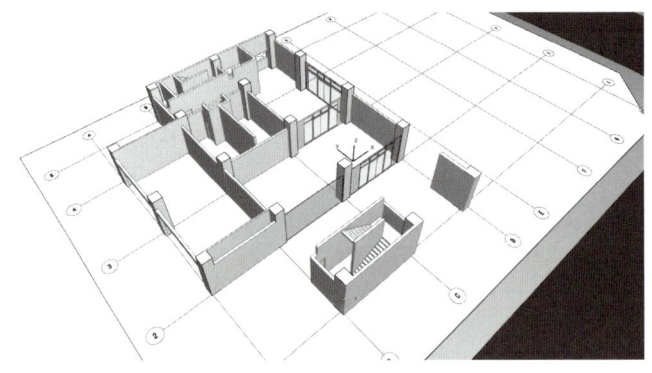

1 プロジェクトを作成

プロジェクトはあらかじめ用意された敷地を含むテンプレートからスタートする。また敷地の真北方向の設定は建築の基本だ。[プロジェクトの北]の設定もしておこう。

01 プロジェクトファイルの新規作成

モデル作成のために、プロジェクトファイルを新規作成する。テンプレートは「練習用ファイル」フォルダーにある「ガイドラインテンプレート.tpl」を使用する。このテンプレートにはガイドラインモデルの敷地が配置されている。

① ARCHICADを起動して、[ARCHI
CAD 21を起動]ダイアログボックス
を表示し、次の項目を設定して[新規
作成]ボタンをクリックする。

- [新規プロジェクトを作成]を選択
- [テンプレートの設定を使用]を
  選択
- ドロップダウンリストから練習用
  ファイルの「ガイドラインテンプ
  レート.tpl」を選択
- [使用する設定]で[デフォルトの
  プロファイル]を選択

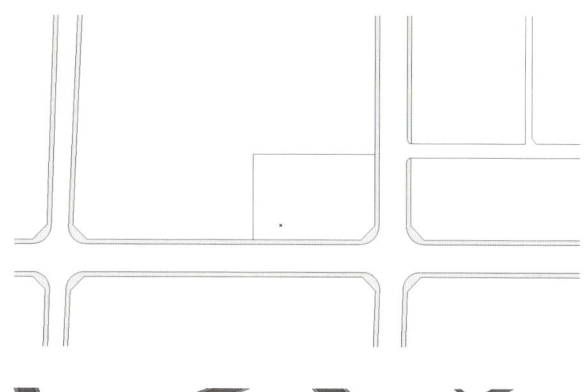

② 敷地などがすでにモデリングされた
テンプレートが読み込まれる。最初は
平面図として表示される。

③ F5キーを押して3Dウィンドウを表
示すると、図のように敷地が3次元で
表示される。確認できたらF2キーで
平面図に戻る（MacはP.47詳細参
照）。

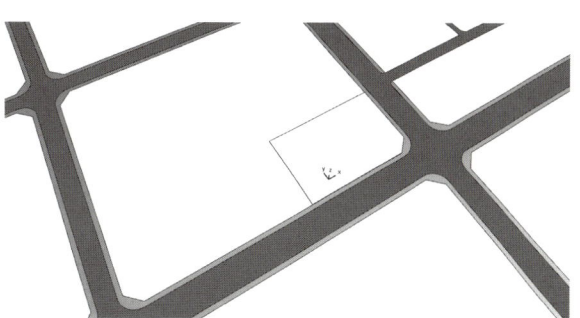

Tips　テンプレートファイルに含まれる設定

テンプレートファイルには、「環境設定」「配置された要素」「ツールボックス」内の各ツールのデフォル
ト設定が含まれている。テンプレートファイルはWindowsでは「C:¥Program Files」内、Macでは「ア
プリケーション」内の「GRAPHISOFT¥ARCHICAD 21¥Defaults¥ ARCHICAD」フォルダーに置
かれる。

02 ［プロジェクトの北］を設定

この敷地の位置（緯度・経度）と北方向を設定することから始める。位置と北方向を設定しておくことで太陽光のシミュレーションなどが正確におこなえる。

① ［オプション］メニューから［プロジェクト設定］→［プロジェクトの場所］を選択して［プロジェクトの場所］ダイアログボックスを開く。

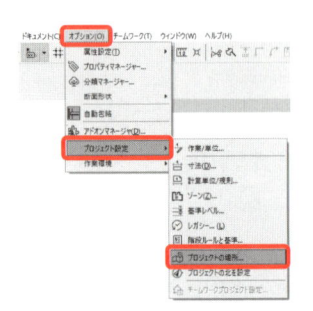

② ［都市］ボタンをクリックし、表示される［都市］ダイアログボックスで計画地の都市（大阪）を指定する。

③ ［プロジェクトの北］の方角を「90」と数値入力する。

④ ［OK］ボタンをクリックしてダイアログボックスを閉じる。

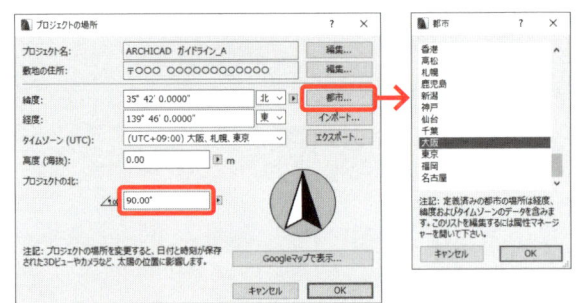

詳細 　［プロジェクトの場所］ダイアログボックスで［Googleマップで表示］ボタンをクリックすると、ブラウザが起動して、設定した計画地がGoogleマップで表示される。

03 平面図ウィンドウ上でプロジェクトの北方向を設定

前項では［プロジェクトの場所］ダイアログボックスで［プロジェクトの北］に「90」と入力して、北方向を設定したが、北方向の設定だけなら平面図上でも設定できる。たとえば測量図などの2D図面に真北の方角が示されていることが多いので、その2D図面を下図にして、真北方向をなぞるようにしてプロジェクトの北方向を設定することもできる。

① ［オプション］メニューから［プロジェクト設定］→「プロジェクトの北を設定」を選択する。

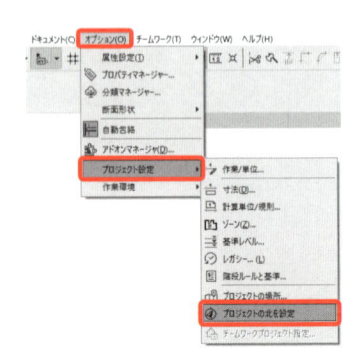

② 平面図ウィンドウ上で任意の点❶を
クリックして、次に北の方向にある点
❷をクリックする。

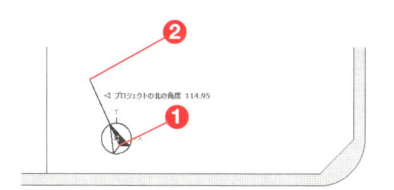

詳細

　　　この操作によって平面図ウィンドウ上で方角のシンボルが配置されるわけではない。プロジェクトの北方向が設定されるだけだ。設定された北方向が平面図の「真北」となり、方位記号オブジェクトを配置するとこの方向に回転して配置される。実際に方角の数値を確認するには［プロジェクトの場所］ダイアログボックスを開いてその数値を確認する必要がある。

Tips　　Googleマップの「この場所について」を使う

Googleマップで、計画地の上を右クリックすると「この場所について」というメニューが表示される。これを選択すると、画面下にその場所の名前と「緯度」および「経度」が「度（小数）」の数値で表示される。その数値の上でクリックすると、場所名を表示していた画面左上の検索ボックスに「度（小数）」の数値が表示される。

 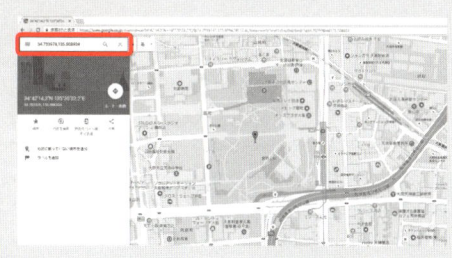

検索ボックス内の数値をそれぞれコピーして、ARCHICADの［プロジェクトの場所］ダイアログボックス内の［緯度］と［経度］のフィールドに数値をペーストすることができる。［緯度］と［経度］に基づいて「気候データ」が読み込まれるので「エネルギー評価」のシミュレーション情報に使える。「エネルギー評価」とはArchiCAD 15から標準搭載されたエネルギーシミュレーション機能だ。

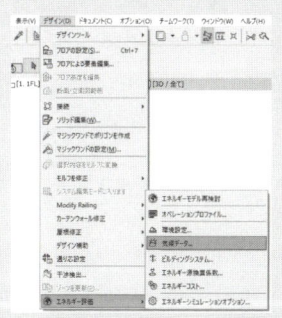 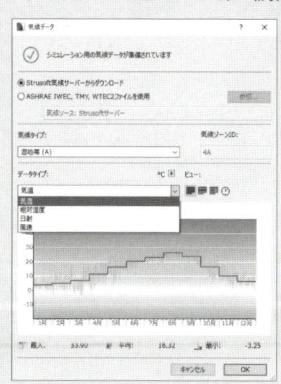

2 フロアと通り芯を作成

フロアと通り芯という建物の基本形状を確定していこう。企画段階で最初から階高や通り芯が確定していることはないだろうが、説明のわかりやすさを優先してフロア（階高）と通り芯の作成を最初におこなうことにする。

01 | フロアの設定

［フロアの設定］で階数と各階高の数値を設定する。この設定によりプロジェクトにフロア（階）が作成される。

① ［デザイン］メニューから［フロアの設定］を選択する。

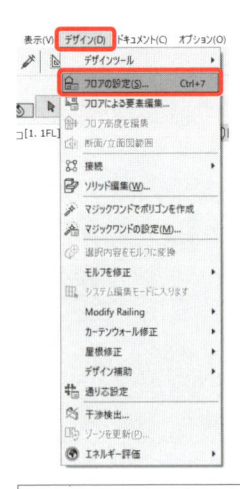

② ［フロアの設定］ダイアログボックスが開く。フロア番号［1］を選択し、［上に挿入］ボタンを6回クリックして6フロア追加する。

③ ［名前］を上から順に「最高高さ」「RFL」「5FL」「4FL」「3FL」「2FL」と入力する。

④ ［階高］を上階の「最高高さ」から順番に「0」「2700」「3600」「3300」「3300」「4000」と入力する。

⑤ ［OK］ボタンをクリックしてダイアログボックスを閉じる。

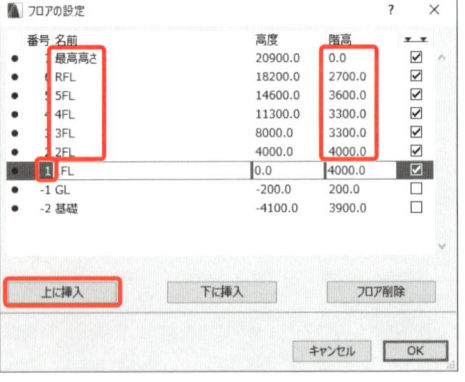

02 | 通り芯の設定

ここでは、この後のモデリングの解説を進めやすくするために、この段階で通り芯を配置する（実務では後の段階の作業となる）。通り芯の設定や配置方法について解説する。

① ポップアップナビゲータの「プロジェクト一覧」から「-1.GL」フロアをダブルクリックして、GLの平面図ウィンドウを表示する。

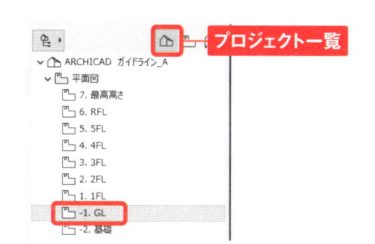

プロジェクト一覧

詳細

ポップアップナビゲータが「プロジェクト一覧」表示になっていない場合は、上部の[プロジェクト一覧]ボタンをクリックして表示を切り替える（P.42参照）。

---

② [デザイン]メニューから[通り芯設定]を選択する。

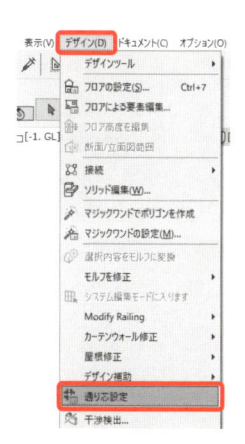

③ [通り芯設定]ダイアログボックスが開く。[一般設定]パネルで、[配置]にある[寸法表示]と[全体寸法]にチェックを入れる。この操作で通り芯と寸法を同時に配置できる。

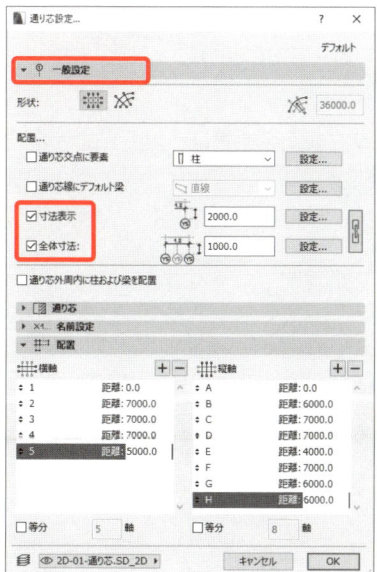

④ [通り芯]パネルで、通り芯記号を配置する[マーカー]にチェックを入れる。

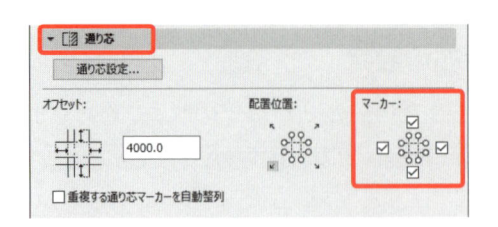

⑤ [X1...名前設定]パネルで、通り芯記号の名前設定をおこなう。
ここでは横軸のスタイルは数字の[1,2,3...]を選択、縦軸のスタイルはアルファベットの[A,B,C...]を選択する。

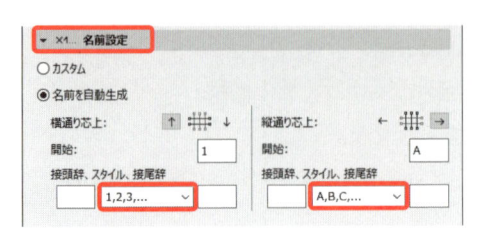

⑥ [配置]パネルで、スパンの設定をおこなう。追加[＋]、削除[―]ボタンで通り芯の本数を設定し、通り芯寸法の[距離]は次の値を入力する。

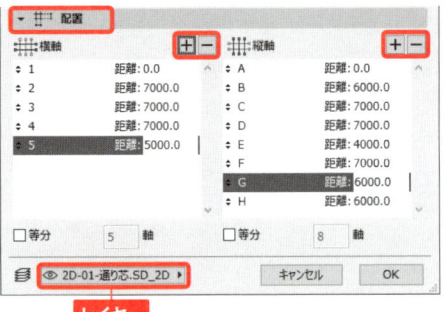

横軸（Y通り）		縦軸（X通り）	
1	O	A	O
2	7,000	B	6,000
3	7,000	C	7,000
4	7,000	D	7,000
5	5,000	E	4,000
		F	7,000
		G	6,000
		H	6,000

⑦ レイヤーを[2D-01-通り芯.SD_2D]とする。
⑧ [OK]ボタンをクリックしてダイアログボックスを閉じる。カーソルに通り芯が表示される。

03 通り芯の配置 「オフセット」入力で配置

通り芯の配置基準点を指定する。ここでは、ARCHICADの便利な機能である「オフセット」入力を使って複数の通り芯をまとめて配置する。

① プロジェクト原点❶にカーソルを合わせる。

② 原点にカーソルを1秒置くと青い輪のスナップガイドが表示される。（Qキーを押すと、すぐに青い輪が表示される）。

③ クリックせずにマウスを左に動かすと、青色水平線のスナップガイドが表示される。この青色水平線にカーソルをのせると座標情報が表示される。

④ B通と1通の交点が原点にくるように配置したいので、座標情報の距離に「6000」と入力し、Enterキーを2回押す。Enterキーを2回押すのは「ダブルクリック」と同じ操作になる。

⑤ 図のような「情報」ダイアログボックスが表示される。[継続]ボタンをクリックする。

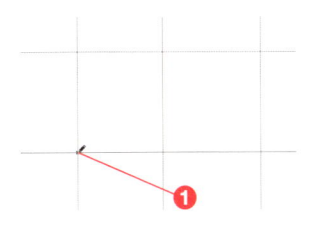

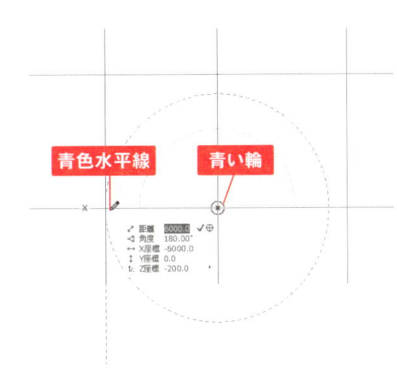

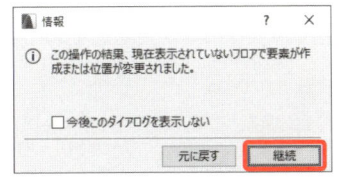

青色水平線　青い輪

詳細

通り芯をある平面で配置した際、通り芯とともに配置する寸法が今現在のフロアだけではなく他のフロアでも作成されるため、図のような「この操作の結果、現在表示されていないフロアで要素が作成または位置が変更されました。」というメッセージが表示される。ここでは[継続]ボタンをクリックして[情報]ダイアログボックスを閉じる。

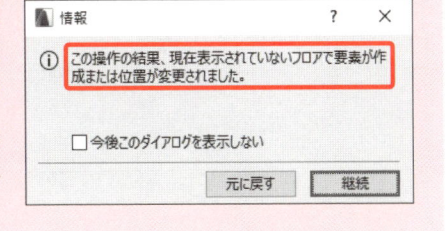

⑥ オフセット入力で通り芯がまとめて
配置される。GLの通り芯は図のよう
になる。

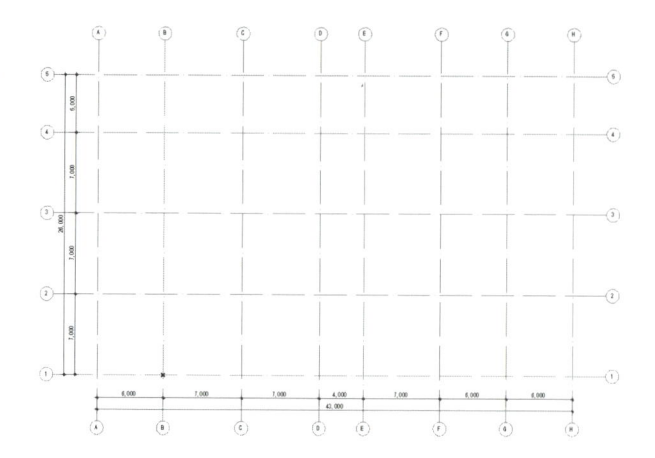

詳細

「プロジェクト原点」とは、XY座標の座標値が「0,0」の一定の位置にある基準点だ。3Dウィンドウ以外の平面図、立面図、断面図ウィンドウと、詳細図ツールやワークシートツールから作成する2Dウィンドウでは、太字の×マークで表示されている。

Tips　通り芯は配置フロアが選択できる

あるフロアには通り芯を表示して、あるフロアには表示しないこともできる。フロアごとに表示・非表示を設定したい通り芯を選択しておいて、情報ボックスに表示される通り芯の[設定ダイアログ]ボタンをクリックして[通り芯設定]ダイアログボックスを開く。[平面図]パネルの[フロア表示]のプルダウンリストから[カスタムを編集]を選択すると[フロアを選択]ダイアログボックスが表示される。[選択]チェックボックスのオン・オフで表示するフロアを選択できる。

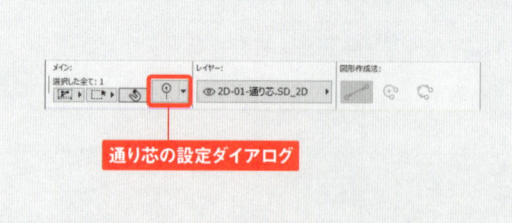

通り芯の設定ダイアログ

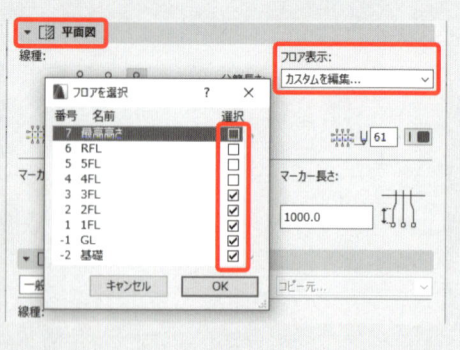

02 柱と梁

コンピュータの中に建物を作り上げるという作業の最初は柱だ。柱を建てて梁を架ける。実際の建設作業と同じだ。設定を先にしてモデリングというARCHICADの作図にもここで慣れよう。柱、梁とも最低限覚えておくべき複数のモデリング方法を解説する。

1 〉 柱を作成

[柱ツール]は建築要素の「柱」だけをモデリングするデザインツールではない。たとえば縦ルーバーの外装材や、身近なところではドアのハンドルをモデリングするツールにもなる。傾斜した柱を作成することも可能だ。柱も設定してから位置を指定という2段階の操作で作成する。

01 柱の設定

最初に柱の設定だ。

① ポップアップナビゲータの[プロジェクト一覧]で「1.1FL」をダブルクリックして1FLの平面図ウィンドウを表示する。

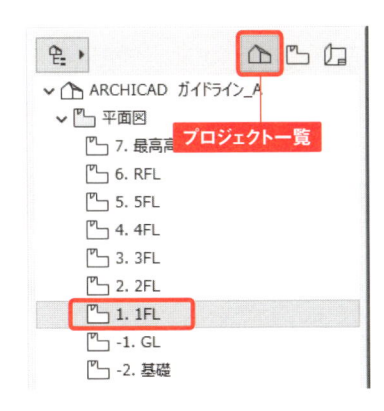

② ツールボックスの[柱ツール]をダブルクリックする。

●使用するツール[柱ツール]

③ ［柱のデフォルト設定］ダイアログ
ボックスが開く。次のように設定し、
［OK］ボタンでダイアログボックスを
閉じる。

●柱の設定

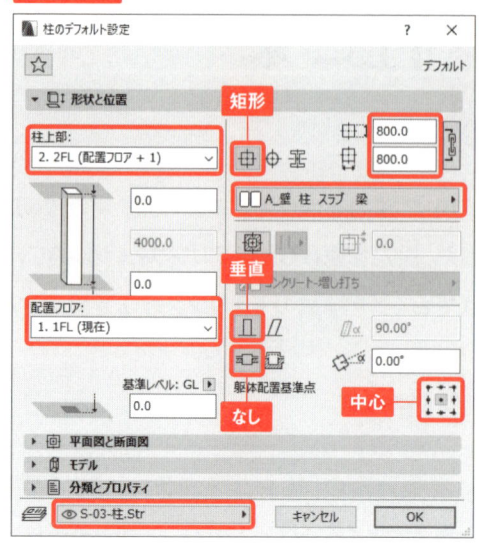

- 柱上部「2.2FL（配置フロア+1）」
- 配置フロア「1.1FL（現在）」
  ※柱高さにはフロア高さ設定に
  よって「4000」と表示される。
- 組み立て法「矩形」、躯体寸法1
  「800」、躯体寸法2「800」
- ビルディングマテリアル「A_壁
  柱　スラブ　梁」
- 垂直あるいは傾斜「垂直」、ラップ
  方法「なし」、配置基準点「中心」
- レイヤー「S-03-柱.str」

02 | 柱の配置　「オフセット」入力で配置

設定した柱を、通り芯でおこなったのと同様に「オフセット」入力を使って、B通と1通の交点に
配置する。

① B通と1通の交点❶にカーソルを合わ
せる。
② カーソルを1秒置くと青い輪のス
ナップガイドが表示される（Qキー
を押すと、すぐに青い輪が表示され
る）。

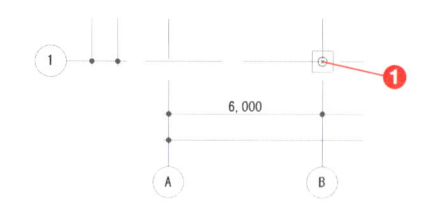

③ クリックせずにマウスを右に動かす
と青色水平線のスナップガイドが表
示され、その上にカーソルをのせると
座標情報が表示される。
④ キーボードの Xキーを押して、
「300」Y「300」と入力し、Enter
キーを押す。
⑤ 交点からX方向に300、Y方向に300
オフセットした位置に柱が配置され
る。

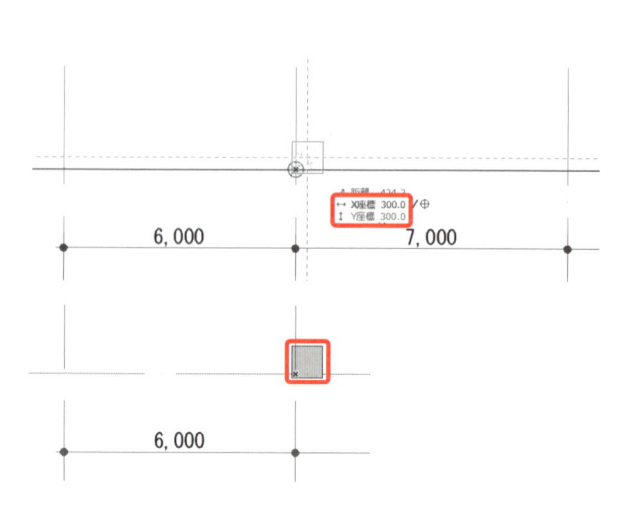

| **Tips** | 矢印ツールを使わない選択方法 |

ツールボックス内の[矢印ツール]以外のいずれかのツールがオンになって使用中のときでも、[shift]キーを押しながら選択したい要素の上でクリックするとその要素を選択できる。

03 | 柱の配置 「移動コピー」で配置

オフセット入力で配置した柱を選択して、C通と1通の交点に「移動コピー」で柱を配置する。

① B通と1通の交点に配置した柱を選択する。

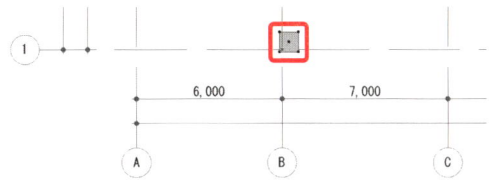

② 右クリックして[移動とコピー]→[移動コピー]を選択する。

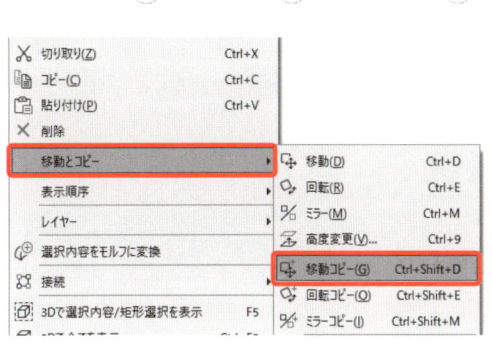

③ 選択した柱の中心を移動の基準点としてクリックする。マウスを右に水平に動かし、青色水平線に沿って基準点がC通の通り芯と垂直に交わる位置❶でクリックして配置する。

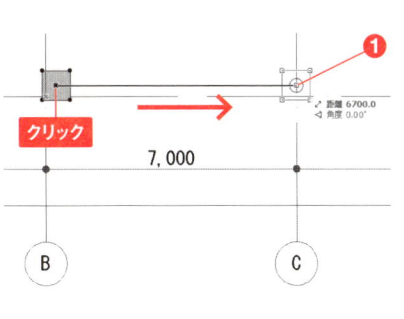

④ C通と1通の交点に柱がコピーされる。

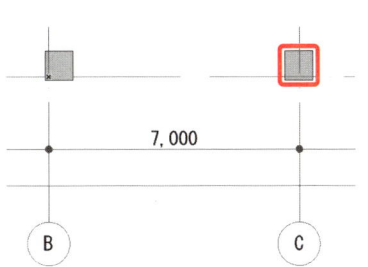

04 | 柱の配置 「ミラーコピー」で配置

オフセットで配置した柱を選択して、D通と1通の交点に「ミラーコピー」で柱を配置する。

① B通と1通の交点に配置した柱を選択する。

② 右クリックして[移動とコピー]→[ミラーコピー]を選択する。

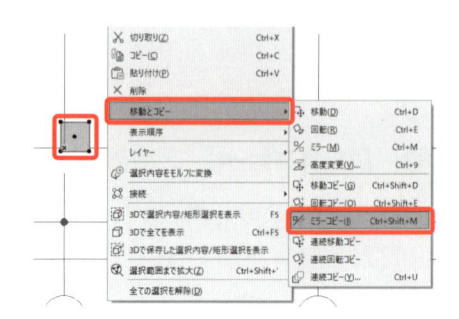

③ C通の通り芯を反転軸にするので、その通り芯線上の任意の点❶と点❷をクリックする。D通と1通の交点に反転した柱が配置される。

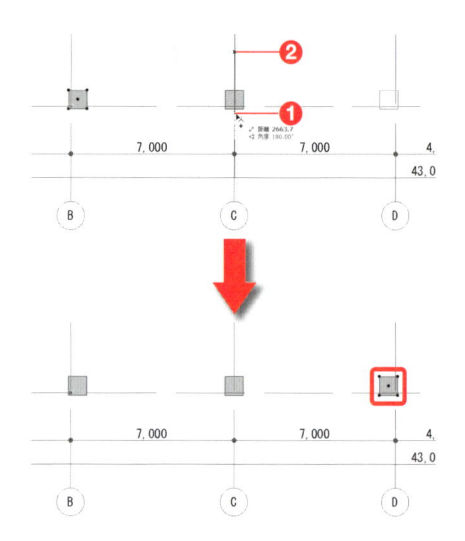

094

④ その他の柱も右図を参考に「移動コピー」や「ミラーコピー」を使って配置する。柱の入力後、[F5]キーを押して3Dウィンドウで確認してみよう。平面図ウィンドウに戻るには[F2]キーを押す。

1FLの柱の配置後の3Dウィンドウ

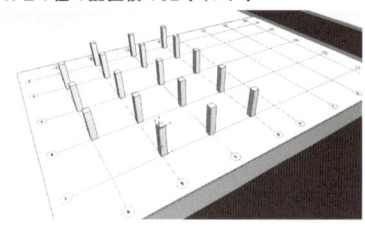

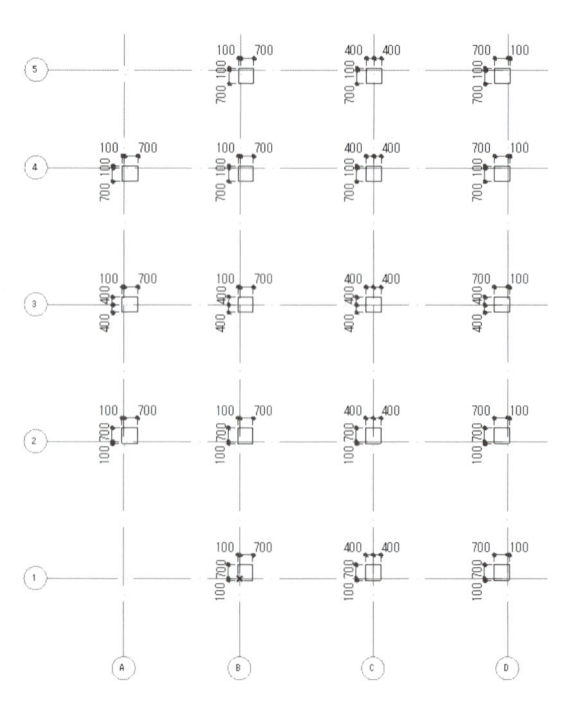

2 梁を作成

[梁ツール]の高さ位置は、実際の建物と同じように梁の天端でおさえる。また傾斜することもでき、登り梁なども作成できる。変わった使い方として、外構フェンスの目隠しの横ルーバーとして、また家具のテーブルの受け材などをつくるのにも使える。おもに水平方向にモデリングする要素に適したデザインツールだ。

01 梁の設定

梁を設定する。

① ツールボックスの[梁ツール]をダブルクリックして、[梁のデフォルト設定]ダイアログボックスを開く。

●使用するツール[梁ツール]

② 次のように設定し、[OK]ボタンでダイアログボックスを閉じる。

- 配置フロア「2.2FL（現在+1）」
- 梁高さ「800」、配置フロアまで基準線をオフセット「0.0」
  ※配置フロアの梁天端高さ位置を数値入力する。
- 組み立て法「矩形」、幅「500」
- ビルディングマテリアル「A_壁　柱　スラブ　梁」
- 水平あるいは傾斜「水平」、基準線オフセット「150」※「150」平行にオフセットした位置が梁芯。
- 「平面図と断面図」パネルの「平面図表示」−表示フロア「関連フロア全て」
- レイヤー「S-04-梁.str」

●梁の設定

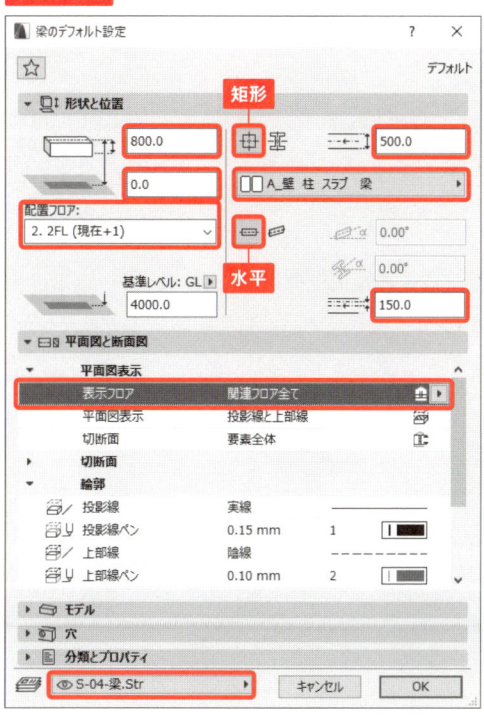

　[梁ツール]は、[フロアの設定]で[階高]が変更になった場合、階高の変更に追従させるため、平面図ウィンドウで作業している1つ上のフロアに配置しておく。たとえば今は1FLの平面図ウィンドウで作業しているが、ここで入力する梁は1階の天井にあって平面図では破線で表現される。この梁の配置フロアを「1FL」として「梁高さ位置」を「1FL＋4000」とすることもできるし、配置フロアを「2FL」として「梁高さ位置」を「2FL＋0」とすることもできる。ここで採用した後者の「2FL＋0」だと階高の変更に追従するということだ。

02 梁の入力　組み立て法「矩形」

梁を入力するにはいくつかの方法がある。まず、外周部の梁を矩形で位置を指定して入力し、そのあとに一部を調整する。

① 情報ボックスで図形作成法の[矩形]ボタンをクリックする。

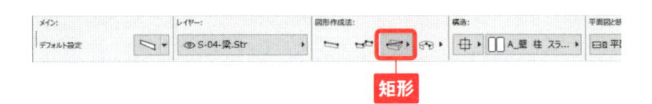

② 1点目としてB通と1通の交点❶をクリックする。

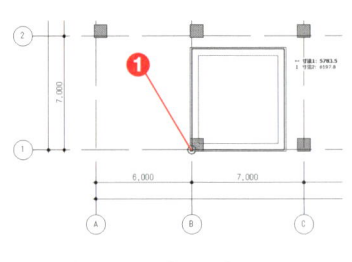

③ 2点目としてD通と5通の交点❷をクリックする

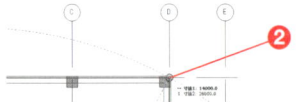

④ 指定した交点間に矩形で外周部の梁が配置される。

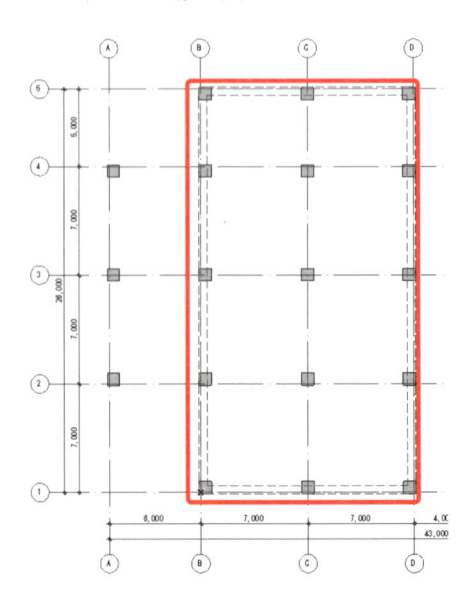

⑤ 5通 B-C間の梁は階段の踊場位置（2FL -2000）に梁レベルを合わせたいので、梁を分割する。5通 B-D間の梁を選択し、ツールバーの[分割]ツールをクリックする。C通り芯をクリックしたあと、通り芯の左側でクリックすると梁がB-C間とC-D間に分割される。

⑥ B-C間の梁が選択されているので、情報ボックスの梁[設定ダイアログ]ボタンをクリックし、[選択した梁の設定]ダイアログボックスの「配置フロアまで基準線をオフセット」を「-2000」と入力して[OK]ボタンでダイアログボックスを閉じる。

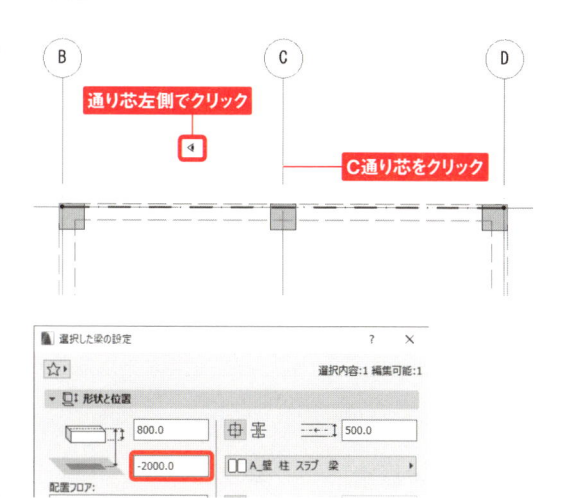

---

03 | 梁の入力　組み立て法「連続」

次に、梁の位置を連続して指定する方法で入力してみる。

① [梁ツール]の情報ボックスで図形作成法の[連続]ボタンをクリックする。

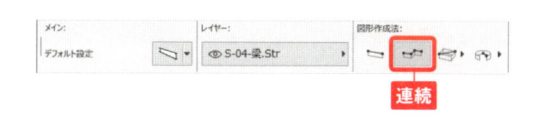

② 1点目としてD通と4通の交点❶をクリック、2点目としてA通と4通の交点❷をクリック、3点目としてA通と2通の交点❸をクリック、4点目は終了点になるので、D通と2通の交点❹をダブルクリックする。

③ 指定した交点間に連続した梁が配置される。

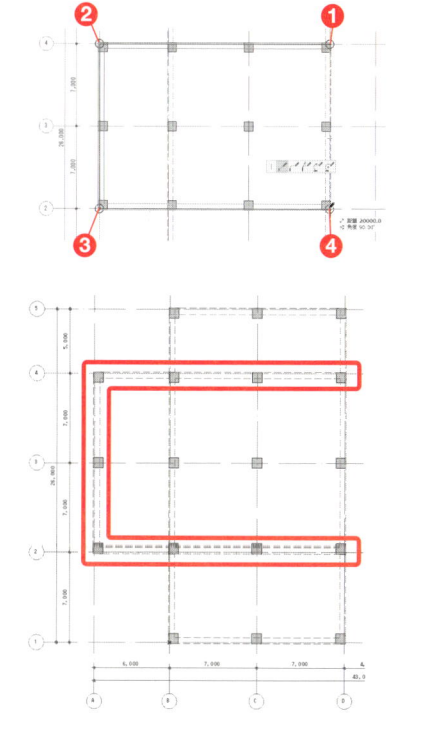

詳細

[連続]ボタンで梁や壁を入力していくときは、最後の点ではダブルクリックで終了する。すばやく作業できるARCHICADのワザだ。

04 | 梁の入力　組み立て法「単一」

最後に、C通と3通に梁をそれぞれ配置する。ここでは基準線オフセットを「0」にしてから配置する。

① ツールボックスの[梁ツール]をダブルクリックする。

② [梁のデフォルト設定]ダイアログボックスが開く。基準線オフセットを「0」に設定し、[OK]ボタンをクリックしてダイアログボックスを閉じる。

③ 情報ボックスで図形作成法の[単一]ボタンをクリックする。

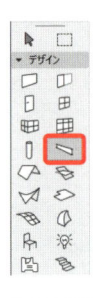
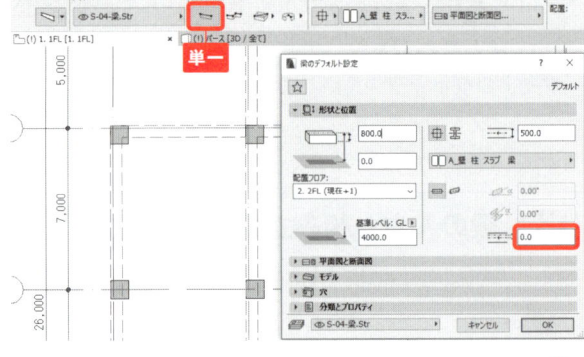

④ 1本目の梁を配置するために、A通と3通の交点❶をクリックし、続けてD通と3通の交点❷をクリックする。

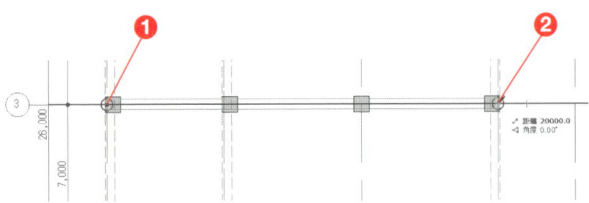

⑤ 2本目の梁を配置するために、C通と1通の交点❸をクリックし、C通と5通の交点❹をクリックする。

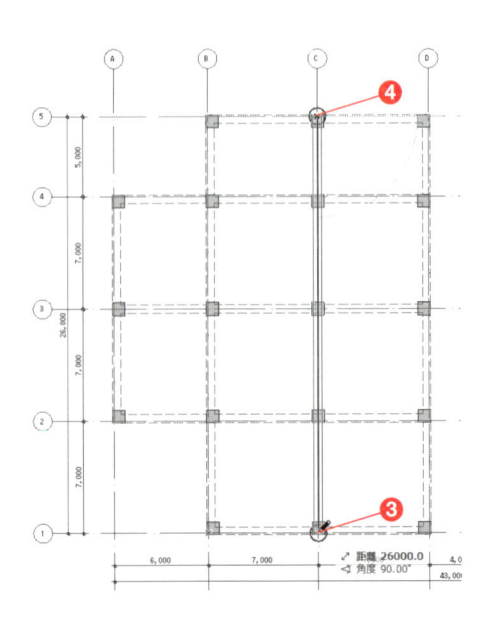

⑥ 指定した交点間2ケ所に単一の梁がそれぞれ配置される。これで1FLの梁の作図が完了。

1FLの梁の配置平面図

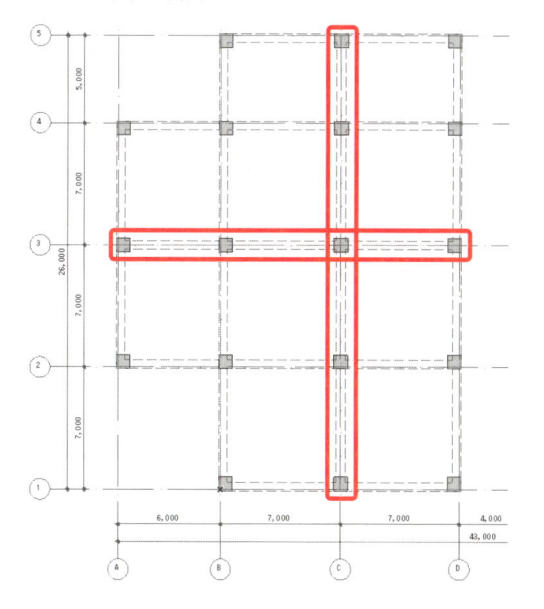

⑦ 梁を配置したら、3Dウィンドウで確認してみよう。3Dウィンドウを表示するにはキーボードの F5 キーを押す。平面図ウィンドウに戻るには F2 キーを押す。図のように柱、梁が入力されて躯体が表示される。

1FLの天井梁の入力後の3Dウィンドウ

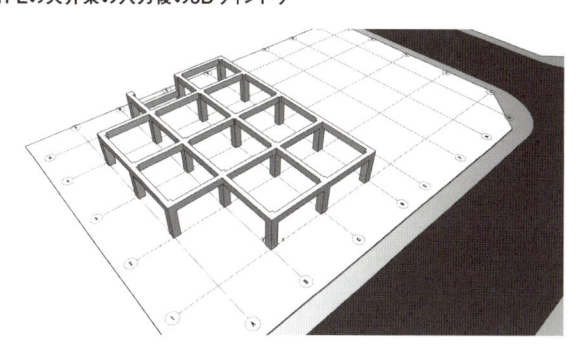

03 壁

外壁と間仕切り壁をつくっていく。さらに壁によって区切られる「ゾーン」も作成する。壁やゾーンを作成することでモデルは建築として成立するようになり、面積の自動集計といったBIMらしい振る舞いもできるモデルになる。

1 > 外壁を作成

[壁ツール]で外壁を入力する。また内部の壁も[壁ツール]で入力する。壁ツールの基本的な使い方は第2章「壁をつくってみよう」(P.50)で解説した。ここでもう一度その実務的な方法を確認しておこう。[壁ツール]を使って、家具の扉やサインプレートなどもモデリングできる。傾斜させることもできるが、基本的には面形状で垂直方向に高さを設定する建築要素に適したデザインツールだ。

01 外壁の設定

外壁を設定する。

① ツールボックスの[壁ツール]をダブルクリックする。

●使用するツール[壁ツール]

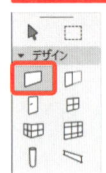

② [壁のデフォルト設定]ダイアログボックスが開く。次のように設定し、[OK]ボタンでダイアログボックスを閉じる。

- 壁上部「2.2FL(配置フロア+1)」
- 配置フロア「1.1FL(現在)」
- 配置フロアまでの下部オフセット「0」※壁高さはフロア高さ設定によって自動的に「4000」と表示される。

●壁の設定

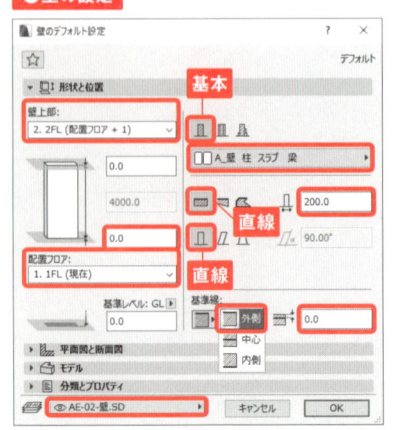

- 組み立て法「基本」、ビルディングマテリアル「A_壁　柱　スラブ　梁」
- 図形作成方法「直線」※上、壁厚さ「200」、壁形状「直線」※下
- 基準線位置「外側」、基準線オフセット「0.0」
- レイヤー「AE-02-壁.SD」

02 外壁の入力　組み立て法「矩形」

外周部の長方形に配置される外壁を、平面上の対角の2点を指示して作成する。広い範囲の外壁を一気に作成できる。

① 情報ボックスで図形作成法を長押しして[矩形]ボタンをクリックし、基準線位置が[外側]であることを確認する。

② 1点目としてB通と2通の柱左下のコーナー点❶でクリック、2点目としてD通と5通の柱右上コーナー点❷をクリックする。

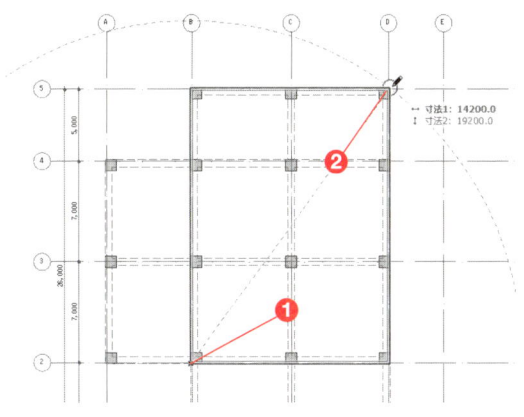

③ 図のような外壁が作成される。

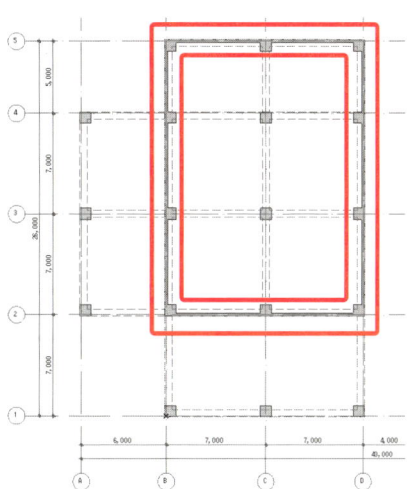

03 外壁の入力 組み立て法「連続」

複数の点を連続で指示する[連続]ボタンを使って、残りの外壁を作成する。

① 情報ボックスで図形作成法を長押しして[連続]ボタンをクリックし、基準線位置が[外側]であることを確認する。

② 1点目としてB通と4通の柱左上コーナー点❶、続けてA通と4通の柱左上コーナー点❷でクリックする。

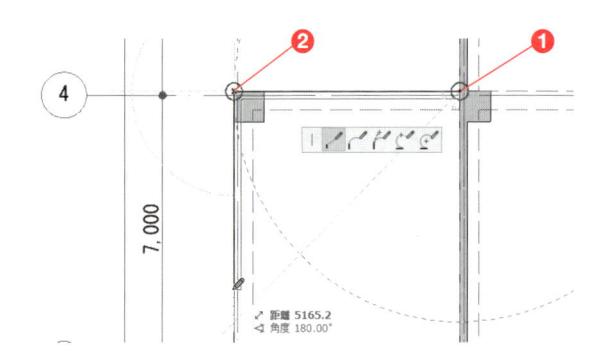

③ 次にA通と2通の柱左下コーナー点❸をクリックして、終了点になるB通と2通の柱左下コーナー点❹はダブルクリックする。

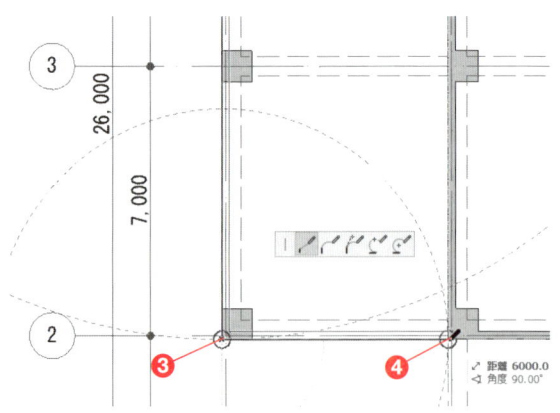

④ 図のような外壁が作成される。

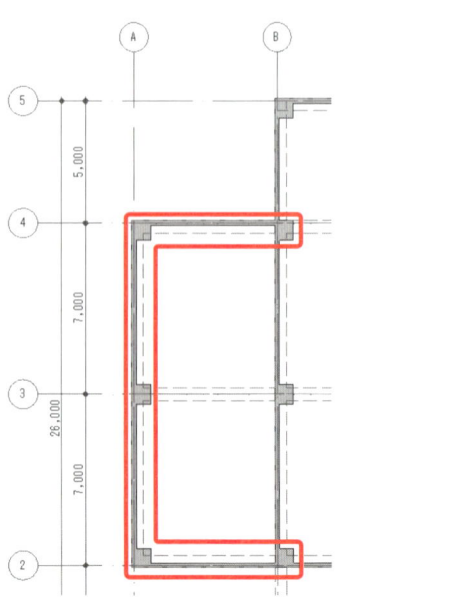

04 | 外壁基準線の修正

柱を配置した後に外壁を入力する場合、柱の外側をなぞるように柱の角をクリックして外壁を入力するとモデリングしやすい。この場合の壁の基準線位置は[外側]または[内側]で入力する。このような壁の入力後、壁の位置は変えずに基準線位置のみを[中心]に変更したい場合、[壁基準線の変更]メニューからおこなう。

① ツールボックスの[壁ツール]を選択しておいて、[編集]メニューから[壁を全て選択]を選択する(もしくは [Ctrl]+[A]キーのキーボードショートカット)。

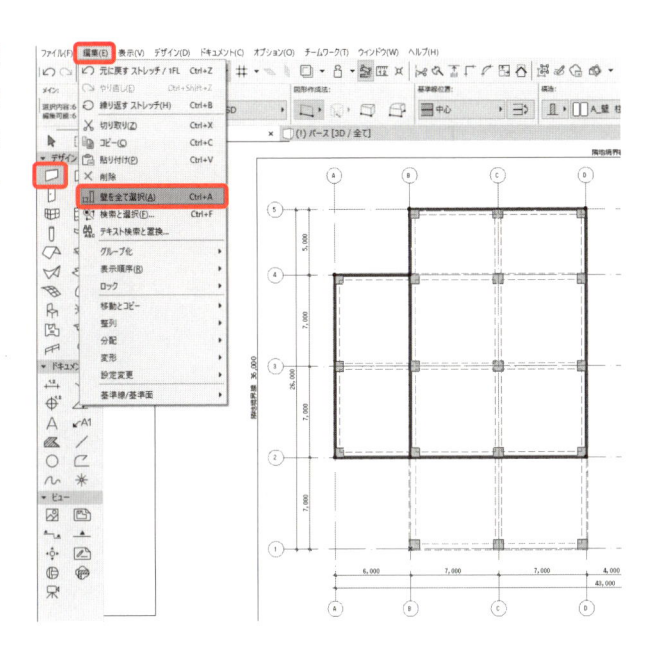

② [編集]メニューから[基準線/基準面]→[壁基準線の変更]を選択する。

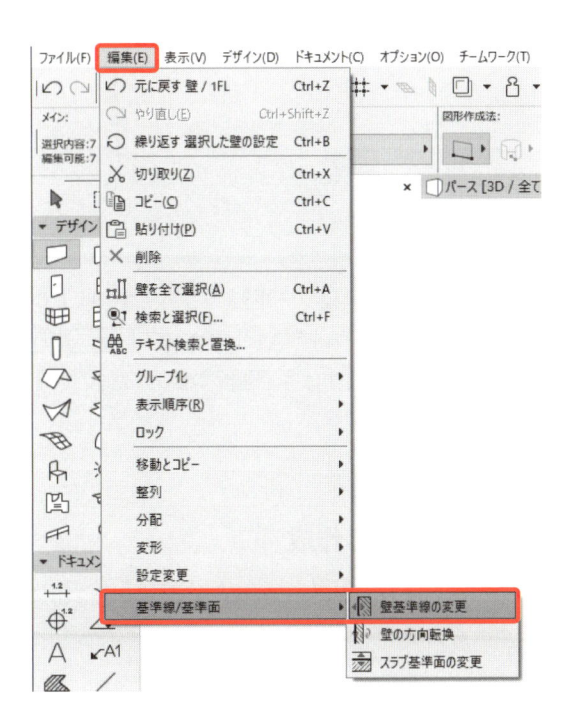

③ [壁の修正－基準線]ダイアログボックスが開く。[基準線の位置を編集]にチェックを入れ、[中心]を選択し、[OK]ボタンをクリックしてダイアログボックスを閉じる。

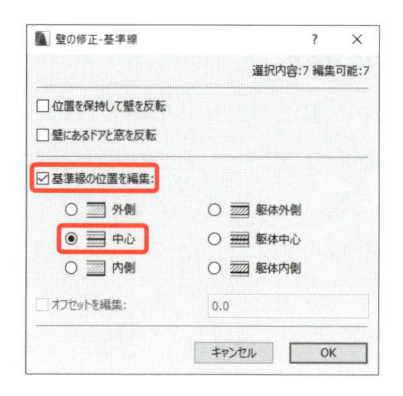

④ 壁の配置位置は変わることなく、壁の基準線位置が[外側]から[中心]に修正された。

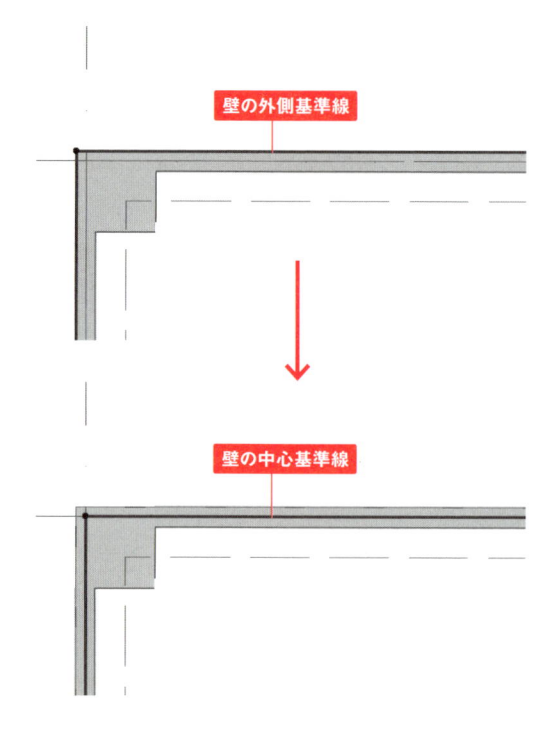

壁の外側基準線

壁の中心基準線

詳細

　ツールボックスの[壁ツール]を選択しておいて Ctrl + A キーを押せば、壁要素すべてが選択される。もちろん[柱ツール]を選択しておいて Ctrl + A キーを押せば、柱がすべて選択される。ある種類のすべての要素を、すばやく選択するワザだ。

05 その他の壁の作成

次の図のa、b、cの外壁も作成する。それぞれ、壁の厚みや、図形作成法、基準線位置とそのオフセットなどを設定してから位置を指示する。

ここで作図するその他の壁 a、b、c

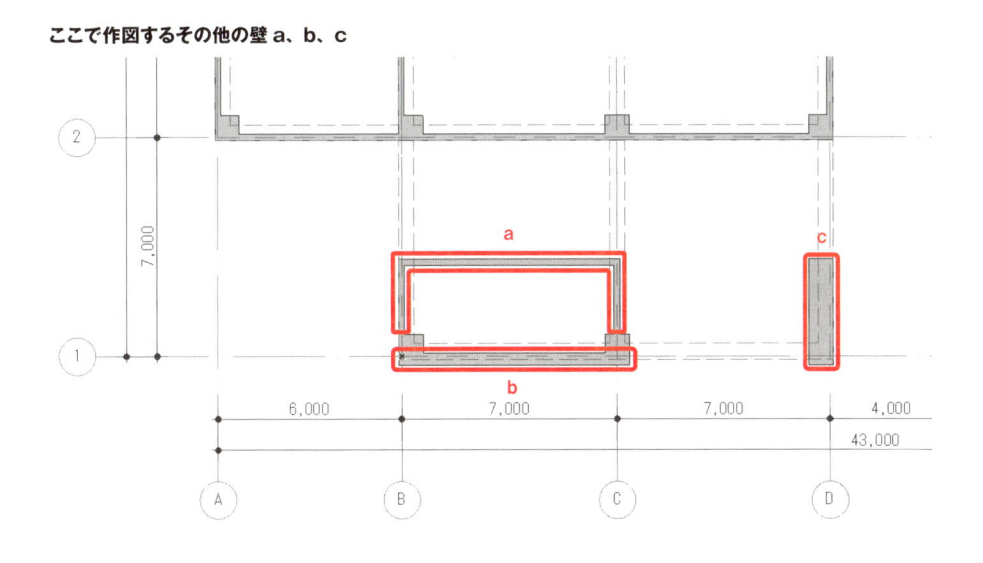

（1）外壁aをつくる

① ツールボックスの[壁ツール]をダブルクリックし、[壁のデフォルト設定]ダイアログボックスを開く。次のように設定し、[OK]ボタンでダイアログボックスを閉じる。

- 壁厚さ「200」
- 基準線位置「中心」

●壁の設定（外壁a）

② [標準]ツールバーの[グリッドスナップ]ボタンをクリックしてオンにし、プルダウンメニューより[組み立てグリッドにスナップ]を選択する。

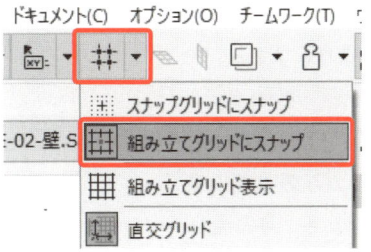

③ 情報ボックスで図形作成法が[連続]、基準線位置は[中心]であることを確認する。

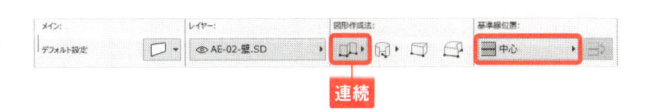

④ 1点目としてB通と1通の通り芯交点❶をクリック、2点目としてカーソルを上方向に進めて3グリッド目の点❷でクリック、3点目としてカーソルを右方向に進めて7グリッド目の点❸でクリック、終了点の4点目はカーソルを下方向に3グリッド進めたC通と1通の交点❹でダブルクリックする。外壁aが作図される。

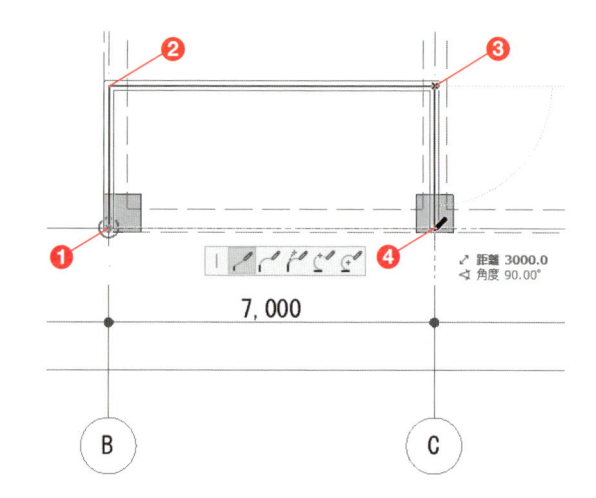

(2) 外壁bをつくる

① ツールボックスの[壁ツール]をダブルクリックし、[壁のデフォルト設定]ダイアログボックスを開く。次のように設定し、[OK]ボタンでダイアログボックスを閉じる。

- 壁厚さ「400」
- 基準線位置「外側」
- 基準線オフセット「100」

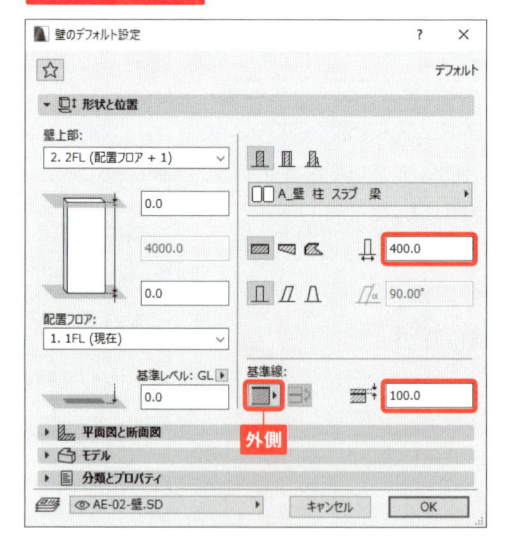

● 壁の設定（外壁b）

② [標準]ツールバーの[グリッドスナップ]ボタン（前頁参照）をクリックしてオフにする。

③ 情報ボックスで図形作成法を長押しして[単一]ボタンをクリックする。

④ 始点として1通の通り芯とB通の柱左面との交点❶をクリック。終点として shift キーを押しながら1通の通り芯をなぞるようにしてC通の柱右下角の点❷をクリックして壁を配置する（P.115の方法であらかじめC通の柱右面に「参照線」を配置しておいて点❷をクリックしてもよい）。

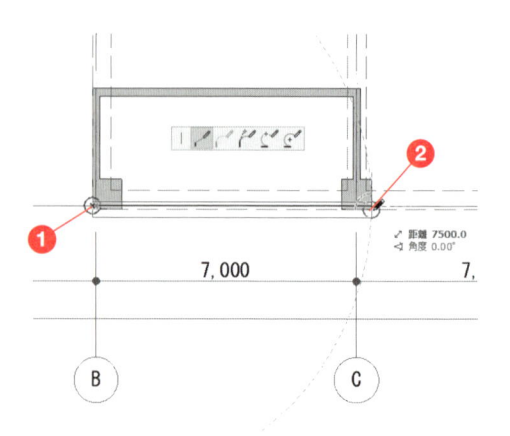

106

(3) 外壁cをつくる

① [壁のデフォルト設定]ダイアログ
ボックスで次のように設定し、[OK]
ボタンでダイアログボックスを閉じ
る。

- 壁厚さ「800」
- 基準線位置「内側」
- 基準線オフセット「100」

●壁の設定（外壁c）

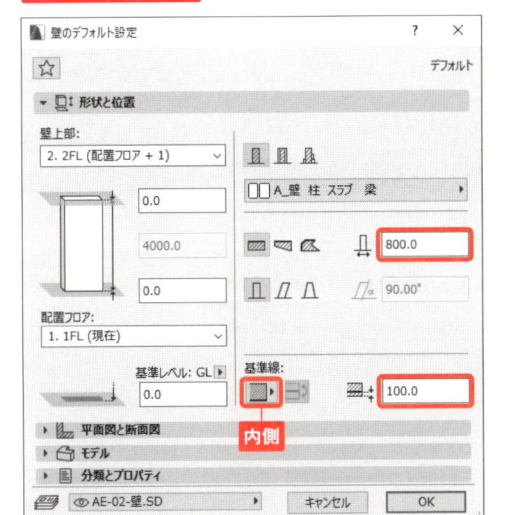

② [標準]ツールバーの[スナップガイド
と点]をクリックしてオンにする。

スナップガイドと点

詳細

ここでは[スナップガイドと点]という一時的な仮想補助線を使って、他の壁に長さと位置を合わ
せた壁を作成する。スナップガイドについては「Tips スナップガイド」P.114）を参照。

107

---

③ 情報ボックスで図形作成法が[単一]
であることを確認する。

④ 1通と2通の間の外壁側面上とC通
の壁の角にカーソルを1秒置くと青
い輪のスナップガイドが表示される
（Ｑキーを押すと、すぐに青い輪が
表示される）。

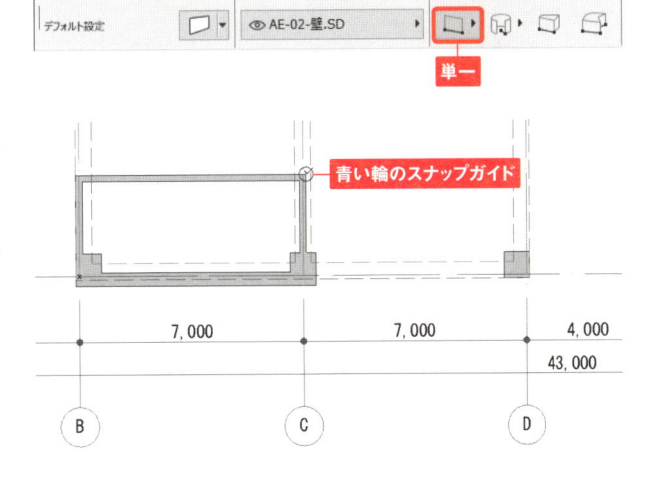

青い輪のスナップガイド

⑤ クリックせずにマウスを右に動かし、青色水平線のスナップガイドに沿って右にカーソルを動かす。始点としてD通と青色水平線の交点❶でクリックする。

⑥ 次にD通の通り芯に沿ってカーソルを下に移動し、 shift キーを押すと線が下方向に固定される。この状態のまま外壁bの右下角❷をクリックする。

⑦ 外壁bと一直線上の位置に外壁cが配置された。

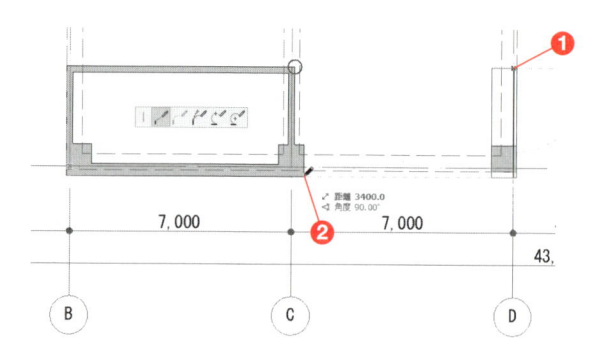

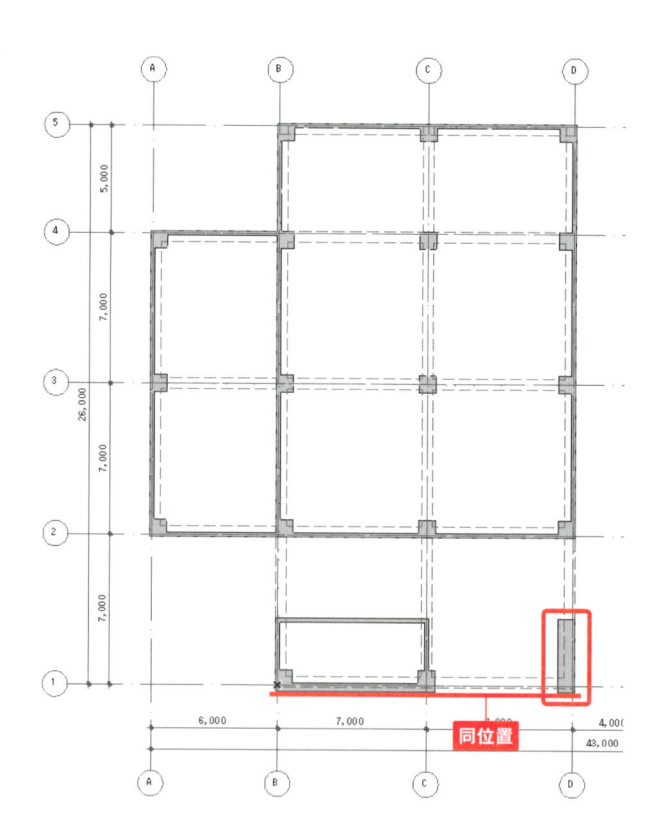

詳細

　カーソルを移動しながら Shift キーを押すと、その移動方向に線を固定できる。壁をどこかの点に合わせて作成したいときは、 Shift キーを押したまま、その目的点をクリックすれば、同位置までの壁ができる。

⑧ [F5]キーで3D表示して、作成された
外壁を3Dウィンドウで確認してお
こう。

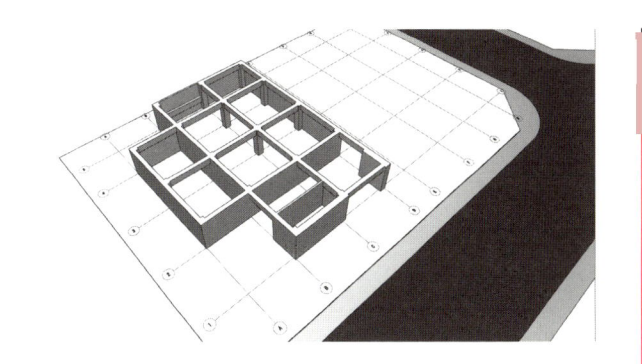

Tips グリッドスナップを使う

グリッドとは作業ウィンドウに表示されている方眼のことだ。これは［表示］メニューの［グリッド表示］をクリックすることで表示のオンとオフの切り替えができる。または［標準］ツールバーから［グリッドスナップ］ボタンをクリックして、グリッド表示のオンとオフを切り替える。このボタンの右横の▼ボタンをクリックすると、プルダウンメニューが表示されるので、その中で［組み立てグリッドにスナップ］か［スナップグリッドにスナップ］のどちらかを選択する。

［組み立てグリッドにスナップ］ではその方眼の交点の組み立てグリッドにカーソルがヒット（スナップ）し、［スナップグリッドにスナップ］では、その方眼の交点の組み立てグリッド、またはマス目の間のスナップグリッドにカーソルがヒット（スナップ）し、入力できる。

たとえばグリッドのマスのサイズが1000mm×1000mmの設定で、3000mmの水平の壁をかく場合は、1点目をクリックしてからカーソルを水平に3マス進めてクリックすると3000mm長さの壁をつくれる。座標値を考える必要がないのでかんたんだ。詳しいグリッドの設定は、［表示］メニューの［グリッド/編集中の平面オプション］→［グリッドと背景］からおこなう。

109

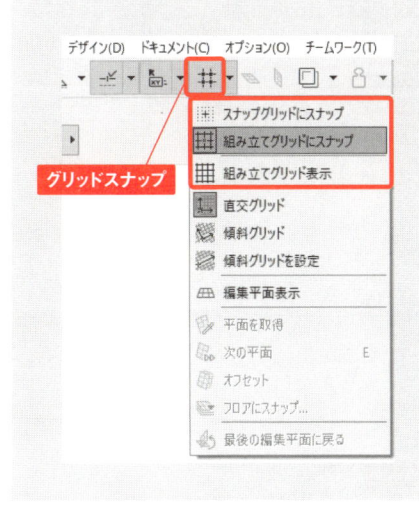

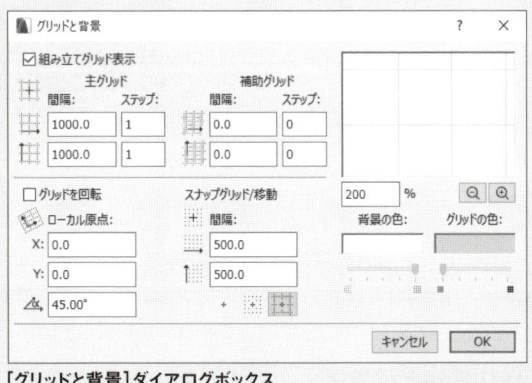

［グリッドと背景］ダイアログボックス

2 間仕切り壁を作成

間仕切り壁はビルディングマテリアルが外壁と異なるだけで、ほかは外壁と同じ壁だ。外壁と同じように、最初に壁の設定を行い、作業ウィンドウで位置を指定して作成する。マウスで位置を指示する方法と、座標値を使う方法の2種類を解説する。

01 マウスで入力

ここでは「1FL」の平面図の下記の3つのエリアで囲まれているa、b、cの間仕切り壁を、マウスを使って位置を指示する方法で作成する。

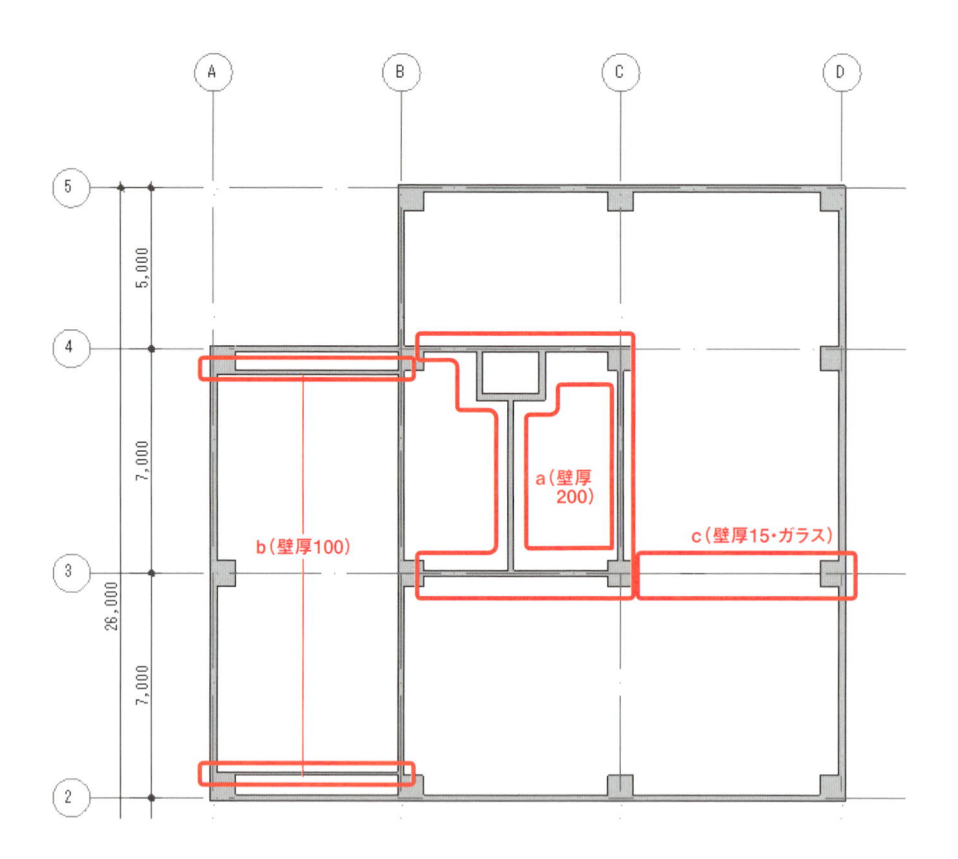

（1）間仕切り壁aをつくる

① ツールボックスの［壁ツール］をダブルクリックする。

●使用するツール［壁ツール］

② ［壁のデフォルト設定］ダイアログボックスが開く。次のように設定し、［OK］ボタンでダイアログボックスを閉じる。

- 壁上部「2.2FL(配置フロア+1)」
- 配置フロア「1.1FL(現在)」
- 配置フロアまでの下部オフセット「0」※壁高さはフロア高さ設定によって自動的に「4000」と表示される。
- 組み立て法「基本」
- ビルディングマテリアル「A_間仕切り」
- 図形作成方法「直線」
- 壁厚さ「200」
- 壁形状「直線」
- 基準線位置「中心」
- レイヤー「AI-03-間仕切壁.SD」

③ 情報ボックスで図形作成法を長押しして［連続］ボタンをクリックする。

④ 始点としてB通と4通の交点❶をクリック、2点目としてC通と4通の交点❷をクリック、3点目としてC通と3通の交点❸をクリック、終点としてB通と3通の交点❹でダブルクリックする。図のように間仕切り壁が作成される。

●壁の設定（間仕切り壁a）

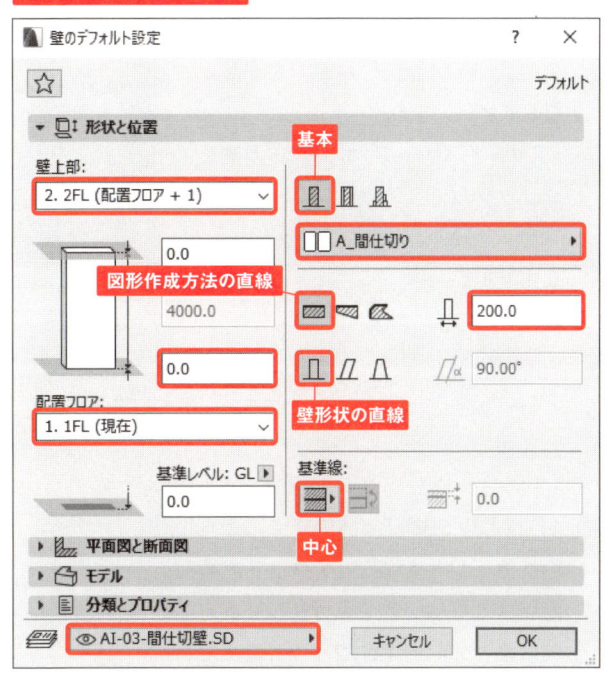

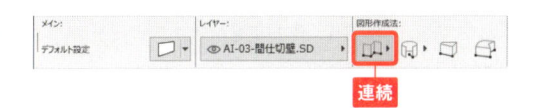

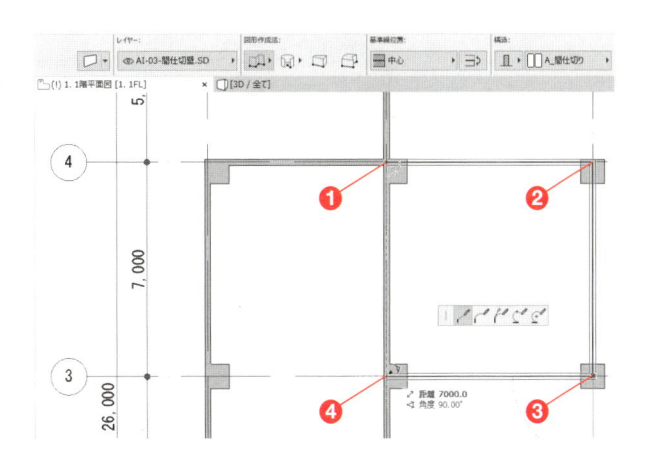

⑤ 次に［グリッドスナップ］をつかって
壁を4つかく。［標準］ツールバーの
［グリッドスナップ］ボタンをクリッ
クしてオンにする。

⑥ ［グリッドスナップ］ボタン右の▼を
クリックして、［スナップグリッドに
スナップ］と［組み立てグリッド表示］
をオンする。

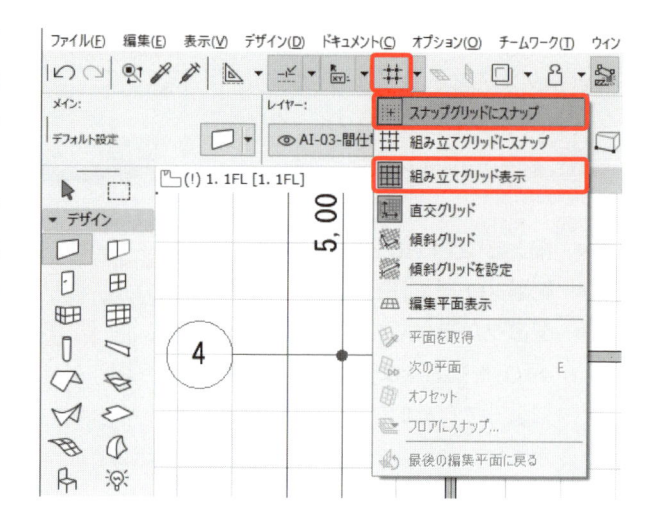

⑦ 1点目としてB通と4通の交点❶から
右へカーソルを「2.5」グリッド進め
た点❷でクリック、2点目として下方
向にカーソルを「1.5」グリッド進めた
点❸でクリック、3点目として右方向
に「2」グリッド進めた点❹でクリッ
ク、終了点の4点目は上方向にカーソ
ルを「1.5」グリッド進めて、4通との
交点❺でダブルクリックする。

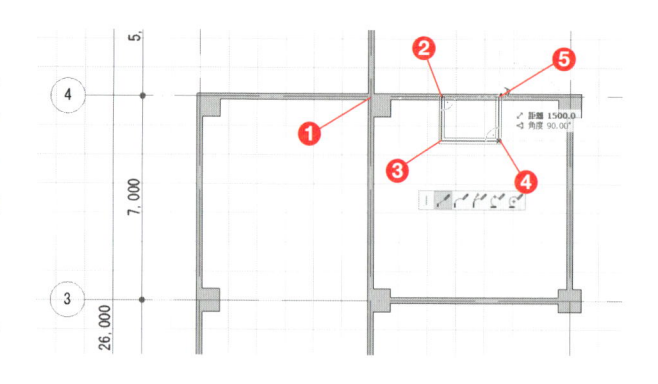

⑧ 次に間仕切り壁中央のスナップグ
リッドポイント❶を始点としてク
リックする。カーソルを下方向に動か
し、3通との交点❷を終点としてダブ
ルクリックする。

⑨ 間仕切り壁aが作図される。［グリッド
スナップ］ボタンをクリックしてオフ
にしておく。［グリッドスナップ］ボタ
ン右の▼をクリックして［組み立てグ
リッド表示］もオフにしておく。

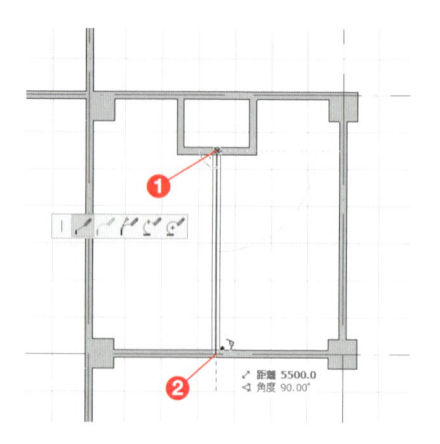

詳細

図形作成法が［連続］であっても、終点でダブルクリックすれば単一の壁がかける。

Tips　壁のクリックするポイントをまちがったら

図形作成法の［連続］で壁を入力していて、クリックするポイントをまちがった場合、 Backspace キーを押すと1つ前のクリックしたポイントに戻る。これは［壁ツール］以外でも連続でクリックして入力するいずれのツールでも使える編集方法だ。また Esc キーを押すと、クリックしたすべての操作がキャンセルされる。

（2）間仕切り壁bをつくる

① ツールボックスの［壁ツール］をダブルクリックし、［壁のデフォルト設定］ダイアログボックスを開く。間仕切り壁aの設定内容から変更したい次の項目のみ設定し、［OK］ボタンでダイアログボックスを閉じる。

- 壁厚さ「100」
- 基準線位置「外側」
- 基準線オフセット「0.0」

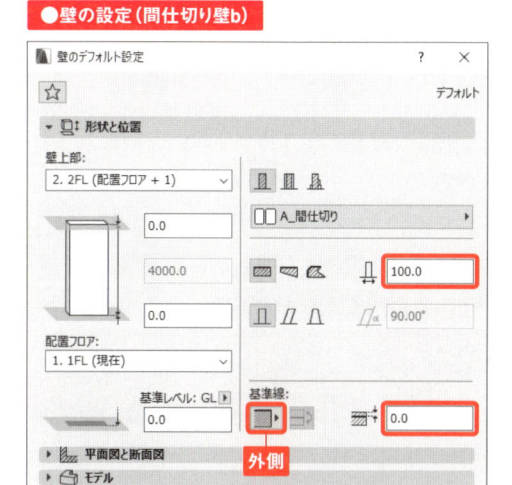

●壁の設定（間仕切り壁b）

② 情報ボックスで図形作成法を長押しして［単一］ボタンをクリックする。始点としてB通と4通の柱の左下となる点❶をクリックする。青色水平線のスナップガイドに沿ってマウスを左に移動し、終点としてA通の通り芯と青色水平線の交点❷でクリックして間仕切り壁を作図する。

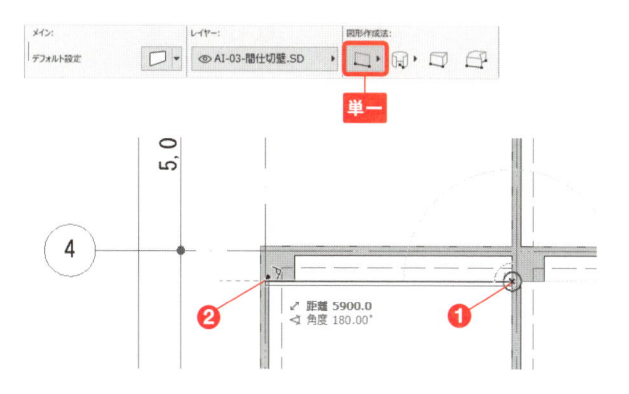

③ 同様の方法で2通より少し上の間仕切り壁をかく。情報ボックスで基準線位置の[内側]ボタンを選択する。B通と2通の柱の左上となる点❶をクリックする。青色水平線のスナップガイドに沿ってマウスを左に移動し、終点としてA通の通り芯と青色水平線の交点❷でクリックして壁を配置する。

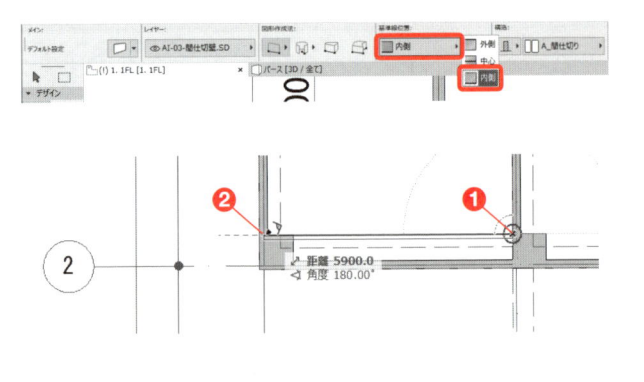

11+

Tips スナップガイド

スナップガイドは既存要素を入力する際に自動表示される青色の補助線で、操作中に一時的に表示されるものだ。マウスカーソルを点や辺などの要素に近づけて一呼吸待つと、円形または線分のスナップガイドが表示される。即座に表示したい場合は、Qキーを押す。スナップガイドの種類には、カーソルの位置を一時的な入力原点として、水平 / 垂直、角度二分割、2点間の中点、2つの円の中心点を接続する線や仮想交点などがある。

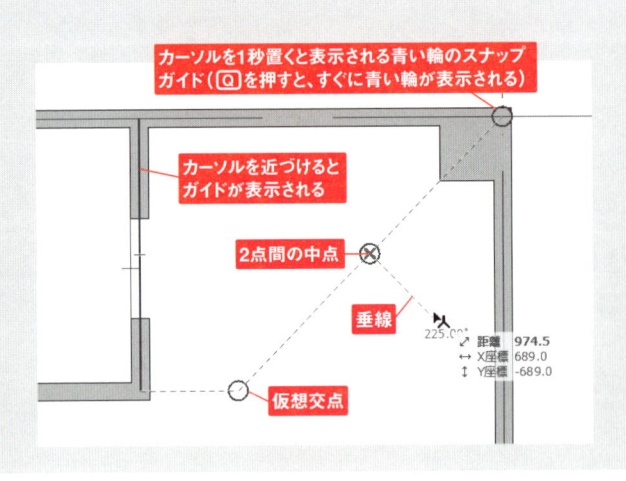

Tips 参照線を使う

参照線とは3Dと2Dウィンドウの両方で表示することができる入力用の「補助線」(オレンジ色)の総称だ。モデリングするときの基準点をつくりだしたり、壁や柱を配置する時の補助の役割を担ったりする。
参照線は実態を持たない一時的な補助線なので印刷されないが、スナップガイドとは異なり、削除するまで常に表示される。
参照線の中でも水平、垂直で自由な位置に配置できる参照線を「直交参照線」と呼ぶ。「直交参照線」を作成するには、作業ウィンドウの上下左右の「参照線」タブをクリックし、作図ウィンドウまでドラッグ操作をおこなう。
また、参照線には以下のキーボードショートカットがデフォルトで設定されている。

- 参照線文節を作成　　 shift + @
- 全ての参照線を削除　 Ctrl + @

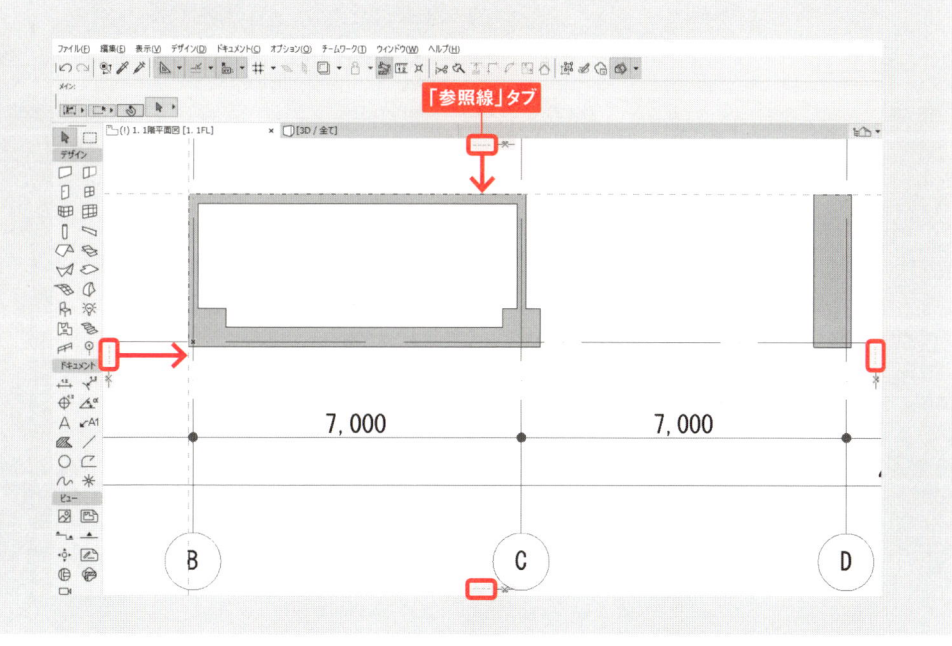

115

(3) 間仕切り壁cをつくる

① ツールボックスの［壁ツール］をダブルクリックし、［壁のデフォルト設定］ダイアログボックスを開く。間仕切り壁bの設定内容から変更したい次の項目のみ設定し、［OK］ボタンでダイアログボックスを閉じる。

- ビルディングマテリアル「ガラス-青」
- 壁厚さ「15」
- 基準線位置「中心」

●壁の設定（間仕切り壁c）

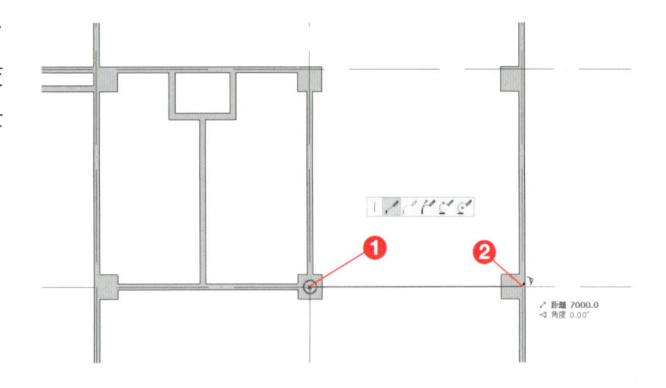

② 始点としてC通と3通の交点❶でクリックし、終点としてD通と3通の交点❷でクリックすると、ガラスの間仕切り壁cが作図される。

02 | 座標値で入力

図の間仕切り壁d、e、f、g、hを、座標値を使って位置を指示する方法で入力する。ここでは「座標情報」という座標値を表示するボックスを使用するため、[標準]ツールバーの[座標情報を表示/隠す]ボタンを使う。

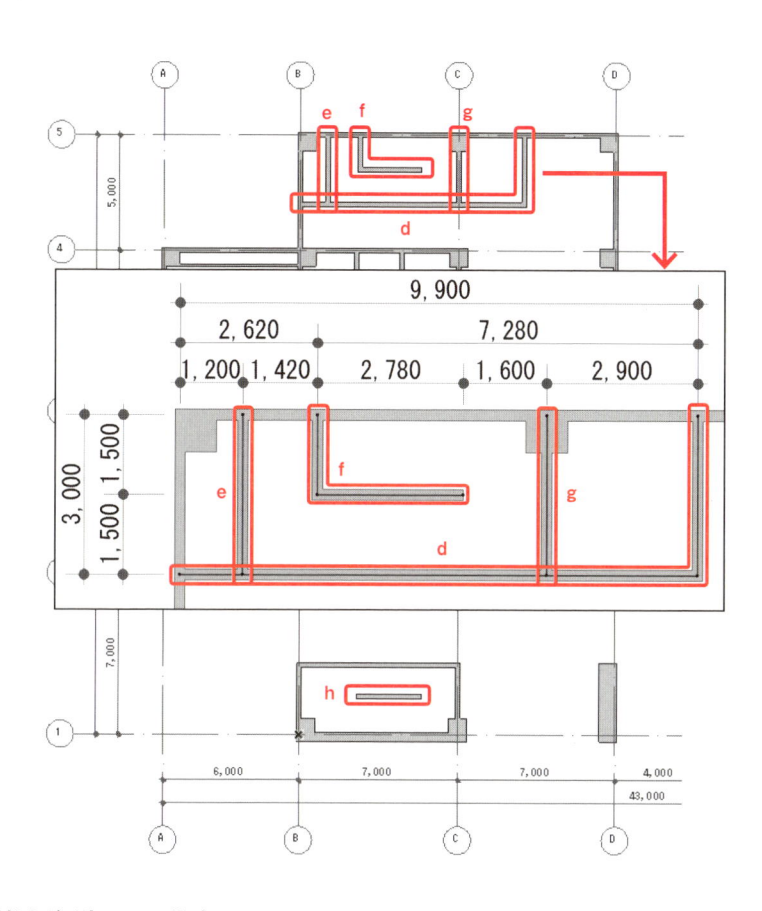

（1）間仕切り壁d~gの設定

① ツールボックスの[壁ツール]をダブルクリックし、[壁のデフォルト設定]ダイアログボックスを開く。次のように設定し、[OK]ボタンでダイアログボックスを閉じる。

- 壁上部「2.2FL(配置フロア+1)」
- 配置フロア「1.1FL(現在)」
- 配置フロアまでの下部オフセット「0」※壁高さは自動的にフロア高さ設定によって「4000」と表示される。

●壁の設定（間仕切り壁d~g）

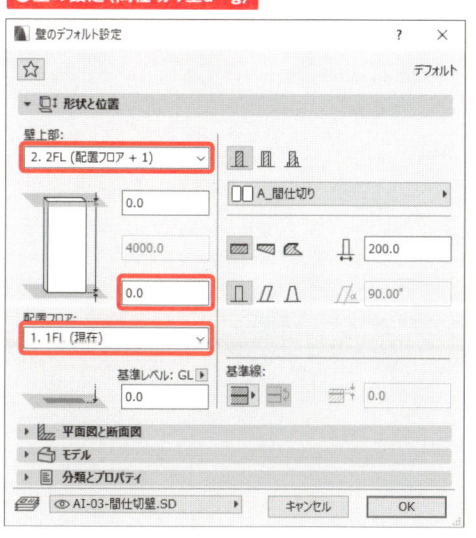

- 組み立て法「基本」
- ビルディングマテリアル「A_間仕切り」
- 図形作成方法「直線」
- 壁厚さ「200」
- 壁形状「直線」
- 基準線位置「中心」
- レイヤー「AI-03-間仕切壁.SD」

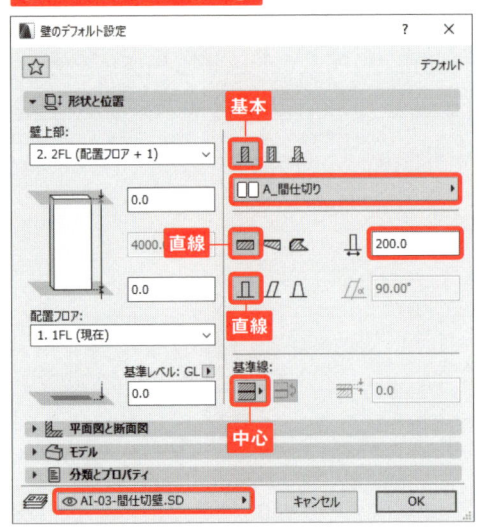

●壁の設定（間仕切り壁d〜g）

(2)間仕切り壁dをつくる

① [標準]ツールバーの[座標情報を表示/隠す]ボタンをクリックしてオンにする。

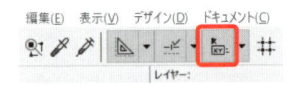

② 情報ボックスで図形作成法を長押しして[連続]ボタンをクリックする。

③ B通と5通の交点❶に青い輪のスナップガイドを表示し、クリックせずにマウスを下に動かす。表示された青色垂直線のスナップガイドの上にカーソルをのせると座標情報が表示される。

④ 座標情報の距離に「3000」と入力して Enter キーを押す。

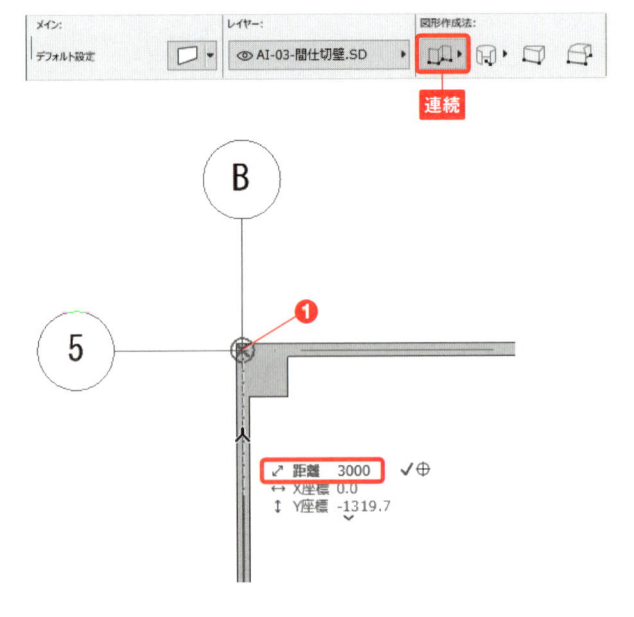

⑤ 2点目を入力するので、マウスを右へ動かし青色水平線を表示して、その上にカーソルをのせておく。

⑥ 座標情報の距離に「9900」と入力して Enter キーを押す。これで間仕切り壁の2点目の位置が確定した。

⑦ 3点目としてマウスを上へ動かし、青色垂直線に沿ってカーソルを移動する。

⑧ 5通の通り芯交点❷でダブルクリックして間仕切り壁dの入力は完了だ。

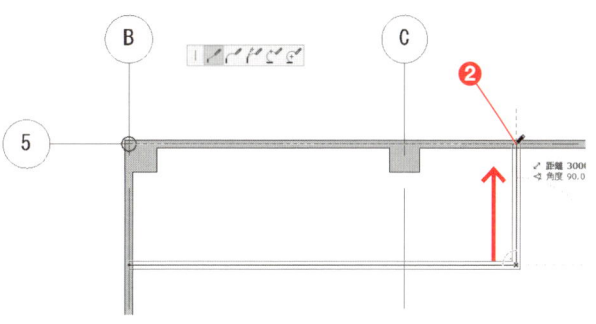

(3) 間仕切り壁eをつくる

① B通と5通の交点❶に青い輪のスナップガイドを表示し、クリックせずにマウスを右に動かす。表示された青色水平線のスナップガイドの上にカーソルをのせると座標情報が表示される。

② 座標情報の距離に「1200」と入力して Enter キーを押す。

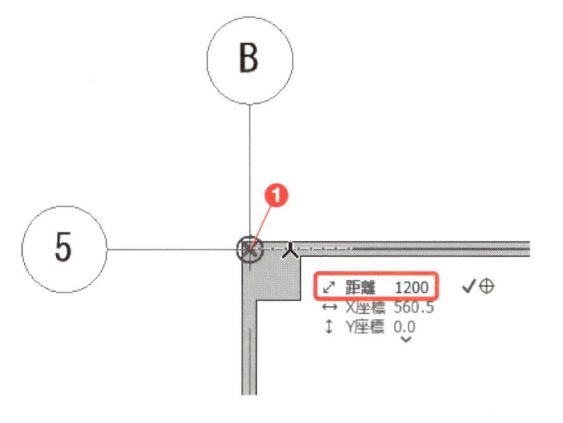

③ 終点を入力するので、マウスを下へ動かし、青色垂直線を表示して、その上にカーソルをのせておく。

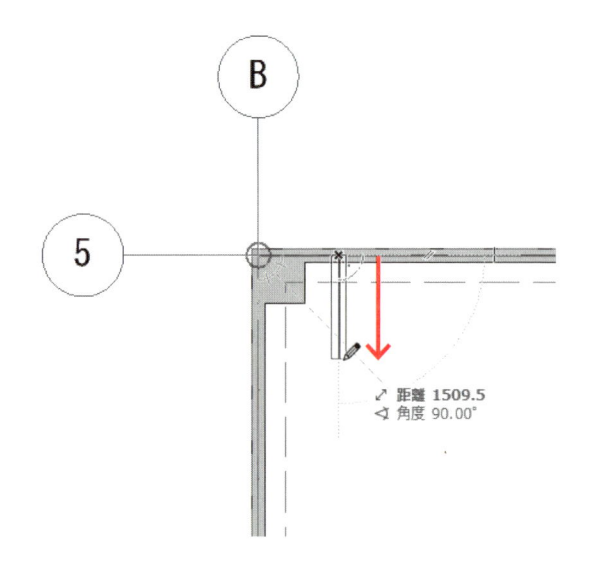

④ 距離が「3000」離れた直下の壁の基準線と垂直に交わる位置でダブルクリックする。間仕切り壁eの入力は完了だ。

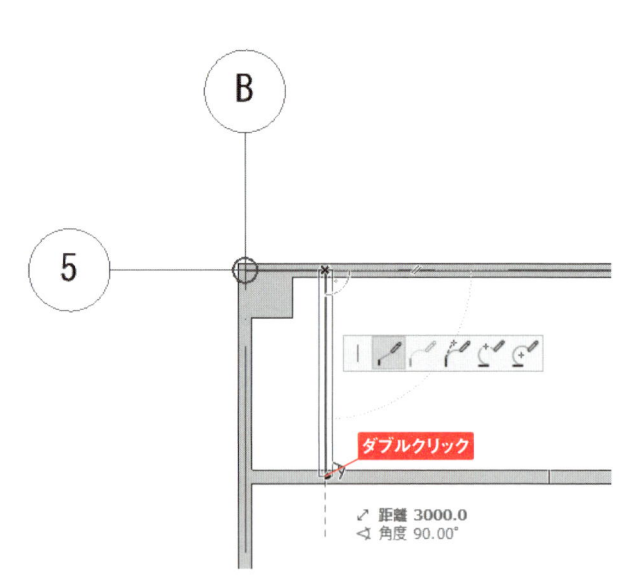

(4) 間仕切り壁 f をつくる

① 間仕切り壁eと5通の交点❶に青い
輪のスナップガイドを表示し、クリッ
クせずにマウスを右に動かす。表示さ
れた青色水平線のスナップガイドの
上にカーソルをのせると座標情報が
表示される。

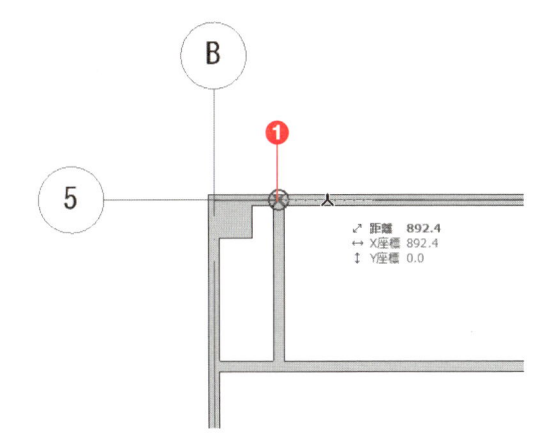

② 座標情報の距離に「1420」と入力し
て Enter キーを押す。この入力でe
の壁と5通の交点から、X方向は
1420、Y方向は0オフセットした位
置が始点になる。

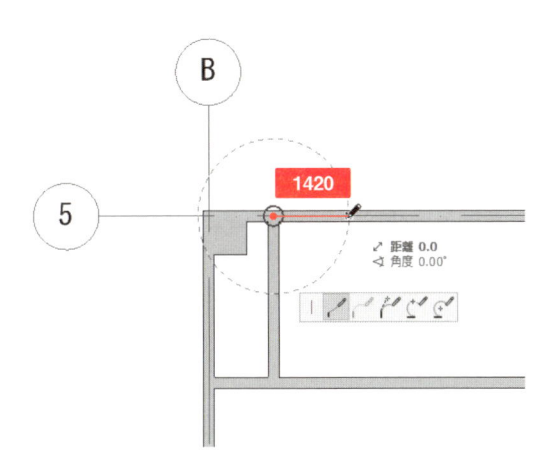

③ 2点目を入力するので、マウスを下へ
動かし、青色垂直線を表示して、その
上にカーソルをのせておく。

④ 座標情報の距離として「1500」
Enter と押し、2点目を確定する。

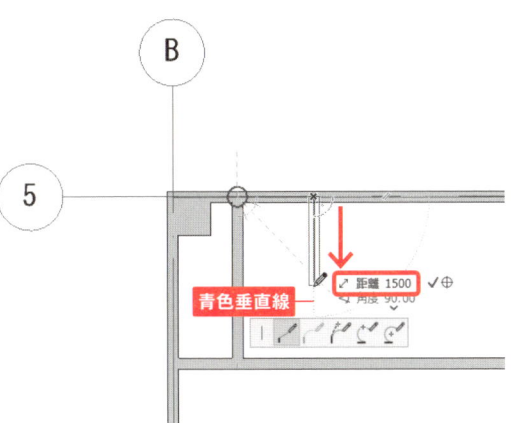

⑤ 3点目を入力するのでマウスを右へ動かし、青色水平線の上にカーソルをのせておく。座標情報の距離として「2780」と入力し、Enter キーを2回押す。これで間仕切り壁fの入力は完了だ。

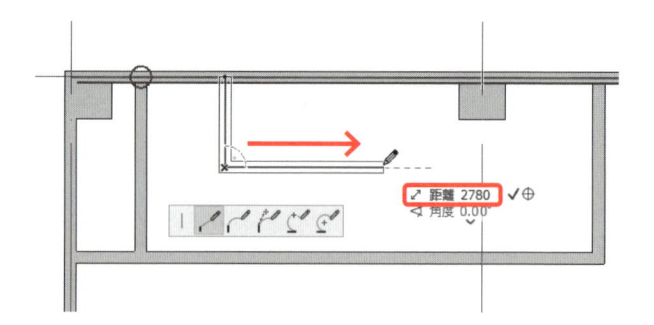

詳細

Enter キーを2回押すとダブルクリックと同じ操作になる。

(5)間仕切り壁gをつくる

① 始点としてC通と5通の交点❶でクリック。

② 終点を入力するのでマウスを下へ動かし、青色垂直線の上にカーソルをのせておく。

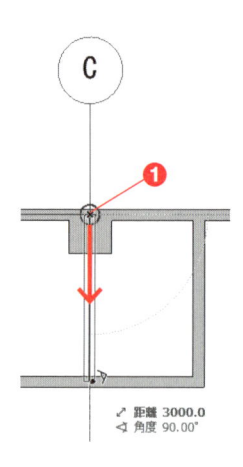

122

③ 距離が「3000」離れた直下のdの壁の基準線と垂直に交わる位置でダブルクリックする。gの壁の入力が完了する。

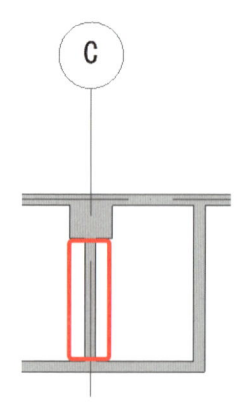

（6）間仕切り壁hをつくる

① ツールボックスの[壁ツール]をダブルクリックし、[壁のデフォルト設定]ダイアログボックスを開く。間仕切り壁d〜gの設定内容から変更したい次の項目のみ設定をおこない、[OK]ボタンでダイアログボックスを閉じる。

- ビルディングマテリアル「A_壁　柱　スラブ　梁」

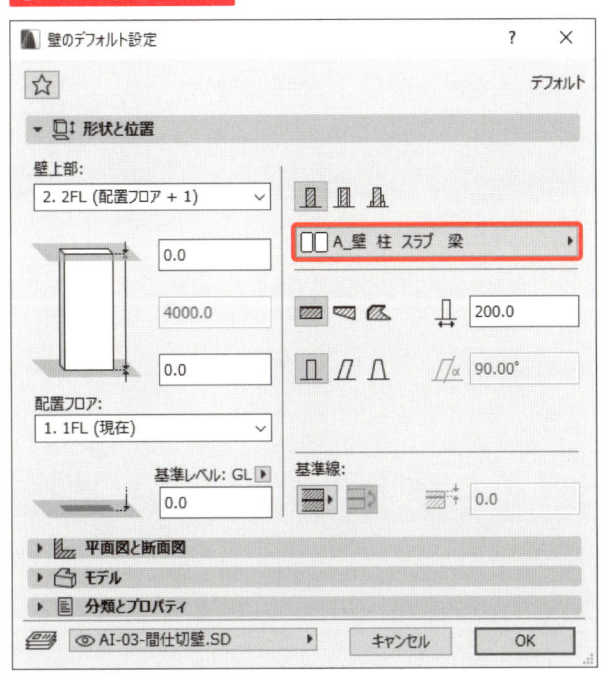

●壁の設定（間仕切り壁e）

② B通と1通の交点❶に青い輪のスナップガイドを表示し、クリックせずにマウスを右に動かす。表示された青色水平線のスナップガイドの上にカーソルをのせると座標情報が表示される。

③ キーボードの⨂キーを押して「2520」Ⓨ「1650」Enterと押す。この入力でB通と1通の交点❶から、X方向は2520、Y方向に1650オフセットした点❷が始点になる。

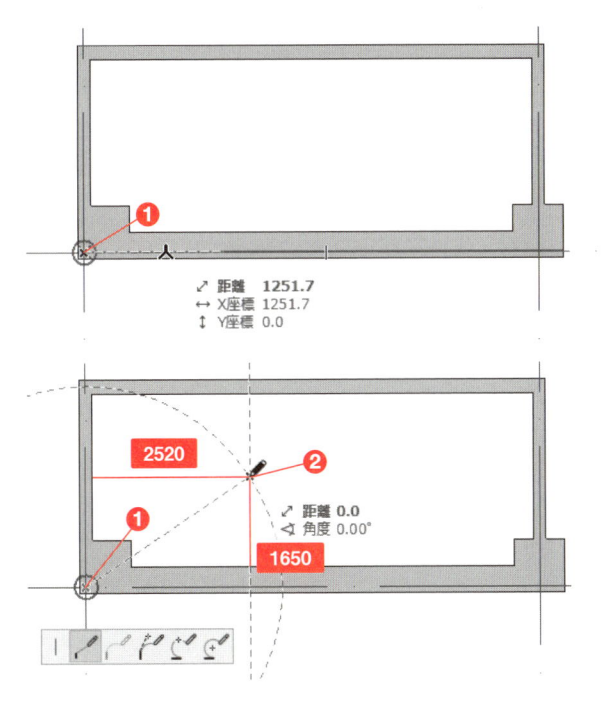

123

④ 終点を入力するのでマウスを右へ動かし、青色水平線のスナップガイドの上にカーソルをのせておく。

⑤ 座標情報の距離として「2880」と入力し、Enterキーを2回押して間仕切り壁hの入力は完了だ。

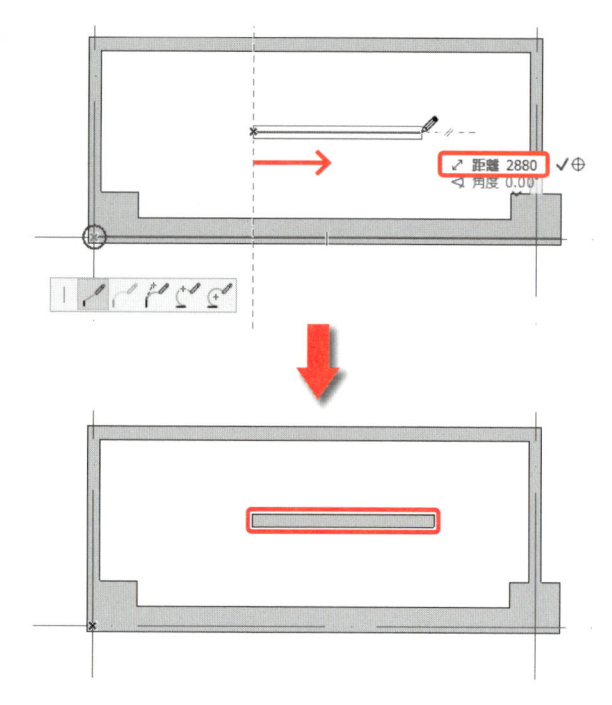

03 | お気に入りを使う

各ツールのダイアログボックスで設定した内容を、名前をつけて[お気に入り]という機能に保存することができる。毎回ダイアログボックスを開いて設定する必要がなくなるARCHICADの便利な機能である。ぜひ使いこなして作業を効率化させたい。ただしこの機能は[矢印ツール][矩形選択ツール][カメラツール]では使えない。[お気に入り]で保存した設定は、プロジェクトファイルと一緒に保存されるので、プロジェクトを開くたびに設定しなおす必要はない。

ここでは、これまでつくってきた壁の設定を[お気に入り]として登録し、使用する手順を解説する。

（1）［お気に入り］を登録する

① ツールボックスの［壁ツール］をダブルクリックし、［壁のデフォルト設定］ダイアログボックスを開いて、［お気に入り］ボタンをクリックする。

② ［お気に入り］ポップアップが表示される。［新規お気に入り］ボタンをクリックする。

③ ［新規お気に入り］ダイアログボックスが開く。名前を入力して［OK］ボタンをクリックすると［お気に入り］の保存は完了だ。

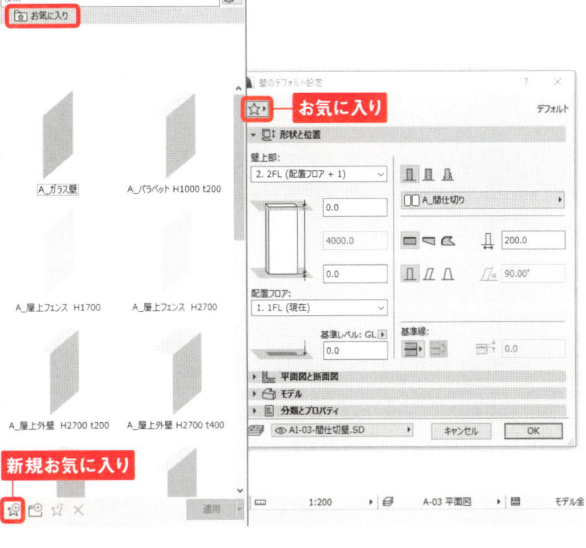

Tips ［お気に入り］として保存される設定

- 各ツールの線種、塗りつぶしパターン、ペンカラー、材質などの要素
- 窓、ドア、オブジェクト、ランプなどのライブラリ部品の場合は、ライブラリ部品の名前
- 各ツールのダイアログボックスで入力する要素のすべての寸法。例えば、壁の厚さや高さである。ただし、長さは除かれる
- ［お気に入り］で保存しておいた一部の属性が、作業中のプロジェクトファイルにはない場合は、その属性を確認し、使用することはできない
- 他のプロジェクトファイルで保存した［お気に入り］の属性と、作業中のプロジェクトファイルの属性の名前が同じでも、その設定内容が違う場合は作業中のプロジェクトファイルの設定内容が優先される

(2)保存した[お気に入り]を使う

① [お気に入り]は、ツールボックスや情報ボックス、またはツールの設定ダイアログボックスからポップアップ表示して使用することができる。設定ダイアログボックスからの表示方法は前ページで触れているため、ここでは、ツールボックスから使用する方法を紹介する。
ツールボックスの任意のツールボタンを長押しすると「お気に入り」が表示される。

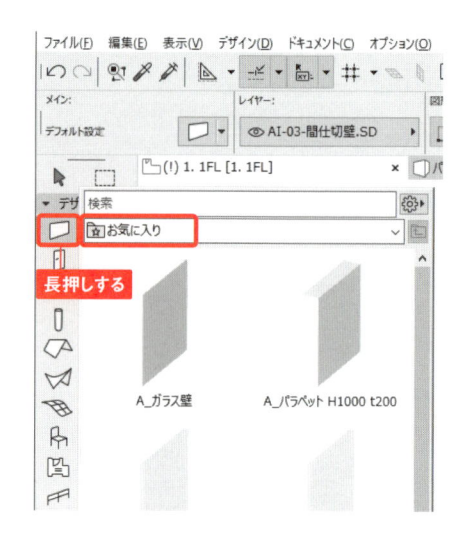

② [お気に入り]のリストから使用したいお気に入りをダブルクリックして選択する。

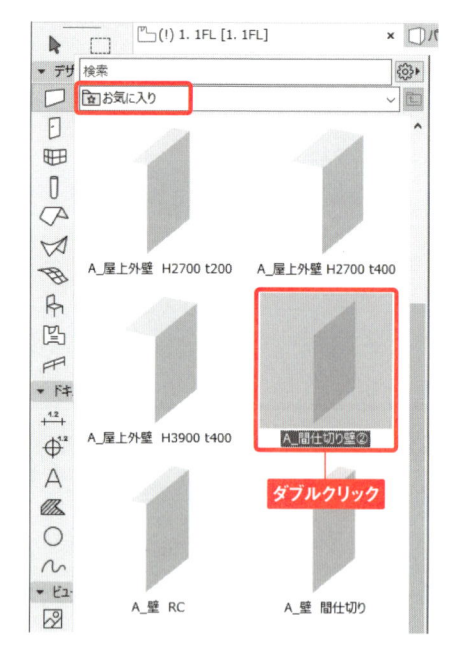

Tips ［お気に入り］をパレット表示する

［お気に入り］はポップアップ表示だけでなく、パレット表示させて作業ウィンドウ内に独立させることができる。表示方法は［ウィンドウ］メニューから［パレット］→［お気に入り］を選択する。使用方法はポップアップと同じで、［お気に入り］パレットで表示しているリストから任意のお気に入りをダブルクリックする。お気に入りとして保存した設定内容で、壁をかいたり、柱を配置したりすることが可能だ。

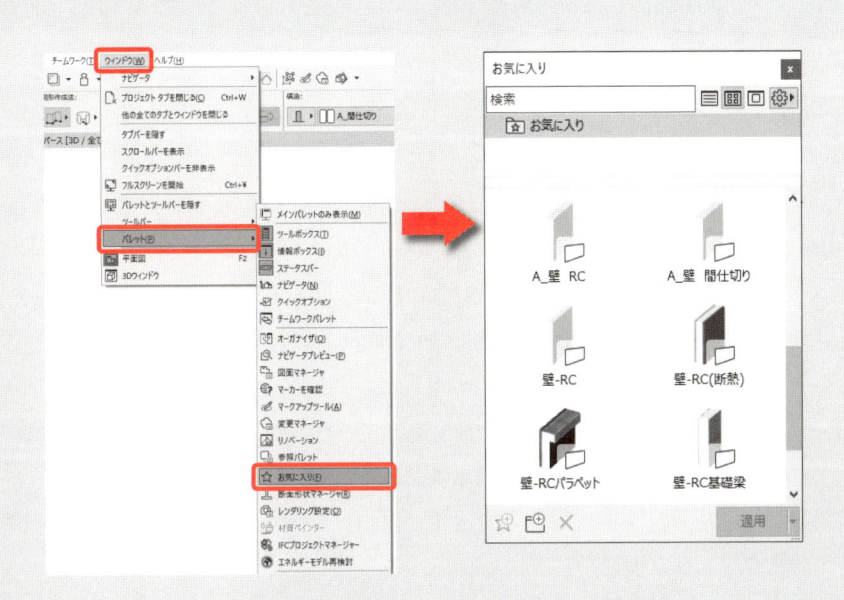

ツールボックスの［矢印ツール］または［矩形選択ツール］をオンにして［お気に入り］パレットを表示すると、すべてのツールで保存したお気に入りがパレットに一覧表示できる。選択ツール以外のツールでたとえば［壁ツール］をオンにすると、［壁ツール］で保存した［お気に入り］のみがパレットに一覧表示される。

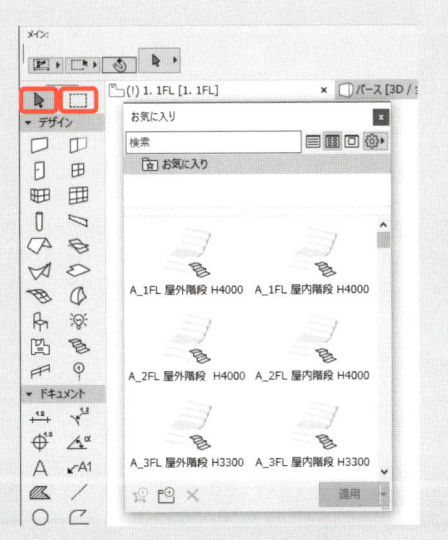

全ツールで保存したお気に入りが表示される

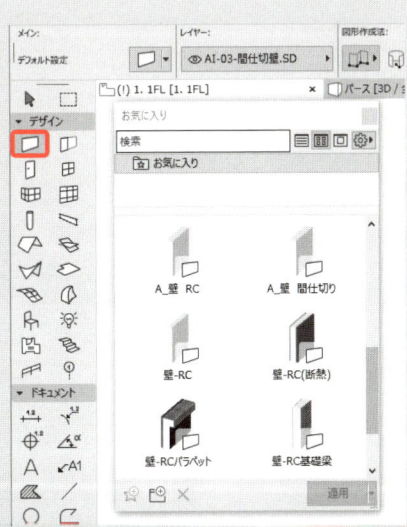

［壁ツール］で保存したお気に入りが表示される

3 ゾーンを作成

「ゾーン」はBIMの必須ツールであり、ARCHICADが優れたBIMアプリケーションであることを支えるツールだ。「ゾーン」は平面的にはある範囲を示し、3次元的にはボリュームを表し、その属性に部屋名や床面積、仕上げの種類まで持つことができる、きわめて建築的な要素だ。[ゾーンツール]を使ってゾーンを配置しながら解説する。

01 [ゾーンツール] でできること

「ゾーン」は、「壁」や「柱」のように建築要素としてわかりやすい名前ではないため、ARCHICADを使い始めたころは、室名と床面積の表示スタンプで使うことが多い。が、いったんその便利さを知ってしまうと手放せないBIMデザインツールとして活用できるようになる。[ゾーンツール]を使ってできることは次の4つだ。

1. [ゾーンツール]は平面図ウィンドウ上で、各室の色分けをしながらゾーニング検討をおこなったり、室名および床面積を表示して配置したりすることができる。
2. [ゾーンツール]は3Dウィンドウ上ではブロックを立体的に積み上げるようにして、建物のボリューム検討がおこなえる。
3. [ゾーンツール]を使って入力しておけば数量などを拾い出し、表を作成する機能で面積表や体積表などの[一覧表]を作成できる（P.220参照）。
4. [ゾーンツール]ダイアログボックスにある「内部仕上表」ページに各部位の下地や仕上げを入力しておくと、[一覧表]機能を使って「内部仕上表」が作成できる。

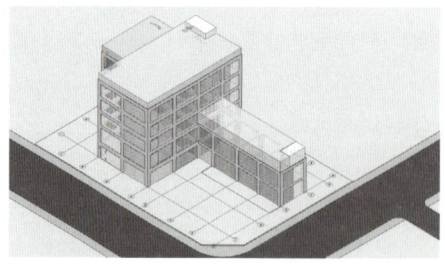

[ゾーンツール]を使ったボリューム検討図
※柱と梁の躯体モデルも含む

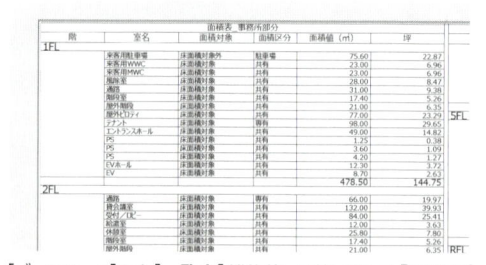

[ゾーンツール]から[一覧表]機能使って拾い出した「面積表」

02 | ゾーンを設定する

ゾーンも他のツールと同じように、詳細な設定を先におこなってから配置していく。

① ツールボックスの[ゾーンツール]を
ダブルクリックする。

●使用するツール[ゾーンツール]

② [ゾーンのデフォルト設定]ダイアロ
グボックスが開く。次のように設定
し、[OK]ボタンでダイアログボック
スを閉じる。

[名前と位置]パネル
● カテゴリ「0030 店舗」
● 名前「テナント」
● 番号「A_08」
● ゾーン上部「2.2FL(配置フロア
+1)」
● 配置フロア「1.1FL(現在)」
● 配置フロアまでの下部オフセッ
ト「0」※高さはフロア高さ設定
によって自動的に「4000」と表
示される。
● 図形作成法「基準線」
● ゾーンポリゴン「総体」
[詳細設定]パネル
● [ゾーン名]にチェック
● [面積表示]にチェック
● レイヤー「2D-08-室名(ゾー
ン).SD」

●ゾーンの設定

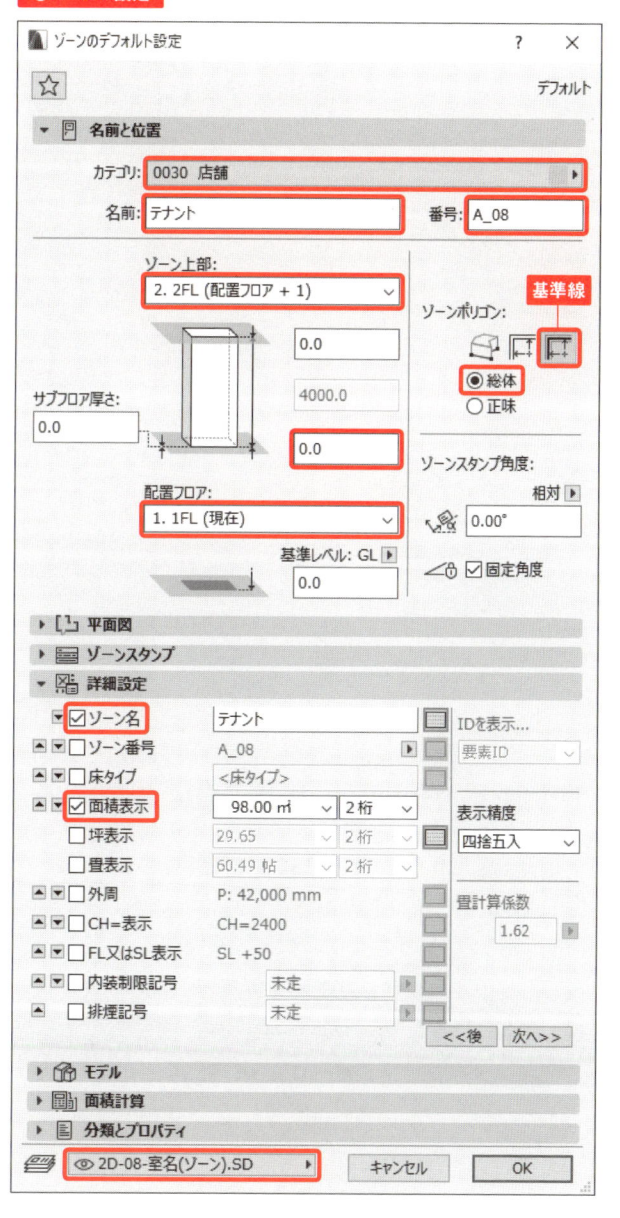

129

03 ゾーンの配置

次の1FL平面図で表示しているゾーンの入力をおこなう。ここでは、図で示したaの「テナント」とbの「エントランスホール」の2か所を例にあげて、図形作成法の[基準線]で入力する方法と手動で入力する方法の2通りを解説する。

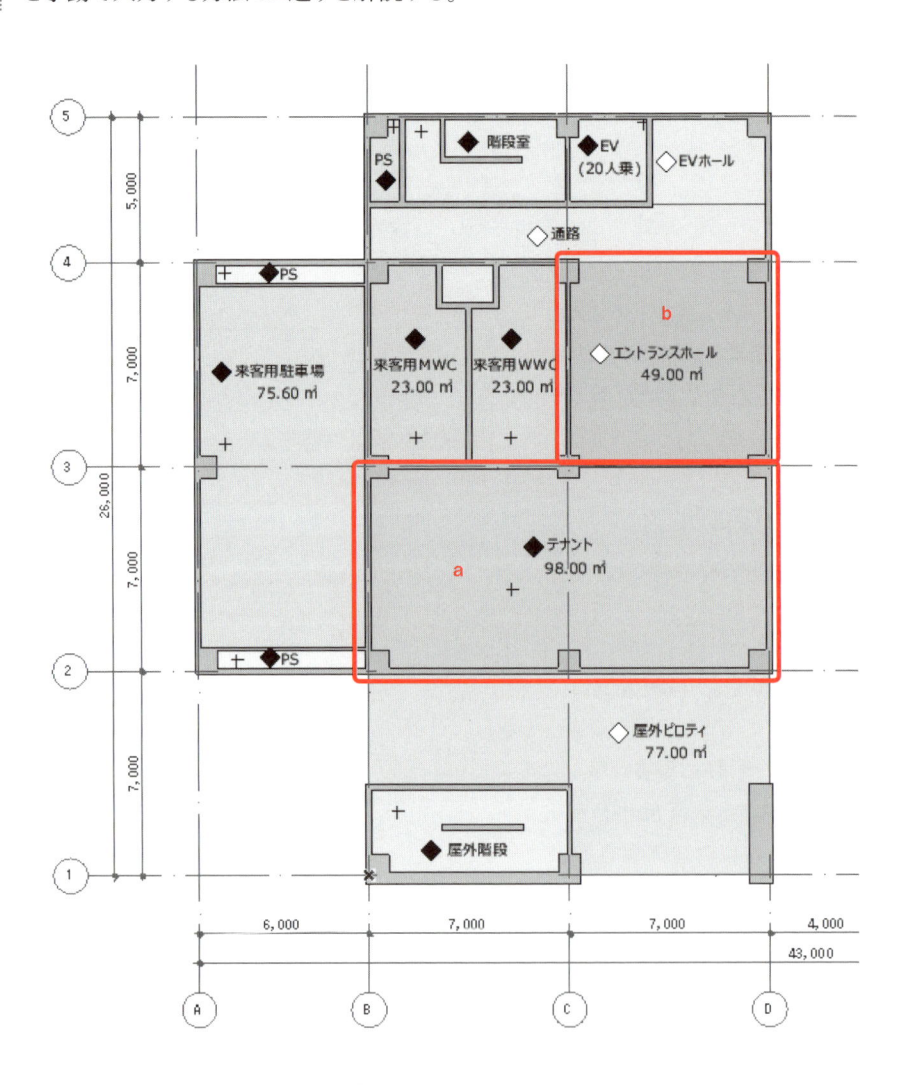

(1)テナント(a)を図形作成法の[基準線]で配置する

① 前頁で図形作成法を「基準線」と設定したので、テナントの点❶あたりにカーソルをおいてクリックすると、ゾーンツールが壁の基準線を境界として自動認識し、カーソルがハンマーのインテリジェントカーソル⚒に変わる。

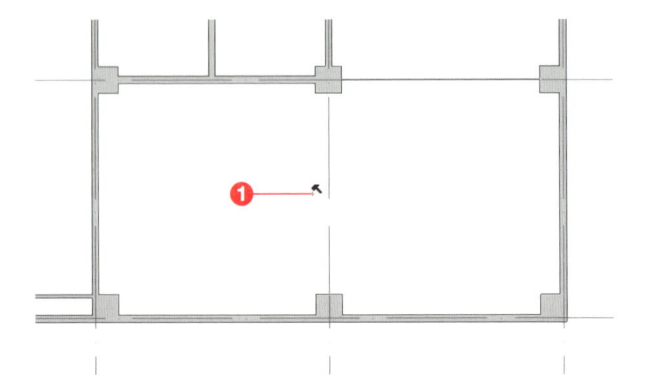

② カーソルがハンマー🔨の状態でもう
一度クリックする。クリックした点が
室名と面積値の文字を配置する基準
点になる。壁で囲まれた「テナント」の
境界が自動的に認識され、カラーで
表示される。

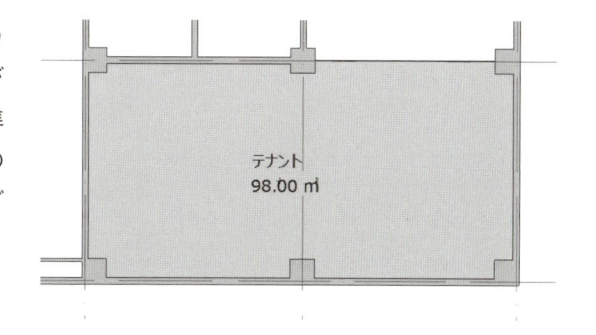

テナント
98.00 ㎡

（2）エントランスホール（b）を図形作成法の［手動］で入力する

① ツールボックスの［ゾーンツール］を
長押しして、［お気に入り］ポップアッ
プを表示する。
② ［お気に入り］の［A_ゾーン エントラ
ンスホール］をダブルクリックして、
［A_ゾーン エントランスホール］の設
定を適用する。

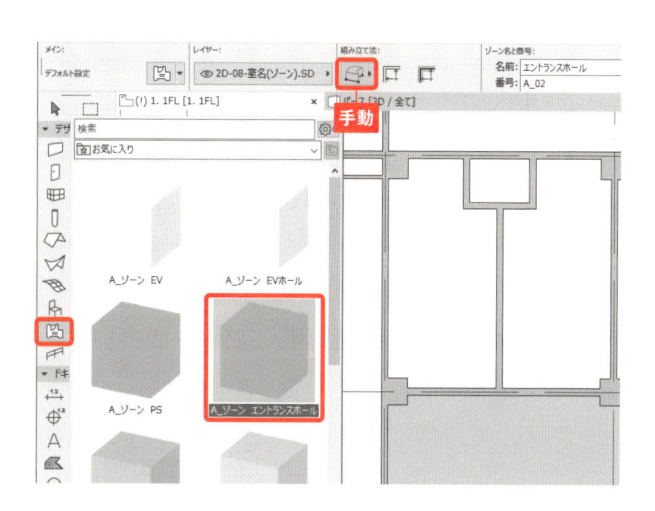

詳細

［お気に入り］の［A_ゾーン エントランスホール］をダブルクリックして設定すると、図形作成法が
［手動］に設定される。情報ボックスの［手動］もオンになる（図参照）。

③ 1点目としてC通と4通の交点❶でク
リック、2点目としてD通と4通の交
点❷でクリック、3点目としてD通と
3通の交点❸でクリック、4点目とし
てC通と4通の交点❹でクリック、最
後に交点❶をクリックする。

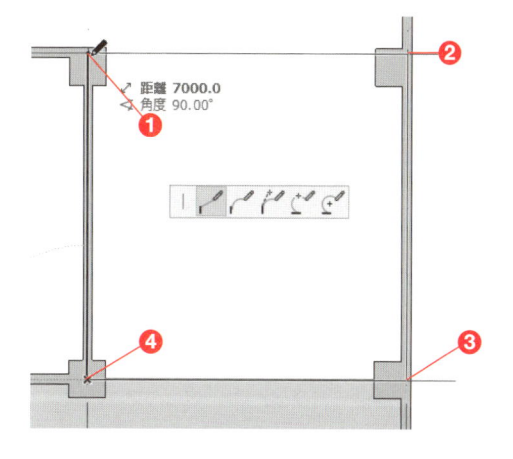

④ 始点と終点がむすばれると、カーソル
がハンマー🔨にかわる。

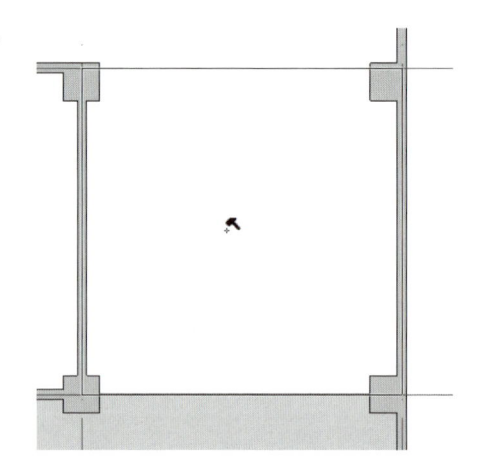

⑤ カーソルがハンマー🔨の状態でもう
一度クリックする。クリックした点を
配置基準点として[室名]と自動計算
された[面積]の数値が表示される。同
時にエントランスホールの平面範囲
もカラーで表示してゾーンが配置さ
れる。

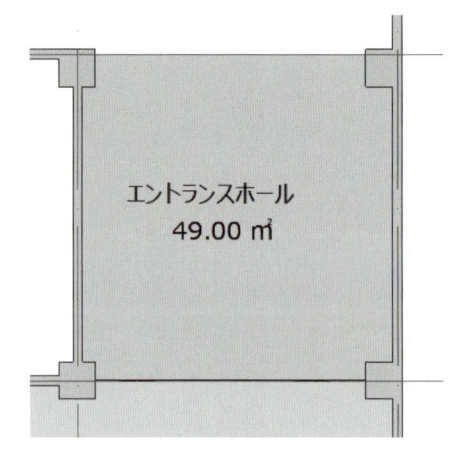

⑥ その他の部屋もすべて[ゾーンツー
ル]の[お気に入り]に保存してある
ので、P.130の図を参照しながら
[お気に入り]のリストから入力す
る。

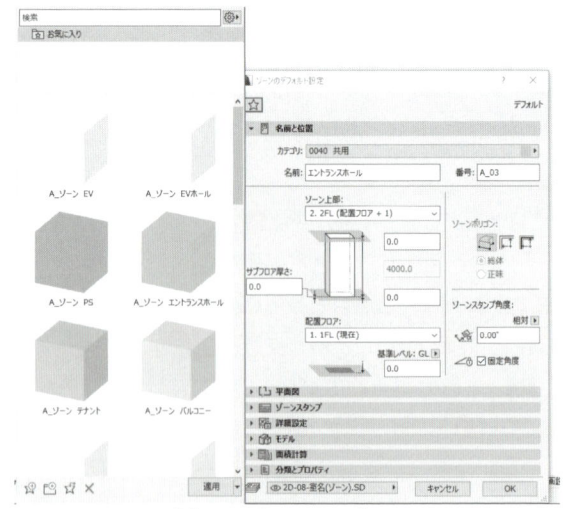

エントランスホールの[ゾーンのデフォルト設定]の例

詳細　P.130の図の◆のゾーン
は基準線で配置する方法、◇のゾー
ンは手動で入力する方法でゾーンを
作成する。「EVホール」と「廊下」は
5通−3000の位置で区切る。「屋
外ピロティ」は1−2通とB−D通間
の屋外階段以外の範囲で、各通り
芯の交点及び屋外階段の基準線
位置に合わせてゾーンを入力する。

⑦ ひととおり部屋を配置したら、[F5]キーで3D表示に切り替え、確認しておこう。図のように高さをもったボリュームとして表示される。

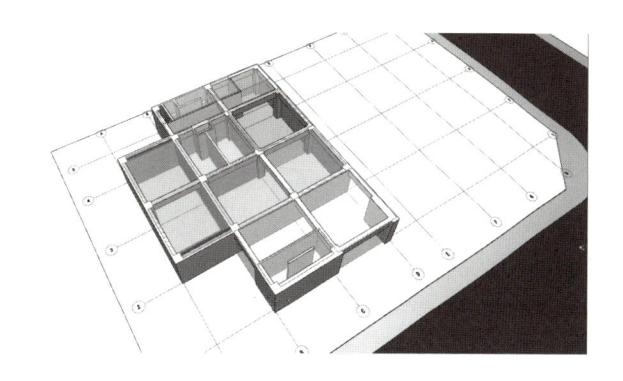

Tips　ゾーンの作成法3種類

[ゾーンツール]の図形作成法は3種類ある。ケース・バイ・ケースで使い分けたい。

- [手動]　スケッチする感覚で、自由にゾーニングプランをおこないたい場合に使う図形作成法だ。[壁]要素によって明確に場所が囲まれていない場合は[ゾーンツール]が境界を自動的に認識しないので、この図形作成法を使う。
- [内側]　壁で囲まれた中でクリックすると、自動的に壁の[内側]を認識してゾーンを配置する。面積は常に壁の「内面」で計算される。
- [基準線]　壁で囲まれた中でクリックすると、自動的に壁の[基準線]を認識してゾーンを配置する。面積は常に壁の[基準線]で計算される。

いったん配置したゾーンも、ゾーンを選択して右クリックで表示される[選択したゾーンの設定]ダイアログボックスで3種類の図形配置を切り替えることができる。切り替えた後は図のような警告メッセージが表示され、[今すぐ更新]か[後で更新]を選ぶことができる。

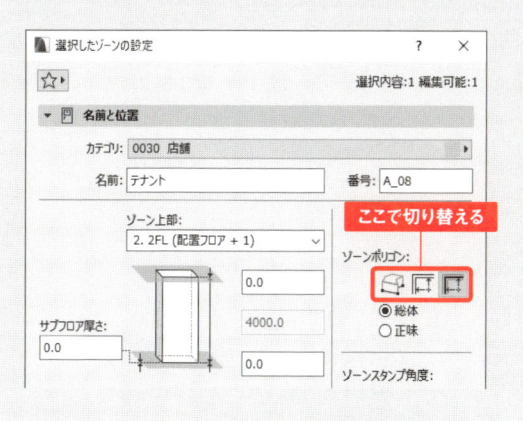

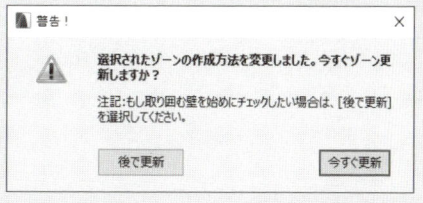

設計検討で壁の位置が変更になるのはよくあることだ。では境界となっている壁を移動すると、配置した
ゾーンは自動的に追従して変更されるか?との問いについては、答えは「ひと手間必要だ」だ。
その「ひと手間」とは、[デザイン]メニューから[ゾーンを更新]を選択して[ゾーンを更新]ダイアログボッ
クスを表示することで、自動的に変更になった壁位置を再認識し、その範囲や面積を変更する。
ただしこの[ゾーンを更新]は、自動的に境界を認識してゾーンを配置する[内側]もしくは[基準線]で入
力されていることが前提になる。

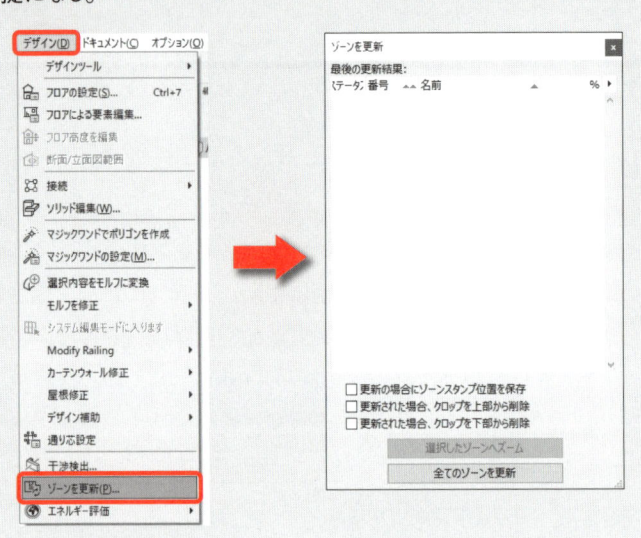

意外と知られていないが、ドキュメントツールの[線ツール][円弧ツール][ポリラインツール]で入力して
も自動的に境界を認識して「ゾーン」が配置できる。設定方法は[線ツール][円弧ツール][ポリライン
ツール]の各ツールの設定ダイアログボックスにある[ゾーン境界]にチェックを入れるだけだ。この設定
で線などを作図しておき、[ゾーンツール]は図形作成法を[内側]もしくは[基準線]にしておいて、囲ま
れた線の中でクリックすると、[ゾーンツール]が自動的に境界を認識し、ゾーンを配置する。

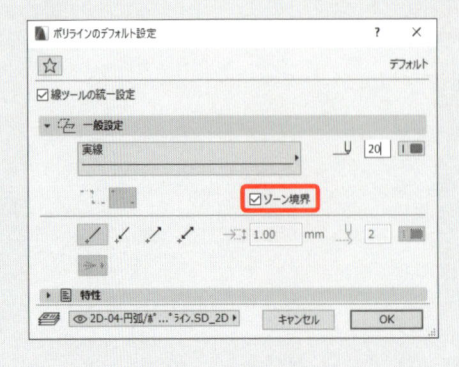

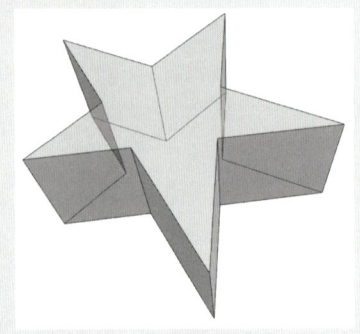

[ポリラインツール]で星形に線を囲んで
境界を認識したゾーン

04 建具

壁にドアと窓の建具を配置していこう。建具のない開口もドアや窓という建具として入力できる。さまざまな種類のドアや窓があり、その種類によって配置方法もいろいろ変えて配置する。

1 > ドアを作成

「ドア」は「ライブラリ部品」と呼ばれる要素の1つだ。ライブラリ部品は他に「ランプ」「階段」「オブジェクト」などがあり、外部のファイルに登録された要素だ。ARCHICAD 21既定のライブラリは「Program Files」(Windows)や「アプリケーション」(Mac)フォルダー内の「GRAPHISOFT¥ARCHICAD 21¥ARCHICAD Library 21」フォルダーに設定されている。ドアは[壁ツール]で入力した壁にのみ配置でき、言い換えれば壁のないところにドアを配置することはできない。

また[ドアツール]でドアを配置しておくと、[一覧表]機能を使ってドアを分類して「建具表」が自動作成できる。パラメータをもった建築要素でモデリングをするBIMアプリケーションのおもしろいところだ。ライブラリ部品も最初に設定、次に配置するという流れは壁などと同じだ。ドアの設定と配置の手順を解説する。ここで作成するのは図のa~fの6種類のドアだ。

135

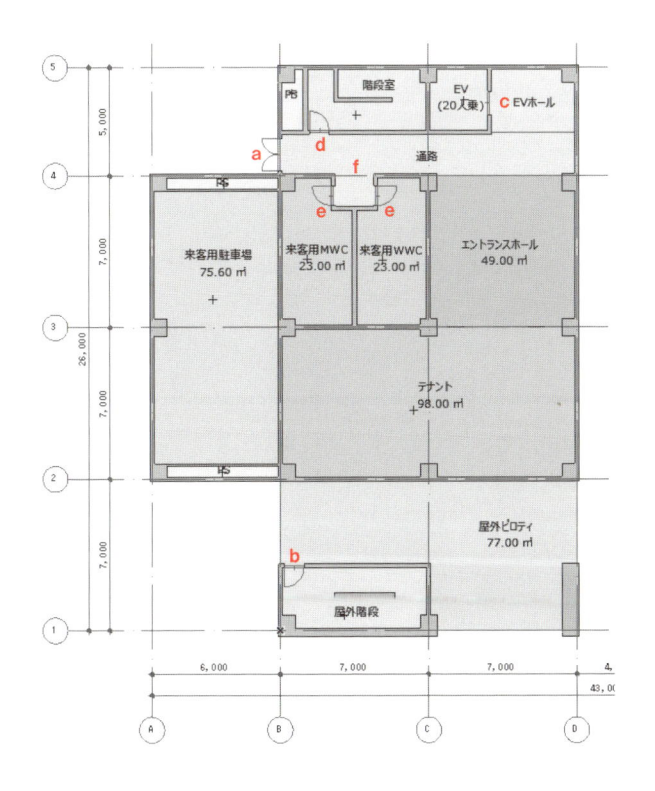

01 両開き戸 a を配置

[標準]ツールバーの[スナップガイドと点]を使って、通路にaの両開き戸を配置する。

① ツールボックスの[ドアツール]をダブルクリックする。

●使用するツール[ドアツール]

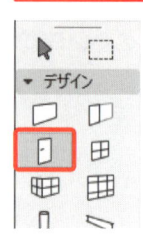

② [ドアのデフォルト設定]ダイアログボックスで次のように設定し、[OK]ボタンでダイアログボックスを閉じる。

●ドアの設定（両開き戸a）

- 「ARCHICAD Library 21」→「ドア」→「一般」フォルダーを選択して下のリストから「両開き戸」を選択

[プレビューと位置]パネル

- 幅「1500」
- 高さ「2100」
- 配置位置の「フロア1から下端」下端/上端値「0.0」
- 配置基準点「中心」

[カスタム設定]パネル
[詳細レベル2D/3D/断面図表示]
ページ

- 詳細オプション「モデル表示オプションに依存」

詳細

[プレビューと位置]パネル右側にあるプレビューオプションを[3D]に切り替えると3D表示でドアの形状が確認できる。

③ [標準]ツールバーの[スナップガイド
と点]の▼ボタンをクリックして、[中
点]と[交点間]を選択する。

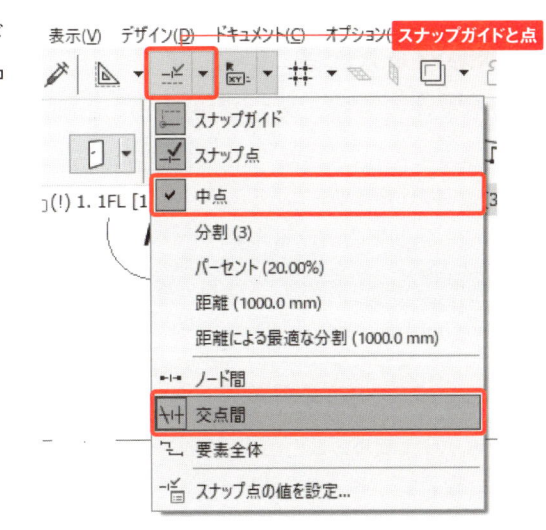

> **詳細** ［交点間］を選択すると要素間にはさまれた線上にスナップする。またここでは使用しないがメ
> ニューの［要素全体］とは、たとえば入力したひとつの壁要素全体の線上でスナップし、他の要素と交差
> していても影響されない。

④ B通の4通と5通間の点❶あたりに
カーソルを置く。カーソルが✓に変わ
り[中点]にスナップしたところでク
リックし、配置基準点を確定する。

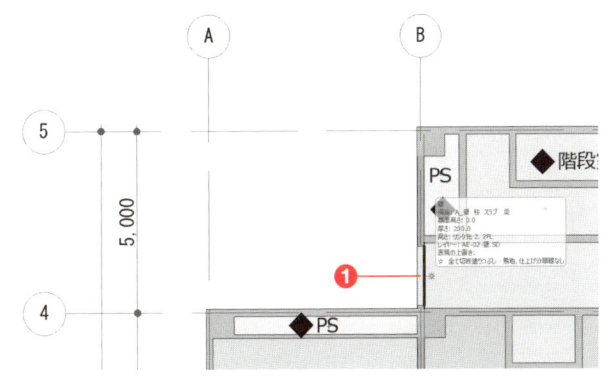

⑤ ドアの横に外側方向を示す「太陽
マーク」☼が表示される。ここでは内
側に表示されているので、[Tab]キー
を押して太陽マーク☼の位置を外側
(左側)に切り替える。

⑥ 次にドアの開き方向を決める。両開き
戸は外開きなので、外壁よりも外側
(左側)の点❷あたりでクリックして
配置する。図のようなドアが配置され
る。

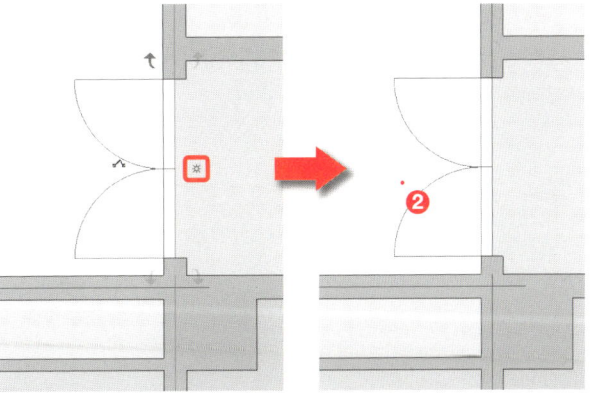

02 　片開き戸eを配置

eの片開き戸を座標入力で来客用トイレの2か所に配置する。

① ツールボックスの［ドアツール］をダ
ブルクリックし、［ドアのデフォルト
設定］ダイアログボックスを開く。次
のように設定し、［OK］ボタンでダイ
アログボックスを閉じる。

●**ドアの設定（片開き戸a）**

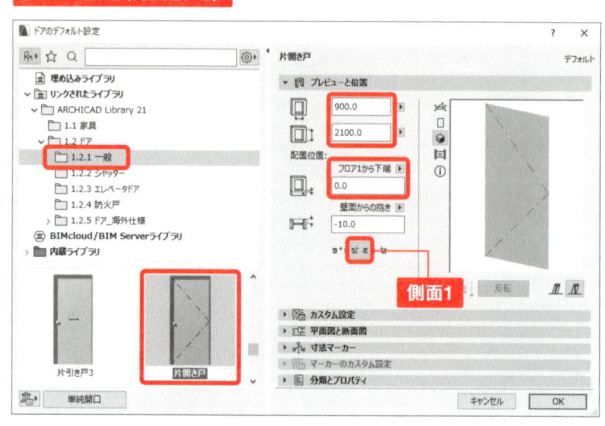

- 「ARCHICAD Library 21」→「ド
  ア」→「一般」フォルダーを選択し
  て下のリストから「片開き戸」を選
  択
  ［プレビューと位置］パネル

- 幅「900」

- 高さ「2100」

- 配置位置の「フロア1から下端」
  下端/上端値「0.0」

- 配置基準点「側面1」

② 図の壁交点❶にカーソルを置き、青
い輪のスナップガイドを表示したら
クリックせずにマウスを下に動かす。
青色垂直線のスナップガイドの上に
カーソルをのせると座標情報が表示
される。

③ 座標情報の距離に「405」と入力して
［Enter］キーを押す。この入力で交点
❶から、X方向は0、Y方向に405オフ
セットした位置が配置基準点になる。

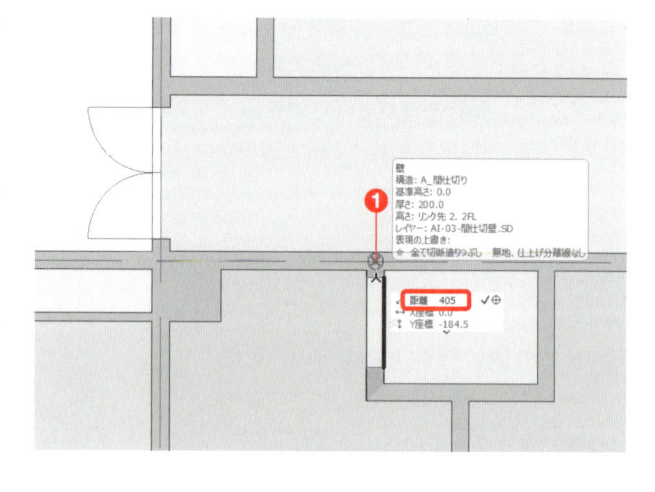

④ 片開き戸は内開きとするため、間仕切り壁よりも室内側(左側)の点❷でクリックして開き方向を確定する。

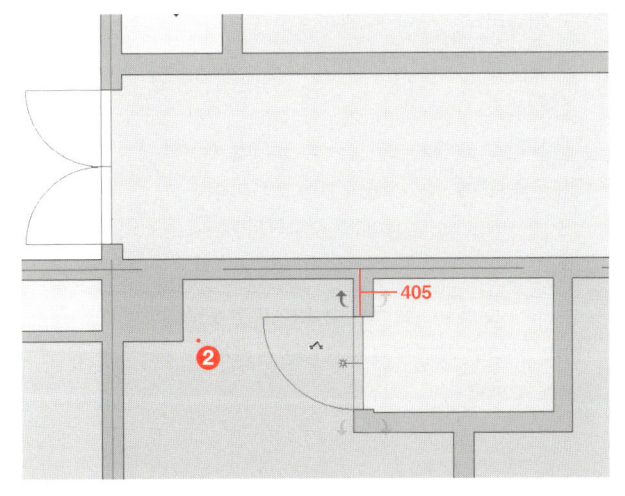

─ 405

❷

⑤ 情報ボックスで配置基準点の[側面2]ボタンをクリックし、手順②〜④と同様に操作して「片開き戸e」を図のようにもう1つ配置する。

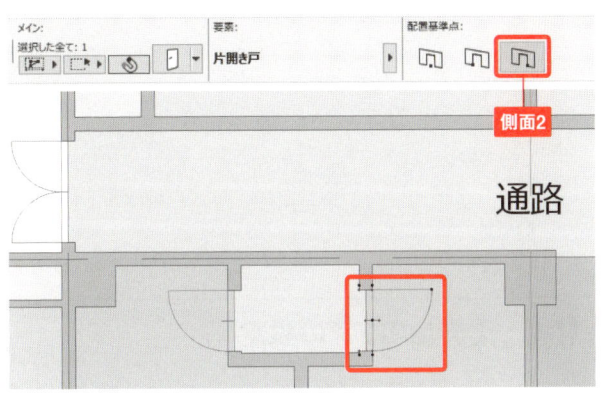

メイン:		要素:		配置基準点:	
選択した全てで: 1		片開き戸			

側面2

通路

03 | 開口fを配置

通路と来客用トイレをつなぐfの開口を[単純開口]ライブラリで配置する。

① ツールボックスの[ドアツール]をダブルクリックし、[ドアのデフォルト設定]ダイアログボックスを開く。次のように設定し、[OK]ボタンでダイアログボックスを閉じる。

- 左下にある[単純開口]ボタンをクリック

  [プレビューと位置]パネル
- 幅「1800」
- 高さ「2400」
- 配置位置の「フロア1から下端」、下端/上端値「0.0」
- 配置基準点「中心」

●ドアの設定(開口f)

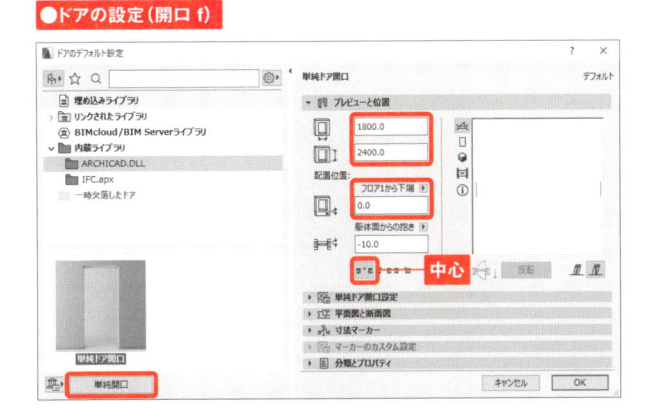

ドアデフォルト設定

埋め込みライブラリ
リンクされたライブラリ
BIMcloud/BIM Serverライブラリ
内蔵ライブラリ
　ARCHICAD.DLL
　IFC.apx
　一時欠落したドア

単純ドア開口　　　　　　　　　　　デフォルト

プレビューと位置

1800.0
2400.0

配置位置:
フロア1から下端
0.0
躯体面からの抱き
-10.0

中心

単純ドア開口図

単純ドア開口設定
平面図と断面図
寸法マーカー
マーカーのカスタム設定
分類とプロパティ

単純開口

キャンセル　　OK

② 片開き戸eを2か所配置したエリアにある4通の間仕切り壁にカーソルを合わせる。

③ ［標準］ツールバーの［スナップガイドと点］の▼ボタンをクリックし、［中点］と［交点間］を選択する（P.137参照）。

④ カーソルが✓に変わり中点にスナップしたところでクリックして単純開口を配置する。

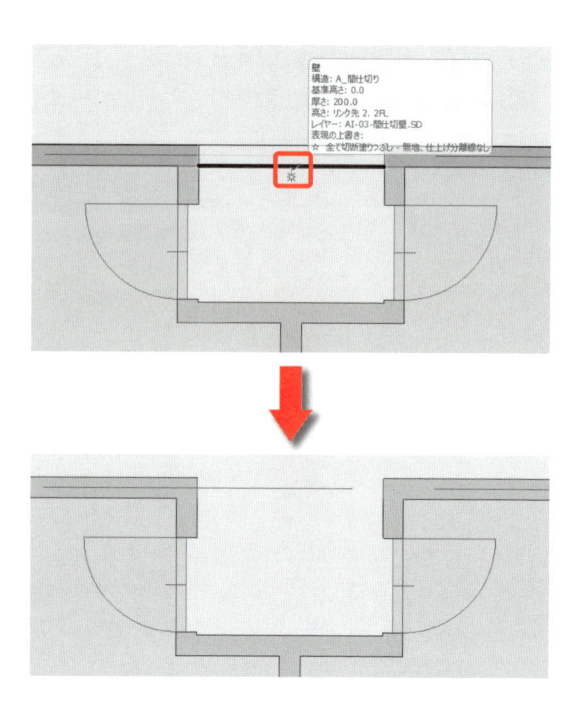

---

04 | その他のドアの設定

その他のb、c、dのドアも次の設定と図を参考に配置する。

●ドアの設定（片開き戸b）

●ドアの設定（エレベータドアc）

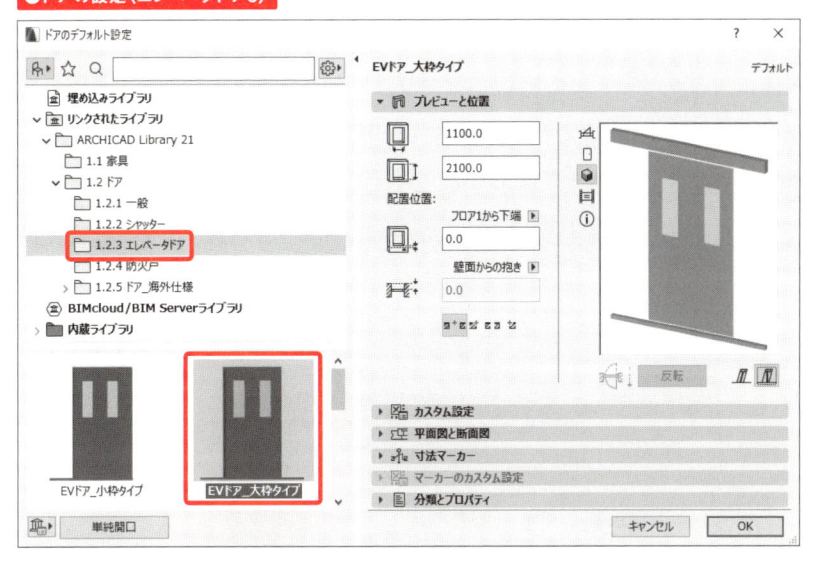

●ドアの設定（片開き防火戸d）

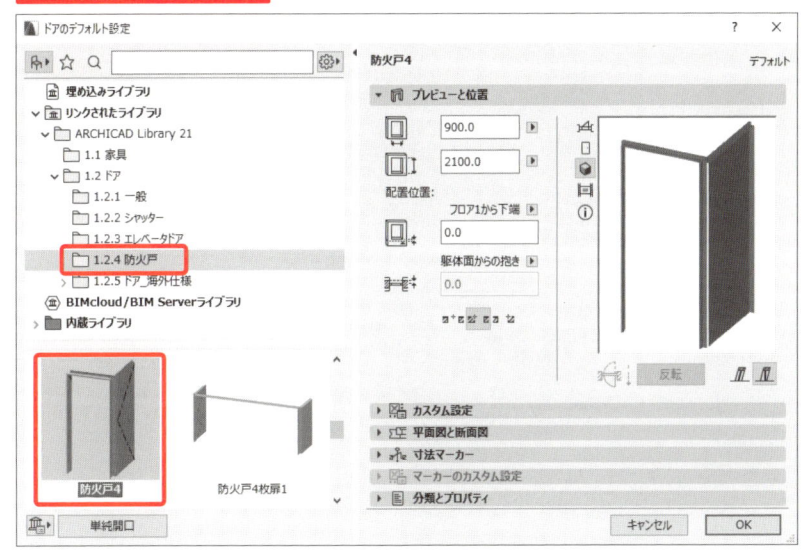

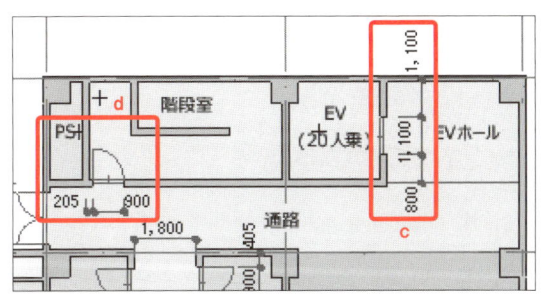

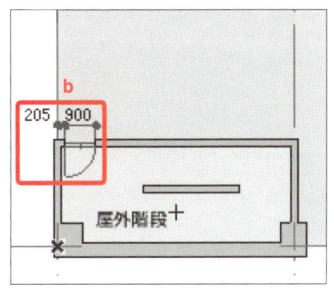

2 窓を作成

「窓」もドアと同様に外部のファイルで定義されたライブラリ部品だ。ドアと同じく壁にのみ配置することができる。窓も［一覧表］機能を使って、「建具表」を作成できる。

次の1FL平面図のa～dの4種類の窓を作成する。ここでは窓を入力する前に、壁をガラス壁に変更してから窓を入力する手順を解説する。またいくつかの便利な入力方法も合わせて解説する。

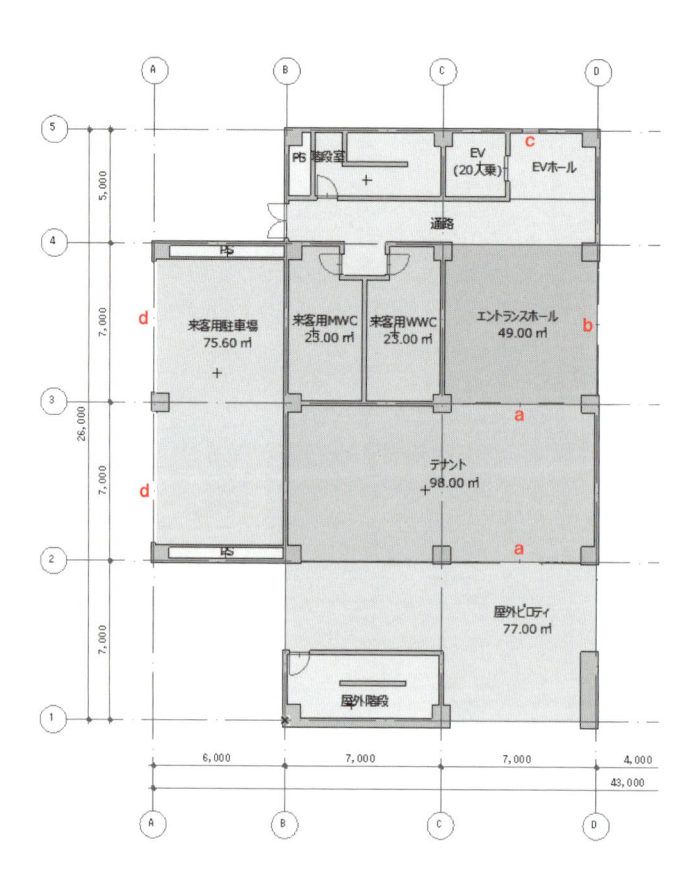

---

01 | 窓a（両側 FIX+ 中央 2 枚引き分け戸）を配置①

aの両側FIX+中央2枚引き分け戸を、座標入力を使って配置する。

① ツールボックスの［窓ツール］をダブルクリックする。

●使用するツール［窓ツール］

② [窓のデフォルト設定]ダイアログ
ボックスが開く。次のように設定し、
[OK]ボタンでダイアログボックスを
閉じる。

- 「ARCHICAD Library21」→「窓」
  →「組み合わせ窓」フォルダーを
  選択して下のリストから「組合せ
  建具1」を選択

[プレビューと位置]パネル

- 幅「4000」
- 高さ「3000」
- 配置位置の「フロア1から下端」
  上端/下端値「0.0」
- 配置基準点「中心」

[カスタム設定]パネル

[連装]ページ

- 縦ユニット数「2」
- 上段高さ「400」
- 段のパネル数「4」
- メイン段の設定 ドア幅
  「1800」

[詳細レベル、2D/3D/断面図表示]
ページ

- 詳細オプション「モデル表示オプ
  ションに依存」

● 窓の設定（窓a）

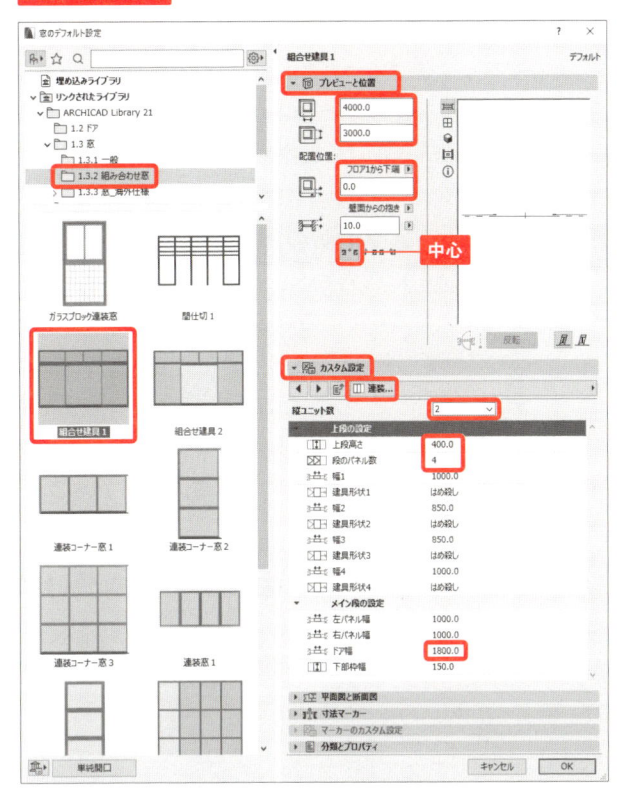

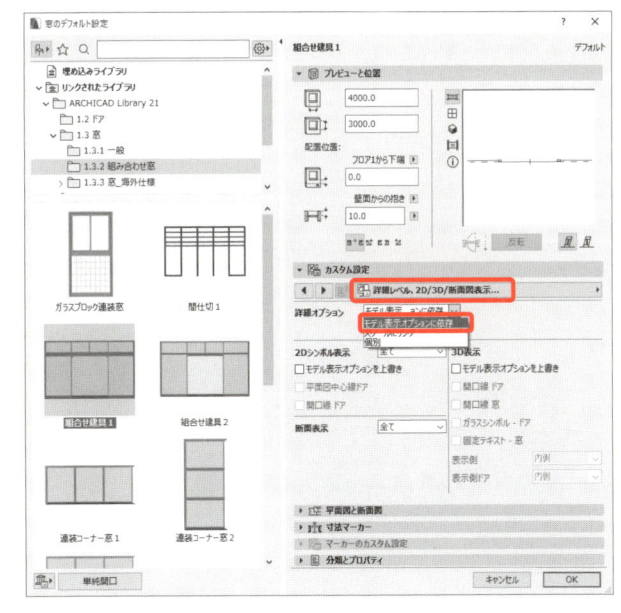

143

詳細

設定する項目が多い場合は、[お気に入り]に保存しておくと次に同じ設定にするときに便利だ。

③ C通と3通の交点❶にカーソルを置き、青い輪のスナップガイドを表示したらクリックせずにマウスを右に動かす。青色水平線のスナップガイドの上にカーソルをのせると座標情報が表示される。

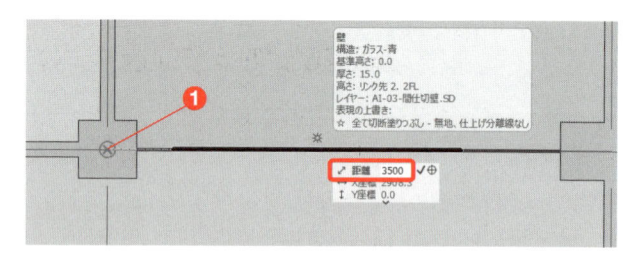

④ キーボードの座標情報の距離に「3500」Enter と入力する。

⑤ 次にガラスの壁より上側の点❷でクリックして配置位置を確定する。

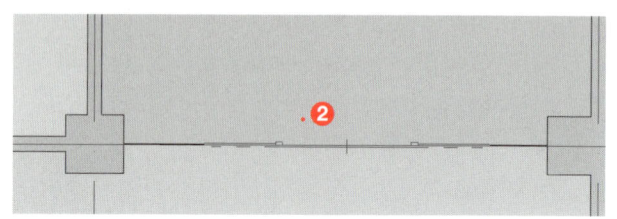

02 窓a（両側FIX＋中央2枚引き分け戸）を配置②

もう1つの窓aは［お気に入り］から配置する壁をガラスに変更した後、座標入力を使って配置する。

① ツールボックスで［壁ツール］をクリックし、「テナント」の2通の外壁を shift キーを押しながらクリックして選択する。

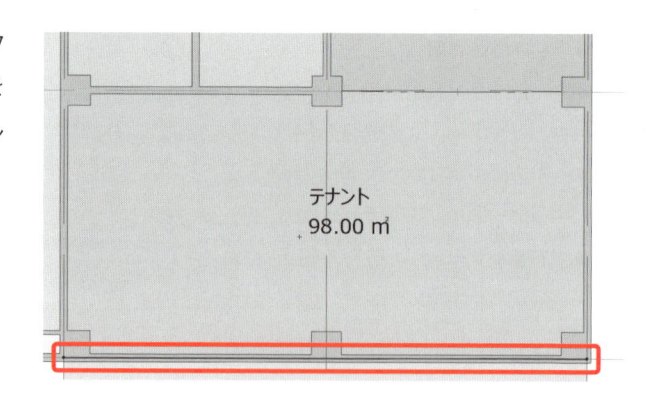

② ツールボックスの［壁ツール］のボタンを長押しすると［お気に入り］が表示される。［お気に入り］リストから「A_ガラス壁」をダブルクリックすると外壁がガラス壁に変更される。Esc キーを押して選択を解除する。

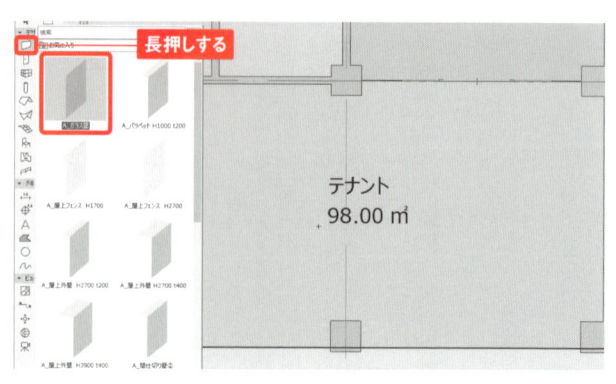

③ ツールボックスの［窓ツール］をクリックする。窓aの設定が残っているので、そのまま座標入力をおこなう。C通と2通の交点❶にカーソルを置き、青い輪のスナップガイドを表示したら、クリックせずにマウスを右に動かす。青色水平線のスナップガイドの上にカーソルをのせると座標情報が表示される。

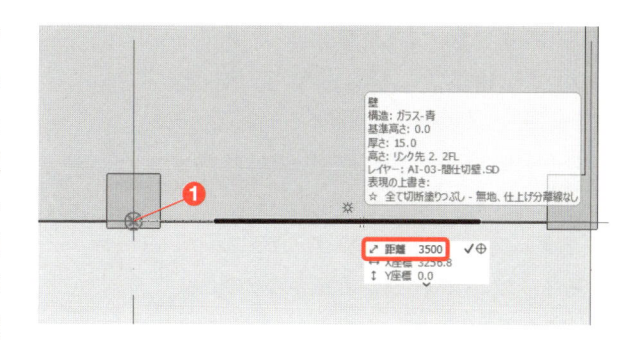

④ 座標情報の距離に「3500」と入力して［Enter］キーを押す。
⑤ ガラス壁より下側の点❷でクリックして配置位置を確定する。

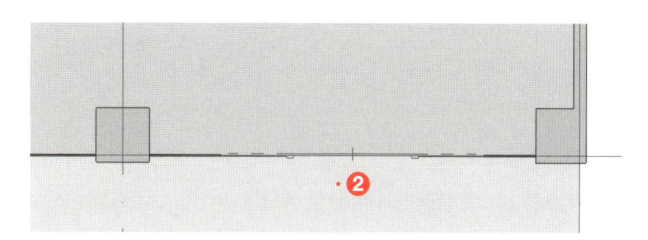

詳細

手順①では他の要素と重なっている壁を選択するのに［壁ツール］を選択して、［Shift］キーを押しながら壁のある位置でクリックというテクニックを使った。あらかじめ［壁ツール］を選択しておくというのがポイントだ。

03　窓b（両側 FIX＋ 中央 2 枚引き分け戸）を配置

「エントランスホール」の不必要な壁を削除したあと、［お気に入り］でガラス壁を入力し、両側FIX+中央2枚引き分け戸の窓bを配置する。

① D通の3通と4通の間にある壁の上にカーソルをのせる。要素の上にカーソルがのっているときは、その要素が青色のハイライト表示になる。
② ［Ctrl］キーを押すとカーソルが「はさみマーク」になる。その状態で壁の上でクリックすると、壁が削除される。

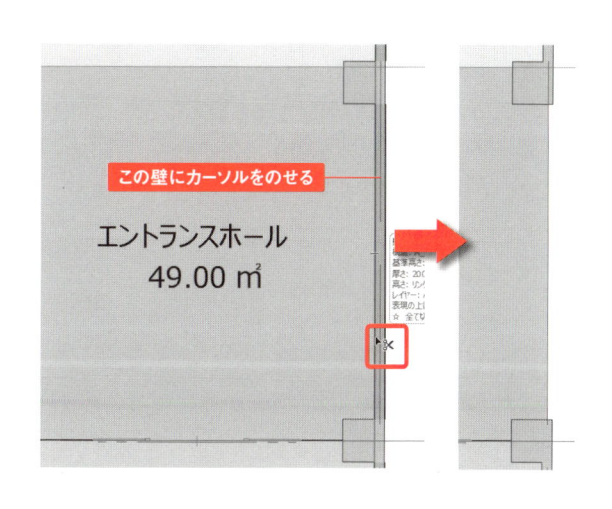

この壁にカーソルをのせる

エントランスホール
49.00 ㎡

③ ツールボックスの［壁ツール］をクリックし、情報ボックスで図形作成法を長押しして［単一］を選択する。

④ ツールボックスの［壁ツール］を長押しすると［お気に入り］が表示される。［お気に入り］リストから「A_ガラス壁」をダブルクリックしてガラス壁の設定を適用する。

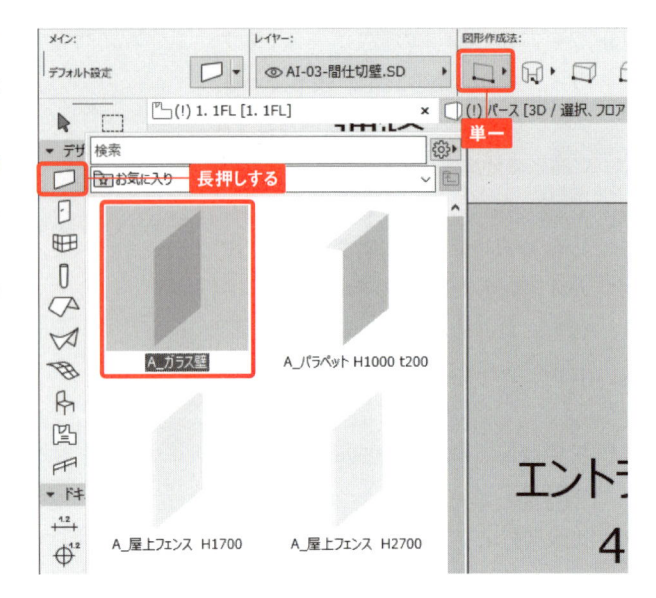

⑤ 1点目としてD通と4通の交点❶をクリック、2点目としてD通と3通の交点❷をクリックしてガラス壁を入力する。

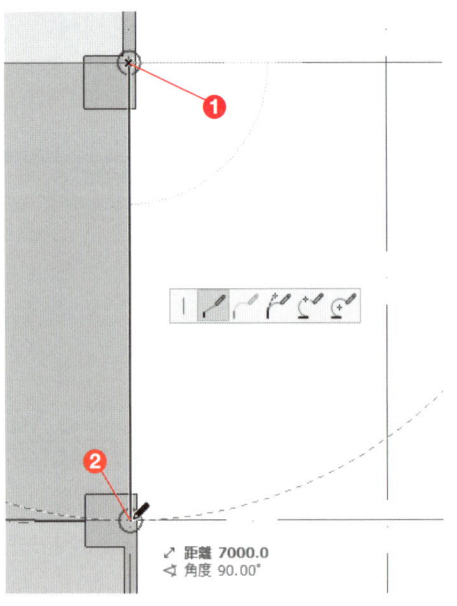

⑥ ツールボックスの［窓ツール］をダブルクリックし、［窓のデフォルト設定］ダイアログボックスを開く。窓aで設定した内容で、幅のみ数値の変更をおこない、［OK］ボタンでダイアログボックスを閉じる。

　　［プレビューと位置］パネル
　　● 幅「4800」に変更

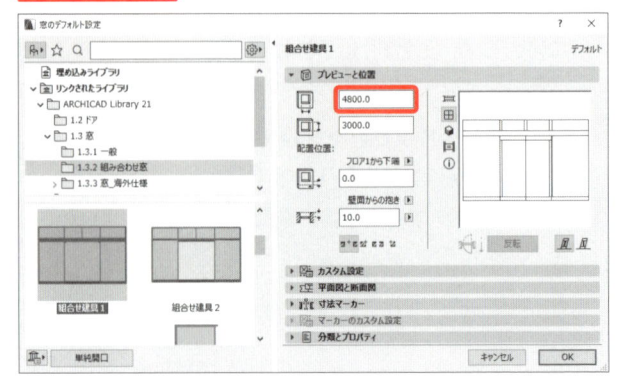

⑦ D通の3-4通間にカーソルをのせると中点位置が表示されるので、その上でクリックして窓b（両側FIX＋中央2枚引き分け戸）を配置する。

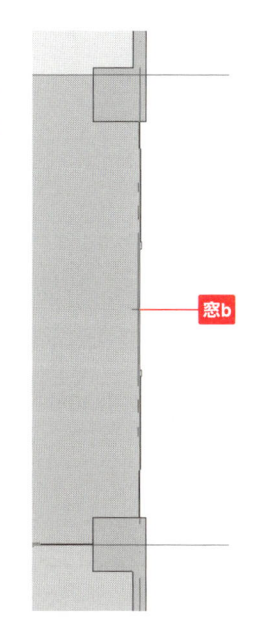

窓b

---

04 | 窓c（縦3段連装窓 上段外倒し ＋ 中段 FIX＋ 下段 FIX）を配置

「EVホール」に縦3段連装窓 上段外倒し＋中段FIX＋下段FIXの窓cを座標入力で配置する。

① ツールボックスの［窓ツール］をダブルクリックし、［窓のデフォルト設定］ダイアログボックスを開く。次のように設定し、［OK］ボタンでダイアログボックスを閉じる。

● 「ARCHICAD Library21」→「窓」→「組み合わせ窓」フォルダーを選択して下のリストから「連装窓2」を選択

［プレビューと位置］パネル

● 幅「800」

● 高さ「2000」

● 配置位置の「フロア1から下端」下端/上端値「200.0」

● 配置基準点「側面2」

［カスタム設定］パネル

［連装］ページ

● 縦ユニット数「3」

● 上段サッシ　パネル高さ「600」建具形状「外倒し」

●窓の設定（窓c）

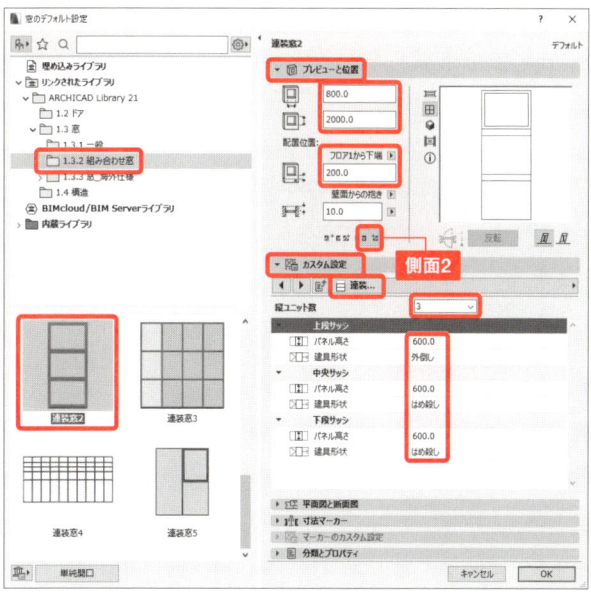

147

- 中央サッシ　パネル高さ「600」
  建具形状「はめ殺し」
- 下段サッシ　パネル高さ「600」
  建具形状「はめ殺し」

② EVホールにこの窓cを配置する。
P.145を参照して図の交点❶から
X650、Y0方向にオフセットし、上側
❷をクリックして窓cを配置する。

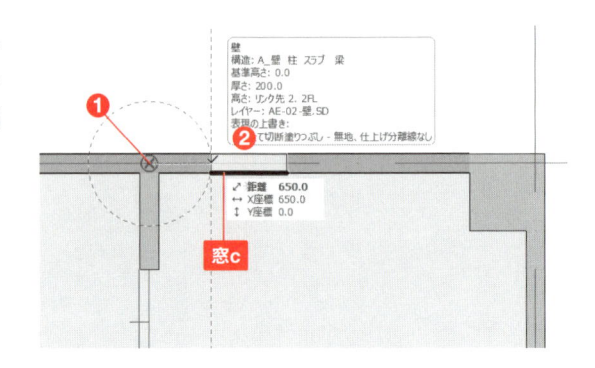

---

05 | 開口 d を配置

来客用駐車場の開口dは参照線を使って「単純開口」を1つ配置したあと、［ミラーコピー］で
もう1つ開口を配置する。［ドアツール］だけでなく、［窓ツール］からも単純開口を作成できる。
ここでは［窓ツール］を使って単純開口をつくる。

① ツールボックスの［窓ツール］をダブ
ルクリックし、［窓のデフォルト設定］
ダイアログボックスを開く。次のよう
に設定し、［OK］ボタンでダイアログ
ボックスを閉じる。

- ［単純開口］ボタンをクリック
［プレビューと位置］パネル
- 幅「5750」
- 高さ「2700」
- 配置位置の「フロア1から下端」
  下端/上端値「0.0」
- 配置基準点「側面2」

●窓の設定（開口d）

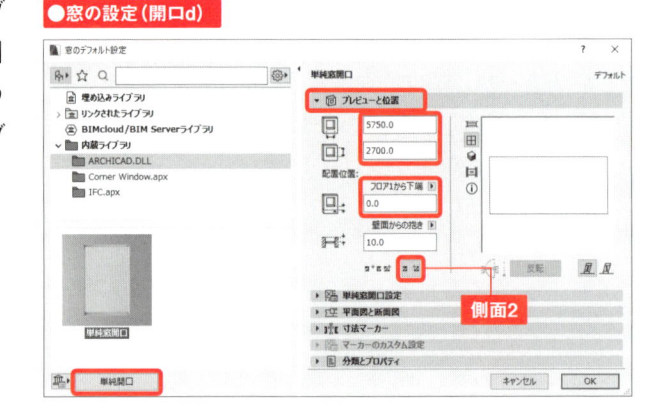

② A通と3通の柱の左上角❶にカーソ
ルを合わせてクリックし、単純開口を
配置する。

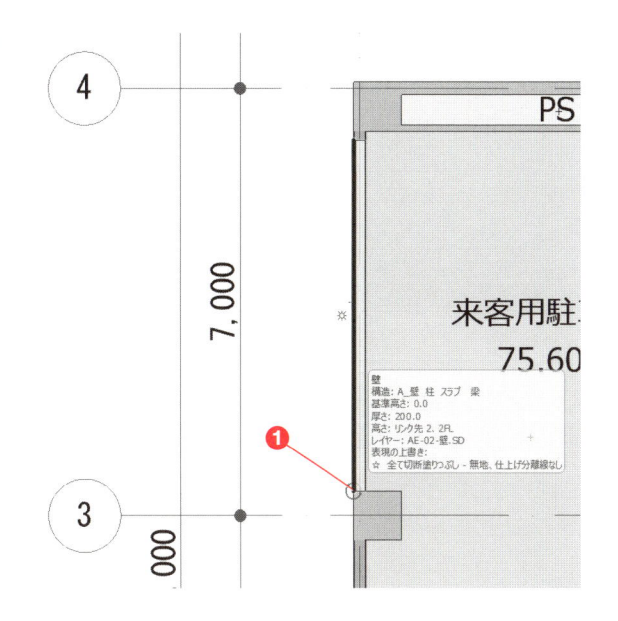

③ 配置した単純開口を上方向に25mm
移動する。[shift]キーを押しながら単
純開口の端部にカーソルを合わせ、✓
になる位置でクリックして単純開口
を選択する。

④ 右クリックして[移動とコピー]→[移
動]を選択する。

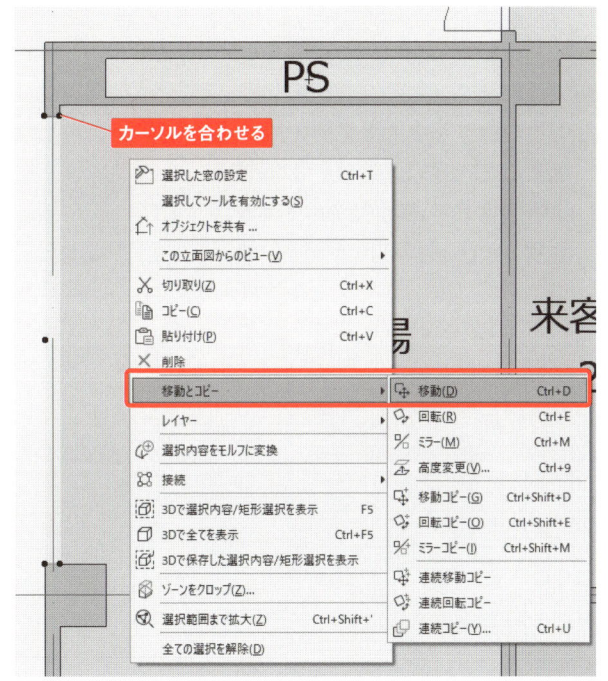

⑤ 図の端点❶をクリックして上方向に
動かし、座標情報の距離に「25」と入力し
[Enter]キーを押す。

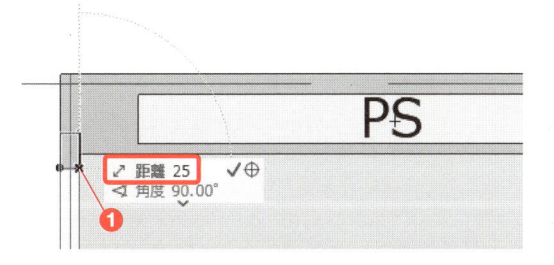

⑥ 開口が選択された状態のまま、もう一度右クリックして[移動とコピー]→[ミラーコピー]を選択する。

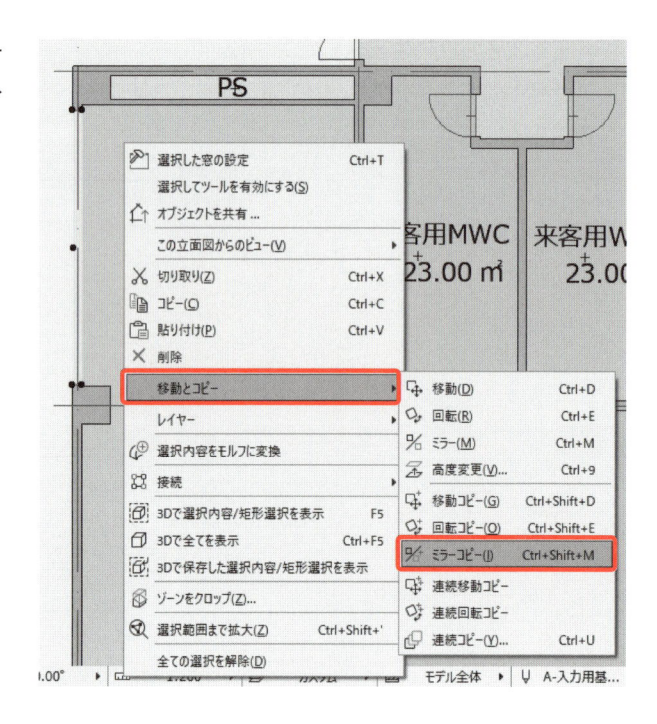

⑦ 3通の通り芯線上でクリックすると反転した状態で、もうひとつ単純開口が配置される。同じ壁の中であれば、ドアと窓はコピーして配置が可能だ。

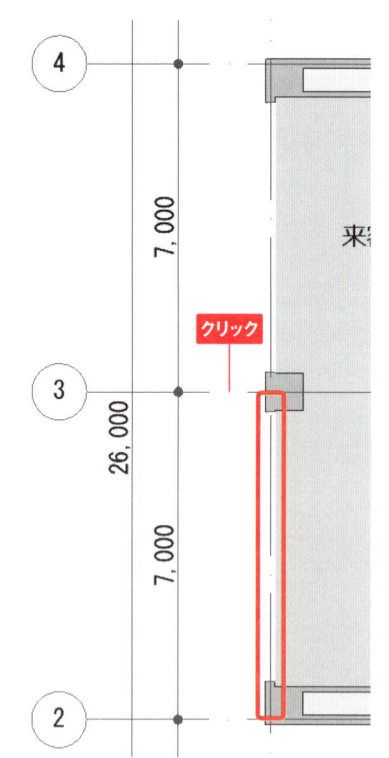

⑧ ドアと窓の配置が完了した。F5 キーで3D表示に切り替え、確認しておこう。図のように表示される。

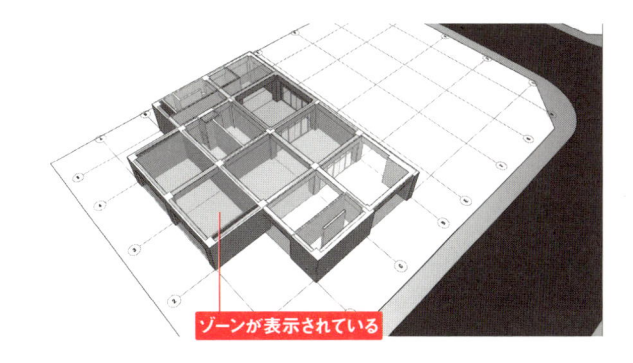

ゾーンが表示されている

⑨ ゾーンが表示されてドアや窓がわかりにくいときは、どれか1つのゾーンを選択して右クリックし、[レイヤー]→[レイヤーを隠す]を選択してゾーンが見えないようにする。

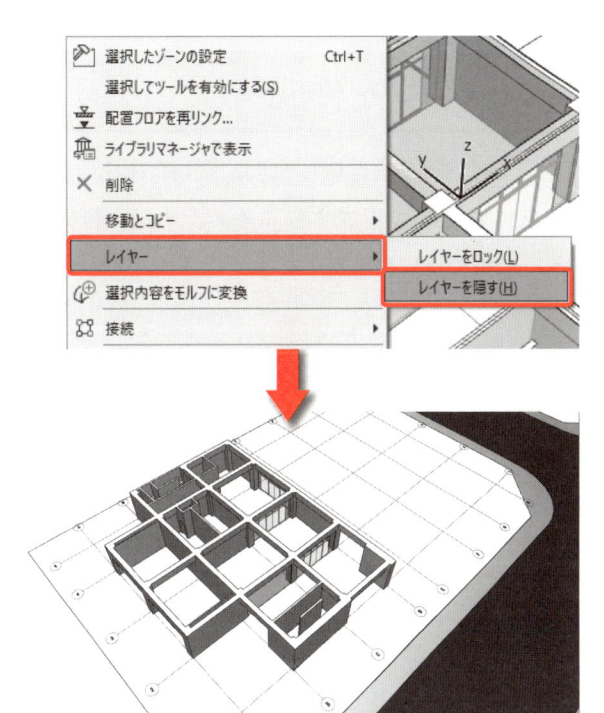

05 床と階段

床（ARCHICADではスラブと表現する）と階段を作成しよう。企画設計モデルなので階段はあえて詳細な作り込みのない階段とする。設定さえちゃんとしておけばワンクリックで階段が作成される。BIMアプリケーションとしてのARCHICADのおもしろいところだ。

1 スラブを作成

ここまで柱、梁、壁を作成してきた。続いて床を作成する。床はARCHICADでは「スラブ」と呼ばれ、［スラブツール］で作成する。［スラブツール］は床だけではなく、家具のテーブルの面材やカウンター、棚板の作成にも使える。おもに水平の面材をモデリングする要素に適したデザインツールだ。

01 スラブの設定

「スラブ」も設定できる項目はたくさんある。大事なのは基準面の位置で、ここでは配置フロアの1FLからスラブ上端の押さえで0.0の高さとした。スラブ厚は200mmだ。

① ツールボックスの［スラブツール］をダブルクリックする。

●使用するツール［スラブツール］

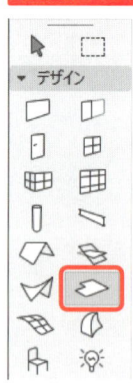

② [スラブのデフォルト設定]ダイアログボックスが開く。次のように設定し、[OK]ボタンでダイアログボックスを閉じる。

[形状と位置]パネル
- スラブ厚さ「200」
- 基準面高度「0.0」
- 組み立て法「基本」
- ビルディングマテリアル「A_壁柱　スラブ　梁」
- 辺角度「垂直」
- 基準面の位置「上端」
- レイヤー「AI-01-床.SD」

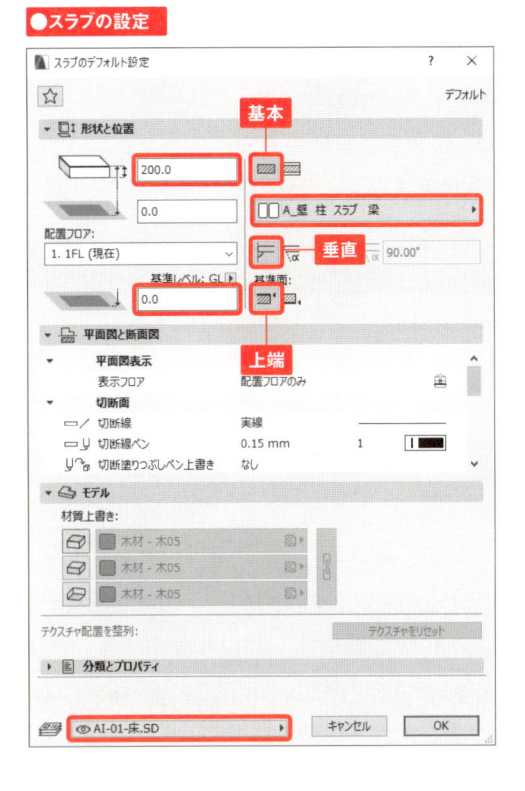

●スラブの設定

---

02 スラブの配置

スラブと重なってじゃまになる一部の敷地を削除してから、建物内部の床を入力する。最初に読みこんだ「ガイドラインテンプレート.tpl」には、あらかじめ「メッシュ」で敷地が入力してあるので、これから入力する室内の床と重なる部分のメッシュを削除しておく。建物の外の敷地のメッシュはそのまま置いておくので、「穴の作成」で既存の敷地のメッシュに穴をあけるという方法を使う。

153

(1) 敷地を一部削除する

① ツールボックスの[メッシュツール]をクリックして、敷地の面の部分を[Shift]キーを押しながらクリックする。メッシュで入力した敷地が選択される。

詳細

　　　　　敷地の面が選択できないときは、[矢印ツール]の情報ボックスで[クイック選択](P.165参照)がオンになっているかを確認する。

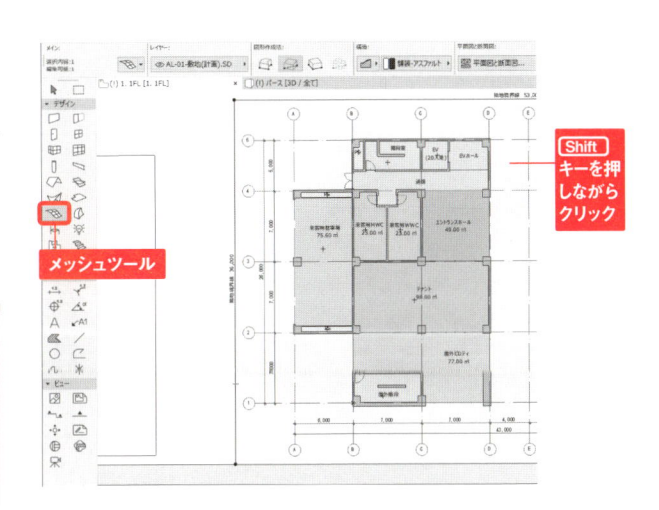

② 情報ボックスで図形作成法の［矩形］
　ボタンをクリックする。

③ 穴をあける範囲（矩形）の1点目として
　D通と5通の交点❶をクリック、2点
　目としてB通と2通の交点❷でクリッ
　クする。

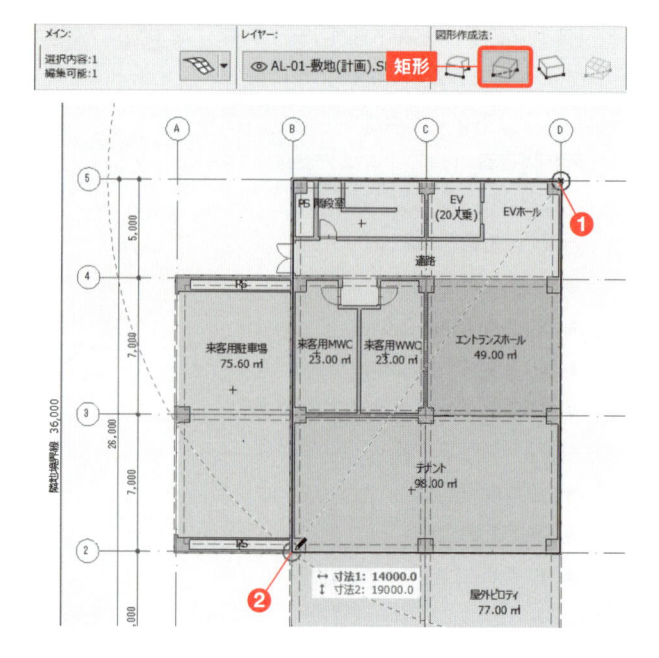

④ ［新規メッシュポイント］ダイアログ
　ボックスが表示される。［穴を作成］
　を選択し、ドロップダウンリストから
　［ユーザーの尾根に適合］を選択し、
　［OK］ボタンをクリックする。

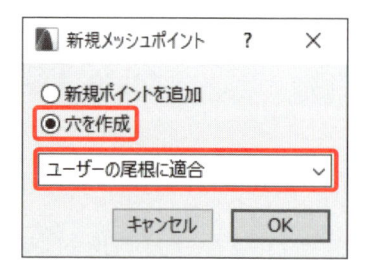

詳細

　　　　［メッシュツール］や［スラブツール］で入力した要素の中に穴をあけるように削除したい場合は、
必ずその要素を選択しておいてから、その中を欠きこむように範囲指定して、穴あけをおこなう。

⑤ 　F5　キーで3D表示して、指定した範
　囲のメッシュが切り取られているこ
　とを確認する。

切り取る前　　　　　　　　　　　　切り取り後　※図は結果がわかりやすいように3Dウィンド
　　　　　　　　　　　　　　　　　　　　　　　　　ウの背景色をグレーにしている

（2）内部の床を入力する

① ツールボックスの［スラブツール］を
クリックする。

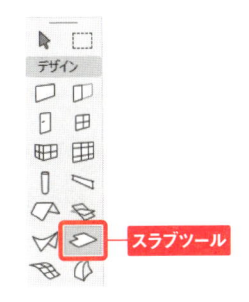

② 情報ボックスで図形作成法の［矩形］
ボタンをクリックする。

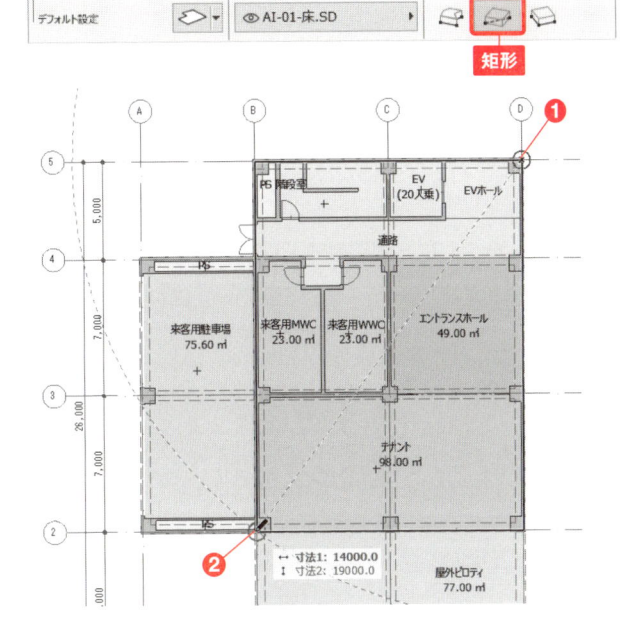

③ 前項で欠きこんだ敷地の穴を埋める
ようにして床をかく。1点目としてD
通と5通の交点❶をクリック、2点目
としてB通と2通の交点❷でクリック
する。

④ F5キーで3D表示して追加したスラ
ブが正しく作成されていることを確
認する。

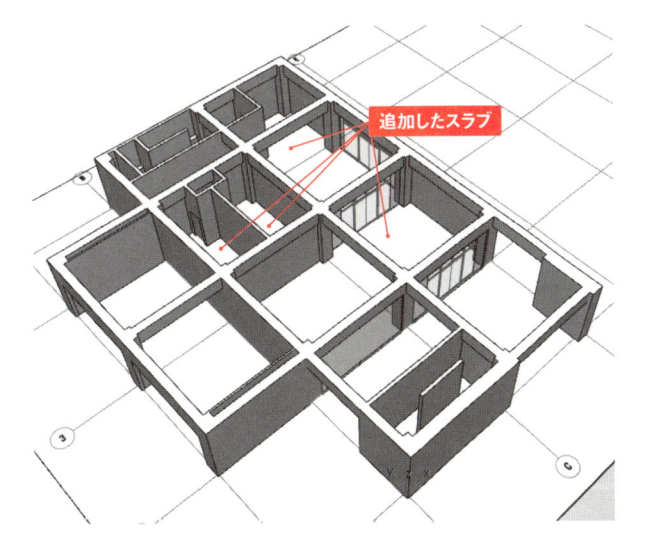

155

2 > 階段を作成

ARCHICAD 21から［階段ツール］が新しくなった。一時的なものから独自の形状の階段まで作ることができる。本書では企画設計段階のモデルを扱うので、詳細なモデルは必要ない。ARCHICAD BIM ガイドラインでは企画設計段階の階段のLOD（設計の詳細度）を100としている（「要素ごとのLOD」P.278参照）。階段がどこにあるかわかればいいというレベルのLODだ。ここでは屋内階段と屋外階段の2種類を作成しよう。次の図の四角で囲んでいるaとbの2か所が、屋内階段と屋外階段を配置する場所だ。

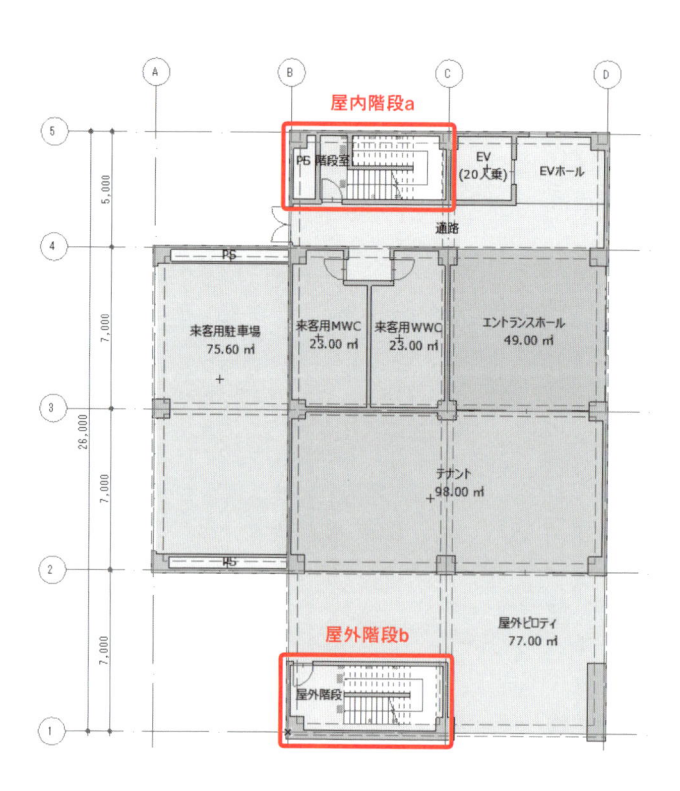

01 | 屋内階段ａの設置

屋内階段は設定を済ませたら、手すり壁に沿ってクリックしていく。これだけで階段の配置が完了する。

① ツールボックスの［階段ツール］をダブルクリックする。

●使用するツール［階段ツール］

② [階段のデフォルト設定]ダイアログ
ボックスが開く。次のように設定し、
[OK]ボタンでダイアログボックスを
閉じる。

[形状と位置]パネル
- 階高「2.2FL(配置フロア＋1)」
- 配置フロア「1.1FL(現在)」
- 蹴上/踏み面で開始「蹴上で開始」
- 蹴上/踏み面で終了「蹴込で終了」
- [踏面固定型]をオン
- 階段幅「1300」
- 蹴上数「26」
- 蹴上高さ「153.8」
- 踏み面「240.0」
- ターンオプション「固定蹴上オフ
  セット」

●階段の設定

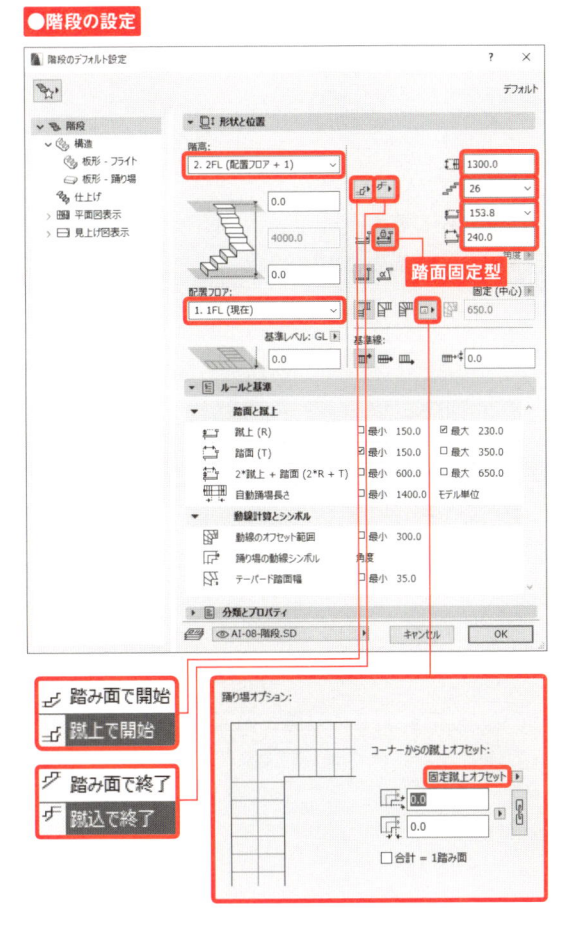

[構造]タブ−[構造]パネル
- フライト構造「板型」
- 踊り場構造「板型」

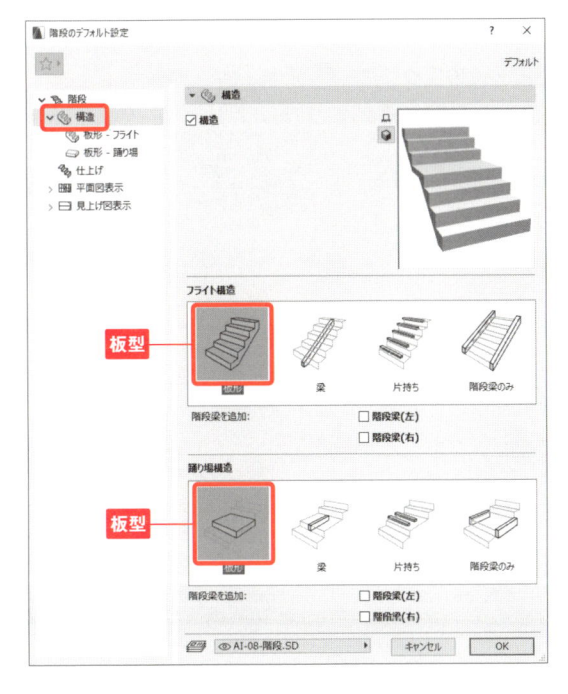

［平面図表示］タブ-［平面図表示レイアウト］パネル

- 表示「配置および上1フロア」
- レイアウト
  関連フロアの上（1.1FL）
  「破断線あり：表示-非表示」

［平面図シンボル構成要素］パネル

- ［モデル表示オプションに依存］
  にチェック

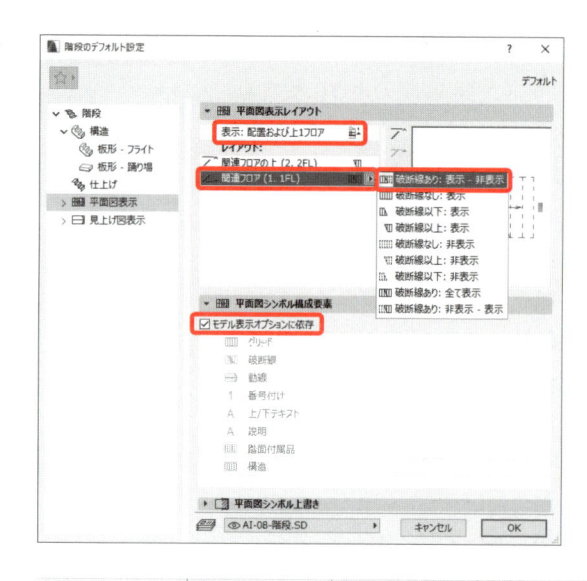

③ 情報ボックスの基準線を［左］に変更する。

④ 5通-1500とB通+2620の壁の左下角❶でクリックする。この位置が始点となる。

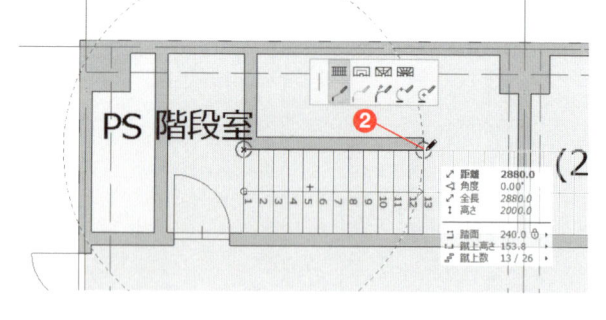

⑤ 2点目を入力する。マウスを右に動かし、壁の右端部の点❷でクリックする。

⑥ さらにマウスを上に動かし、壁右上角❸でクリックする。

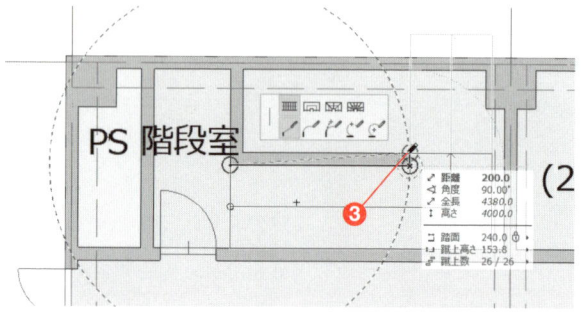

⑦ マウスを左に動かし、青色水平線の
スナップガイド上にカーソルをのせ
ると座標情報が表示される。座標情
報の距離に「2880」と入力して
[Enter]キーを2回押す。ここが終点
になる

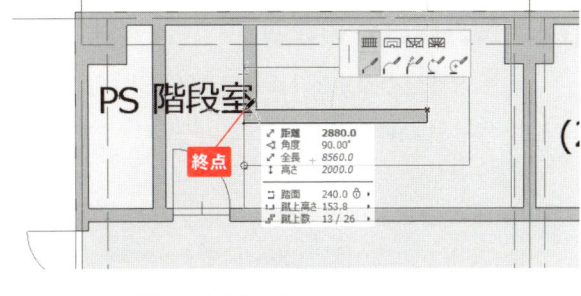

⑧ ［階段ソルバー］パレットが表示され
る。ここでは「ハイライトされたセグ
メントのタイプを踊り場に変更」に
カーソルをのせ、✔をクリックして階
段の配置を確定する。

詳細

　　　　［階段ソルバー］は階段設定のルールと互換性を持たない場合に、階段を修正するための解決
策を提示する機能だ。ここでは3つのタイプが表示されたが、表示されるタイプの数はファイルによって
異なる。

159

⑨ 踊り場の奥行きを1350mmに設定
したいので、配置した階段を選択し、
伸ばしたい踊り場の辺上で2回ク
リックする。ペットパレットから［辺
をオフセット］ボタンをクリックして、
踊り場の辺を右へドラッグ、距離に
「50」と入力して[Enter]キーを押す。

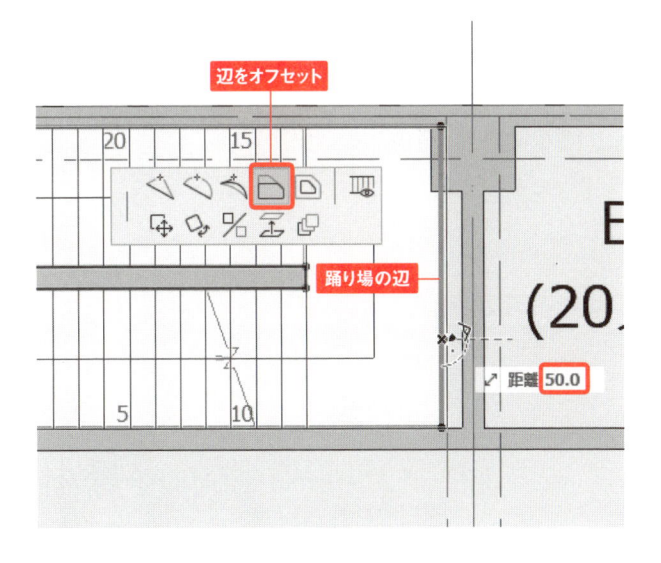

02 屋外階段 b の設置

屋内階段の設定と違うのは、階段の「幅」のみだ。[階段のデフォルト設定]ダイアログボックスを開き、階段幅の数値を編集する。

① 屋内階段の設定と違うのが階段幅だ。ツールボックスの[階段ツール]をダブルクリックし、[階段のデフォルト設定]ダイアログボックスで階段幅を「1150」に変更して[OK]ボタンをクリックする。

●階段の設定（屋外階段b）

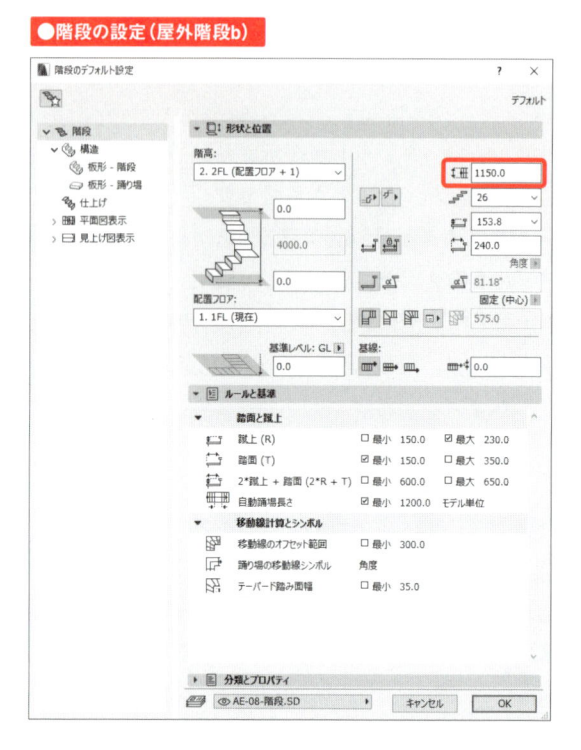

② 屋内階段の入力と同様にして、手すり壁の角の点を順にクリックする。終了点をダブルクリックすると、屋外階段bの配置が完了する。

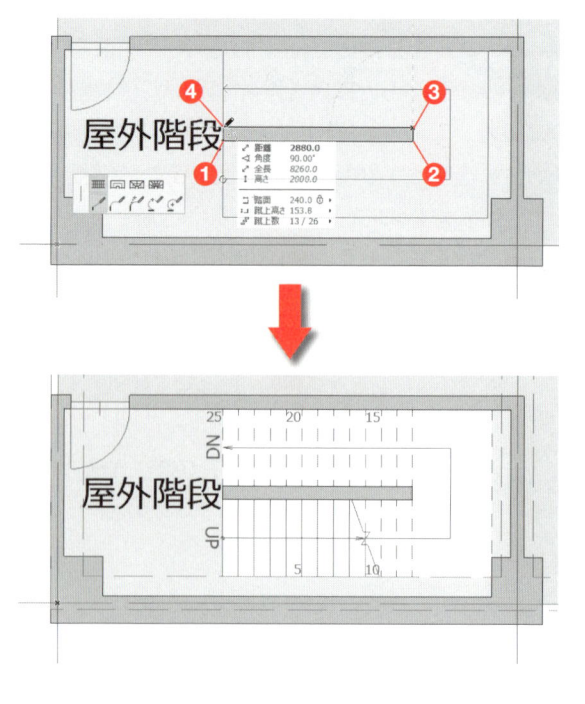

chapter 4

各階の作成と モデルの仕上げ

柱、梁、壁、ゾーン、ドア、窓、スラブ、
階段と1階のおもな建築要素を作成してきた。
1階はほぼ完成したので、2階から5階、R階、
さらに階をまたぐカーテンウォール、
低層棟も配置して建物の全体像を完成させよう。

01 2階と3階

建築の各要素の作成方法は1階で解説してきた。ここからは操作の細かな解説ではなく、建物モデルを大きく作り上げていく手法を解説する。ここではまず、2階と3階を作成する。

1 2階を作成

1階の建築要素を2階にコピーして2階を仕上げる。またここでは［手摺りツール］を使ったベランダ手摺の作成方法も紹介する。

---

01 1階をコピーして2階に貼り付け

［1.1FL］の要素をコピーして［2.2FL］に貼り付ける。クリップボード経由のコピー&ペーストというよく使われる方法を使う。

① ツールボックスの［矢印ツール］をクリックする。

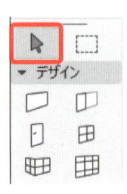

② 情報ボックスで選択方法の［要素全体］ボタンと図形作成法の［矩形］ボタンをクリックしてオンにする。［クイック選択］はオフにしておく。

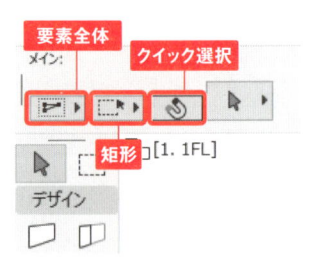

要素全体
クイック選択
矩形

詳細

これによって、［矩形］で囲まれた範囲に入っている要素が［矢印ツール］で選択されるようになる。［クイック選択］のオフは、 Space キーを長押しすることでも一時的にオフにできる（P.165）。

③ 1点目としてD通と5通の交点右上あたりの点❶でクリック、2点目としてA通と1通の交点左下あたりの点❷でクリックする。矩形で囲んだ範囲の中にある要素(ここでは1階の建築要素)が選択される。

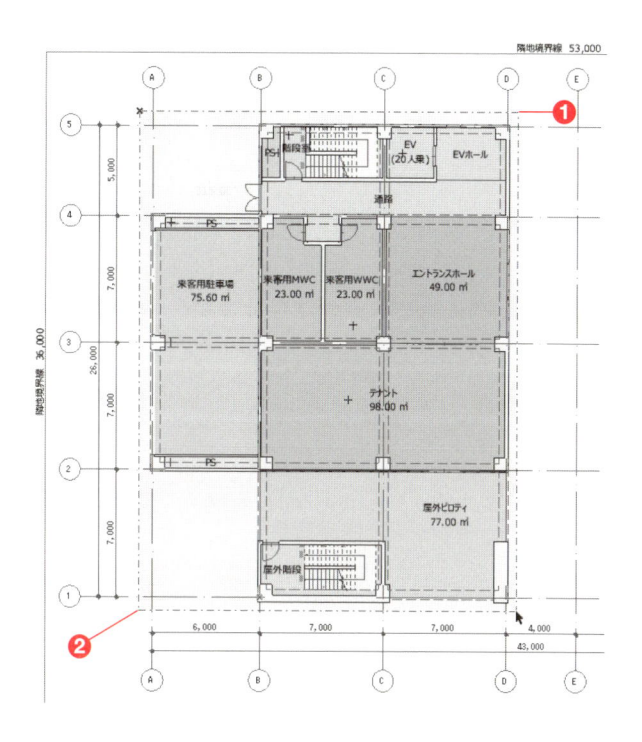

④ [編集]メニューから[コピー]を選択する。クリップボードに選択した要素すべてがコピーされる。

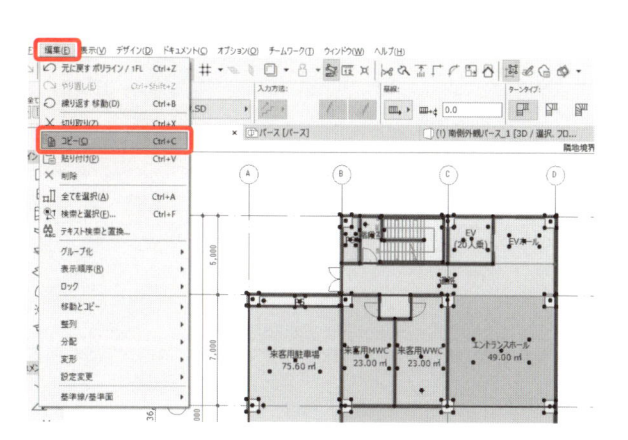

⑤ ポップアップナビゲータの[プロジェクト一覧]で[2.2FL]をダブルクリックする。

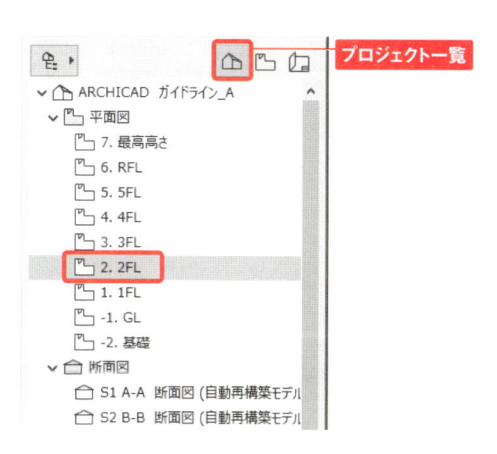

⑥ 2FLの平面図ウィンドウが表示される。

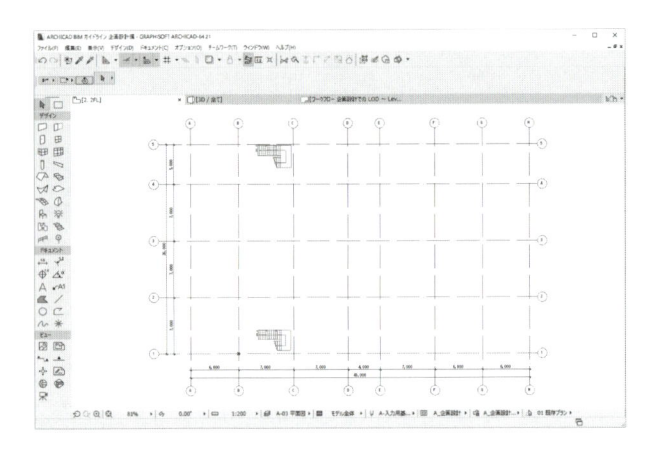

⑦ [編集]メニューから[貼り付け]を選択する。

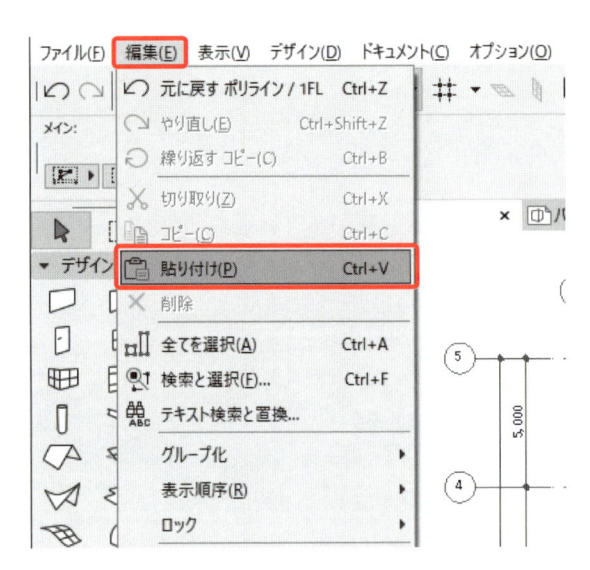

⑧ クリップボードにコピーした[1.1 FL]の要素が2FLの平面図ウィンドウに貼り付けられる。ただしまだ選択矩形で囲まれていて、要素の位置が確定していない。選択矩形の外側でクリックすると要素の位置が確定する。

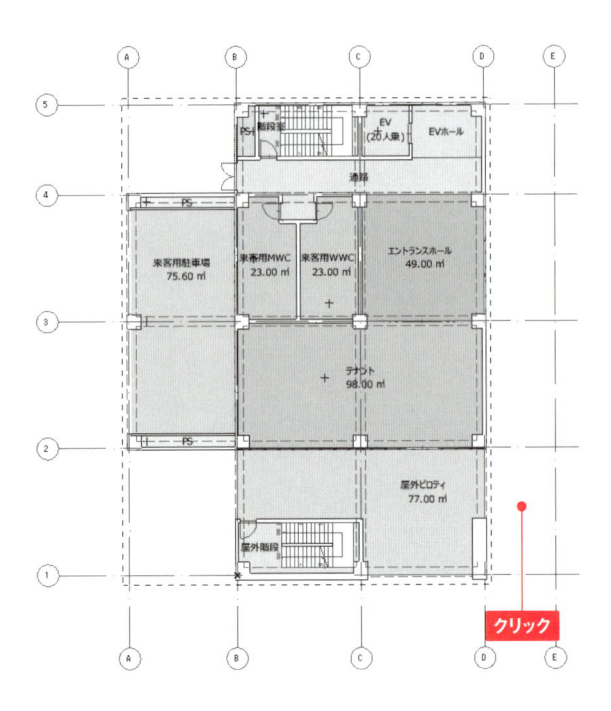

⑨ コピー／貼り付けが完了したモデルを F5 キーで3D表示に切り替え確認しておこう。図のように2階が追加された建物が表示される。

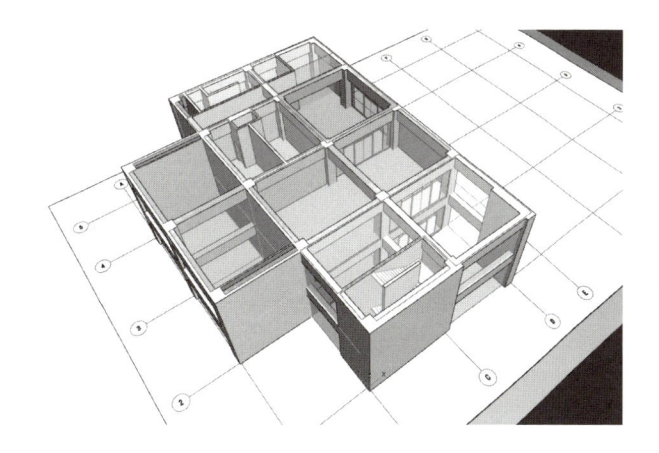

Tips ［クイック選択］の切り替え

情報ボックスの［クイック選択］ ✍ はスラブやゾーンなどの面を持つ要素を選択するときに使える方法だ。これらの要素の面の部分をクリックするだけでかんたんに選択できる。デフォルトでは［クイック選択］がオン（凹んでいる状態）になっており、［クイック選択］をオフにしたいときは情報ボックスの［クイック選択］ボタンをクリックする。もうひとつオフにする方法として、［クイック選択］がオンの作業モードのまま、キーボードの Space キーを押すと［クイック選択］がオフになる。キーボードの Space キーをはなすと、［クイック選択］がオンの作業モードにもどる。［クイック選択］を使った面を持つ要素の選択は、P.173のゾーンの選択などで使っている。

02 | 2階の完成モデルを開く

練習用ファイルの「第4章_2階完成.pln」を開く。このモデルはここまでの1階からコピーした
2階のモデルを元に、部屋割りなどを変更したものだ。1階モデル作成で解説してきた操作
で、この2階の部屋割りの変更はできるが、解説が重複するのでここでは変更操作を省略す
る。

1.1FL プランを 2.2FL に貼り付けた編集前の 2 階平面図

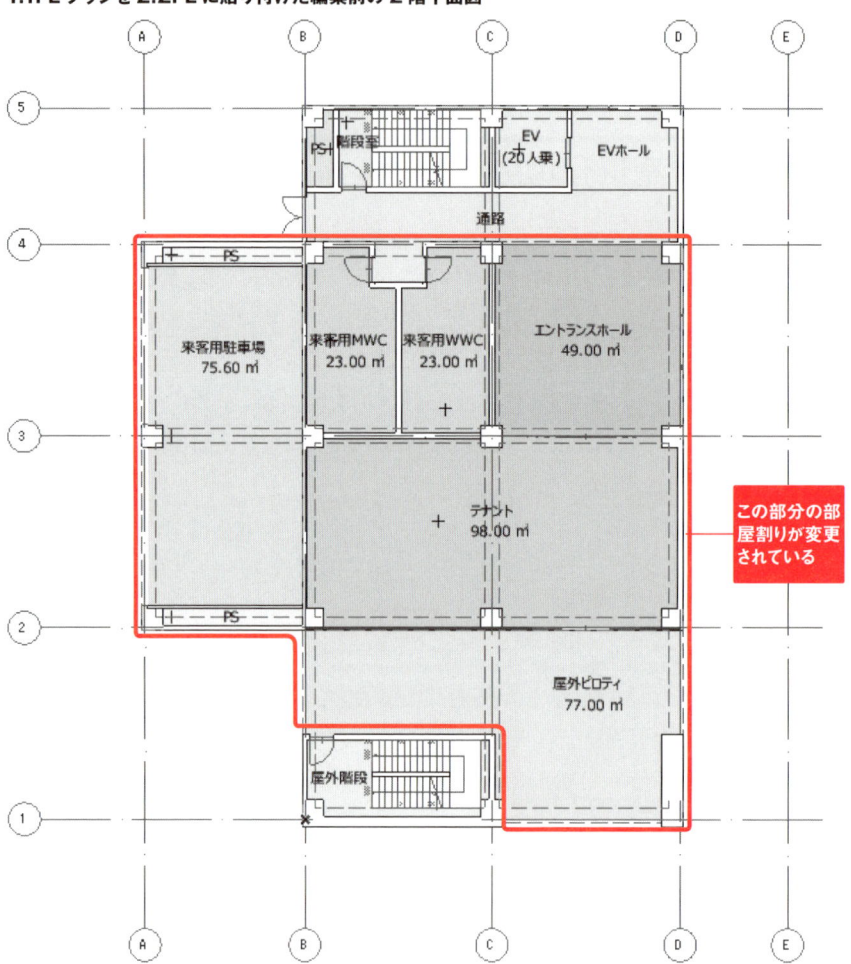

この部分の部屋割りが変更されている

ここで開く 2.2FL 完成後の 2 階平面図

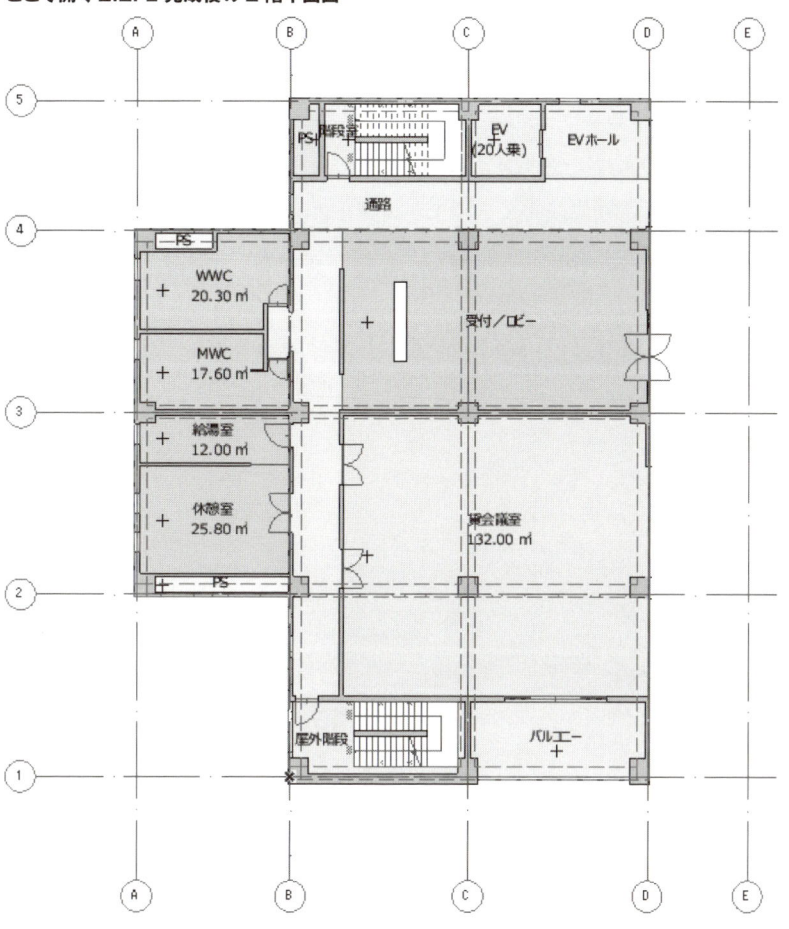

2 階まで完成したモデルの 3D ウィンドウ

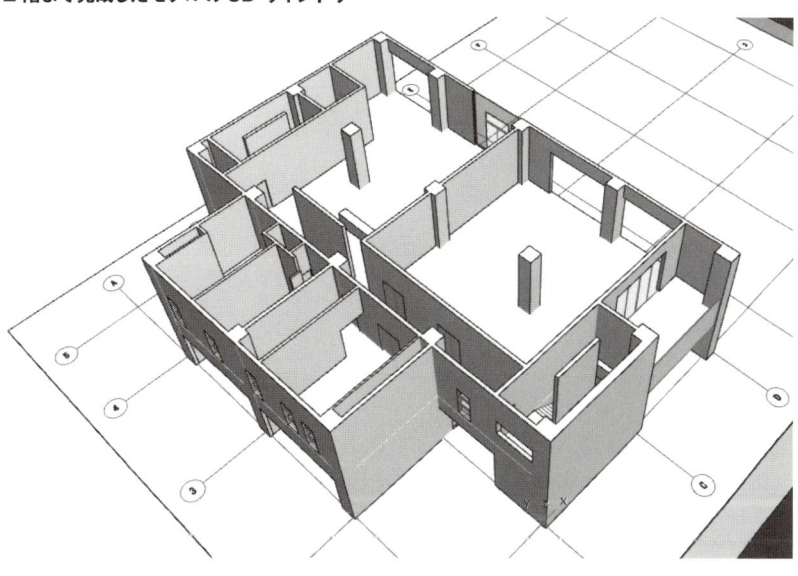

03 | 手摺りツールの設定

2階のベランダ手摺を、ARCHICAD 21から独立した[手摺りツール]で入力する。[手摺りデフォルト設定]ダイアログボックスを開くと、左側にツリー構造で各設定項目が表示されていて、いずれかの設定項目を選択すると右側にその項目に連動した設定パネルを表示する。手摺の各部位ごとで詳細に設定でき、[モデル表示オプション(MVO)]機能の詳細レベル設定とリンクすることができるので、各設計フェーズごとにモデルや図面の詳細表現がしやすくなった。

またARCHICAD 20までの[ライブラリ要素]の時とは違って、入力後の編集で[ストレッチ]編集ができるようになったことや、[手摺りツール]専用の編集ウィンドウがあることでさらにモデリングがしやすくなっている。

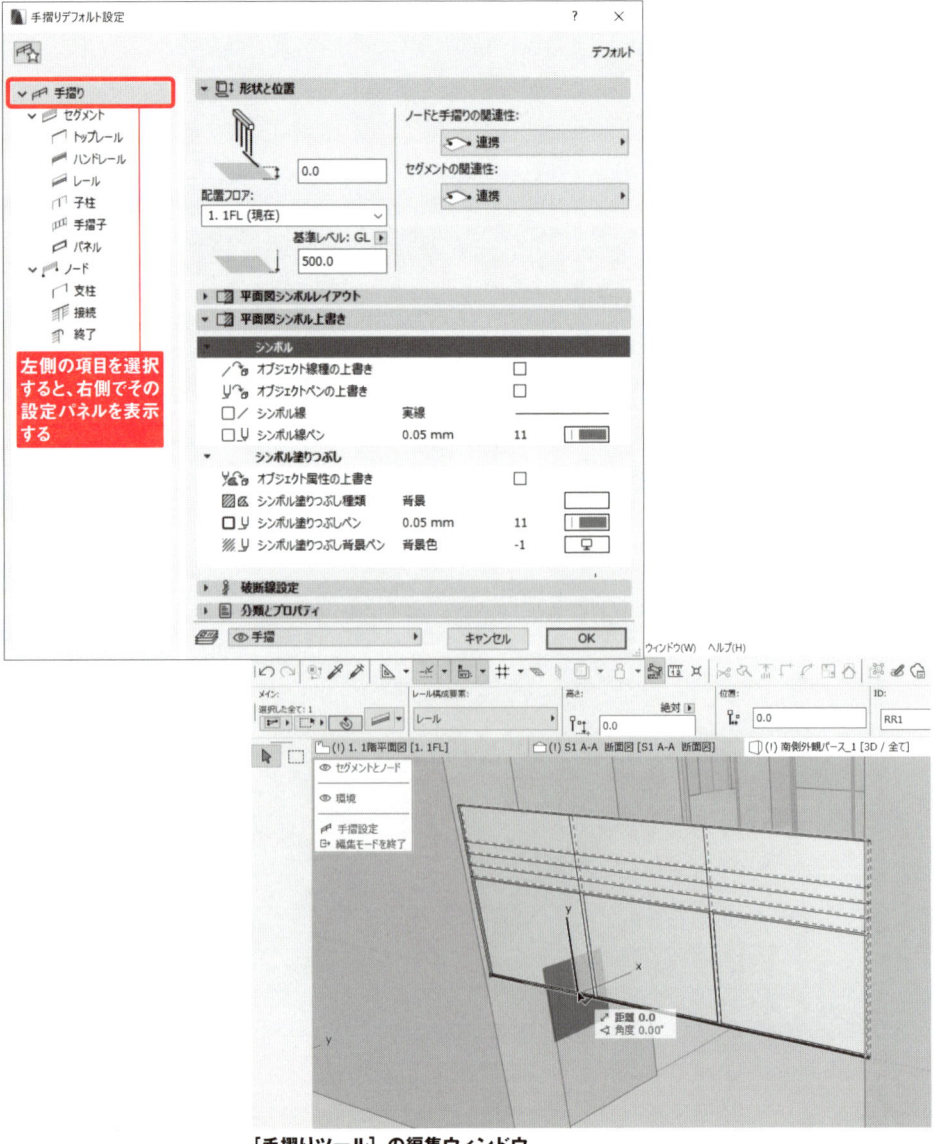

[手摺りツール]の編集ウィンドウ

詳細　手摺と階段はARCHICAD 21から組み立て要素になったが、ARCHICAD 20以前の手摺ライブラリや階段ライブラリをARCHICAD 21で読み込み選択をすると、[オブジェクトツール]の[リンクされたライブラリ]フォルダー内の[ARCHICAD Mygration Libraries]として認識され読み込まれる。

① ツールボックスの[手摺りツール]をダブルクリックする。

●使用するツール[手摺りツール]

② [手摺りデフォルト設定]ダイアログボックスが開く。左側のツリーから[手摺り]を選択してから[レールお気に入り]ボタンをクリックする。

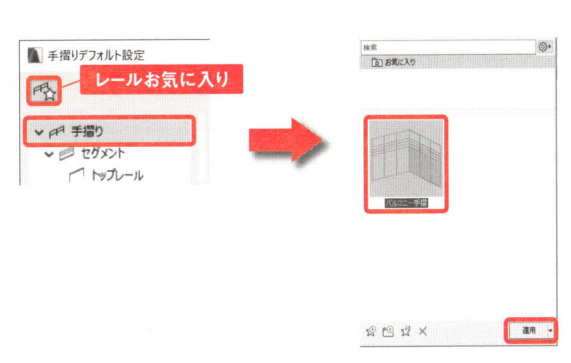

③ [お気に入り]ポップアップのリストから「バルコニー手摺」を選択し、右下の[適用]ボタンをクリックして、あらかじめ設定しておいた次の手摺設定を確認する。
　[形状と位置]パネル
　● 配置フロアまで下部オフセット
　　→「-1000」
　● 配置フロア →「2.2FL(現在)」
　[平面図シンボルレイアウト]パネル
　● 平面図表示レイアウト →「表示:配置フロアのみ」
　● 構成要素可視度と精度 →[モデル表示オプションに依存]を選択

169

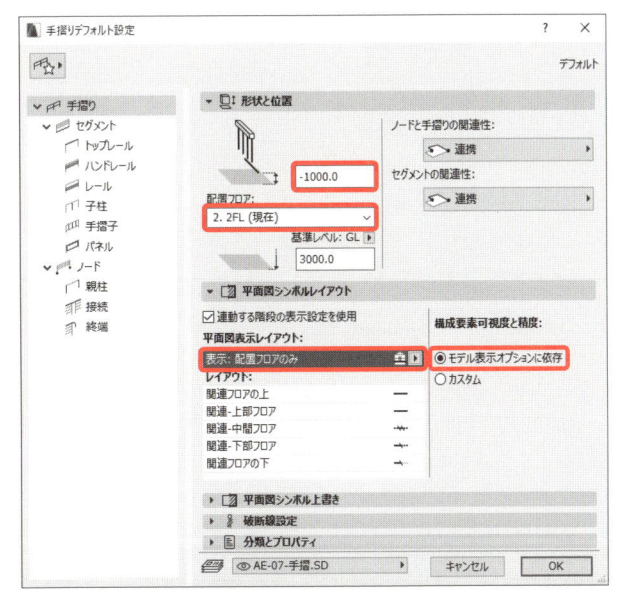

詳細　設定する項目が多い場合は、[お気に入り]に保存しておくと便利だ(P.125を参照)。

[平面図シンボル上書き]パネル

- [オブジェクトペンの上書き]に
  チェック※全てのパーツの平面
  シンボルペンが統一して上書き
  される。
- シンボル線ペン「ペン番号61
  （0.15mm）」

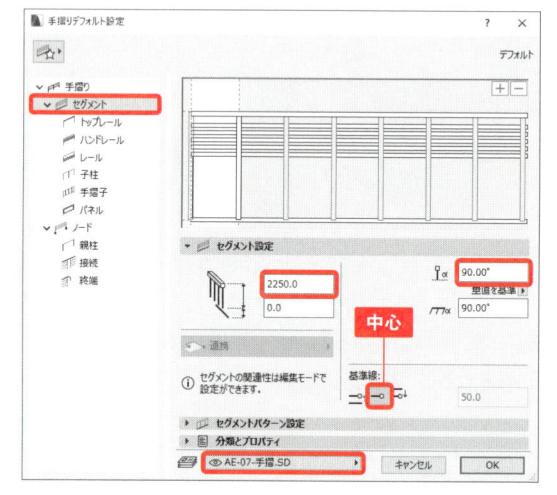

④ 左側のツリーから[セグメント]を選
  択して次の設定を確認し、[OK]ボタ
  ンでダイアログボックスを閉じる。
  [セグメント設定]パネル

- レールセグメント高さ→「2250」
- セグメント傾斜 →「90.00°」
- 基準線位置 → 中心
- レイヤー「AE-07-手摺.SD」

170

---

04 | 手摺を配置

屋外階段の右側にあるバルコニーに手摺（1通のC通とD通間）を配置する。

① C通と1通にある壁の右下角❶にカー
  ソルを合わせて、青い輪のスナップガ
  イドを表示する。

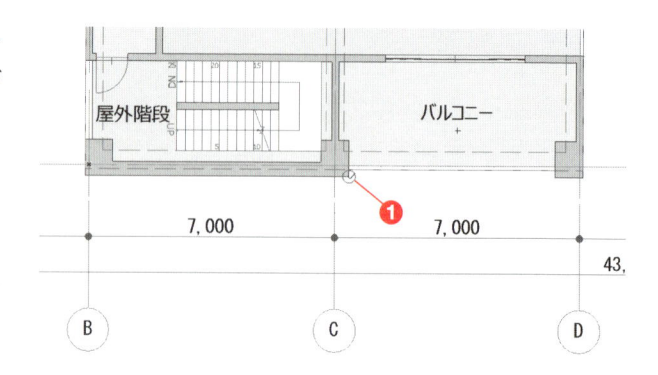

② 青い輪のスナップガイドの中心点から上方向に柱の側面を沿うようにしてカーソル動かすと、青色垂直線のスナップガイドが引き出される。この線上にカーソルをのせると座標情報を表示するので、距離に「100」と入力し Enter キーを押して手摺の1点目を指示する。

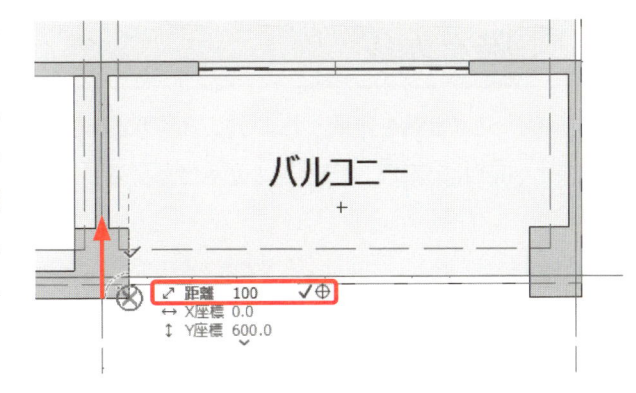

詳細

座標情報を表示するには、青い輪のスナップガイドの中心から引き出される青色水平線（または垂直線）上にカーソルをのせておく。この線上からカーソルを外すと座標情報を表示しなくなる。

③ 手順②で指示した点❶からカーソルを右水平方向に動かし、D通と1通にある柱の左側側面との交点❷でダブルクリックするとバルコニー手摺の配置完了だ。

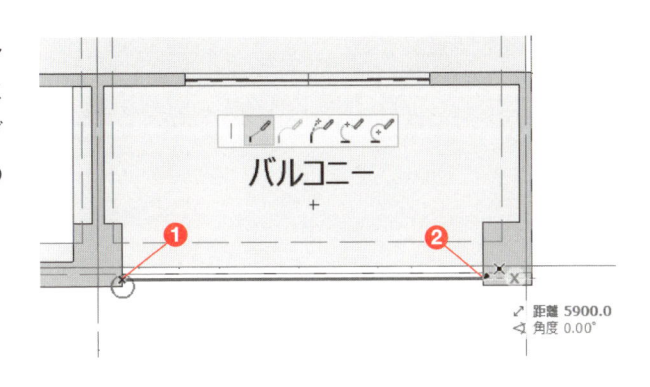

171

④ 手摺の作成を終えたので、F5 キーで3D表示に切り替え確認しておこう。

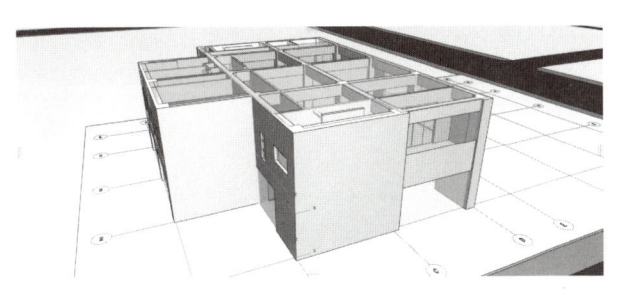

2 > 3階を作成

1階をコピーして2階を作成したように、3階も2階をコピーして作成する。3階モデルでは間仕切り、ゾーン、開口部、階段、スラブを変更して整える。

01 | 2階の要素を3階にコピー

2階はフロア間のコピーを[編集]メニューから[コピー]を選ぶ方法で作成した。3階は[デザイン]メニューから[フロアによる要素編集]を選択する方法で作成する。どちらも実行している内容に大きな変わりはないが、ここで紹介する[フロアによる要素編集]を使えば、コピーする要素タイプを細かく指定することが可能になる。

① [デザイン]メニューから[フロアによる要素編集]を選択する。

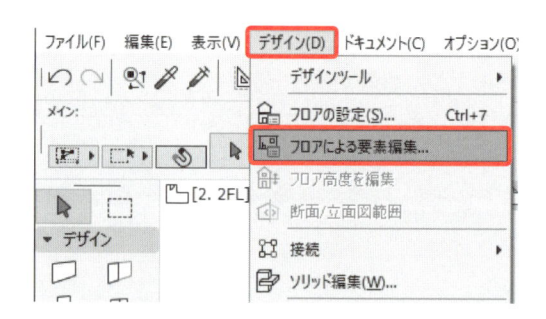

② [フロアによる要素編集]ダイアログボックスが開く。次のように設定し、[OK]ボタンでダイアログボックスを閉じる。

- [要素タイプを選択]の[全てのタイプ]にチェックを入れる
- [操作を選択]から[コピー]を選択
- コピーするフロアとして[次のフロアから]で[2.2FL]を選択
- 貼り付けるフロアとして[次のフロアへ]で[3.3FL]にチェックを入れる

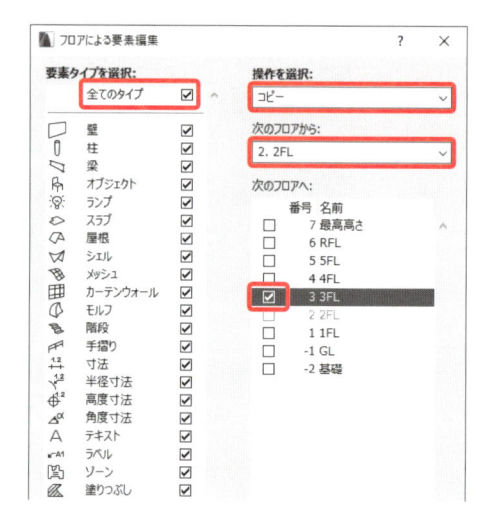

③ [情報]ダイアログボックスが表示される。[継続]ボタンをクリックする（P.89詳細参照）。

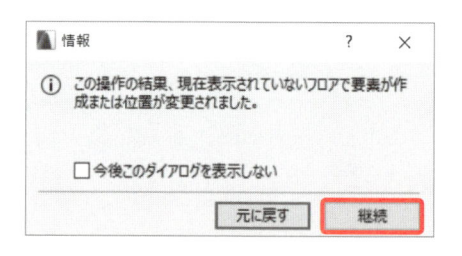

詳細

[フロアによる要素編集]ダイアログボックスの左側は要素タイプのリストになるが、すべての要素がフロア間でコピーできるわけではないので、すべての要素がこのリストに含まれているわけではない。

④ これで2階の指定した壁、柱などの要素タイプが3階にコピーされた。自動的に貼り付け先の[3.3FL]フロアの平面図に切り変わり、タブバーでも[3.3FL]のフロア名に切り替わったタブを確認できる。

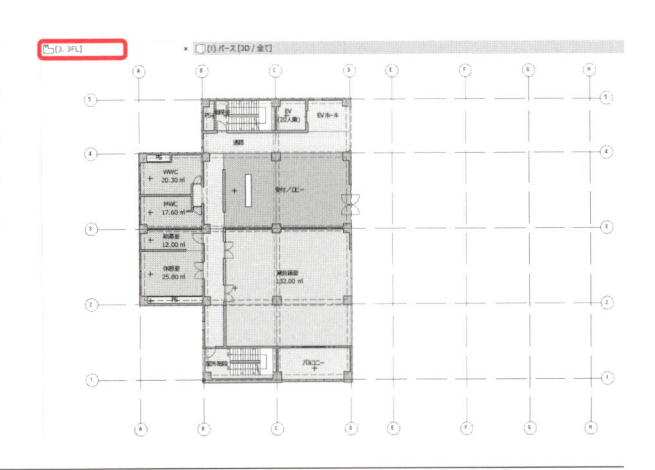

02 3階を編集―不要なゾーンなどの削除

「受付/ロビーのゾーン」「受付カウンター」「間仕切り壁」の要素は[3.3FL]には必要のない要素なので、要素の削除をおこなう。

① ゾーンを選択するため、ツールボックスの[矢印ツール]をクリックして情報ボックスの[クイック選択]をオンにする(クイック選択についてはP.165のTips参照)。

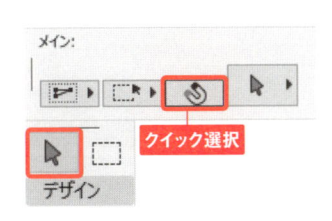

② まず、受付/ロビーのゾーン(a)を選択する。続けて、受付カウンター(b)と3つ目の間仕切り壁(c)は [shift] キーを押しながら、それぞれの角でクリックすると連続選択できる。

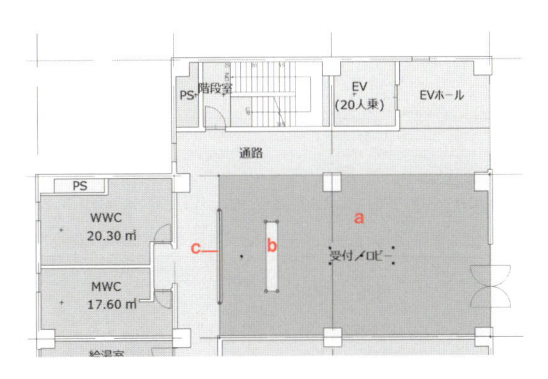

詳細

ゾーンはスラブなどが重なって選択しにくい。マウスをゾーンの位置に合わせて [Tab] キーを何度か押すと、重なった要素が次々と切り替わって選択される。目的のゾーンが選択表示された時にクリックして選択する。

③ 右クリックして[削除]を選択する。

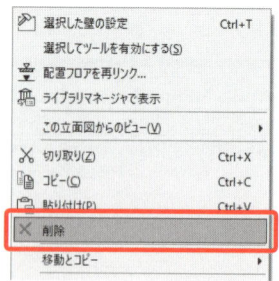

④ 選択した3つの要素が削除される。

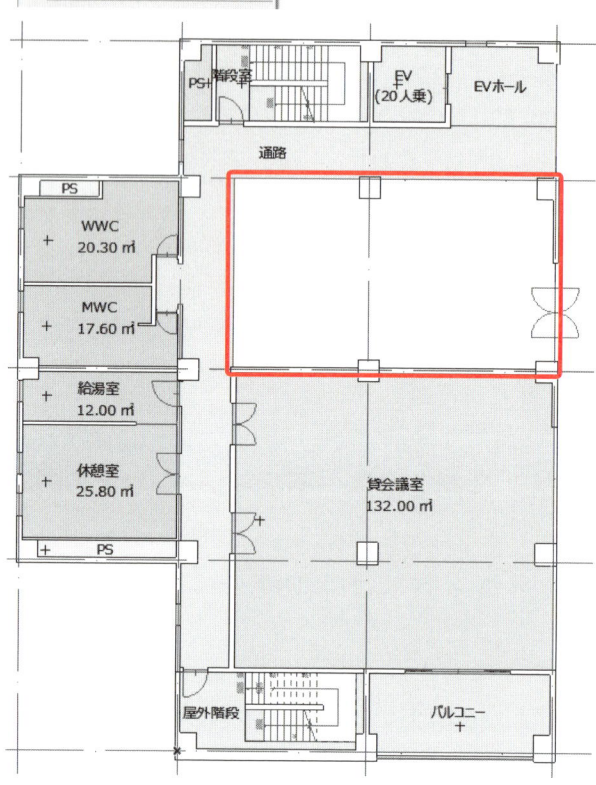

174

03 3階を編集—間仕切り壁の編集 [移動] と [交差]

前項で削除したエリアと「貸会議室」を合わせて「事務所」に変更する。はじめに間仕切り壁の移動をおこなう。

① 貸会議室の3通の間仕切り壁を[矢印ツール]で選択して右クリックし、[移動とコピー]→[移動]を選択する。

② 3通の間仕切り壁の基準線❶をクリックする。上方向に垂直にマウスを移動して4通の通り芯と交差する点❷をクリックして間仕切り壁を移動する。

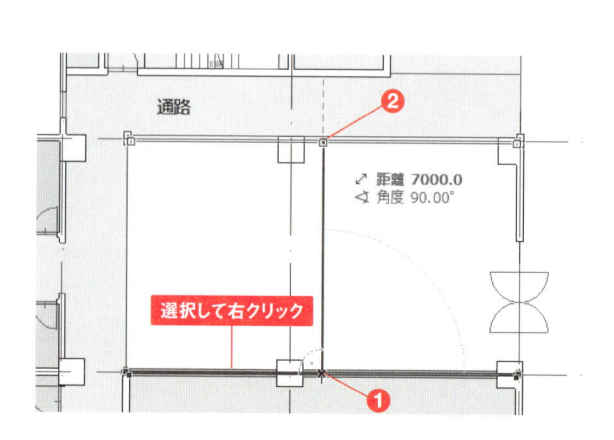

③ 4通に移動した間仕切り壁を選択し
たままの状態で、通路と貸会議室の
間の垂直の壁を shift キーを押しな
がら追加選択する。

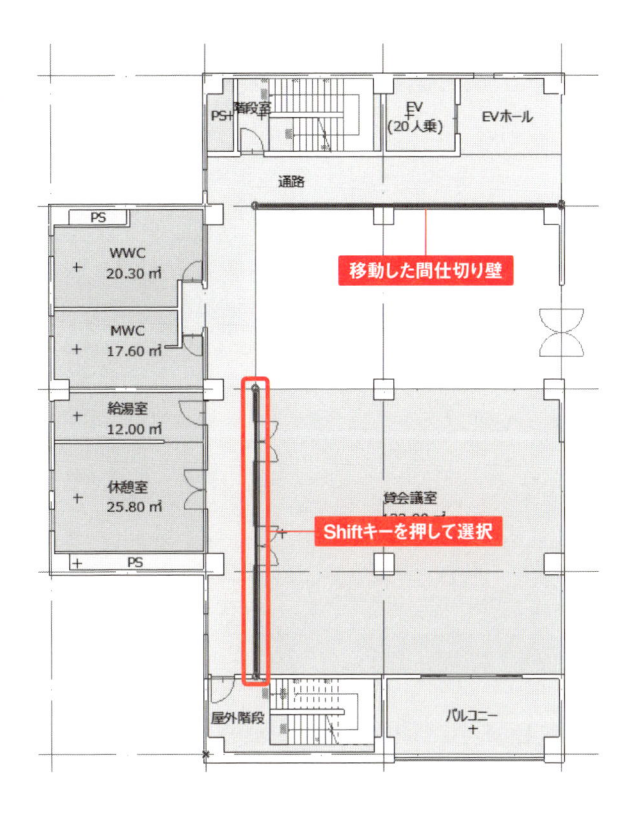

移動した間仕切り壁

Shiftキーを押して選択

④ ［標準］ツールバーの［交差］ボタンを
クリックする。

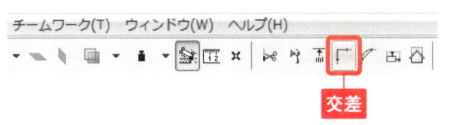

交差

⑤ 2つの間仕切り壁がきれいに交差し
てつながる。画面上の余白でクリック
して（もしくは Esc キー）、間仕切り壁
の選択を解除する。

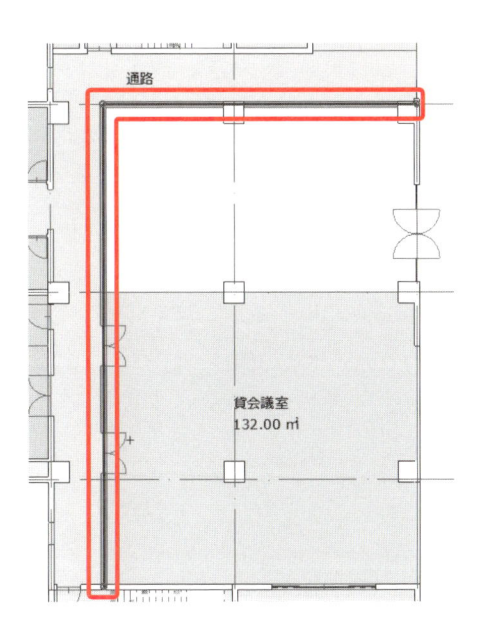

3階を編集—ゾーンの編集

前の手順で変更した間仕切り壁に、「貸会議室」のゾーン境界が追従するよう編集をおこない、「事務所」のゾーンに変更する。

① [デザイン]メニューから[ゾーンを更新]を選択して、[ゾーンを更新]ダイアログボックスを開く。

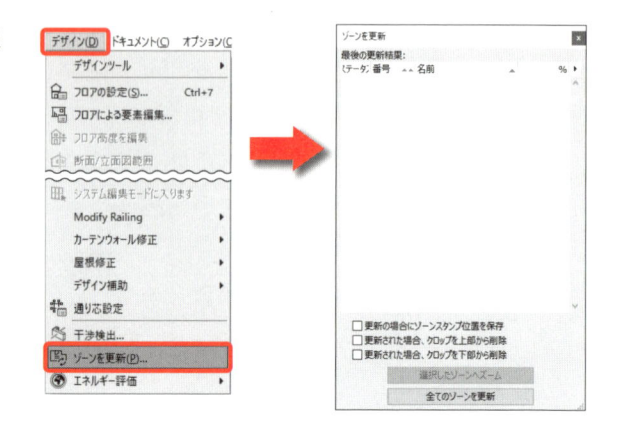

② 「貸会議室」のゾーンを選択し、[選択したゾーンの更新]ボタンをクリックすると、[ゾーンを更新]ダイアログボックスに「貸会議室」が追加される。

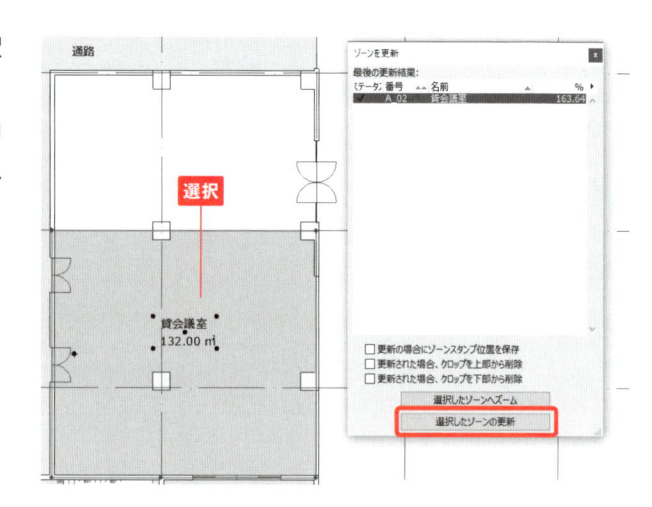

③ 間仕切り壁が貸会議室の境界となるようにゾーンが更新される。[ゾーンを更新]ダイアログボックスの閉じるボタンをクリックして、ダイアログボックスを閉じておく。

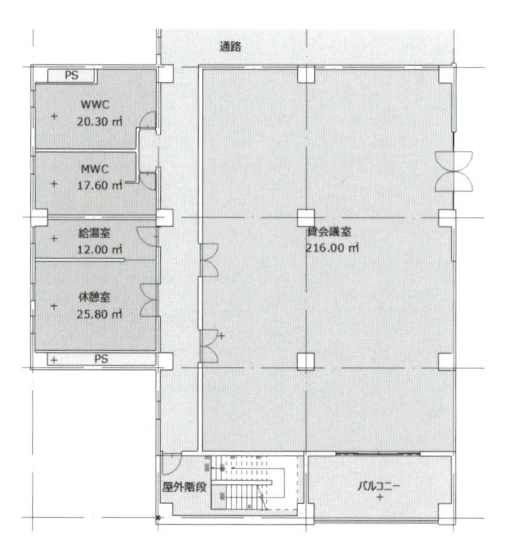

④ [ウィンドウ]メニューから[パレット]
→[お気に入り]を選択して[お気に入
り]パレットを表示する。

⑤ 「貸会議室」のゾーンを選択して、[お
気に入り]パレットから[ゾーンツー
ル]の[A_ゾーン 事務所]をダブルク
リックする(もしくは[適用]ボタンを
クリックする)。

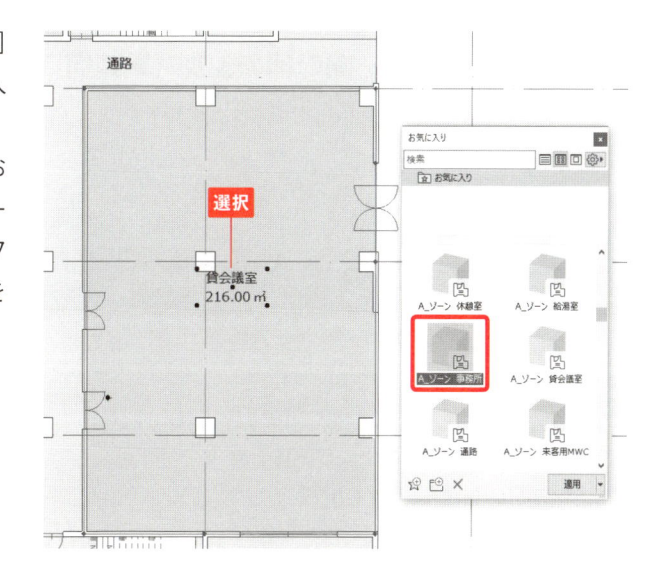

⑥ 「事務所」ゾーンの設定が適用され
る。画面上の余白でクリックして(も
しくは[Esc]キー)、ゾーンの選択を解
除し、[お気に入り]パレットは閉じる
ボタンをクリックして閉じておく。

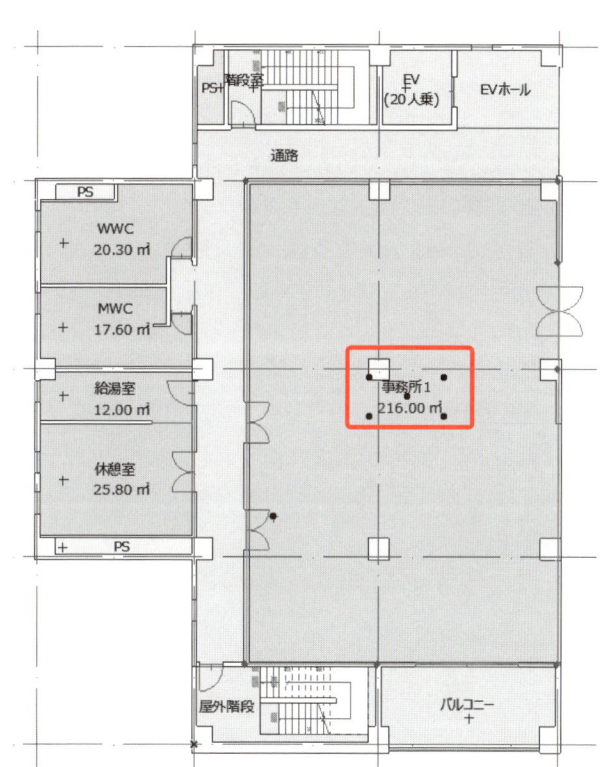

05 | 3階を編集―開口部の追加［単純開口］

D通の3通と4通間のガラス壁を削除して、開口部［単純開口］を追加する。

① ツールボックスの［壁ツール］をクリックする。

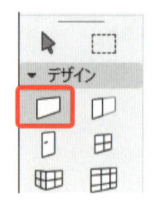

② [shift]キーを押しながら、D通の3通と4通間の自由開き扉を配置しているガラス壁を選択する。

③ 右クリックして［削除］を選択し（もしくは[delete]キー）、ガラス壁を削除する。

④ [shift]キーを押しながら、D通の3通と4通の間に残っている外壁を選択する。下側の黒い選択端点をクリックしてペットパレットを表示し、［ストレッチ］ボタンをクリックする。

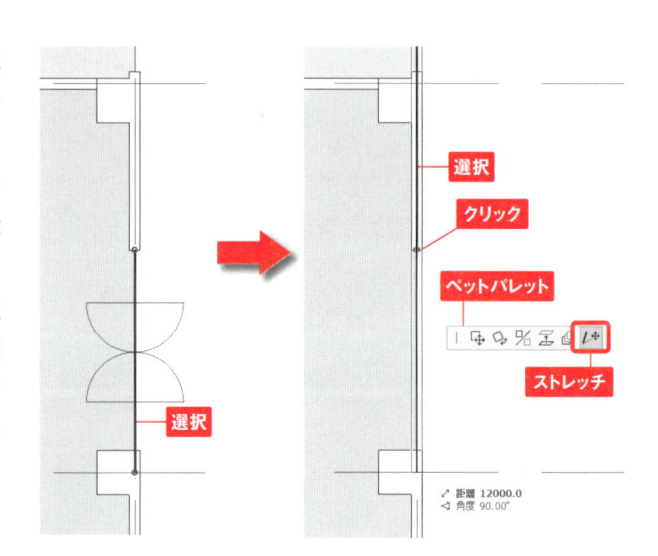

⑤ D通と3通の交点❶をクリックして壁を延長する。画面上の余白でクリックして（もしくは[Esc]キー）、壁の選択を解除する。

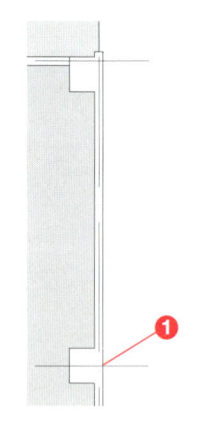

⑥ ツールボックスの[窓ツール]をダブルクリックして[窓のデフォルト設定]ダイアログボックスを開く。次のように設定し、[OK]ボタンでダイアログボックスを閉じる。

- [単純開口]ボタンをクリック
[プレビューと位置]パネル
- 幅「5900」、高さ「2400」
- 配置位置「0」
- 配置基準点「側面2」

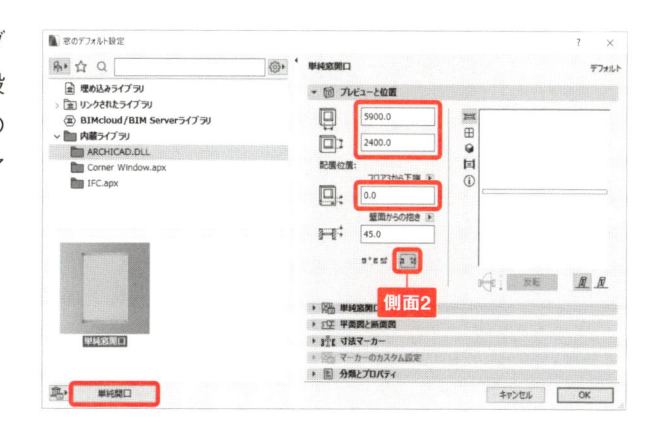

⑦ 3通とD通の柱の角❶をクリックして、単純開口を配置する。

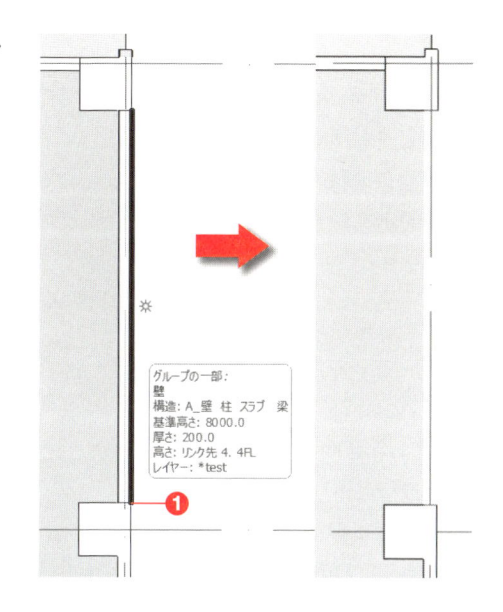

Tips　[編集]メニューから[ストレッチ]をおこなう

メニューバーの[編集]メニューからも[ストレッチ]がおこなえる。[編集]メニューから[変形]→[ストレッチ]を選択すると[ストレッチ]作業モードになる。

またメニュー名の右側にキーボードショートカットが表示されているメニューは、キーボードから実行可能なコマンドだ。キーボードショートカットを覚えれば作業効率が格段にあがる。ちなみに[ストレッチ]のキーボードショートカットは Ctrl + H だ。(その他のおもなキーボードショートカットは「Tips AutoCADからARCHICADへ乗り換える」P.59を参照)

06 | 3階を編集—階段の編集

1階と2階の階高さは「4000」であるが、3階の階高さは「3300」で設定している。ARCHICAD 21から[階段ツール]は組み立て要素のツールとなり、フロアリンク機能の設定が可能になった。これにより、階高さや蹴上げ、踏面などの数値を自動的に算出して階段を作成できる。ここではあらかじめ[お気に入り]に保存しておいた階段をつかって解説していく。

① [ウィンドウ]メニューから[パレット]→[お気に入り]を選択して[お気に入り]パレットを開く。ツールボックスから[階段ツール]をクリックして[階段ツール]の[お気に入り]だけを表示しておく。

② [3.3FL]フロアに表示されている屋外階段を選択し、[お気に入り]パレットの[A_3FL屋外階段 H3300]を選択して、[適用]ボタンをクリック（もしくはダブルクリック）する。

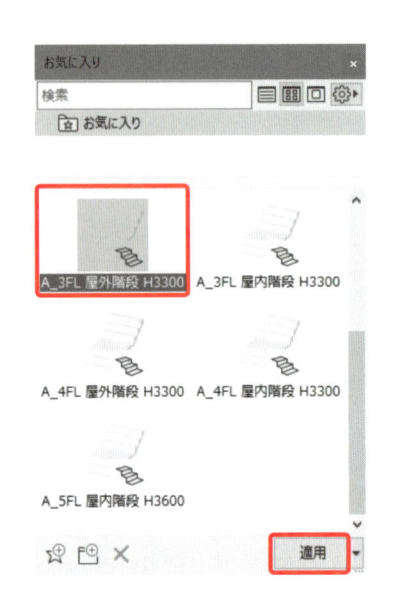

③ [A_3FL屋外階段 H3300]の設定が適用されたが、上り口と下り口の位置を調整する必要があるので、階段の基線の黒い選択端点❶でクリックし、ペットパレットを表示する。

④ [頂点を移動]ボタンをクリックし、上り口を踏面3段分進ませた壁との入隅❷でクリックをする。

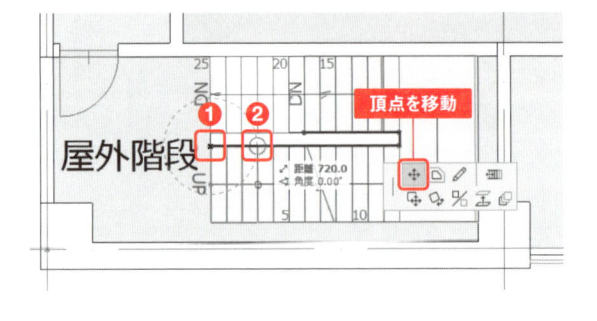

⑤ 続いて下り口も同様にして階段の基線の黒い選択端点❶でクリックし、ペットパレットの[頂点を移動]ボタンで下がり口を踏面2段分進ませた壁との入隅❷でクリックをする。これで屋外階段のモデリングができた。

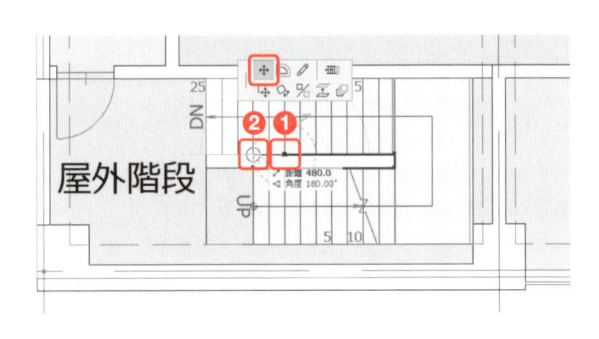

⑥ 次に階段の図面表現を整えるため、昇降記号「DN」を調整する。階段を選択したまま右クリックし、[表示順序]→[▽下に表示]を選択する。この結果、3階の下り口の「DN」が非表示になり、4階へ上がる「UP」と、2階へ下がる「DN」として編集ができた。

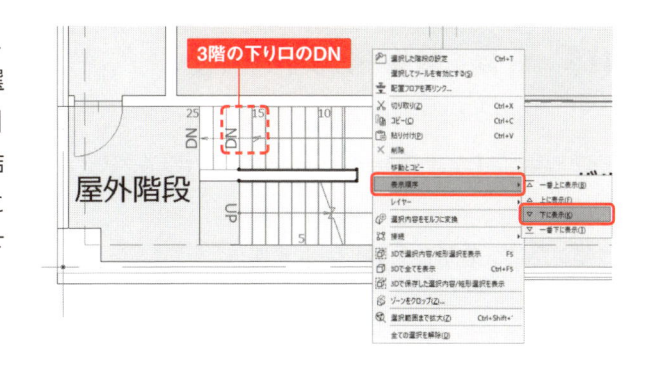

⑦ 同様にして3階の屋内階段の編集をおこなう。[A_3FL屋内階段 H3300]を適用後、階段の基線の黒い選択端点①をクリックし、ペットパレットの[頂点を移動]で上り口を踏面4段分進ませた壁との入隅②でクリックする。

また、[表示順序]コマンドで[▽下に表示]編集もおこなって図面表現を整えておき、階段の選択は解除しておこう。

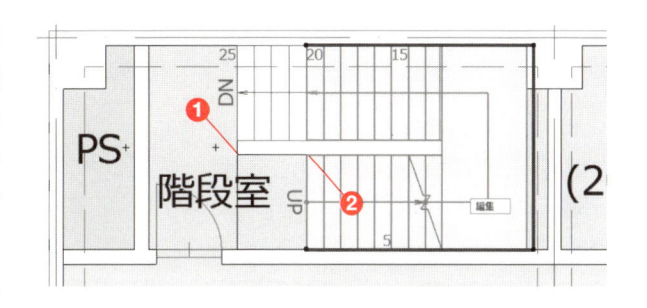

Tips　フロアリンク機能

ARCHICADでは「壁」「ゾーン」「柱」といった垂直方向に高さを設定する要素は、「フロアの設定」で階高が変更になった場合でも、各要素の高さが階高に自動で追従する。そのためには、あらかじめそれぞれの要素のデフォルト設定ダイアログボックスでフロアリンクさせたい上部フロアを選択しておくことが大事だ。

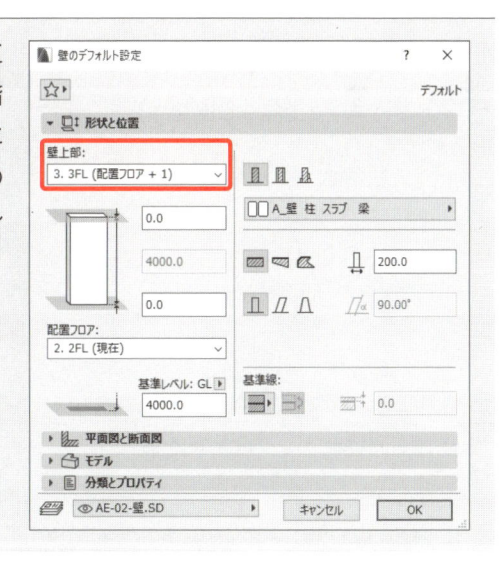

[壁ツール]の場合のダイアログボックス

07 | 3階を編集—スラブの調整

3階の屋外階段の上り口をC通側へ4段分移動したので、移動分のスラブが階段とつながるようモデル調整が必要になる。3階のスラブを選択して一部スラブを追加する。

① 屋外階段を表示し、[shift]キーを押しながら、3階床のスラブをクリックして選択する。

② スラブの辺上❶、もしくはいずれかの黒い選択端点でクリックして、ペットパレットを表示する。

③ ペットパレットの[ポリゴンに追加]ボタンをクリックする。

④ 情報ボックスで図形作成法の[矩形]ボタンをクリックし、1点目と図の左下の黒い選択端点❷でクリック、2点目として手摺壁と階段上り口の交点❸でクリックする。

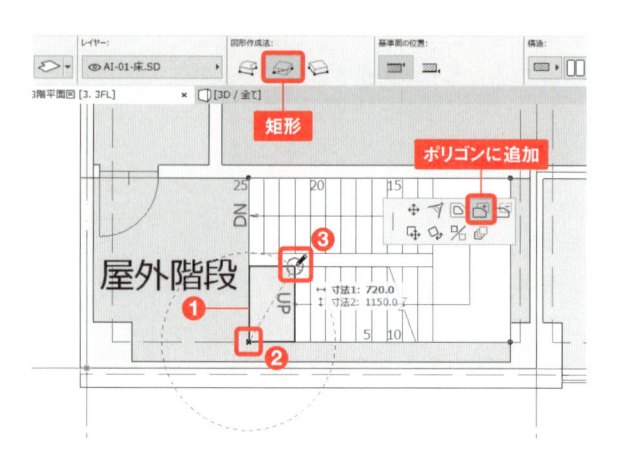

詳細

前述の操作で[階段ツール]がオンになっているので、床を選択するには、キーボードの[shift]キーを押しながら、スラブの上でクリックする。[shift]キーを押しながら[Tab]キーを押すとそこにある要素情報を切り替えて表示するので、別の要素をクリックして選択することもできる。

---

⑤ 足らないスラブの部分が追加される。

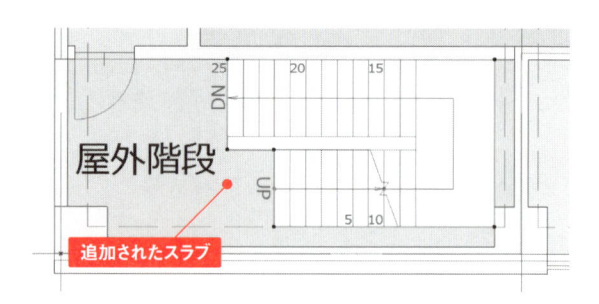

追加されたスラブ

⑥ 3階床のスラブを選択したまま、屋内階段も同様にスラブの編集をおこなう。

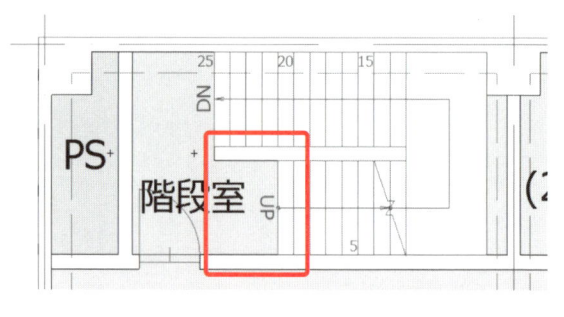

02 4階、5階とR階

4階と5階、さらにR階（屋上）を作成する。

1 > 4階と5階の作成

4階、5階も［フロアによる要素編集］を使って3階をコピーする方法で作成する。4階、5階のモデルでは梁を変更する。

01 3階の要素を4階と5階にコピー

3階をコピーして4階、5階を作成する。

① ［デザイン］メニューから［フロアによる要素編集］を選択する。

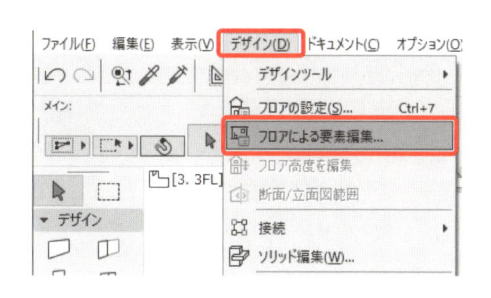

② ［フロアによる要素編集］ダイアログボックスが開く。次のように設定し、［OK］ボタンでダイアログボックスを閉じる。
- ［要素タイプを選択］の［全てのタイプ］にチェックを入れる
- ［操作を選択］から［コピー］を選択
- コピーするフロアとして［次のフロアから］で［3.3FL］を選択
- 貼り付けるフロアとして［次のフロアへ］で［4.4FL］と［5.5FL］にチェックを入れる

詳細

[フロアによる要素編集]ダイアログボックスの左側は要素タイプのリストになるが、すべての要素がフロア間でコピーできるのではないので、すべての要素がこのリストに含まれているわけではない。たとえば断面線や立面線はコピーできないので含まれていない。

③ [情報]ダイアログボックスが表示される。[継続]ボタンをクリックしてダイアログボックスを閉じる。

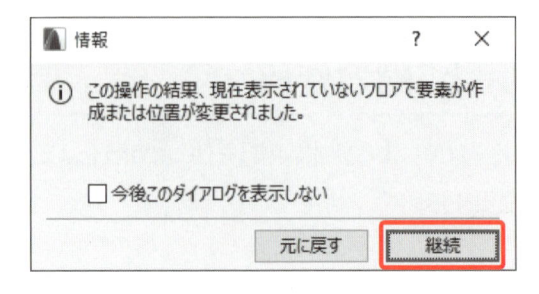

④ 4階と5階に3階の要素がコピーされる。ポップアップナビゲータの[プロジェクト一覧]で「平面図」の[4.4FL]と[5.5FL]を切り替えて確認する。3FL＋0天端で配置していた梁は、4FL＋0天端の梁と5FL＋0天端の梁として作成されるが、RFL＋0の梁は作成されない。[5.5FL]平面図ウィンドウの図は、RFL＋0天端の梁がまだ作成されていない図だ。

[4.4FL] 平面図ウィンドウ

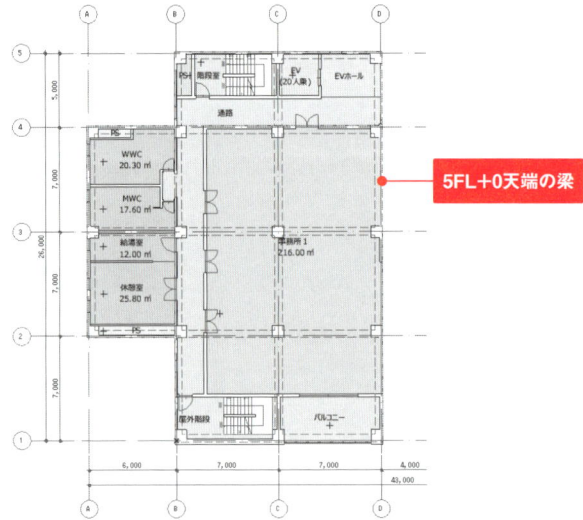

5FL＋0天端の梁

[5.5FL] 平面図ウィンドウ

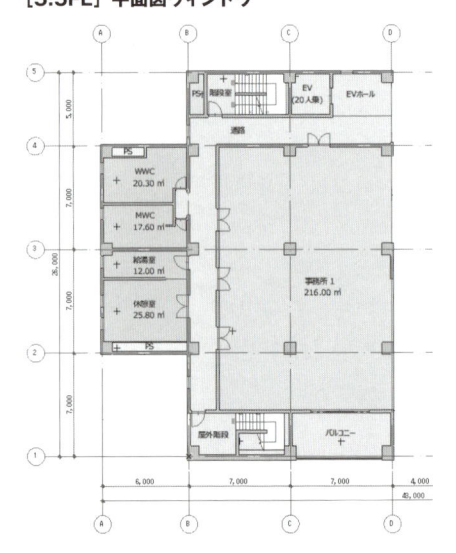

02 | 梁の編集　5階の梁をR階にコピーする

前項の[フロアによる要素編集]で3階の要素を4階と5階にコピーした。コピー元の3階の要素には3FL+0のレベルに配置される梁が含まれるので、4FL+0天端の梁と、5FL+0天端の梁は作成されるが、RFL+0天端の梁は作成されない。したがって前ページの図で[5.5FL]平面図ウィンドウには破線で表示されるべきRFL+0位置の梁が表示されない。そのためここで5FL+0の梁をRFL+0の位置にコピーする。

3FLに破線で表示される4FLの梁の設定

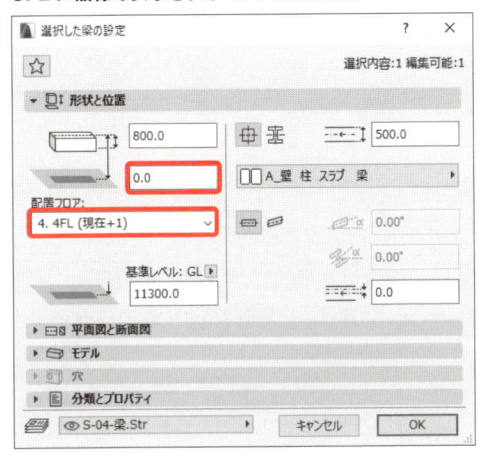

詳細

　[3.3FL]平面図ウィンドウに配置する梁の[配置フロア]を「4FL+0」で設定する方法と、「3FL+3300」と設定する方法がある。どちらも「基準レベル:GL」からの高さは変わらないが、この方法をとれば3階の要素を4階と5階にコピーしたときにR階にも梁が存在することになり、[5.5FL]平面図ウィンドウに梁が破線表示される。ここではその方法はとらず、上図のように4階に配置される梁の[配置フロア]を「4FL」とし、その高さを「4FL+0」とした。これは3階から4階の階高さの設計変更があり、[フロアの設定]で階高さ数値を変更した場合でも、4FL+0という梁の配置位置は変わらないからだ。同じ場面で同様の設定をもつツールは、この[梁ツール]のほかに[スラブツール]がある。

① ポップアップナビゲータの[プロジェクト一覧]で[4. 4FL]をダブルクリックして、[4. 4FL]の平面図ウィンドウを表示する。

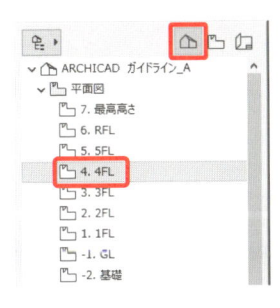

② ツールボックスの［梁ツール］をクリックして［編集］メニューから［全ての梁を選択］を選択（もしくは Ctrl ＋ A キー）すると、［4. 4FL］平面図に表示されている5階のすべての梁が選択される。

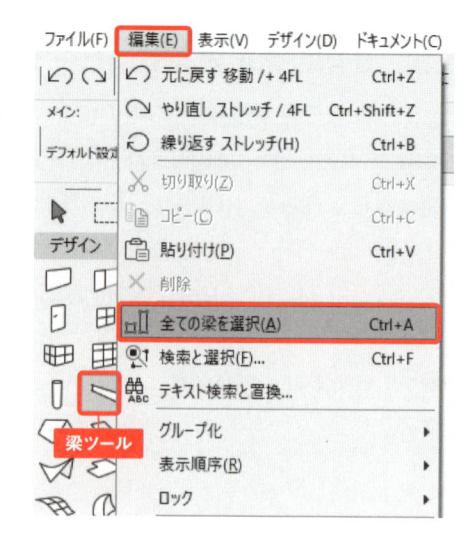

③ ［編集］メニューから［コピー］を選択する。

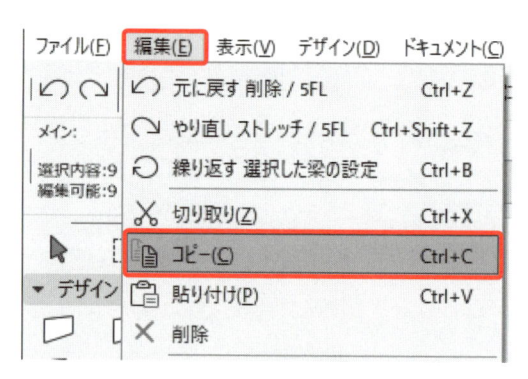

④ ポップアップナビゲータの［プロジェクト一覧］で［5. 5FL］をダブルクリックして、5FLの平面図ウィンドウを表示する。

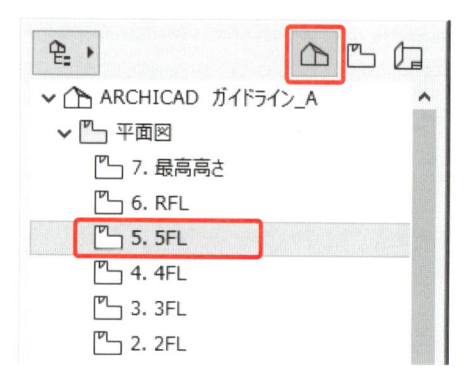

⑤ ［編集］メニューから［貼り付け］を選
択する。

⑥ 矩形選択に囲まれてR階に梁がコ
ピーされ、［5.5FL］平面図に破線で表
示される。選択範囲の外でクリックし
て梁の配置を確定する。

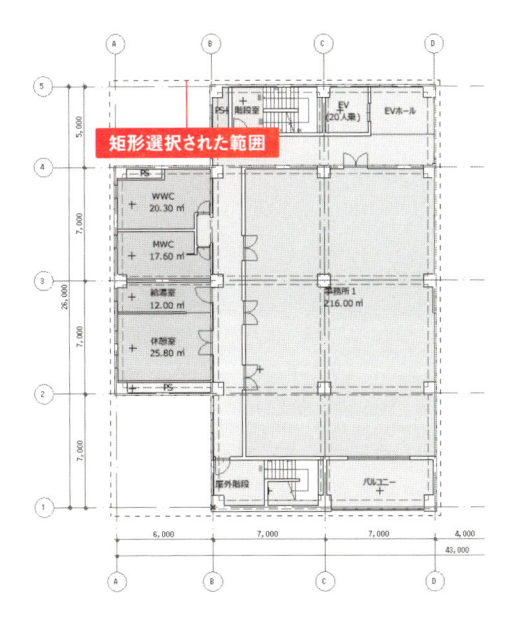

矩形選択された範囲

---

03 ［5.5FL］にコピーした梁を上階の配置に変更する

コピーした［5.5FL］に表示されている5階上部の梁はR階に属していないとつじつまが合わな
い。手作業で梁の配置フロアを変更する。

① ツールボックスの［梁ツール］をク
リックして、ショートカットの Ctrl
＋ A キーで［5.5FL］に表示されてい
るすべての梁を選択する。

② 情報ボックスの梁［設定ダイアログ］
ボタンをクリックする。

③ ［選択した梁の設定］ダイアログボッ
クスが開く。次のように設定し、［OK］
ボタンでダイアログボックスを閉
じ、梁の選択を解除しておく。

［形状と位置］パネル
● 配置フロアまで基準線をオフ
セット「0.0」
● 配置フロア「6.RFL(現在+1)」

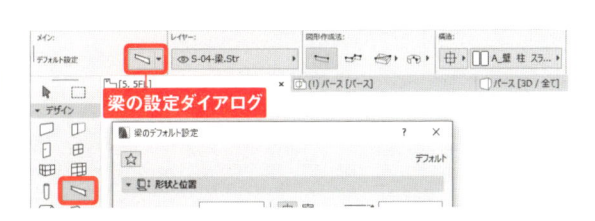

梁の設定ダイアログ

●梁の設定

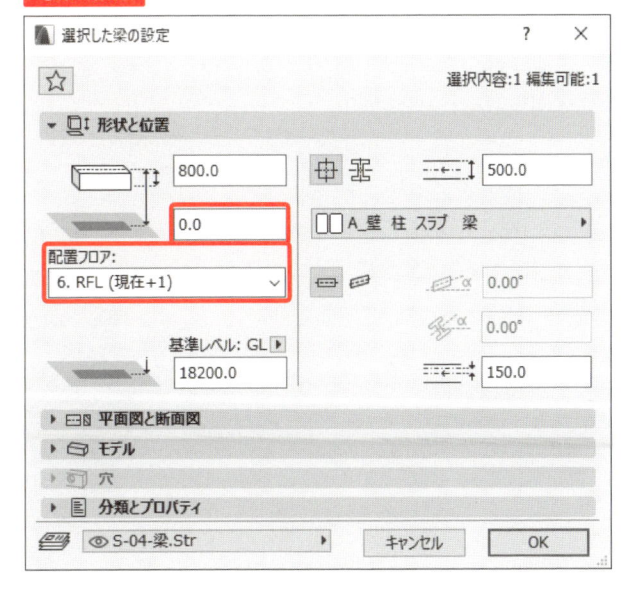

④ 余白でクリックして梁の選択を解除する。破線で表示されたまま梁表現は変わっていないが、配置フロアが「5FL」から「RFL」に変更された。

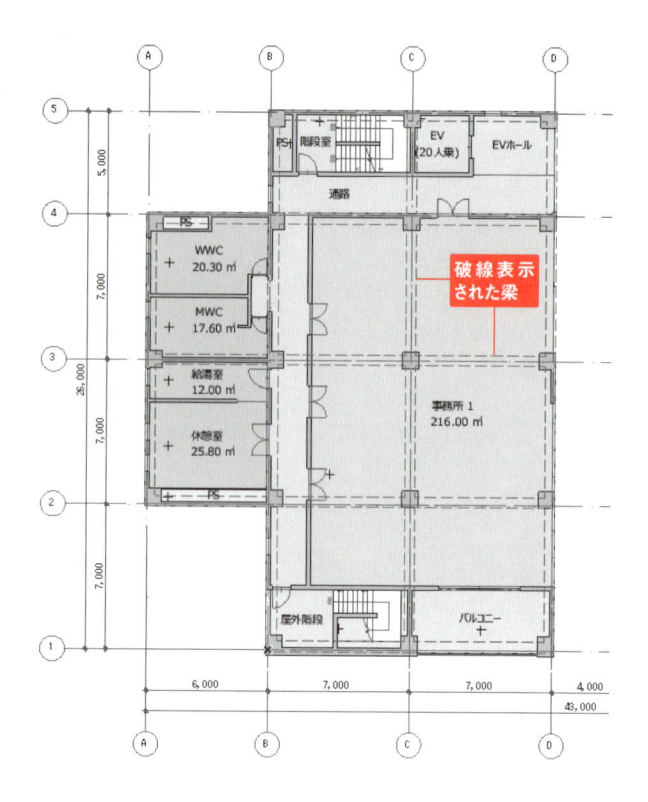

⑤ 3階で[お気に入り]パレットから階高さの編集をおこなった屋外階段や屋内階段と同じようにして、4階と5階の屋外階段、屋内階段の編集をおこなう（P.180参照）。
ただし屋外階段からR階に上がるプランではないので、5階の屋外階段は削除しておく（「練習用」フォルダーにある「ARCHICAD BIMガイドライン企画設計編.pln」を参照）。

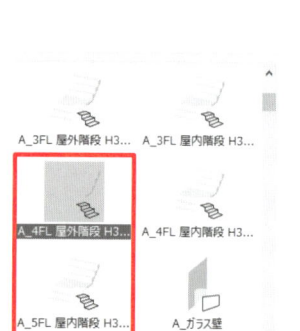

⑥ F5 キーで3D表示に切り替え、ここまでの作業の結果を確認しておこう。

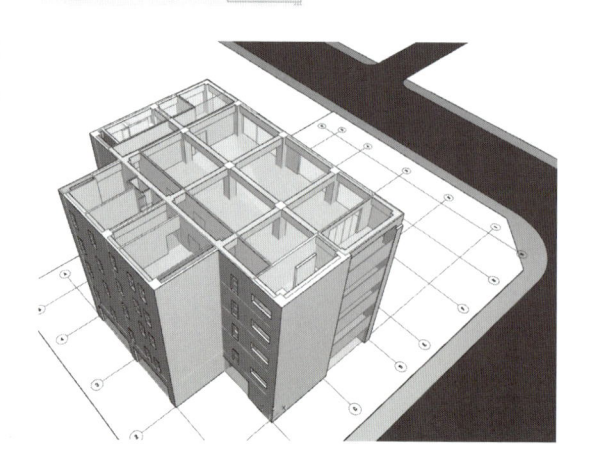

2 ＞ R階の作成

最上階になるR階は他の階とは作成方法が異なる。5階を下図（下書きの参照図）にしてR階モデルを作成し、屋上スラブとパラペットも追加する。

01 ┃ 5 階を下図に R 階を作成

5階をコピーしてR階をつくるという訳にはいかないが、5階を参考にしてR階を作る必要はある。そこで5.5FLの平面図ウィンドウを下図にする「参照表示」というテクニックを使う。

① ポップアップナビゲータの［プロジェクト一覧］で［6. RFL］をダブルクリックして、RFLの平面図ウィンドウを表示する。

② ［プロジェクト一覧］の［5. 5FL］の名前の上で右クリックし、［参照として表示］を選択する。

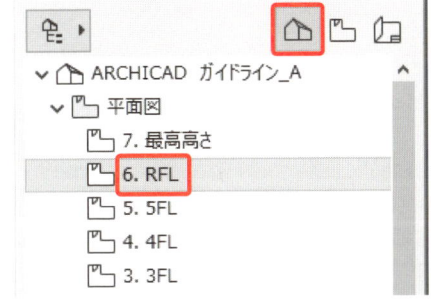

③［6. RFL］フロアに下階の［5. 5FL］フ
　ロアが下図として参照表示される。

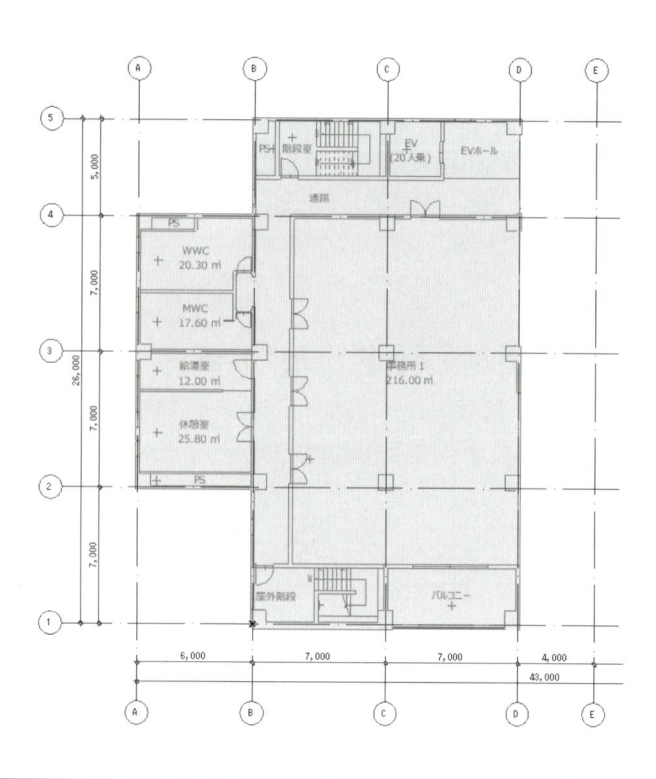

Tips　参照表示の切り替え

［標準］ツールバーの［参照］ボタンをクリックすると参照表示している図の表示／非表示が切り替えられる。［参照］ボタン右横の▼ボタンをクリックして、ドロップダウンリストを表示すると、その中に［参照パレット］がある。［参照パレット］を表示しておくと、参照表示のカラー調整や移動、回転などの調整がかんたんにできるので便利だ。

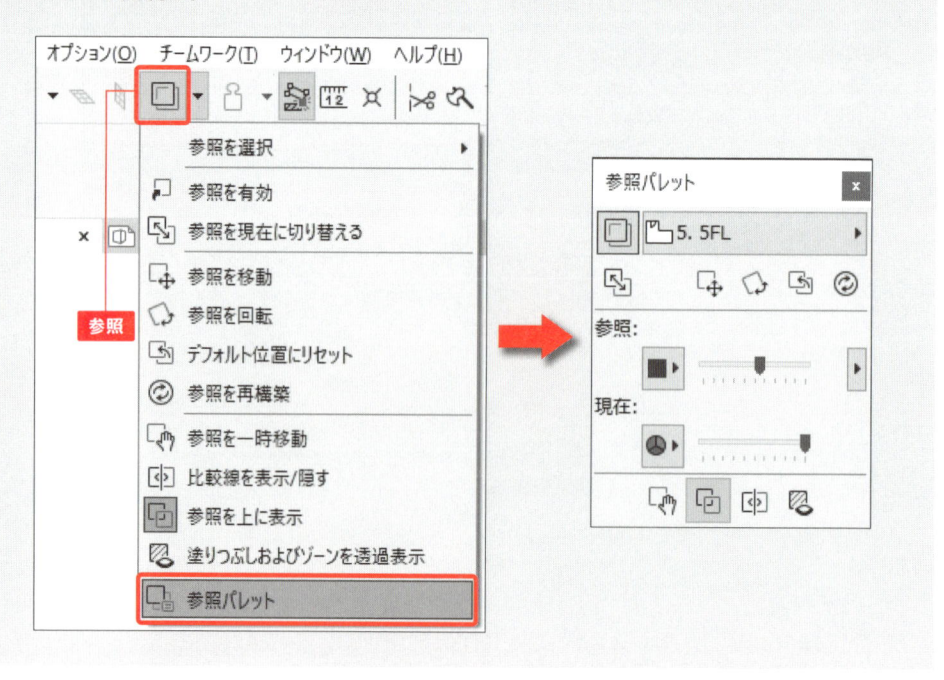

02 | 屋上スラブを配置する

前述で参照表示した[5.5FL]フロアを下図として、[スラブツール]で屋上の床を入力する。

① ツールボックスの[スラブツール]を ダブルクリックする。

●使用するツール[スラブツール]

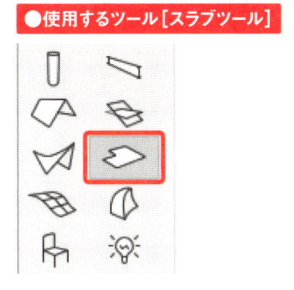

② [スラブのデフォルト設定]ダイアログボックスが開く。次のように設定し、[OK]ボタンでダイアログボックスを閉じる。

[形状と位置]パネル
- スラブ厚さ「900」
- 配置フロアまでオフセット「0.0」
- 配置フロア「6.RFL(現在)」
- 組み立て法「基本」
- ビルディングマテリアル 「A_壁 柱 スラブ 梁」
- 辺角度「垂直」
- 基準面の位置「上端」
- レイヤー「AE-01-床.SD」

●スラブの設定

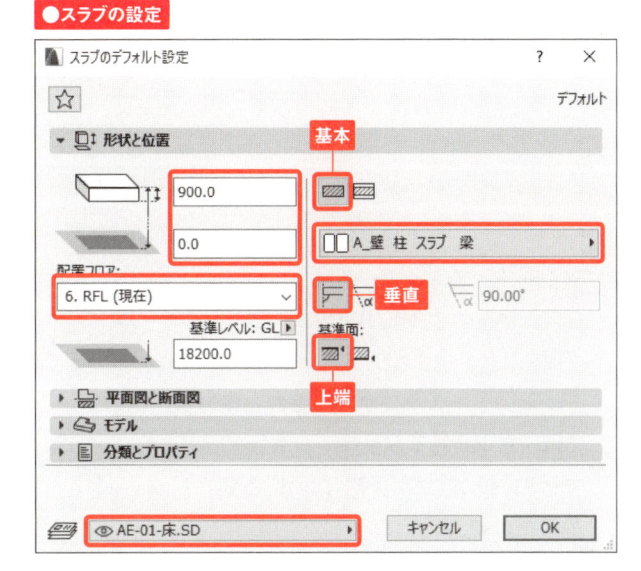

191

③ 情報ボックスで図形作成法の[矩形]ボタンをクリックする。

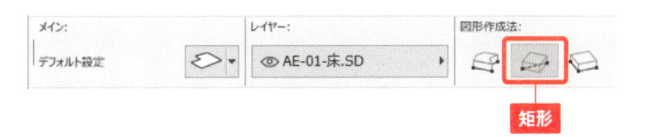

④ まず、1点目としてD通と5通の交点❶でクリック、2点目としてB通と1通の交点❷でクリックしてスラブaを入力する。

⑤ 入力したスラブaを選択し、その辺上または黒い選択端点でクリックしてペットパレットを表示し、[ポリゴンに追加]ボタンをクリックする。

⑥ 次に左側の屋上床部分を追加するので、1点目としてB通と4通の交点❸でクリック、2点目としてA通と2通の交点❹でクリックしてスラブbを入力する。これでスラブaとスラブbが一体化される。

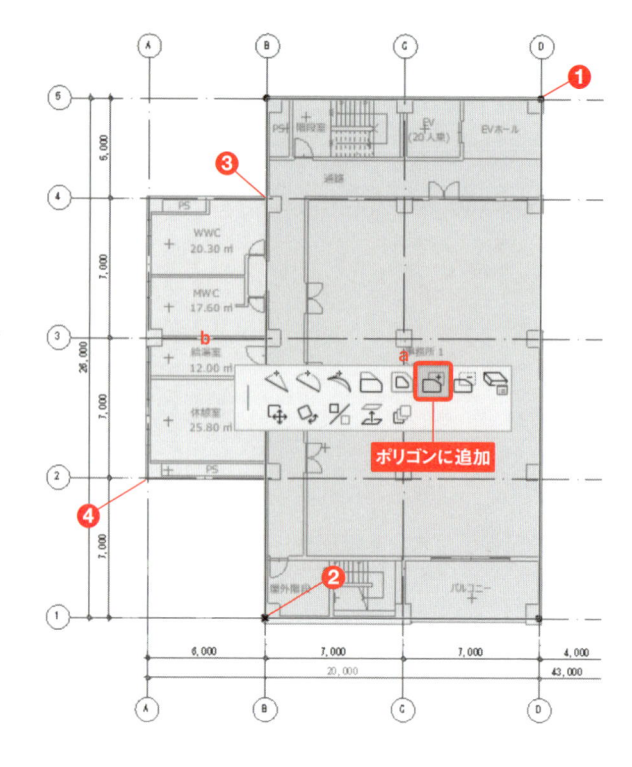

⑦ 屋上階段と重なっている屋上スラブは穴あけをおこなう。5階の屋内階段がR階にも表示されているので、手順⑥で入力したスラブが選択されたまま階段右下角❶でクリックし、左上にマウスを動かす。階段下り口の辺と壁基準線の交点❷にカーソルを置き、青い輪のスナップガイドが表示されたらクリックする。

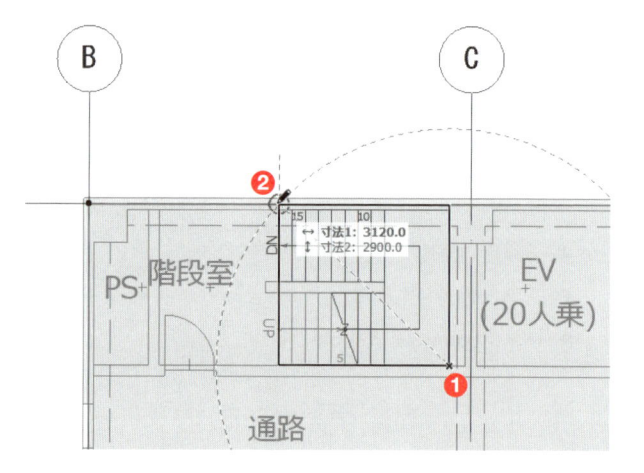

⑧ これで5階の屋内階段の部分が穴あけされた屋上スラブが完成する。余白でクリックしてスラブの選択を解除しておこう。

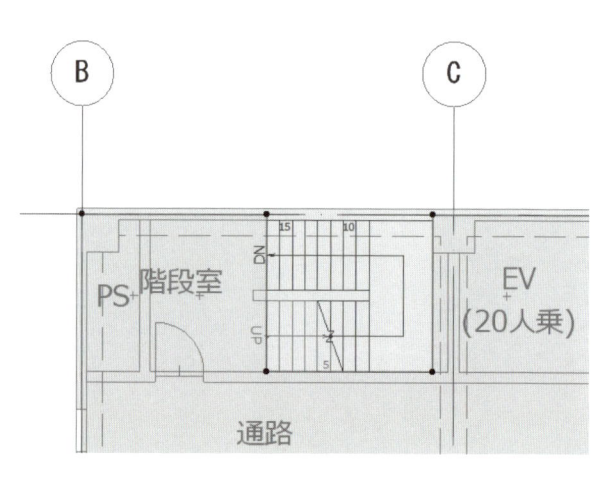

03 外壁やパラペットなどを作成する

屋上階段室の外壁や、高さの違うパラペット、またフェンスの入力を[壁ツール]でおこなう。あらかじめ[お気に入り]にa~eの設定が保存されているので、壁のつくり方（P.100～）を参照して入力してみよう。

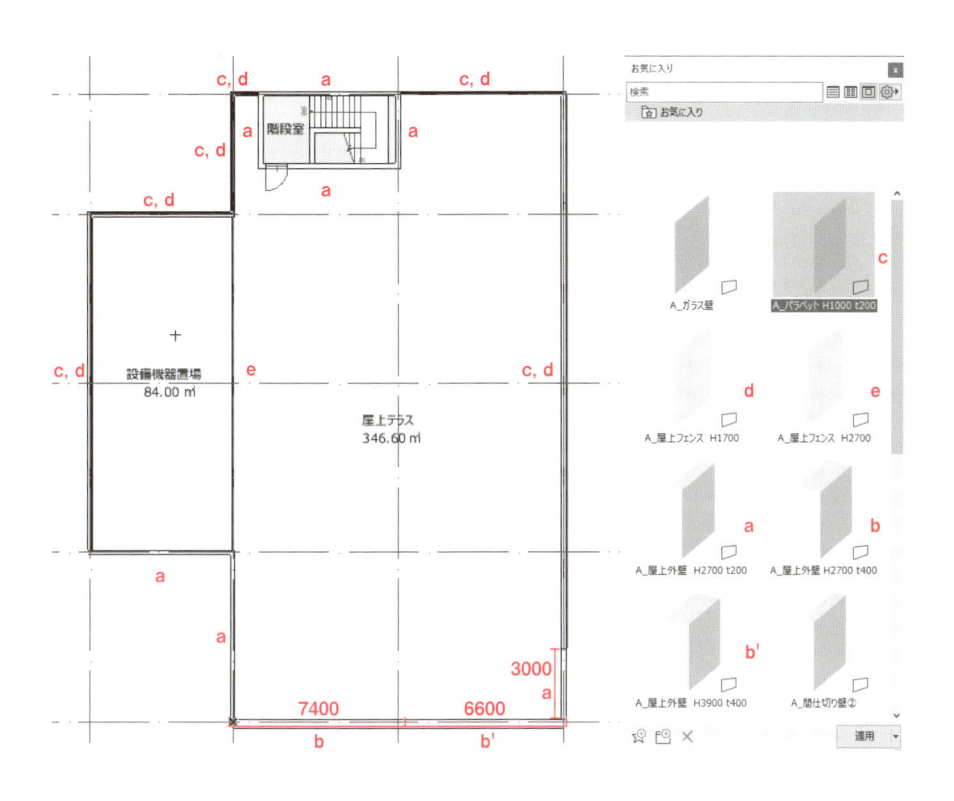

193

●壁の設定（屋上外壁a）

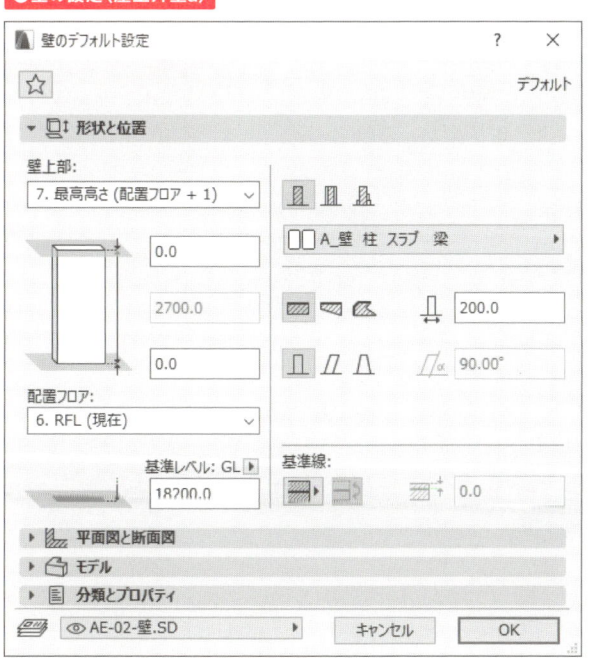

●壁の設定（屋上外壁b）

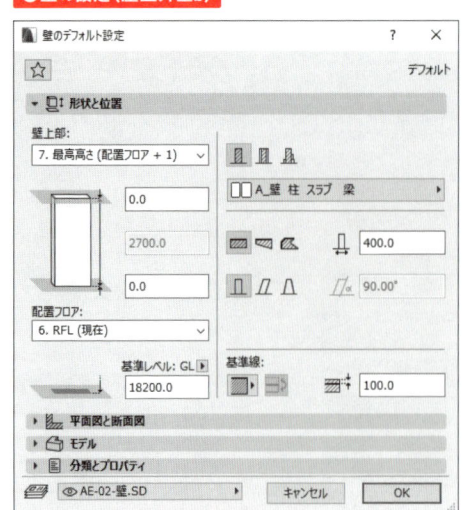

●壁の設定（屋上外壁b'）

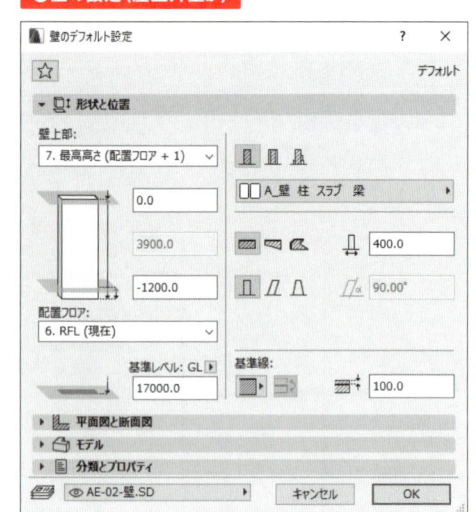

●壁の設定（パラベットc）

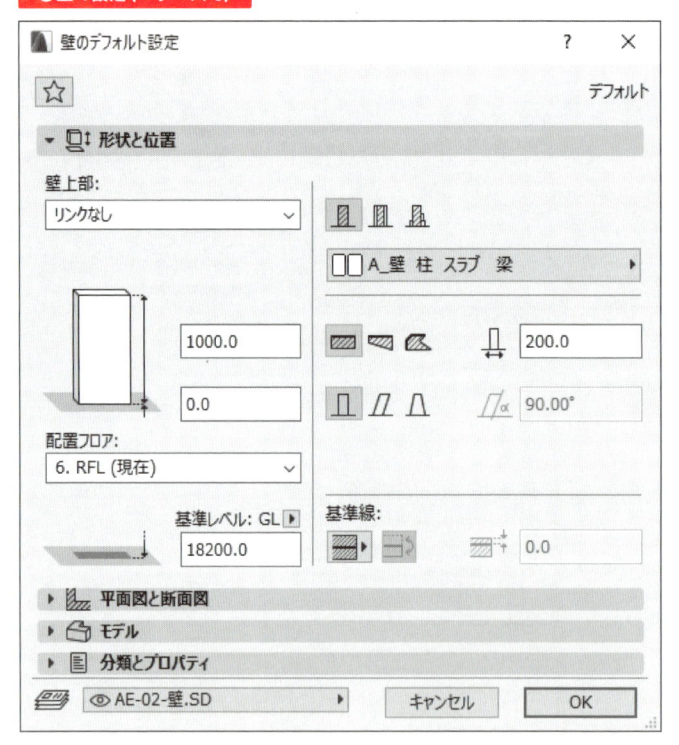

●壁の設定（屋上フェンスd）

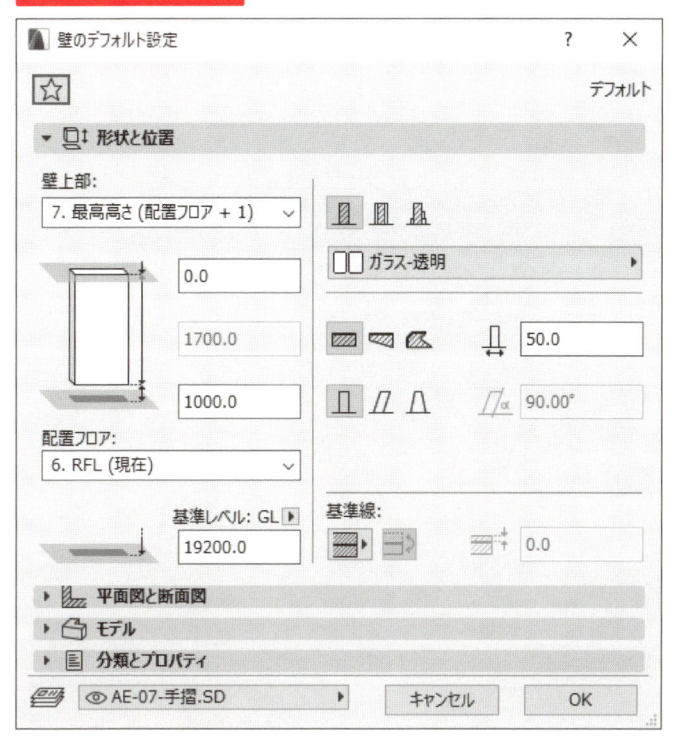

●壁の設定（屋上フェンスe）

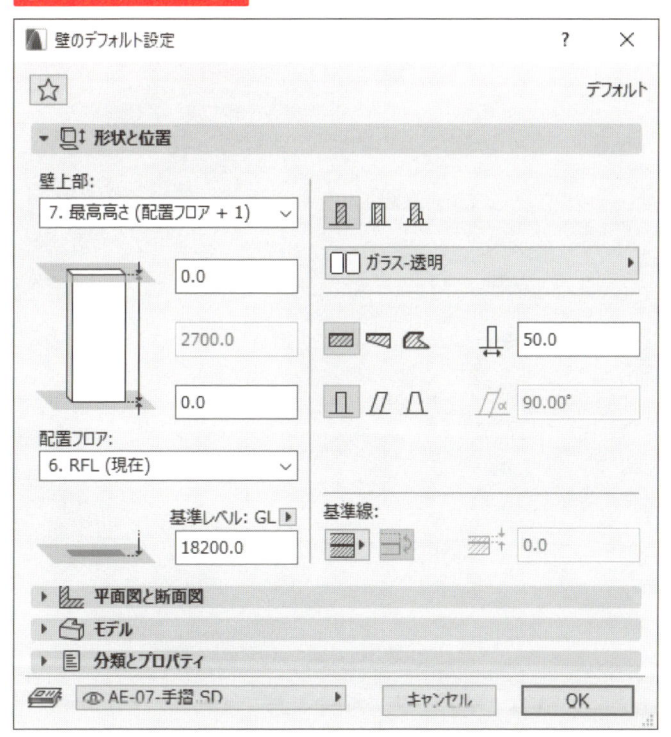

屋上の入力まで完成したモデルの 3D ウィンドウ　南東からのパース

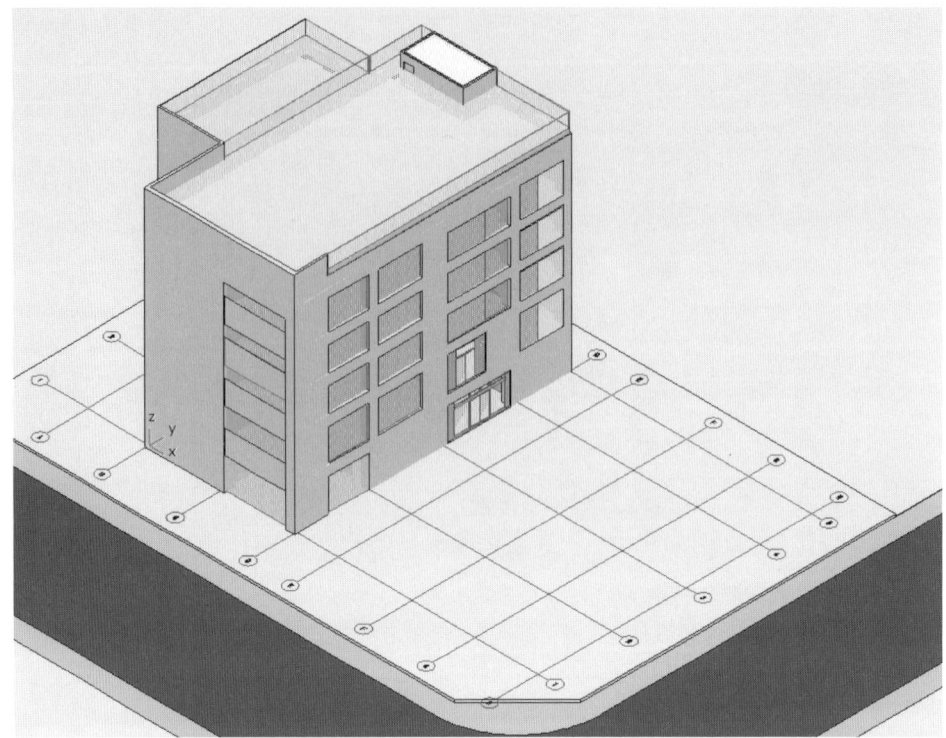

屋上の入力まで完成したモデルの 3D ウィンドウ　南西からのパース

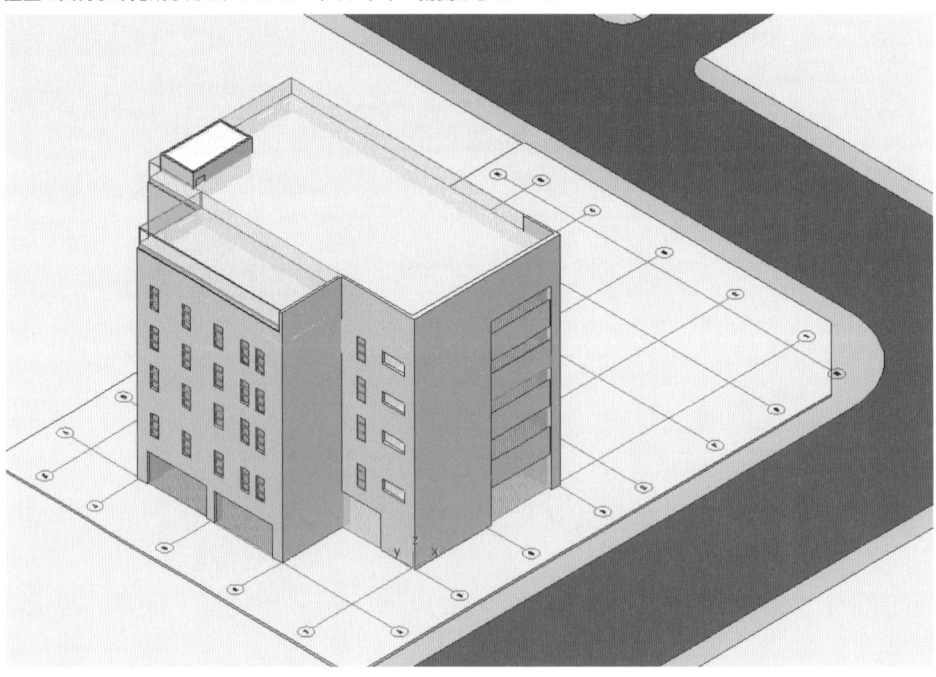

03 カーテンウォールと低層棟

カーテンウォールを高層棟に追加し、さらに低層棟を作成して、モデルを仕上げる。

1 カーテンウォールをつくる

カーテンウォールは階をまたいで壁のように全面を覆う窓だ。［カーテンウォールツール］を使って作成する。［カーテンウォールツール］は、フレーム、パネル、付属品、および接合部構成要素でつくられるカーテンウォールを一度に作成できるツールだ。一度にまとめて作成しても、3Dウィンドウからカーテンウォールの編集画面に移動して、フレーム、パネル、付属品、および接合部構成要素それぞれの編集をおこなえる。また、［カーテンウォールツール］を使えばカーテンウォールだけではなく、垂直方向でも水平方向でもグリッドで組まれた建築要素、たとえばフレームに奥行きをもたせ、パネルを背板に見立てればオープンなBOX家具などもモデリングすることができる。

［カーテンウォールツール］で作成された家具

01 カーテンウォールの設定

カーテンウォールは複雑な要素なので、設定する項目も多い。まずはカーテンウォールの各部の名称を確認してから、設定に入っていこう。

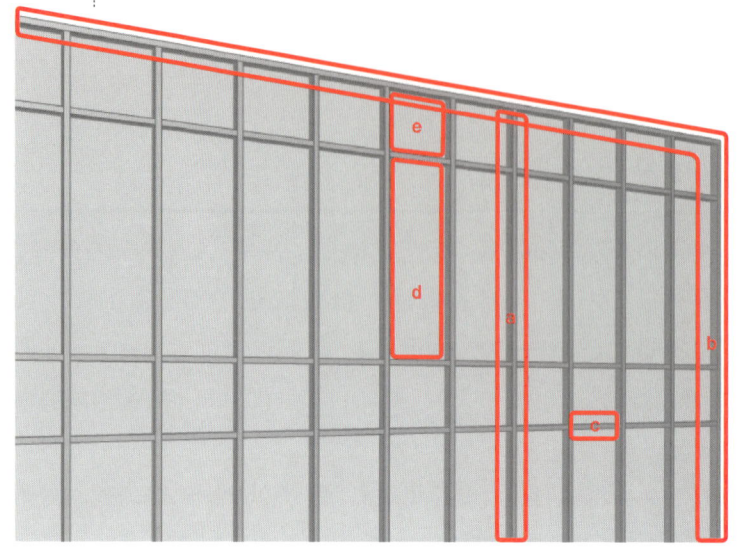

[カーテンウォールツール]の
各部材名称
a. フレーム：マリオン
b. フレーム：境界
c. フレーム：トランザム
d. パネル：メイン
e. パネル：サブ

① ポップアップナビゲータの［プロジェクト一覧］で［2．2FL］をダブルクリックして、2FLの平面図ウィンドウを表示する。

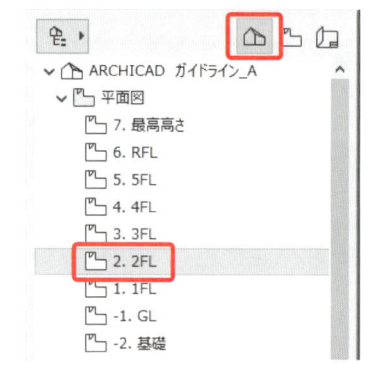

② ツールボックスの［カーテンウォールツール］をダブルクリックする。

●使用するツール［カーテンウォールツール］

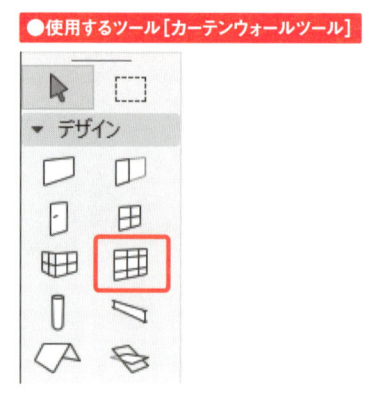

③ ［カーテンウォールのデフォルト設定］ダイアログボックスが開く。左側のツリー構造のリストから、［カーテンウォールシステム］を選択して、右側に「カーテンウォールシステム」ページを表示する。

［形状と位置］パネル
● 配置フロア「2.2FL(現在)」
● 有効厚さ「100」
［参照面にオフセット］パネル
● 境界「0.0」
● マリオン「0.0」
● トランザム「0.0」
● パネルオフセット「75.0」
［平面図と断面図］パネル
● ［平面図表示］の表示フロア「関連フロア全て」

● レイヤー［AE-03-カーテンウォール-SD］

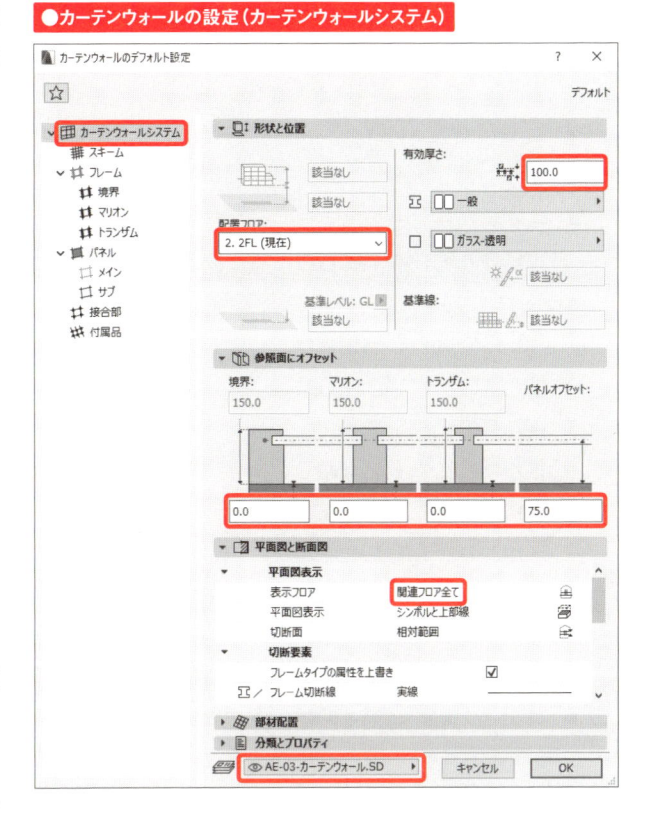

●カーテンウォールの設定（カーテンウォールシステム）

199

詳細
設定する項目が多い場合は、［お気に入り］に保存しておくと便利だ。

④ 左側のツリー構造のリストから、「ス
キーム」を選択して、右側に[グリッド
パターンとプレビュー]パネルを表示
する。

- 列
  [ID:A]のサイズ「1000.0」
- 行
  [ID:1]のサイズ「1000.0」
  [ID:2]のサイズ「3100.0」
  [ID:3]のサイズ「900.0」
  [ID:4]のサイズ「2400.0」
  [ID:5]のサイズ「900.0」
  [ID:6]のサイズ「2400.0」
  [ID:7]のサイズ「900.0」
  [ID:8]のサイズ「2700.0」
  [ID:9]のサイズ「900.0」
- パターン配置「分節で開始」

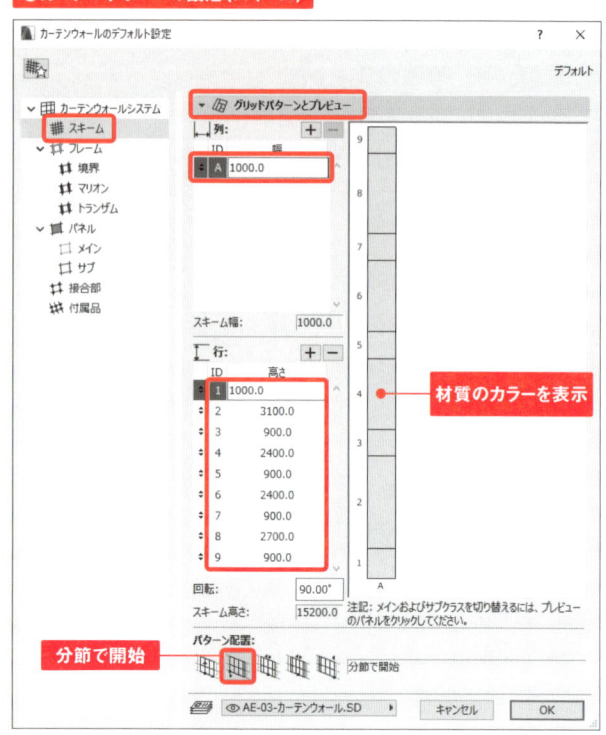

●カーテンウオールの設定(スキーム)

⑤ 左側のツリー構造のリストから、「フ
レーム」の下の「境界」を選択して、右
側に[フレームタイプおよび形状]パ
ネルを表示する。

- a:フレーム幅「70.0」
- b:フレーム奥行き「150.0」
- h:パネル中心線からのフレーム背
  面のオフセット「75.0」
- d:パネル挿入間隔の奥行き
  「30.0」
- w:パネル挿入間隔の幅「20.0」
  [モデル]パネル
- 材質「金属-アルミニウム」

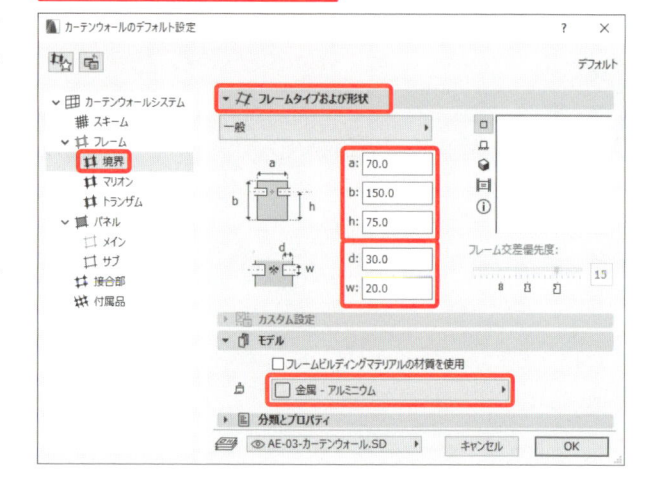

●カーテンウオールの設定(フレーム)

⑥ 左側のツリー構造のリストから、「パネル」の下の「メイン」を選択して、右側に[パネルタイプおよび形状]パネルを表示する。

- パネルクランプの厚さ「20.0」[モデル]パネル
- 辺材質、外部材質、カーテンウォールともに「ガラス-青」を選択

⑦ 「パネル」の「サブ」も「メイン」と同じ設定をおこなう。

⑧ [OK]ボタンでダイアログボックスを閉じる。

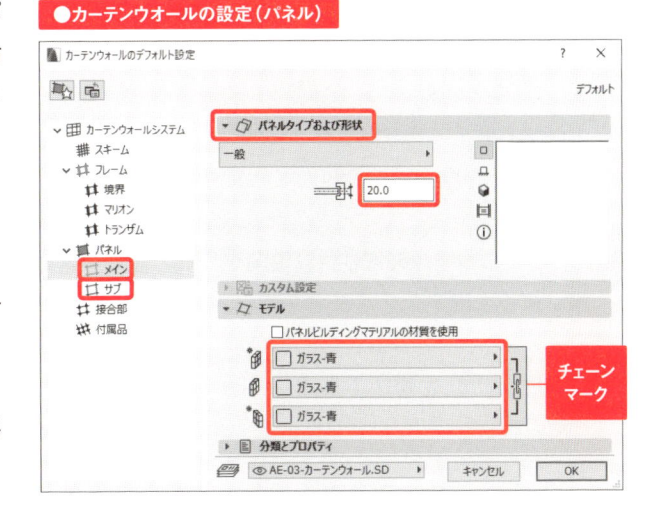

●カーテンウオールの設定（パネル）

詳細

材質名ボタン右横のチェーンマークをクリックしてオンにすると、1つの材質の変更はすべての材質の変更にリンクする。チェーンマークをクリックしてオフにすると、それぞれに材質を割り当てることができる。

02 カーテンウォールを配置

建物の東側D通の2階から5階までにカーテンウォールを配置する。

① 情報ボックスで図形作成法を長押しして[ポリライン（単一）]ボタンをクリックする。

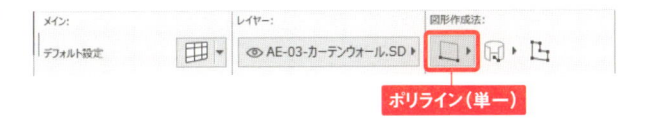

ポリライン（単一）

② 1点目としてD通と5通にある柱右側面と5通の交点❶でクリック、2点目として1通と2通間にある外壁とD通の外壁右側面の交点❷でクリックして、カーテンウォールの範囲を指定する。

③ カーテンウォールの取り付け方向を指示する太陽マークが表示される。カーテンウォールは外壁の外側に取り付けるので、手順②で指定した範囲線の右側❸でクリックする。

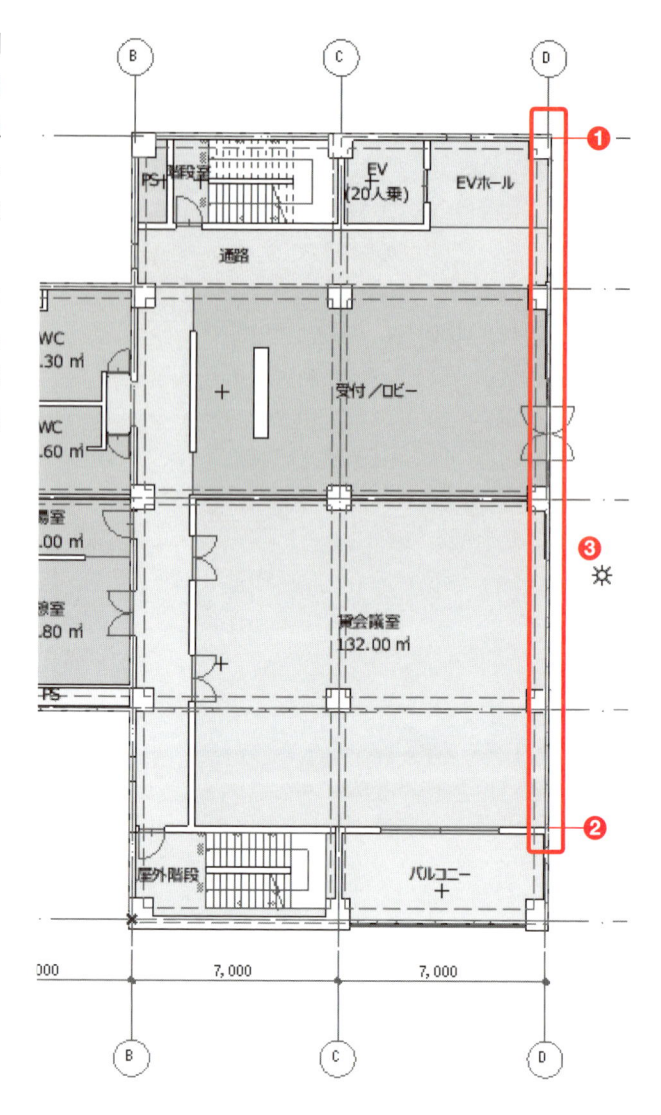

④ [カーテンウォールを配置]ダイアログボックスが開く。次のように設定し、[配置]ボタンをクリックしてダイアログボックスを閉じる。

- 現在のフロアからのカーテンウォール高さ「14300」
- 現在のフロアからのカーテンウォール配置位置「−900」
- カーテンウォールの角度「90°」

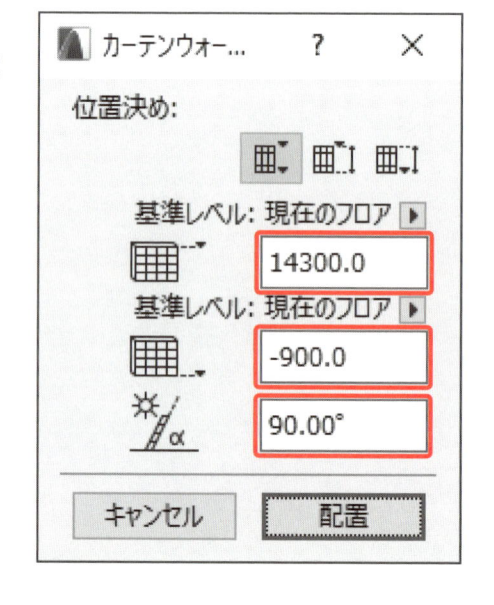

⑤ カーテンウォールが図のようなマリオンの位置、形状を含む表示に変わる。また、高さ方向の数値も入力したので3Dウィンドウで正しく作成されているか確認しておこう。

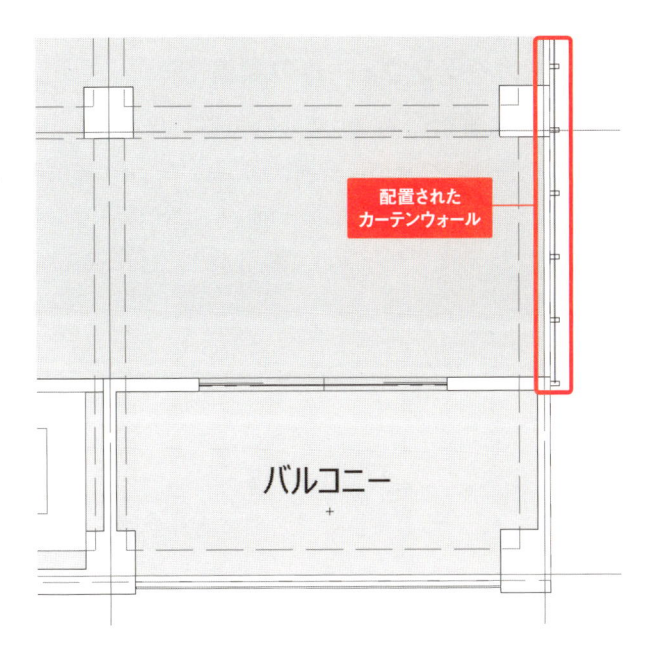

配置された
カーテンウォール

バルコニー

カーテンウォール配置後の 3D ウィンドウ

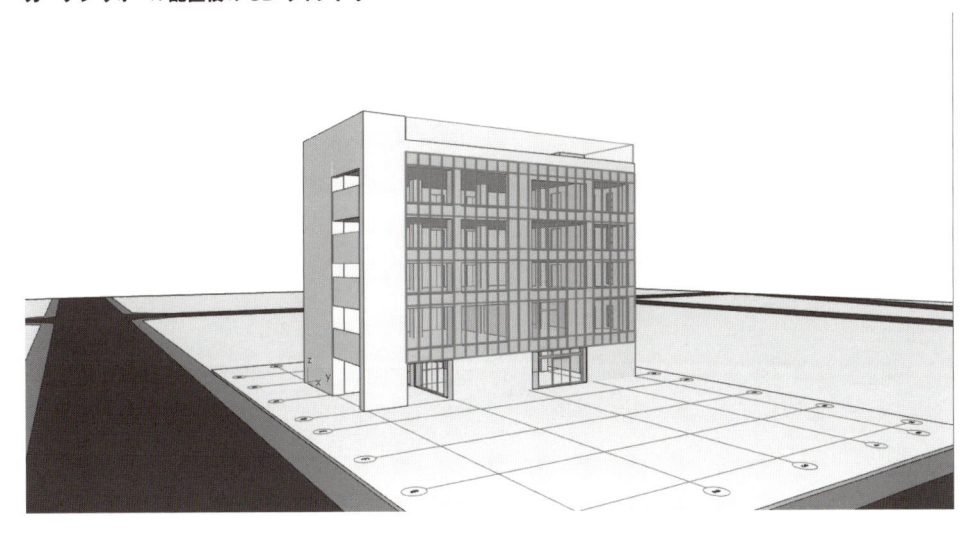

03 | カーテンウォールの編集

ここまでは5階建の建物の東側にカーテンウォールの入力をおこなった。このあと2階建の低層部を[ホットリンク]という機能で一括して読み込む予定のため、低層部と重なってしまうカーテンウォール部分を削除しておく。カーテンウォールの編集はいったん編集モードに入ってから変更をおこない、編集モードを終わることでその変更を確定する。

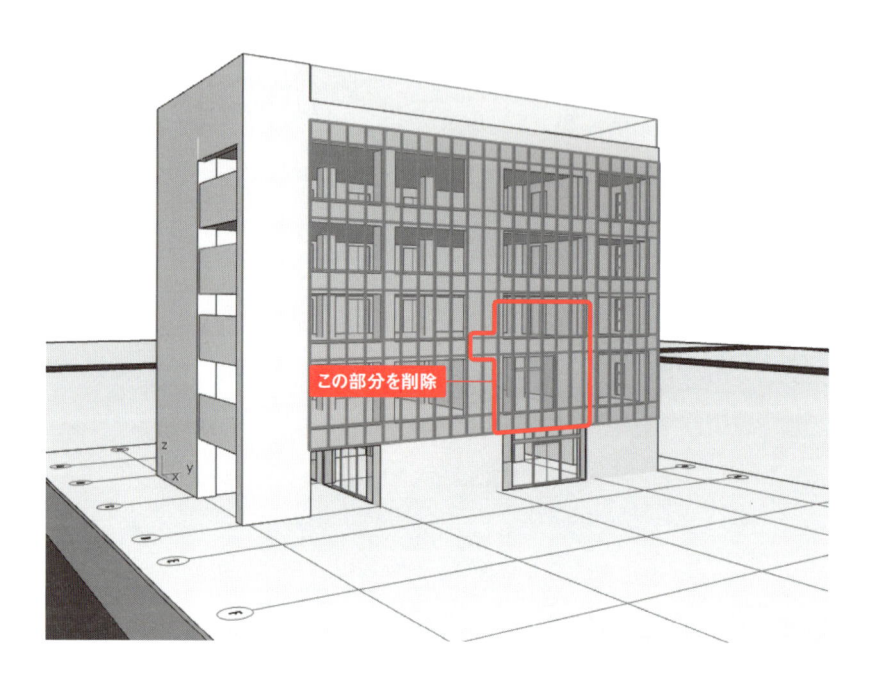

この部分を削除

① 3Dウィンドウを表示して、カーテンウォールを選択する。表示された[編集]ボタンをクリックする。

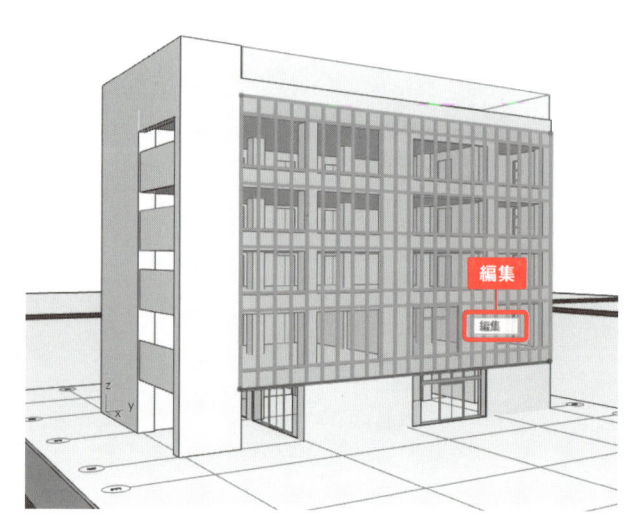

編集

② カーテンウォールシステム設定の編集モードになる。画面左上にカーテンウォールツールボックスと表示パレットが表示される。

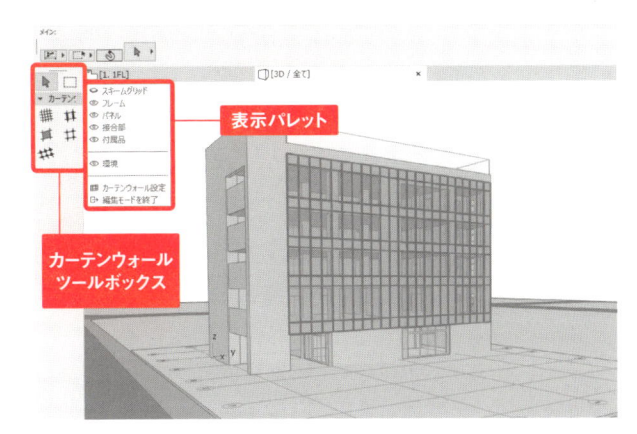

表示パレット

カーテンウォールツールボックス

詳細

3Dウィンドウ上の編集モードではカーテンウォールの部品一つ一つを個別に選択することができる。また、ARCHICAD 21から平面図ウィンドウでカーテンウォールを選択し、表示される[編集]ボタンをクリックすると、平面図ウィンドウ上でカーテンウォールの編集モードに切り替わるようになった。

③ 表示パレットの[スキームグリッド]以外の目玉表示はクリックして非表示（目をつむった状態）にしておく。これで[スキームグリッド]のみを編集できる状態になり、下図のような単線のグリッド表示に変わる。

👁 スキームグリッド
👁 フレーム
👁 パネル
👁 接合部
👁 付属品
──────────
👁 環境
──────────
🔲 カーテンウォール設定
↪ 編集モードを終了

（1）ベースの欠き込み位置を指定する

まず、図の点を指定してカーテンウォールの欠き込み位置を決める。欠き込み位置の指定は以下の頂点❶〜❼を追加しながらおこなう。

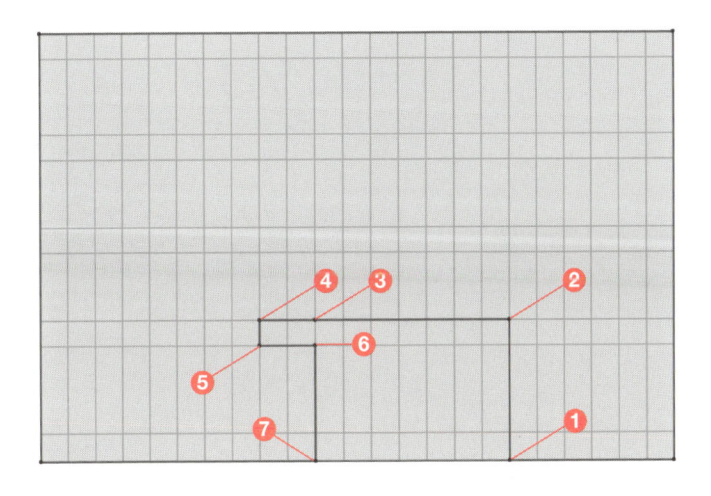

① カーテンウォールの下の辺を上から
　見下ろすようなアングルにし、下の辺
　の境界線上あたりを大きく表示する。

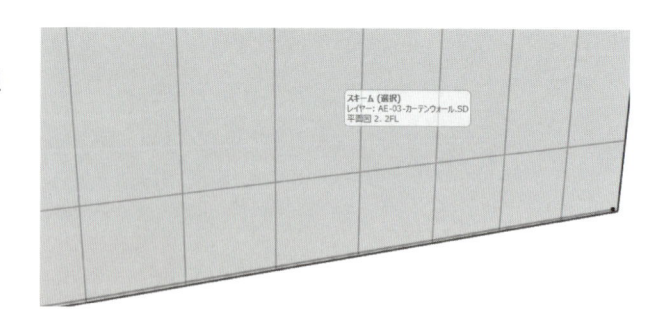

② カーソルを下の辺の境界線上にの
　せると薄い三つ又付き矢印インテリ
　ジェントカーソル▶になる。編集す
　る境界線上でクリックする。

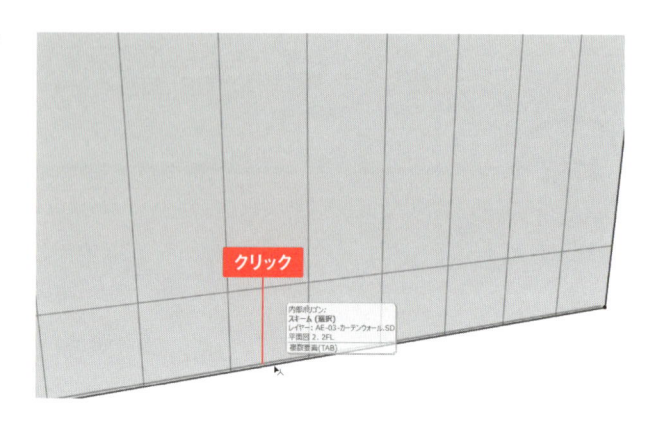

詳細
　　　　カーソルが薄い三つ又付き矢印カーソルにならないときは、下の辺の境界線を十分拡大してか
ら操作する。

③ もう一度境界線上をクリックして
　ペットパレットを表示し、[新規頂点
　を挿入]ボタンをクリックする（ペッ
　トパレットが表示されないときは、境
　界線部分を拡大表示してからクリッ
　クする）。

④ 下の境界線上で、右から6本目のグ
リッド交点**1**をクリックして、頂点**1**
を追加する。

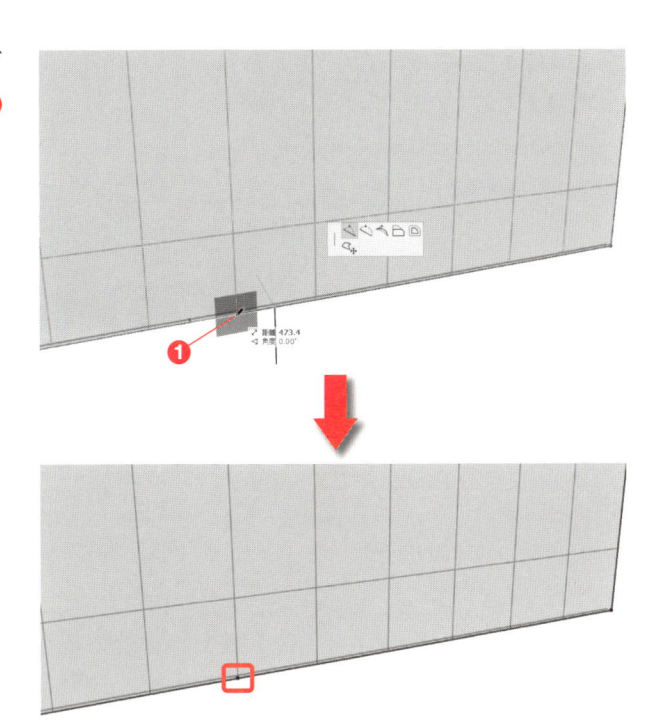

⑤ 頂点**1**の左側にある境界線上でク
リックしてペットパレットを表示し、
［新規頂点を挿入］ボタンをクリック
する。

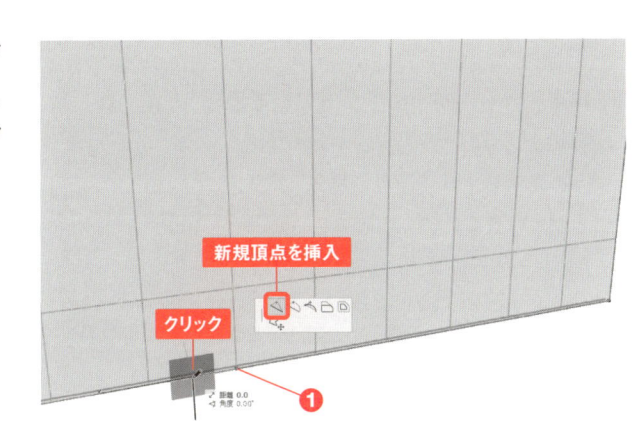

⑥ 頂点**1**から上垂直方向3本目のグ
リッド交点**2**でクリックして、頂点**2**
を追加する。

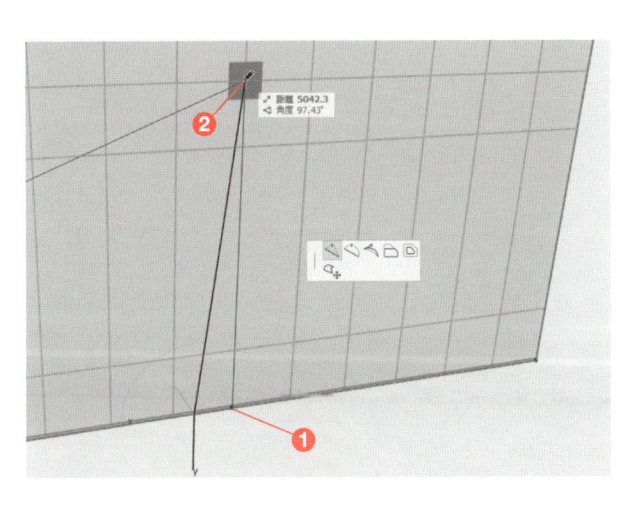

⑦ 頂点❷から左斜めに下がっている境界線上でクリックして、ペットパレットを表示し、[新規頂点を挿入]ボタンをクリックする。

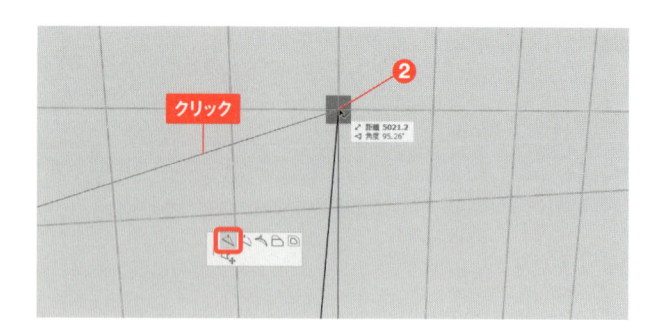

⑧ 頂点❷から左水平方向7本目のグリッド交点❸でクリックして、頂点❸を追加する。

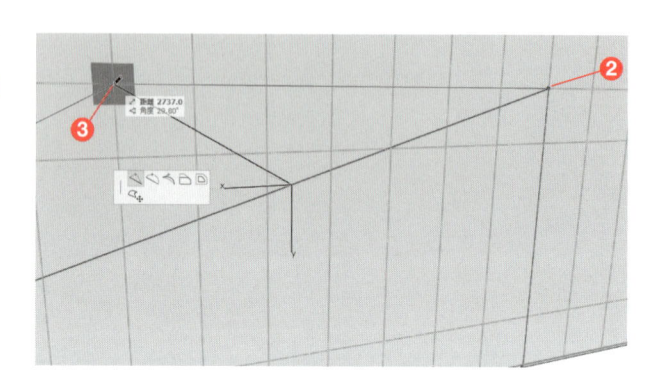

⑨ 頂点❸から左斜めに下がっている境界線上でクリックして、ペットパレットを表示し、[新規頂点を挿入]ボタンをクリックする。

⑩ 頂点❸から左水平方向2本目のグリッド交点❹でクリックして、頂点❹を追加する。

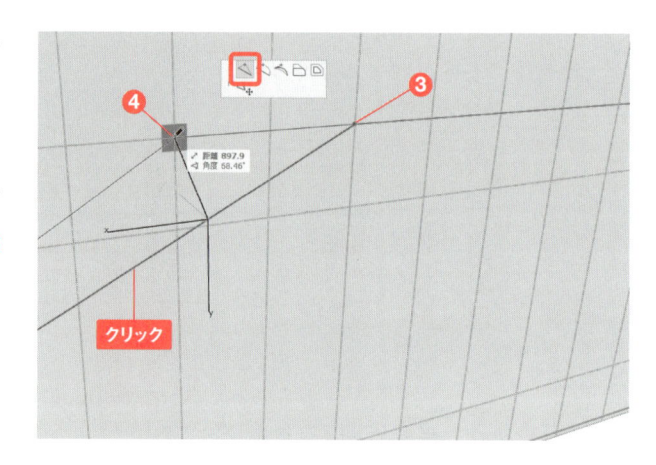

⑪ 頂点④から左斜めに下がっている境界線上でクリックして、ペットパレットを表示し、[新規頂点を挿入]ボタンをクリックする。

⑫ 頂点④から下垂直方向1本目のグリッド交点⑤でクリックして、頂点⑤を追加する。

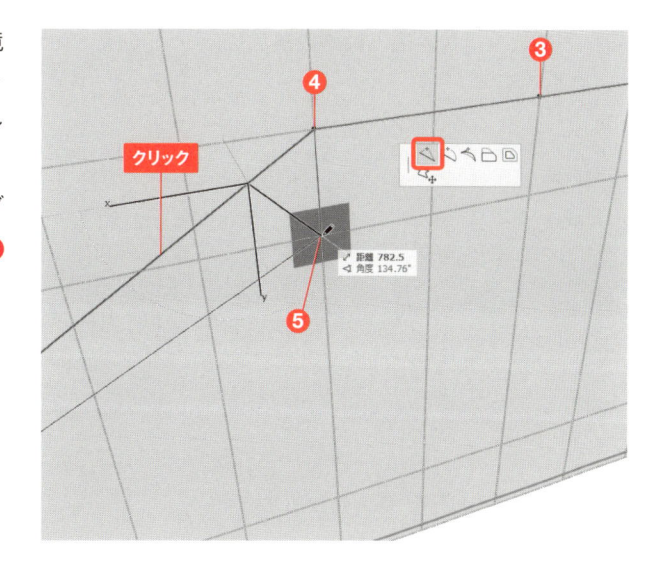

⑬ 頂点⑤から左斜めに下がっている境界線上でクリックして、ペットパレットを表示し、[新規頂点を挿入]ボタンをクリックする。

⑭ 頂点⑤から右水平方向2本目のグリッド交点⑥でクリックして、頂点⑥を追加する。

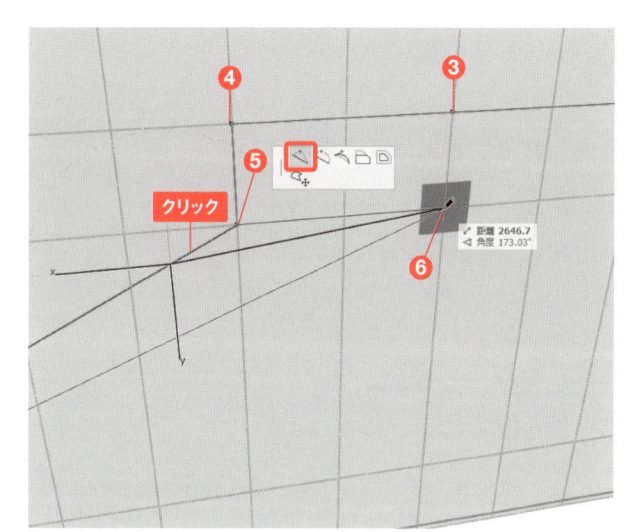

⑮ 頂点⑥から左斜めに下がっている境界線上でクリックして、ペットパレットを表示し、[新規頂点を挿入]ボタンをクリックする。

⑯ 頂点⑥から下垂直方向2つ目のグリッド交点⑦でクリックして、頂点⑦を追加する。

⑰ ベースとなる欠き込み位置の指定が
完了する。

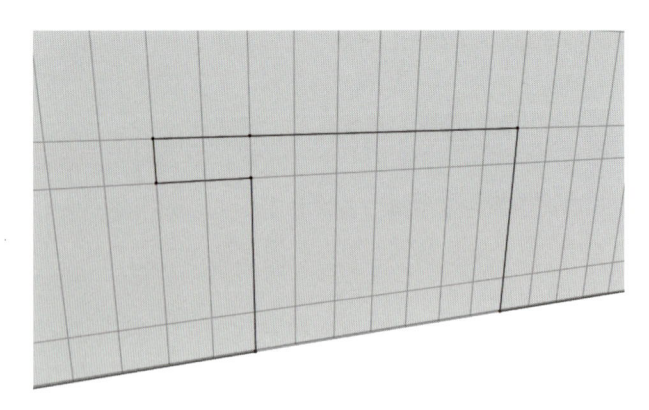

（2）欠き込み位置をオフセットする

次に追加した頂点を結ぶ辺上をオフセットして欠き込みを編集する。図のように、4か所の辺をオフセットする。

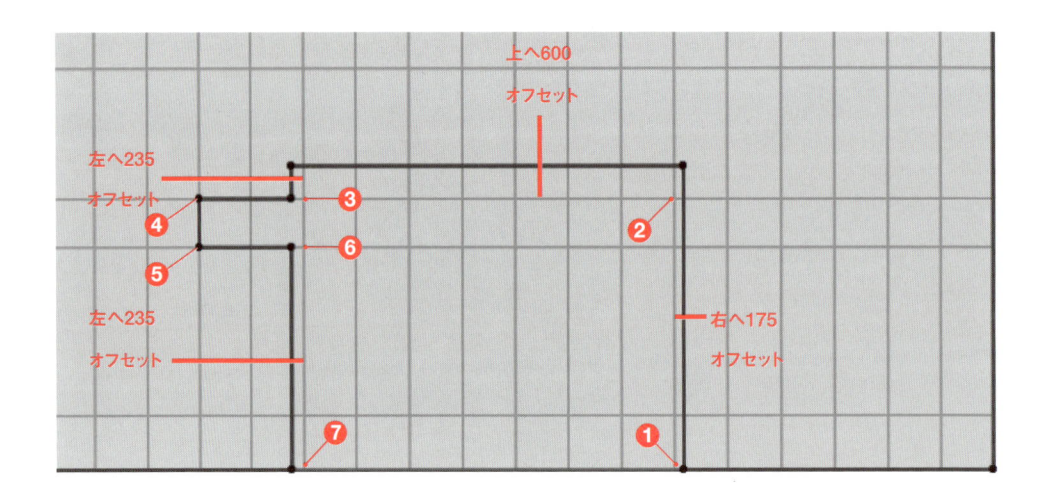

① 頂点❷—❸間の辺上でクリックして
ペットパレットを表示し、[辺をオフ
セット]ボタンをクリックする。
② 上方向にカーソルを動かし、座標情
報の距離として「600」と入力し、
Enter キーを押す。

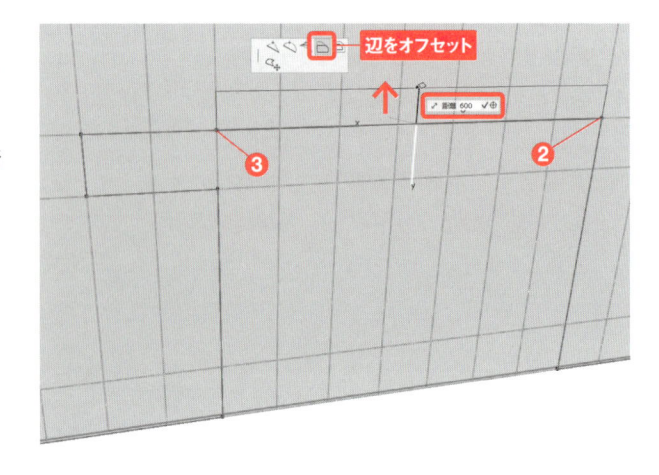

③ 頂点❶—❷間の辺上でクリックして
ペットパレットを表示し、[辺をオフ
セット]ボタンをクリックする。

④ 右方向にカーソルを動かし、座標情
報の距離として「175」と入力し、
Enter キーを押す。

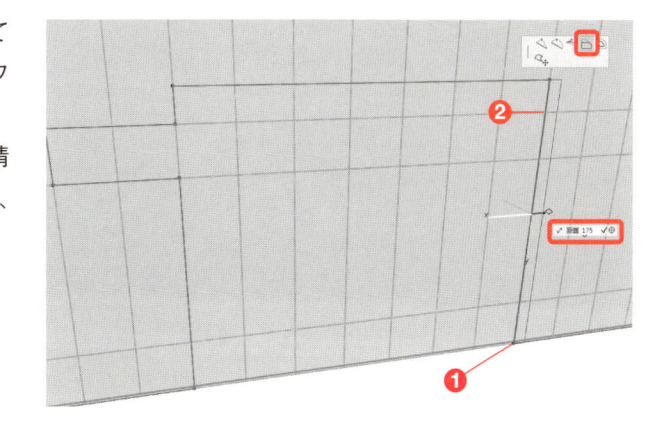

⑤ 頂点❻—❼間の辺上でクリックして
ペットパレットを表示し、[辺をオフ
セット]ボタンをクリックする。

⑥ 左方向にカーソルを動かし、座標情
報の距離として「235」と入力し、
Enter キーを押す。

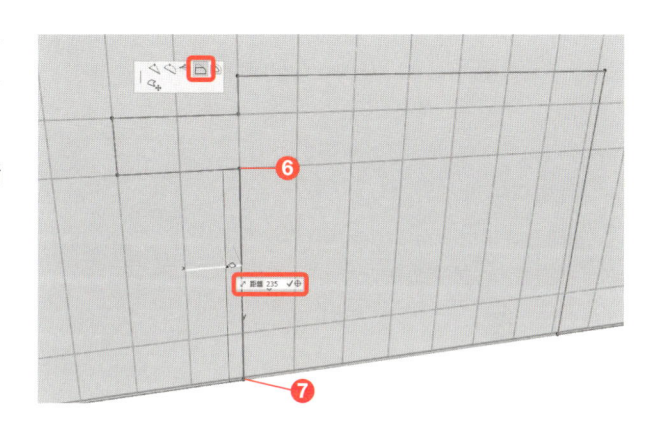

⑦ 頂点❸とオフセットされた辺の端点
❽間の辺上でクリックしてペットパ
レットを表示し、[辺をオフセット]ボ
タンをクリックする。

⑧ 左方向にカーソルを動かし、座標情
報の距離として「235」と入力し、
Enter キーを押す。

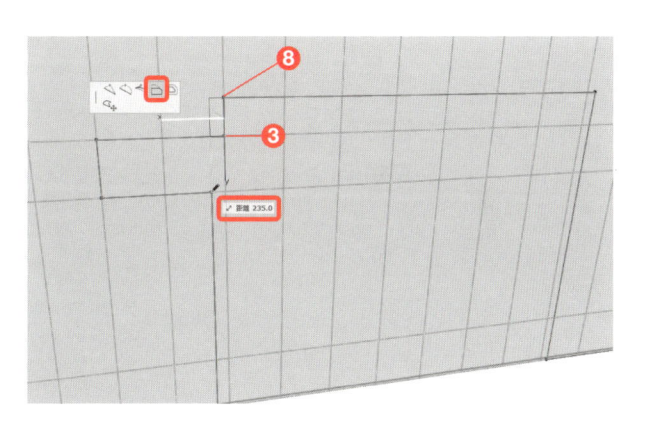

⑨ オフセットが完了する。

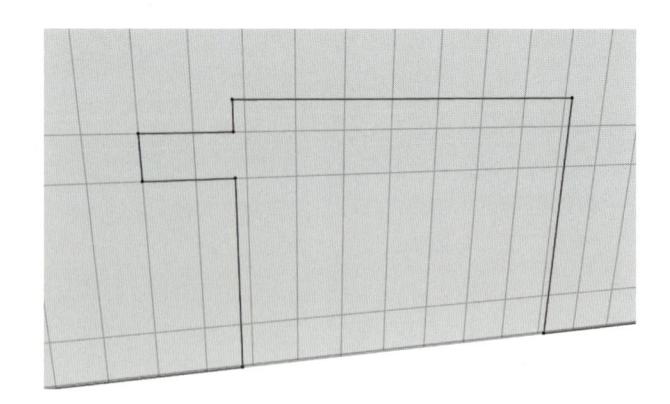

(3)欠き込みを確認する

スキームを非表示にして欠き込みを確認する。

① 表示パレットから[スキームグリッ
ド]の目玉表示をクリックして非表
示にし、[フレーム][パネル][接合部]
[付属品]の目玉表示はクリックして
表示にする。

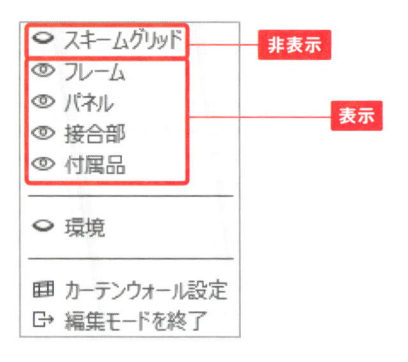

② カーテンウォールが欠き込み状態に
なっていることを確認する。最後に
表示パレットの[編集モードを終了]
をクリックして、カーテンウォール編
集モードを終了する。

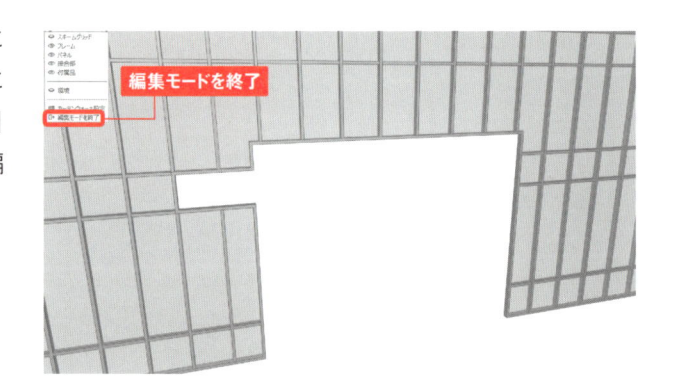

③ [F5]キーで3D表示させ、正しくモデ
リングできているか確認しておこう。

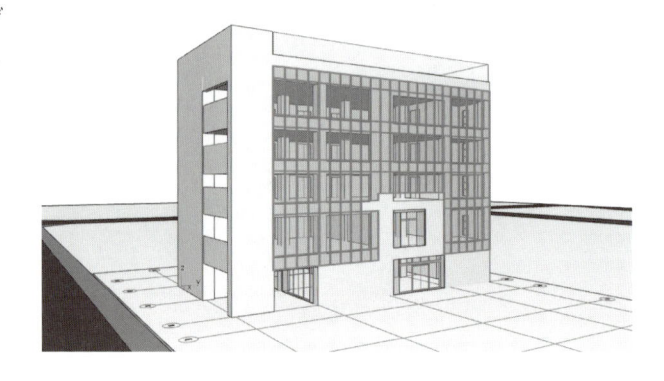

2 低層棟を配置する

別で作成しておいた低層棟をこの建物、敷地に読み込んで配置する。

01 ホットリンク機能を使って低層棟を読み込む

リンク-更新のできるARCHICADの「ホットリンク」という機能を使う。リンク先の低層棟のファイルが変更になれば、リンク元のこのプロジェクトの建物が更新される。なお、ARCHICAD Soloはホットリンク機能に未対応なのでここで解説する方法は使えない。

詳細

ARCHICAD 21体験版を利用している場合は、練習用ファイル「低層棟.mod」ファイルを開き、体験版で保存し直してから以降の操作をおこなう。

① ポップアップナビゲータの［プロジェクト一覧］で［1．1FL］をダブルクリックして、1FLの平面図ウィンドウを表示する。

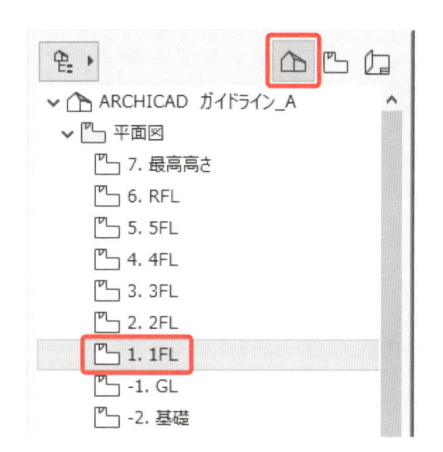

② ［ファイル］メニューから［外部参照］→［ホットリンクを配置］を選択する。

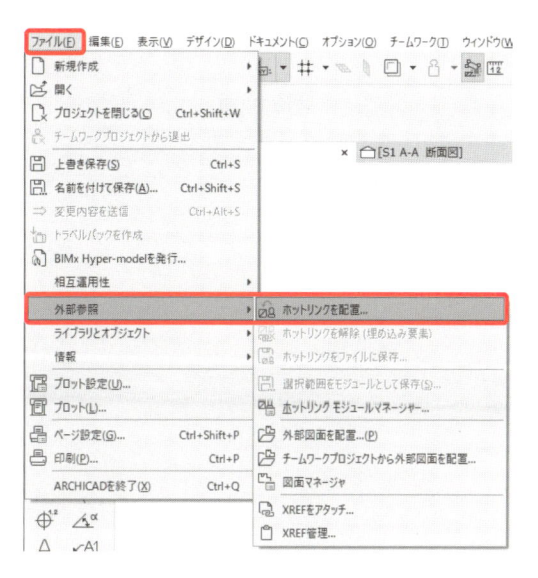

③ ［ホットリンクを配置］ダイアログ
ボックスが開く。［モジュールを選択］
ボタンをクリックする。

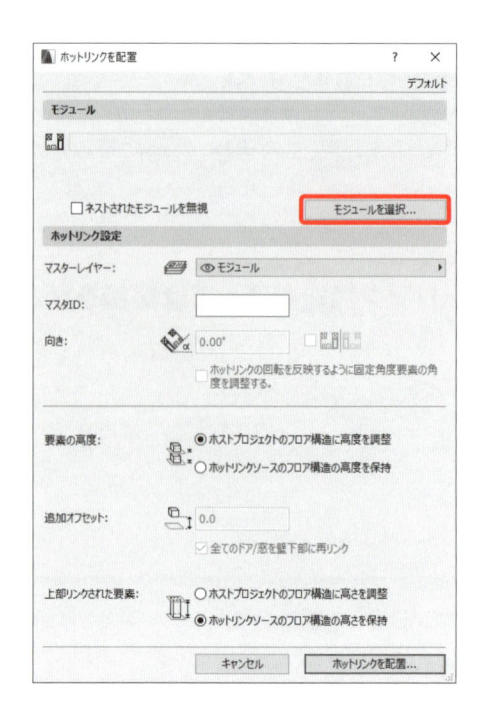

④ ［ホットリンクモジュールを選択］ダ
イアログボックスが開く。［新規モ
ジュール］ボタンをクリックし、［ファ
イルから］を選択する。

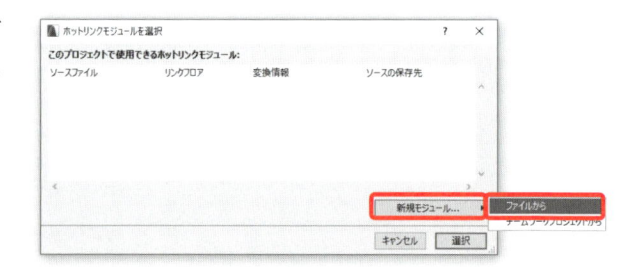

⑤ ［新規ホットリンクモジュール］ダ
イアログボックスが開く。［ファイ
ルの種類］を［モジュールファイル
(*.mod)］に設定し、ホットリンクする
ファイルの保存先（練習用ファイル
のフォルダー）を開き、「低層棟.mod」
ファイルを選択して［選択］ボタンを
クリックする。

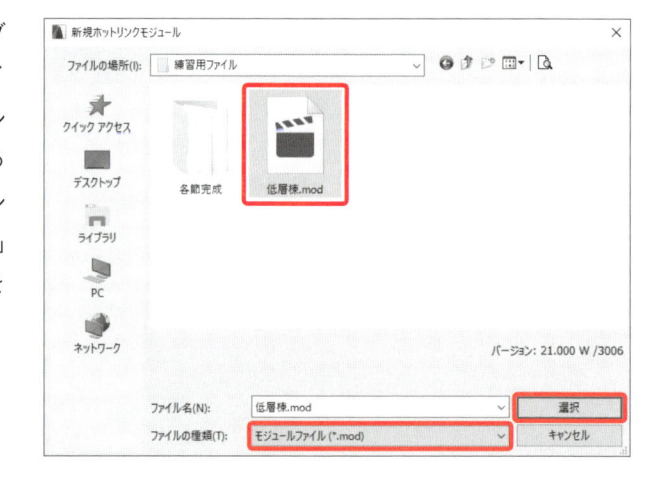

⑥ ［フロアを選択］ダイアログボックス
　が開く。［全てのフロア(モデル全体)]
　を選択し、［OK］ボタンをクリックし
　てダイアログボックスを閉じる。

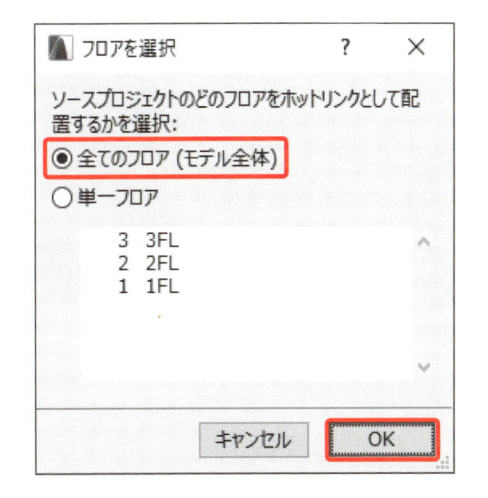

⑦ ［ホットリンクモジュールを選択］ダ
　イアログボックスに戻る。ファイル
　名のリストに選択した「低層棟.mod」
　ファイルの名前と配置するフロア番
　号、フロア名が表示される。確認した
　ら［選択］ボタンをクリックしてダイ
　アログボックスを閉じる。

⑧ 最初の［ホットリンクを配置］ダイア
　ログボックスに戻る。［ホットリンク
　を配置］ボタンをクリックする。

⑨ [フロアの調整]ダイアログボックスが開く。次の内容を確認して[OK]ボタンをクリックする。
- ホストの現在のフロア[1.1FL(0.0)]
- ホットリンクのフロア[1.1FL(0.0)]

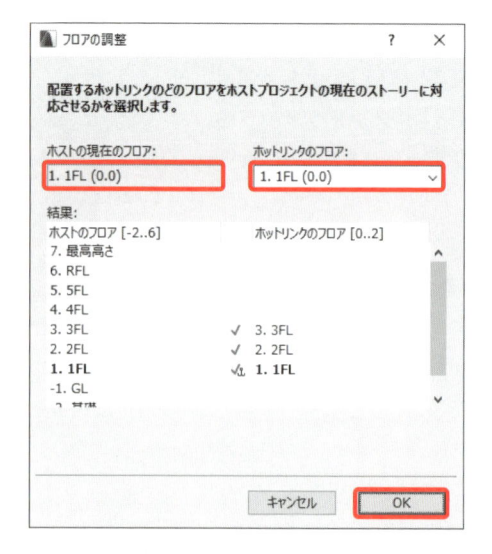

詳細
　読み込むモデルがウィンドウの表示範囲に入りきらない場合は、[貼り付けオプション]ダイアログボックスが開く。次の項目を選択したら[貼り付け]ボタンをクリックする。
- 貼り付け先[元の位置]
- ズーム[貼り付けた要素へズーム]

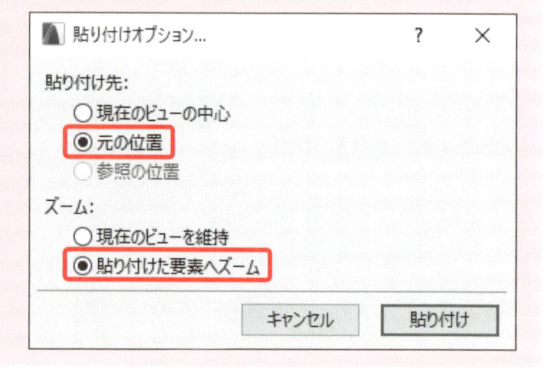

216

⑩ 「低層棟.mod」ファイルが矩形選択表示で読み込まれる。位置を確定するために矩形選択範囲外でクリックして配置する。

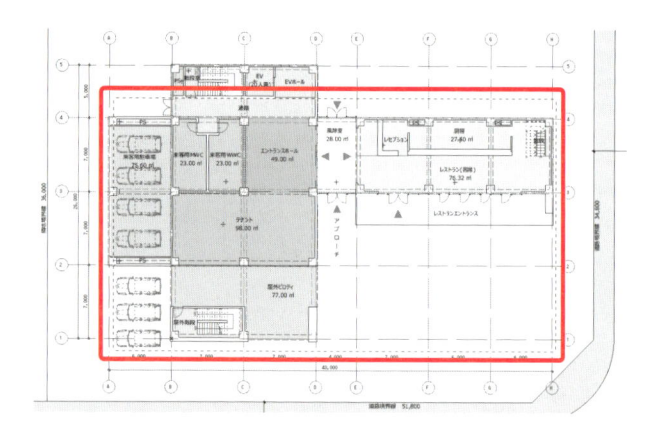

詳細
　「低層棟.mod」ファイルには駐車場の車も含まれているため、矩形選択表示の範囲は建物全体になる。

02 | 完成した 3D モデルを確認する

企画設計モデルの建物はこれで完成だ。F5 キーで3D表示し、マウス操作で建物を回転さ
せたり、ズームしたりして、細かい部分で作成漏れやおさまりのおかしいところがないか確認し
ておこう。また、クイックオプションバーの[移動]ボタンをクリックして[3D操作情報]ダイアロ
グボックスを表示すると、3D操作のショートカットを確認できる。[3D操作]ボタンをクリックし
て、3Dウィンドウ内をマウスとキーボードで動き回ってみよう。

「低層棟.mod」ファイル配置後の 3D ウィンドウ（[3D スタイル] の [CG ベーシック影あり] で表示）

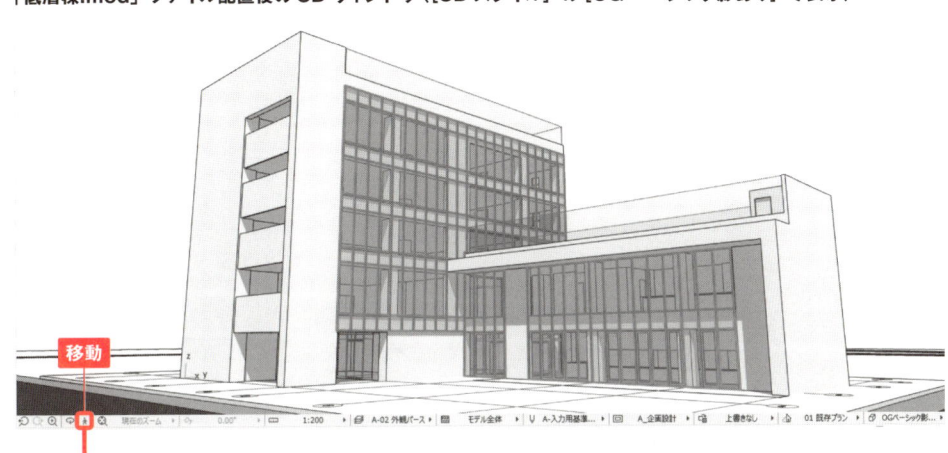

移動

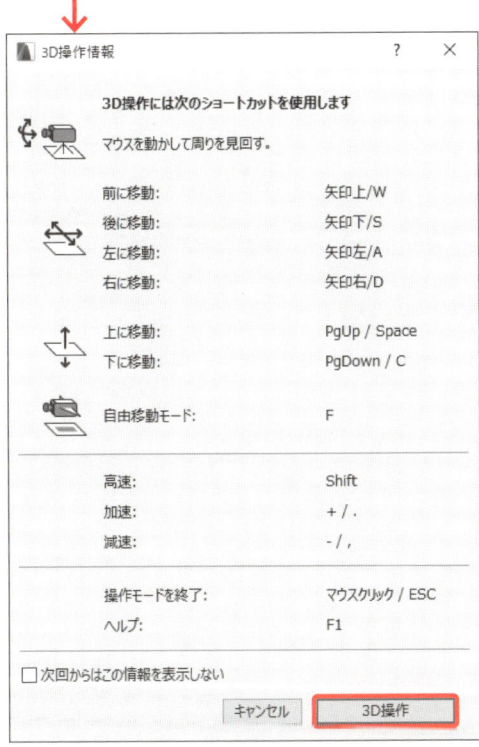

3D操作情報

3D操作には次のショートカットを使用します

マウスを動かして周りを見回す。

操作	ショートカット
前に移動：	矢印上/W
後に移動：	矢印下/S
左に移動：	矢印左/A
右に移動：	矢印右/D
上に移動：	PgUp / Space
下に移動：	PgDown / C
自由移動モード：	F
高速：	Shift
加速：	+ / .
減速：	- / ,
操作モードを終了：	マウスクリック / ESC
ヘルプ：	F1

次回からはこの情報を表示しない

キャンセル　　3D操作

要素の高度を維持したままホットリンク

ARCHICAD 21から、ホスト側のフロアの設定に左右されることなく、ソース側の要素の高度を維持したままホットリンクをすることが可能になった。

たとえば、ホスト側の階高さ3000mmのプロジェクトファイルに、ソース側の階高さ2500mmを維持したままモデルを配置したい場合は、[ホットリンクを配置]ダイアログボックスを開き、「要素の高度」で[ホットリンクソースのフロア構造の高度を保持]を選択して、ソースモデルを読み込み配置する。これにより、ホスト側の1階フロアレベル高度「0」から、ソース側の各階高さ2500mmを維持したまま配置することができる。

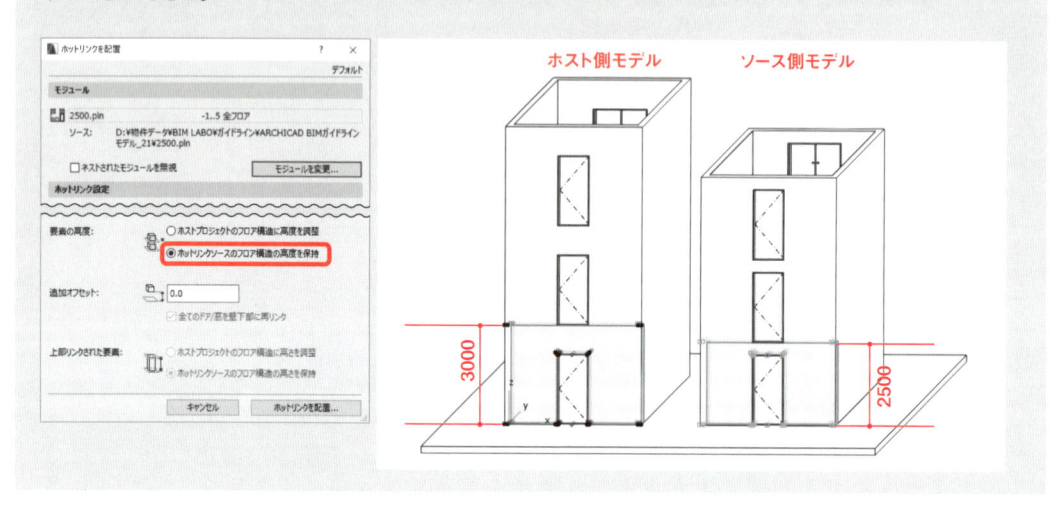

chapter 5

モデルから図面へ

企画設計用のモデルができあがった。

このモデルから図面を作成していく。

筆者らは紙の図面がいずれはなくなるだろうと考えている。

コンピュータの中のモデルだけを使って

設計、施工、施設管理ができるようになると考えている。

とはいえ現段階ではきちんと建築製図のルールによる

図面を作成しなければならない。

しっかりしたBIMモデルを作成したので、

このモデルから図面を作成すれば

図面相互の矛盾やまちがいはおこらない。

ここでは面積表、立面図、断面図、平面図を作成し、

最後にそれらを紙に印刷できるように配置して図面として仕上げる。

01 面積表を作成する

BIMのメリットの1つは、設計者が建物の情報をリアルタイムでつかんでおけることだ。ここでは各階のゾーンごとの面積を集計した「面積表」を作成する。もちろん設計者がゾーンをモデルの中で変更すれば「面積表」も更新される、生きた「面積表」だ。

1 ＞ 面積表を作成

面積の検討は企画設計段階での大事なテーマだ。[ゾーンツール]で入力したゾーンを[一覧表]機能で表にして、面積をわかりやすく拾い出すことができる。

01 ARCHICAD の面積表を開く

本書ではすでに部屋ごとにゾーンを作成し、室名などの入力をおこなっている。ここでは[一覧表]機能を使ってあらかじめ作成された「面積表_事務所部分」について解説する。

① ポップアップナビゲータの[プロジェクト一覧]で[一覧表]→[要素]を展開し、[面積表_事務所部分]をダブルクリックして[一覧表]ウィンドウを表示する。

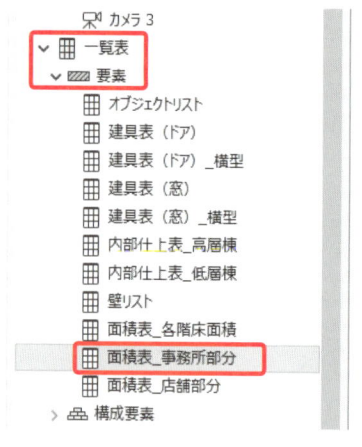

② [一覧表]ウィンドウには、要素の名称や寸法、その仕様や姿図などの項目が表となって表示される。[一覧表]ウィンドウの左側は「形式オプション」とよばれ、ここで行の高さや文字の大きさ、フォントの種類や線の種類などを設定し、表の形式を整える。

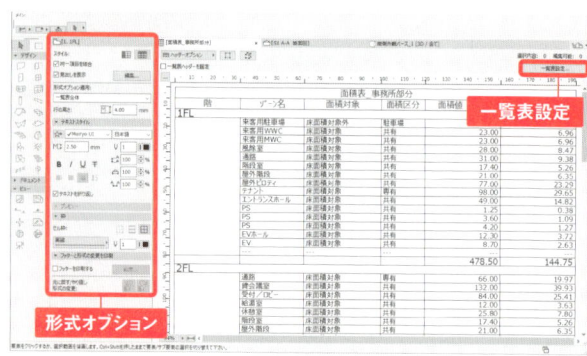

③ 表にどの項目を表示するかを設定する。[一覧表]ウィンドウの右上(手順②参照)の[一覧表設定]ボタンをクリックする。

④ [一覧表設定]ダイアログボックスが開き、[面積表-事務所部分]の設定が表示される。ここでは次のような設定がおこなえる。

- 左側の[要素]や[構成要素]パネルでは、現在作業しているファイルにある一覧表名を表示したり、[新規]ボタンをクリックして開く[新規一覧表スキーム]ダイアログボックスであらたに一覧表を作成することができる。[インポート][エクスポート]ボタンからは「xml」ファイル形式のデータの出力や読み込みが可能。

- 右側の[基準]パネルでは、表に拾い出す要素を[要素タイプ]で選択する。ここでは[要素タイプ]でゾーンを選択し、さらに[ゾーン番号1]に「A」「C」「E」「F」のいずれかを含むゾーンという条件を付けている。

- [フィールド]パネルには[基準]パネルで設定したゾーンが持っているパラメータが並び、このパラメータが表の項目になる。パラメータを追加するには[フィールドを追加]ボタンから使用可能なパラメータとプロパティのリストを表示し、必要なパラメータを選択して[追加]ボタンをクリックする。

⑤ 一覧表設定の内容を確認できたら[OK]ボタンをクリックして、[一覧表設定]ダイアログボックスを閉じる。

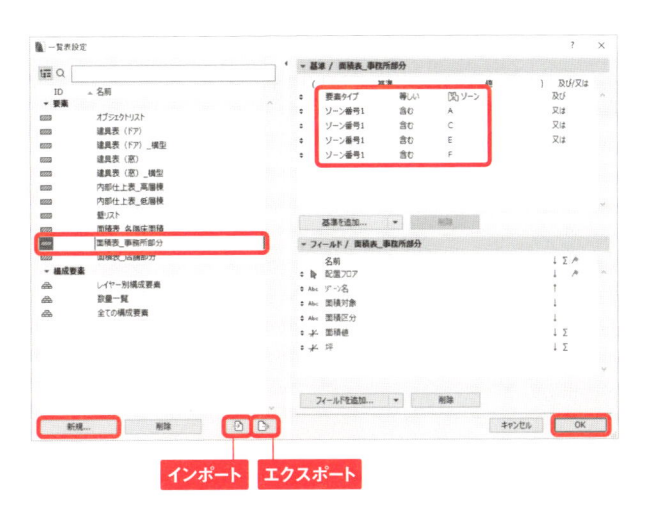

インポート　エクスポート

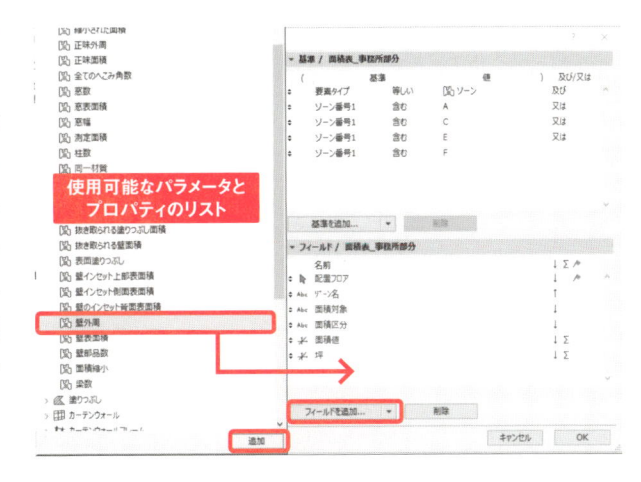

使用可能なパラメータとプロパティのリスト

詳細

[フィールド]パネルの右側のアイコンは、次の意味を示している。各アイコン上でクリックを繰り返すとその都度アイコンが入れ替わり設定を変更できる。

↑ ↓ 昇順/降順

Σ Σ1 数値の合計/個数の合計

🚩 小計を表示するフィールドの選択

⑥ 面積表の[一覧表]ウィンドウには[フィールド]パネルに追加したパラメータが自動表示される。

詳細

この例で使用したパラメータは[ゾーンの設定]ダイアログボックスで次の場所に設定されている。

配置フロア:[名前と位置]パネル→配置フロア
ゾーン名:[名前と位置]パネル→名前
面積区分、面積対象、計算面積、坪:[ゾーンスタンプ]パネルのパラメータリスト(右図)

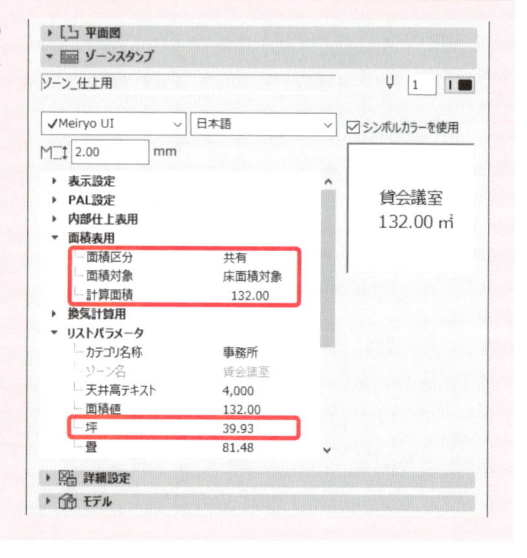

Tips　表示されていないパラメータを［使用可能なパラメータ］に追加する

［一覧表設定］ダイアログボックスの使用可能なパラ
メータとプロパティのリストに表示されないパラメータ
を追加することができる。［フィールド］パネルの下にある
［フィールドを追加］の▼ボタンから［ライブラリ部品パ
ラメータ］をクリックして［追加オブジェクトパラメータ］ダ
イアログボックスを表示させる。［オブジェクトを選択］で
［フォルダビュー（使用されているオブジェクトのみ）］を
選択して、選択するライブラリにソートをかけておいてか
ら、［ゾーン_仕上用.gsm］を選択して、［使用可能なパ
ラメータ］から用意されたパラメータのうち必要なものを
選択し、［＞追加＞］ボタンで［選択されたパラメータ］に
追加する。

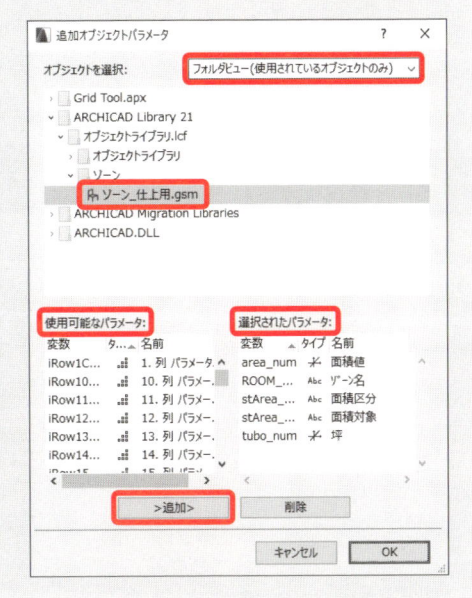

Tips　ゾーン_仕上げ用.gsmファイルとは？

上記で使用した［ゾーン_仕上用.gsm］はARCHICAD 21標準のライブラリに含まれている。面積表
で使う「面積区分」などのパラメータは［ゾーン_仕上用］という名前のオブジェクトに割り当てられてい
る。［ゾーン_仕上用］は［ゾーン］でなく［ゾーンスタンプ］オブジェクトだ。ゾーンをひとつ選択し、［ファイ
ル］メニューから［ライブラリとオブジェクト］→［オブジェクトを開く］を選択すると、［ゾーン_仕上用］が表
示される。左の欄で［パラメータ］をクリックすると、図のように面積表で使うパラメータが設定されている
のがわかる。

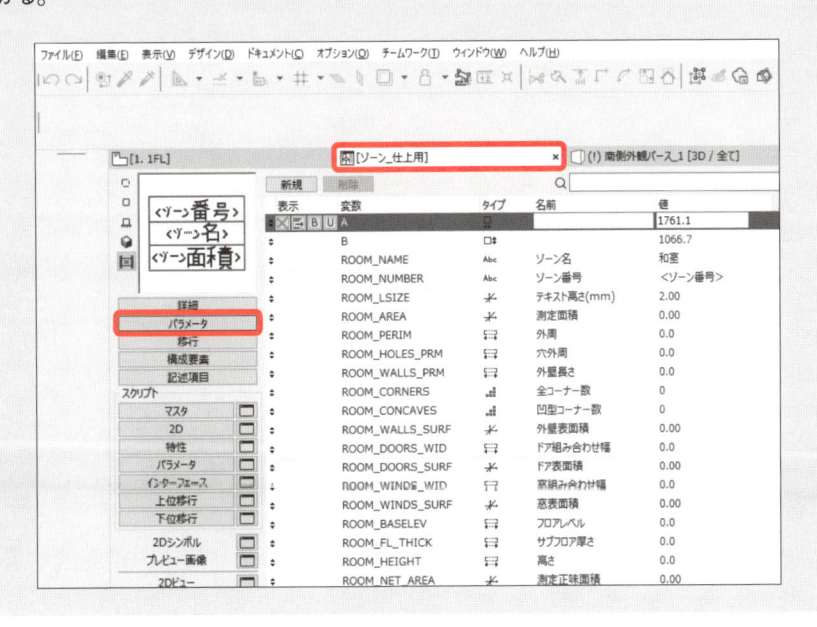

223

02 　面積表を Excel に書き出す

面積表はARCHICADのなかで図面として使えるのだが、Excelに書き出しておくと、より自由な集計や書式の書類が作成できる。応用の効く使い回しのできるデータになる。

① [一覧表]ウィンドウで面積表を表示した状態で、[ファイル]メニューから[名前を付けて保存]を選択する。

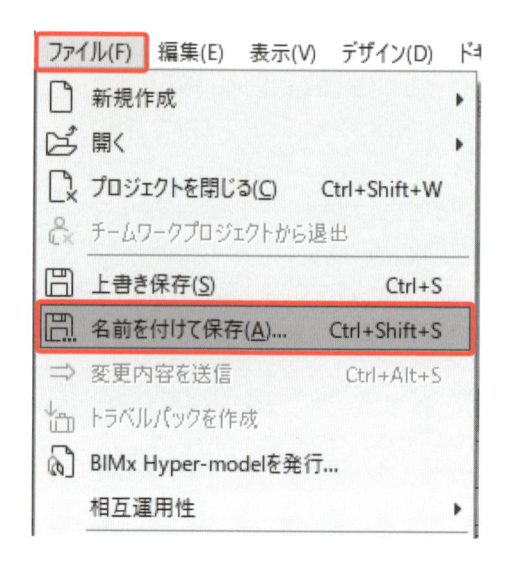

② [一覧表/インデックスを保存]ダイアログボックスが開く。保存先を指定して、[ファイルの種類]で[Excelワークブック(*.xlsx)]を選択し、[ファイル名]にここでは「面積表_事務所部分」とつける。[保存]ボタンをクリックしてダイアログボックスを閉じる。

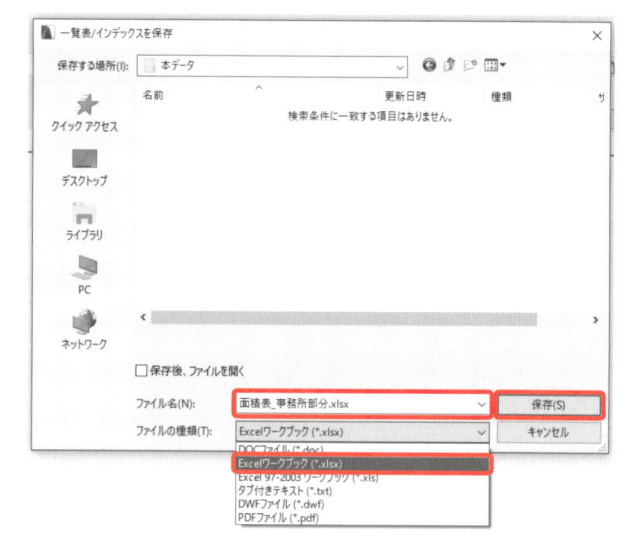

③ 保存先のフォルダーから作成したExcelの「面積表_事務所部分」を開いてデータを確認する。

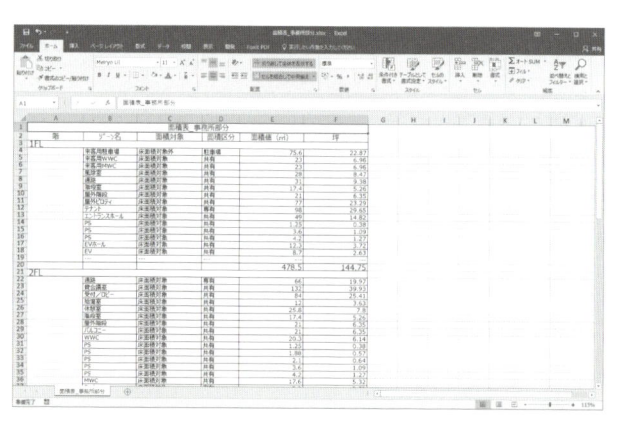

02 図面を作成する

「へいりつだん」と設計者はよく言う。**平面図、立面図、断面図の意味で建築の確認申請などに必須の図面だ。この3種類の図面をきちんとつくれることが設計者に求められる能力であり、BIMアプリケーションの重要な機能でもある。**ここで作成する図面はBIMアプリケーションであるARCHICADでつくられたものなので、相互に関連付けられ、連動する。**平面図で変更があれば立面図、断面図も変更されるので、図面間の矛盾というミスは心配しなくていい。**ただし2次元の図面として完成させることと、図面間の矛盾がないというのは別問題だ。**正しい寸法や文字による必要な追記がなされた、わかりやすい図面でないといけない。正しく美しい図面の作成方法をここで解説する。**

1 ▷ 立面図を作成

3〜4章では3次元のモデルを作成してきた。このモデルを横から見れば立面図のはいできあがりと行きたいところだがそうはならない。図面としての立面図と3Dモデルを横から見た「絵」とは別のものだ。建築の立面図は、図面としてのルールにのっとって仕上げる必要があるのだ。

01 立面図ツールの設定

BIMのモデルから図面を作成することを一般に、図面を「切り出す」という。図は企画設計モデルから［立面図］ツールで立面図を切り出し、体裁を整えた影付きの「南側立面図」だ。この作成手順をここで解説する。

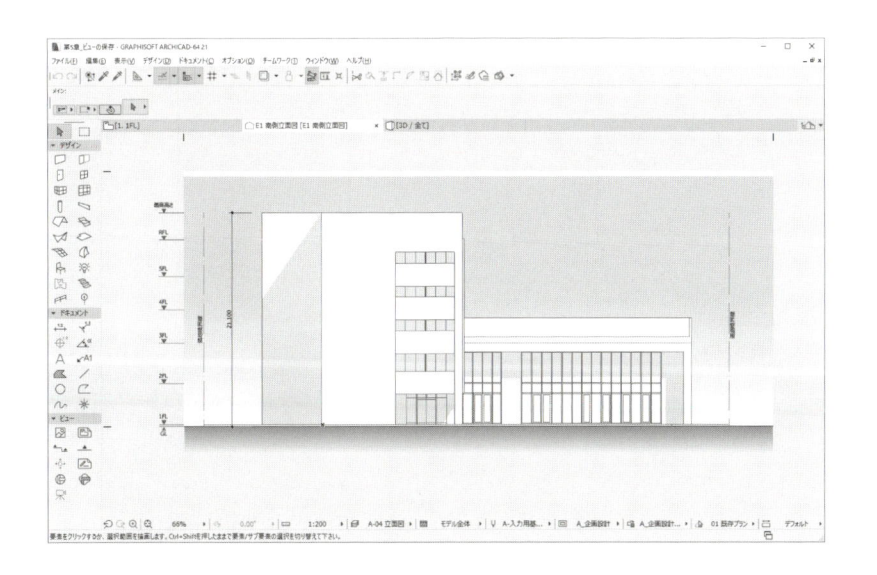

① タブバーの[1.1FL]をクリックして平面図ウィンドウに戻り、ツールボックスの[立面図ツール]をダブルクリックする。

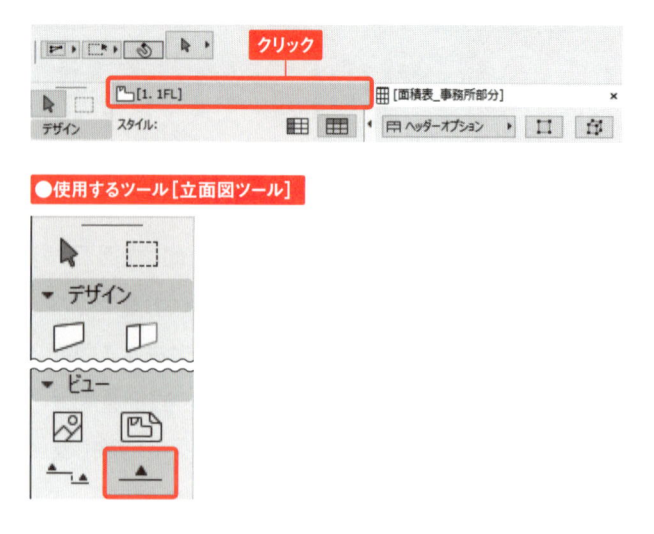

② 本書ではあらかじめ[立面図のデフォルト設定]ダイアログボックスで設定しておいた「お気に入り」を使って解説をすすめる。[立面図のデフォルト設定]ダイアログボックスが開いたら[お気に入り]ボタンをクリックする。

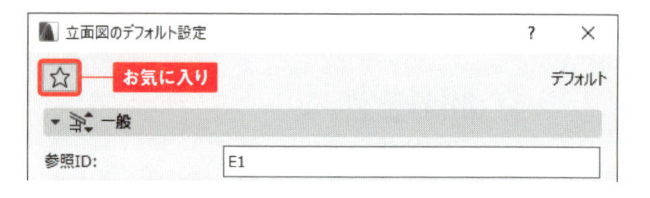

③ [お気に入り]ポップアップが表示される。「A_立面線 ホワイト影付き」を選択して、[適用]ボタンをクリックする。

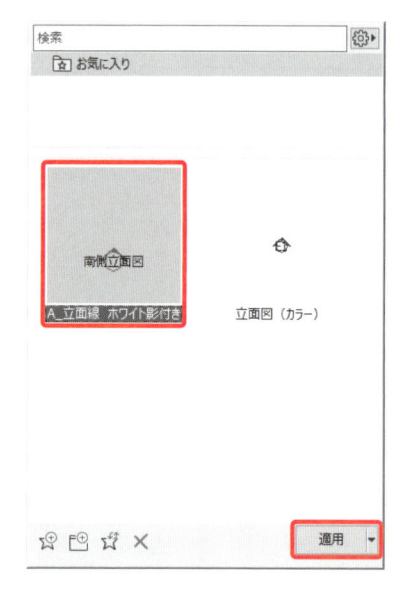

④ ［立面図のデフォルト設定］ダイアロ
グボックスにもどる。次の設定を確認
し、［OK］ボタンでダイアログボック
スを閉じる。

［一般］パネル
- 参照ID「E1」
- 名前「南側立面図」
- 表示フロア「全てのフロア」
- 水平範囲「有限」
- 垂直範囲「有限」
- 黒い矢印のポップアップから「GL
から」
- 上部「25000」、下部「−200」
- レイヤー「2D-10-断面/立面-位
置. SD_2D」

［モデル表示］パネル
- ［投影要素］ページから、投影表面
を塗りつぶし「統一ペンカラー」、
投影表面ペン「背景色 -1」、［非切
断要素に統一ペン］にチェック、
非切断要素ペン「0.15mm（ペン
番号）61」※企画設計時のホワイ
トモデルイメージで立面図を作
成するための設定。
- 「太陽光と影」ページから、［シャド
ウ］にチェック、陰影の塗りつぶし
の種類「25」%、塗りつぶしペン
「0.15mm（ペン番号）101」、塗り
つぶし背景ペン「透過 0」
- ［境界輪郭］ページから、境界表示
「輪郭なし」

●立面図の設定

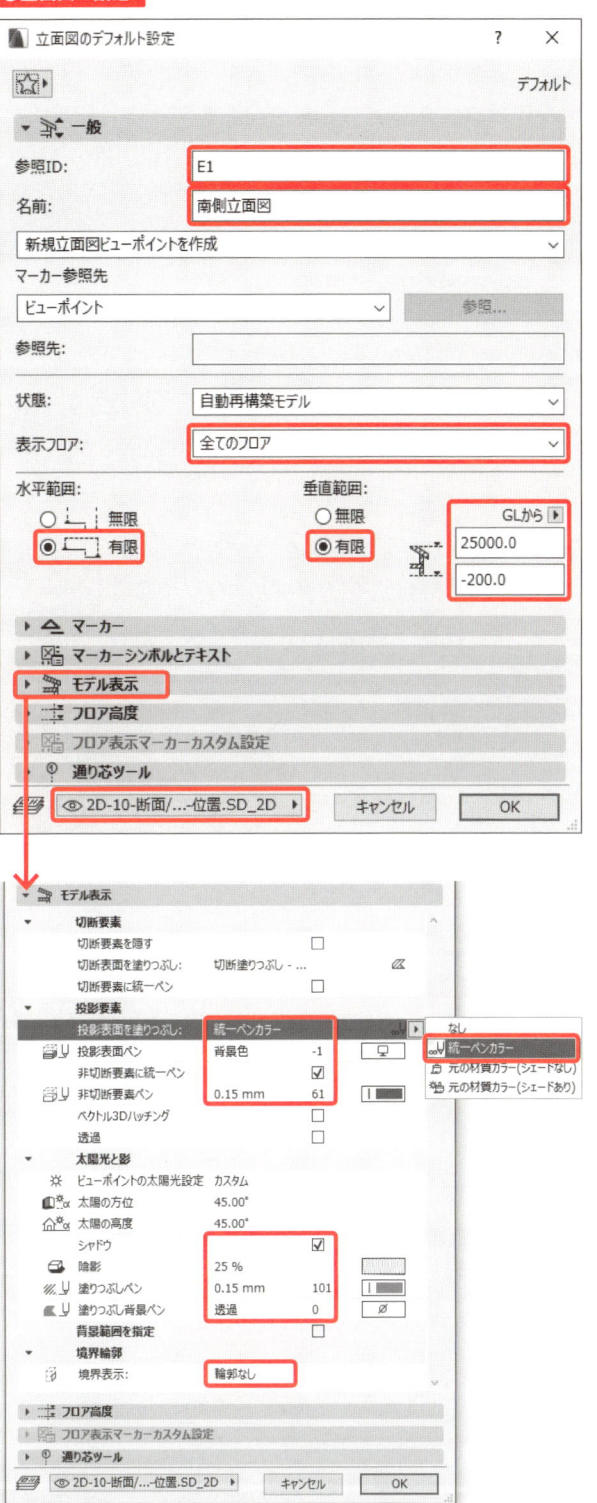

227

参照ID、名前：任意に文字入力できる

表示フロア：立面図マーカーを配置するフロアは任意に選択できる。配置フロアのみの表示、全てのフロア表示、表示するフロアを参照して任意に選択の3パターンがある

水平範囲：立面線をかいたところから、見たい奥行の範囲を設定できる

垂直範囲：立面の上部および下部限界の見たい範囲の高度を入力する

02 | モデルから南側立面図を切り出す

設定が終わったら、モデルから南側立面図を切り出す。

① ポップアップナビゲータの［プロジェクト一覧］で［1. 1FL］をダブルクリックして、1FLの平面図ウィンドウを表示する。

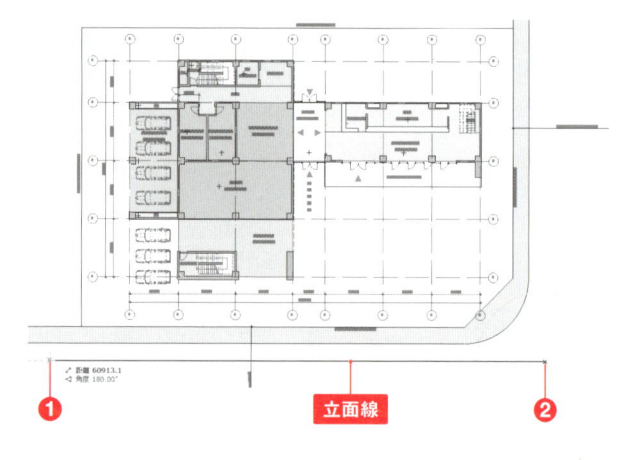

② 南側立面図を作成するので敷地の外側の南側道路に水平に立面線をひく。始点として敷地の左下角の境界ポイントから左側へ少しオーバーした南側道路上の点❶あたりでクリック、終点としてマウスを右へ水平に動かしてスナップガイドをなぞりながら、敷地の右下角の境界ポイントから右側へ少しオーバーした南側道路上の点❷あたりでクリックする。

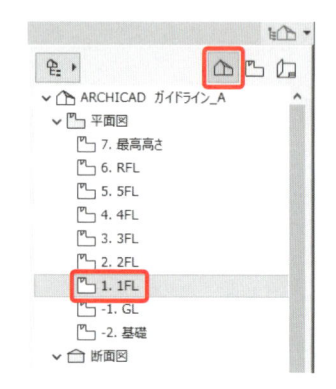

③ カーソルが「目玉カーソル」にかわる。手順②でかいた立面線から上方向を見るという意味で5通の上側あたりの点❸でクリックする。

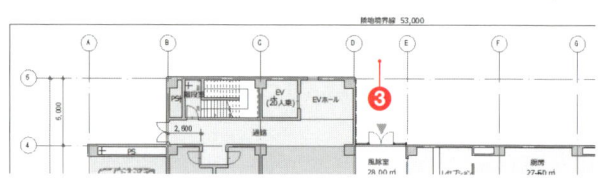

④ ポップアップナビゲータの［プロ
ジェクト一覧］の［立面図］フォル
ダーに［E1 南側立面図（自動再構築
モデル）］が作成される。この名前は
前項の「立面図の設定」で入力したも
のだ。これをダブルクリックする。

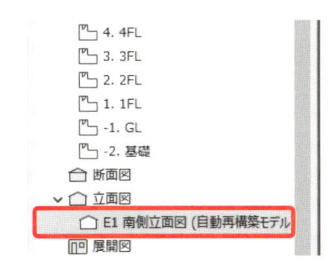

⑤ 立面図ウィンドウに企画設計モデル
から切り出した南側立面図が表示さ
れる。

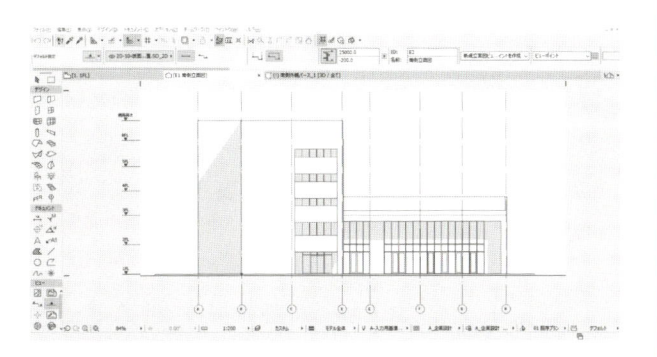

Tips　立面図ウィンドウに表示する要素の範囲

ARCHICAD 21から表示する要素の範囲を立面図ウィンドウ上でかんたんに調整できるようになっ
た。立面図ウィンドウに要素の表示範囲を示す「水平境界」や「垂直境界」が表示されるので、移動し
たい境界の線をクリックしてマウス移動すれば、表示範囲を調整することができる。

03 | 「立面図」としての体裁をととのえる

[お気に入り]に保存している設定を使って、空と土(地面)の背景、境界線、文字の作図をおこない、立面図としての体裁をととのえる。背景になる空と土は[塗りつぶしツール]を使って作図し、境界線は[線ツール]で書き、文字は[テキストツール]で配置する。ここではわかりやすいように立面図の通り芯を非表示にして説明する。寸法の作成については「断面図の作成」の項目で解説する。

(1)空と土の背景を作図

① ツールボックスの[塗りつぶしツール]を長押しし、[お気に入り]を表示する。

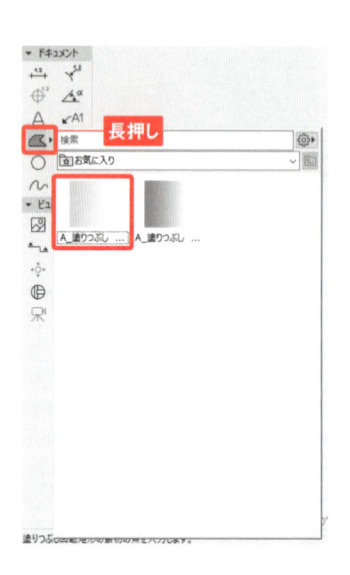

② [お気に入り]のリストから「A_塗りつぶし 空の背景」をダブルクリックして設定を適用する。

③ 設定の確認のため、情報ボックスの塗りつぶし[設定ダイアログ]ボタンをクリックして、[塗りつぶしのデフォルト設定]ダイアログボックスを開く。次の設定を確認し、[OK]ボタンでダイアログボックスを閉じる。

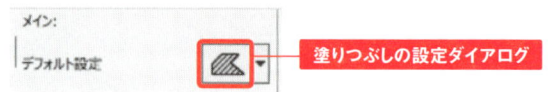

[一般設定]パネル

- 塗りつぶしパターン「線形グラデーション」
- 塗りつぶし前景ペン「(ペン番号)105」
- 塗りつぶし背景ペン「0(透過)」
- レイヤー「2D-05-塗りつぶし.SD_2D」

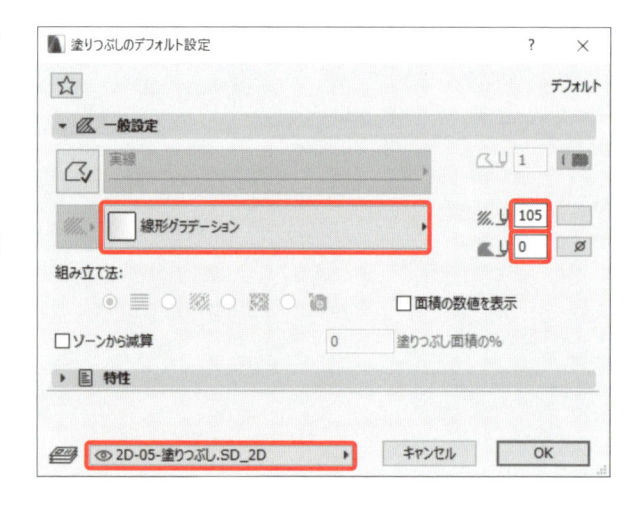

④ 立面図ウィンドウ上で右クリックを
し、コンテキストメニューから［立面
図範囲］を選択してグレーの塗りつぶ
しをオフにする。

⑤ 空の背景を作図する。図のように、
立面図ウィンドウの上下左右に表
示している「参照線」タブから作図
ウィンドウにドラッグして直交参照
線を図の位置に3カ所配置しておく
（P.115Tips参照）。

⑥ 情報ボックスで図形作成法の［矩形］
ボタンをクリックする。

⑦ 1点目として左側参照線と地面の交
点❶でクリック、2点目として右側参
照線と上部の参照線の交点❷でク
リックすると、矩形状の線形グラデー
ション塗りつぶしが配置される。

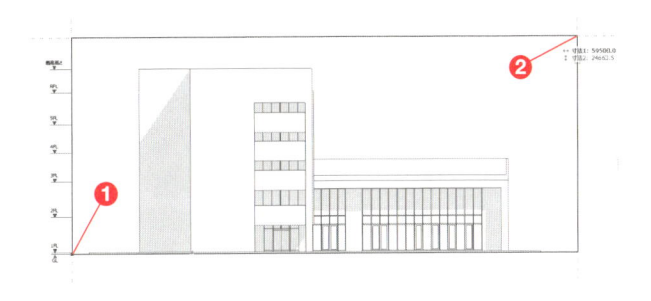

⑧ 次に塗りつぶしパターンの角度を90°
回転する。shift キーを押しながら入
力した塗りつぶしを選択すると、塗り
つぶしパターンの中央に「塗りつぶし
制御点」が表示される。そのハンドル
の右側端点❶をクリックするとペッ
トパレットを表示するので［サブ要素
を移動］ボタンをクリックし、時計回
りに90°移動した地面の点❷でク
リックする。

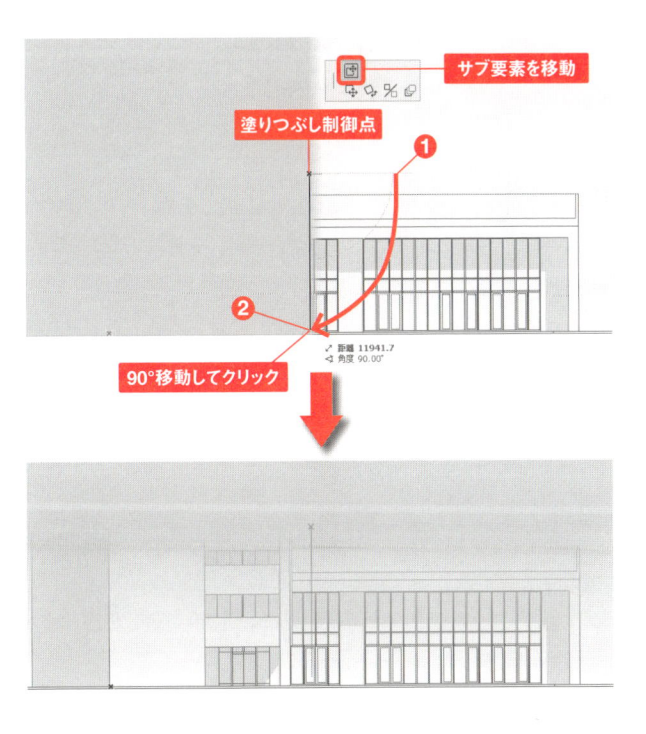

⑨ 線形グラデーションの塗りつぶしが、建物より前面に表示されているので、右クリックして[表示順序]→[一番下に表示]を選択し、空の背景と建物の表示を調整する。画面上の余白でクリックして（もしくは[Esc]キー）、空の塗りつぶしの選択を解除する。

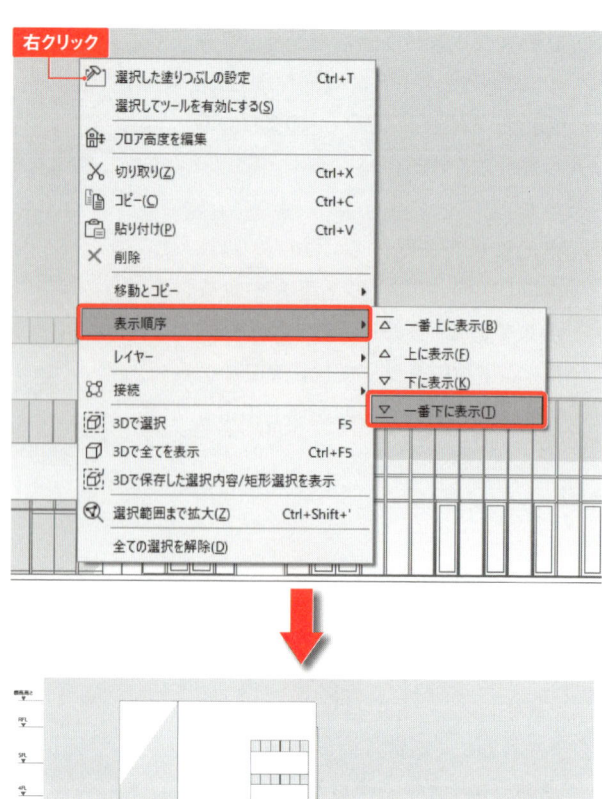

⑩ ツールボックスの[塗りつぶしツール]を長押しし、表示した[お気に入り]から[A_塗りつぶし 土の背景]をダブルクリックして設定を適用する。

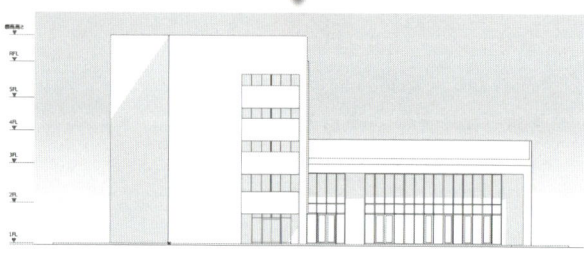

⑪ 設定の確認のため情報ボックスの塗りつぶし[設定ダイアログ]ボタンをクリックする。

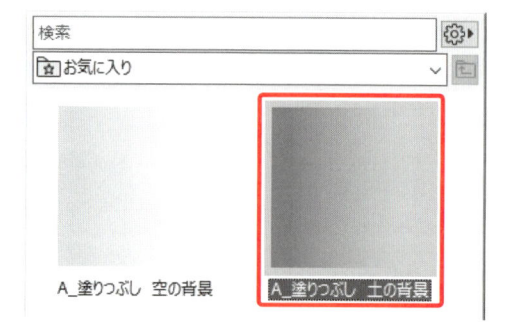

⑫ [塗りつぶしのデフォルト設定]ダイアログボックスが開く。右の設定を確認し、空の背景と同様の操作で土の背景を作図する。作図後は画面上の余白でクリックして（もしくは Esc キー）、土の塗りつぶしの選択を解除しておく。

●塗りつぶしの設定（土の背景）

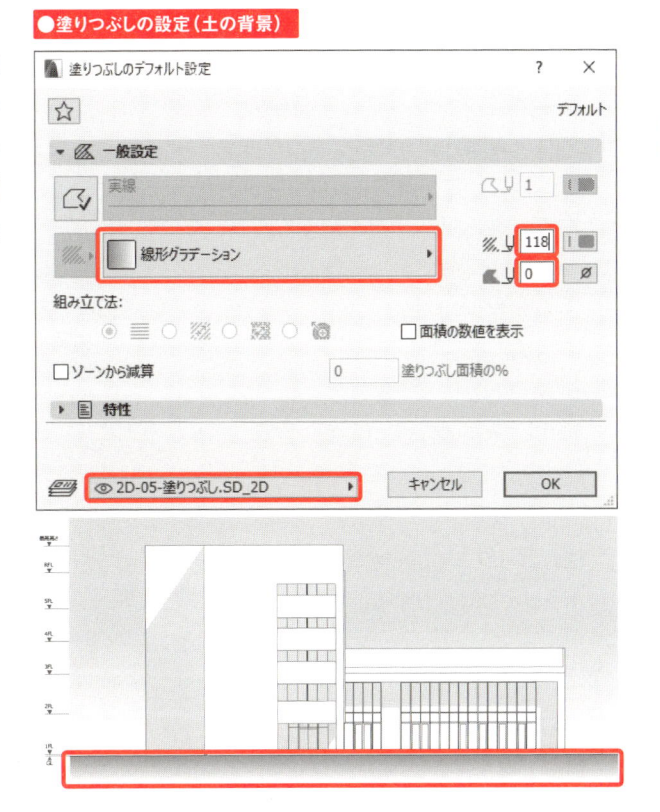

（2）隣地境界線の作図

① 立面図に必須の隣地境界線だが、モデルから自動生成されないので、立面図に加筆する。
　ツールボックスの［線ツール］を長押しして［お気に入り］の［A_境界線 立面図・断面図］をダブルクリックして設定を適用する。

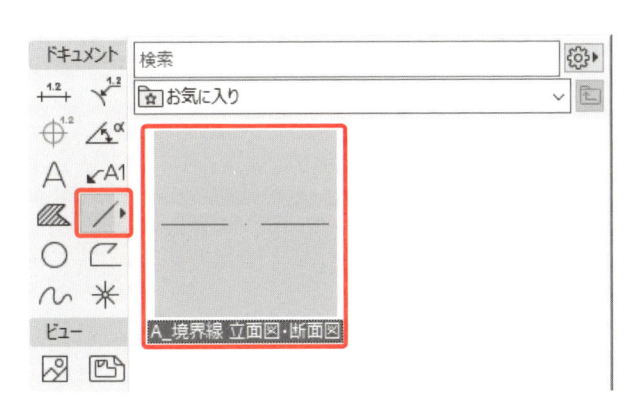

② 設定の確認のため、情報ボックスの線[設定ダイアログ]ボタン（手順③の図参照）をクリックして、[線のデフォルト設定]ダイアログボックスを開く。次の設定を確認し、[OK]ボタンでダイアログボックスを閉じる。

[一般設定]パネル
- 線種「通り芯」
- 直線ペン「(ペン番号)2」、
- レイヤー「2D-03-線.SD_2D」

③ 情報ボックスで図形作成法の[単一]ボタンをクリックする。

④ 1点目として敷地境界と敷地面の交点❶でクリック、2点目としてマウスを上へ垂直に動かして塗りつぶし境界と垂直に交わる点❷でクリックして入力する。

●線の設定

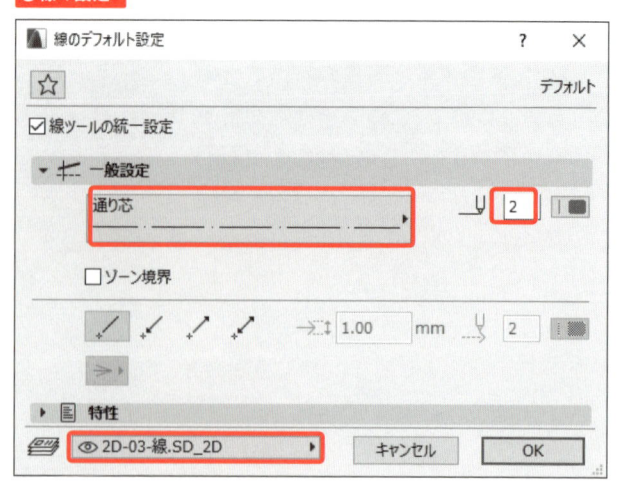

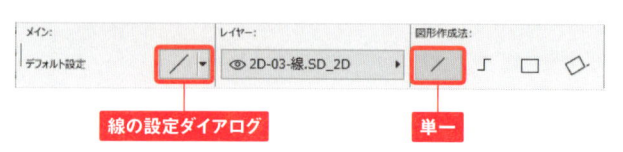

線の設定ダイアログ　　　　単一

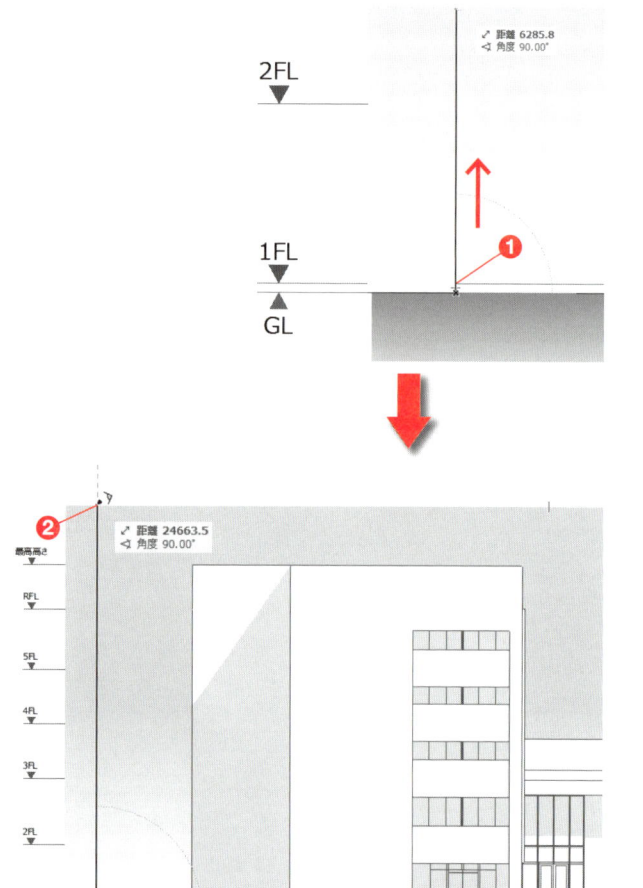

(3)「隣地境界線」の文字を入力

① 「隣地境界線」などの文字もモデルか
ら自動生成されないので、立面図に
[テキストツール]で記入する。
ツールボックスの[テキストツール]
を長押しして[お気に入り]の[A_テキ
スト 立面図・断面図]をダブルクリッ
クして設定を適用する。

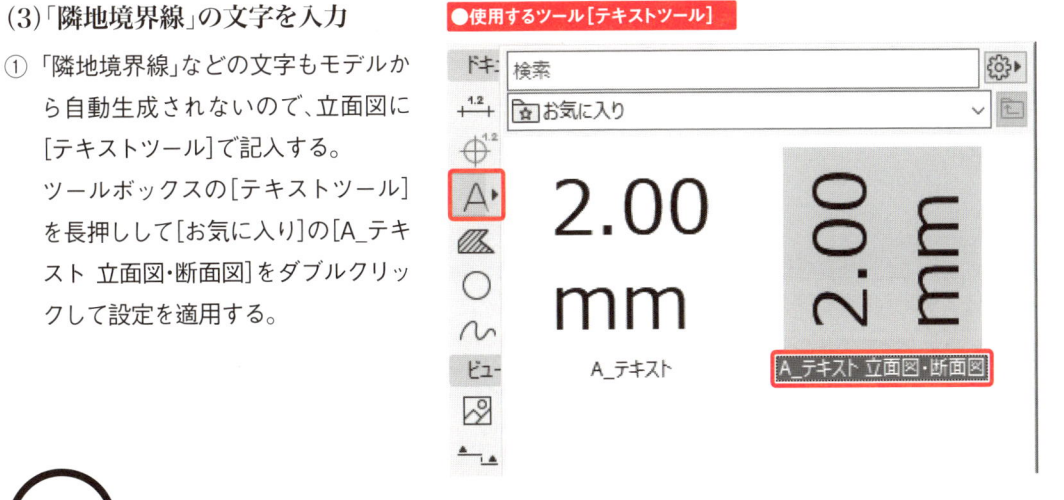

●使用するツール[テキストツール]

詳細

プロジェクトで[お気に入り]が登録されていないツールは、ツールボックスのツールを長押しして
も[お気に入り]は表示されない。

② 設定の確認のため、情報ボックスの
テキスト[設定ダイアログ]ボタンを
クリックする。

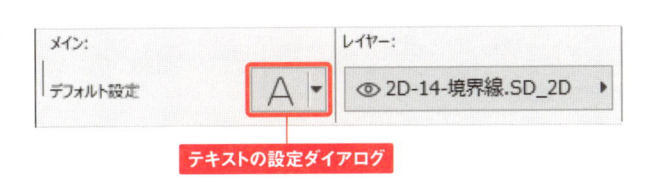

テキストの設定ダイアログ

③ [テキストのデフォルト設定]ダイアログボックスが開く。次のように設定し、[OK]ボタンでダイアログボックスを閉じる。

[テキストスタイル]パネル
- フォントタイプ「Meiryo UI」
- フォントスクリプト「日本語」
- フォントサイズ「2.00」mm
- テキストペン「(ペン番号)1」
- 整列「左揃え」、行間隔「100」%、幅スケール「100」%、間隔スケール「100」%

[テキストブロックの形式]パネル
- ブロック角度「90.00°」
  ※90°にして縦に表示する。
- 配置基準点「左下」
- テキストサイズ「用紙サイズ」
- レイヤー「2D-14-境界線.SD_2D」

④ 先に作成した境界線上、立面図のフロア名[3FL]と[4FL]間あたりにカーソルをのせ、三つ又インテリジェントカーソル人の状態にする。

●テキストの設定

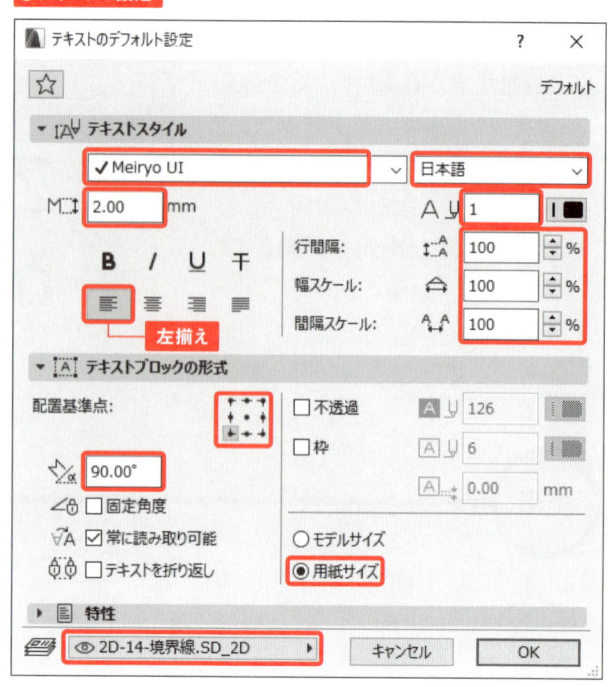

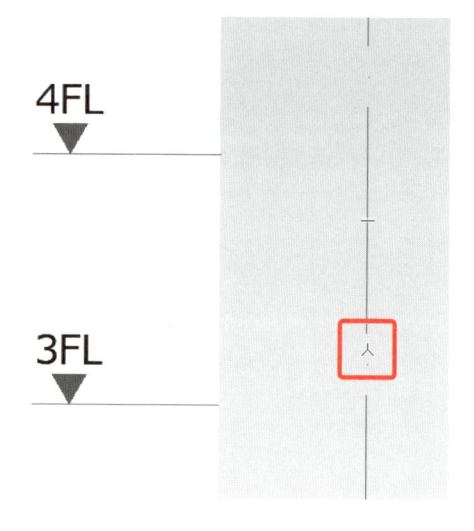

⑤ その状態でダブルクリックするとテキストの入力モードになる。「隣地境界線」とテキスト入力する。

⑥ テキストボックスの外でクリックすると、テキストの入力と配置が完了する。

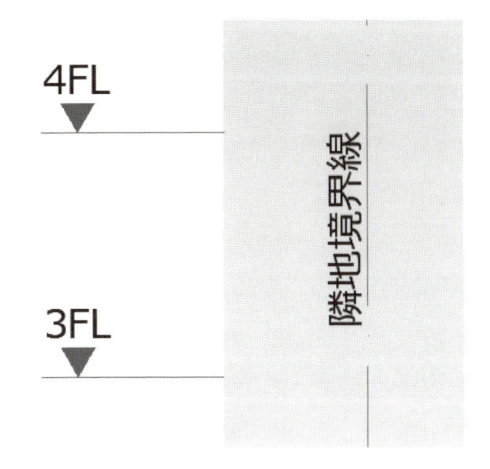

⑦ 同じ要領で画面右側の「道路境界線」も作成する。空と土の背景、文字が記入され、立面図が仕上がる。
　※寸法の作成方法はP.242で解説する。

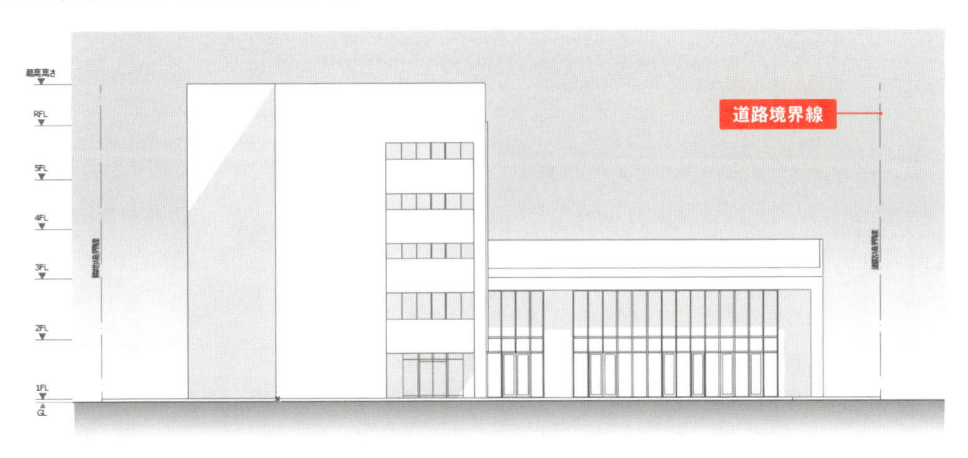

237

2 > 断面図を作成

断面図を作成する。断面図も図面としてのルールにのっとって仕上げる。立面図も同様だが、断面図を切り出す位置は自由に設定することができる。

01 | 断面図ツールの設定

下の図は、企画設計モデルから[断面図ツール]で断面図を切り出し、体裁を整えた影付きの「A-A断面図」だ。その作成手順を解説する。ここでは情報ボックスから[お気に入り]を表示し、設定を適用する手順ですすめる。

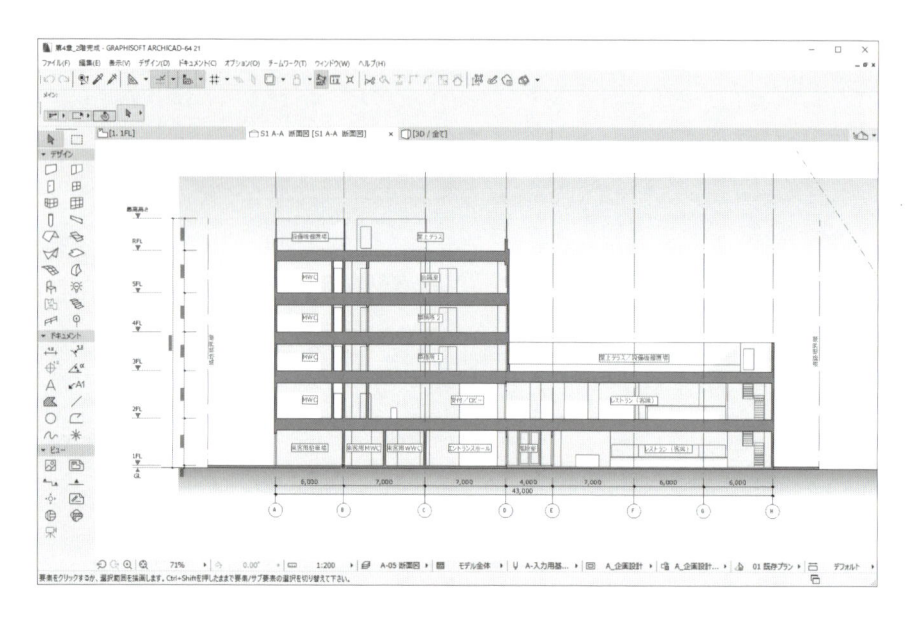

① ツールボックスの[断面図ツール]をクリックしてオンにする。

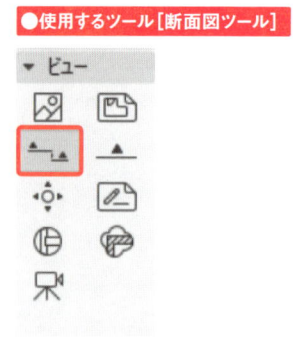

●使用するツール[断面図ツール]

② 情報ボックスの断面図［設定ダイア
   ログ］ボタン横にある▼をクリックし
   て［お気に入り］を表示し、「A_断面線
   ホワイト影付］をダブルクリックして
   設定を適用する。

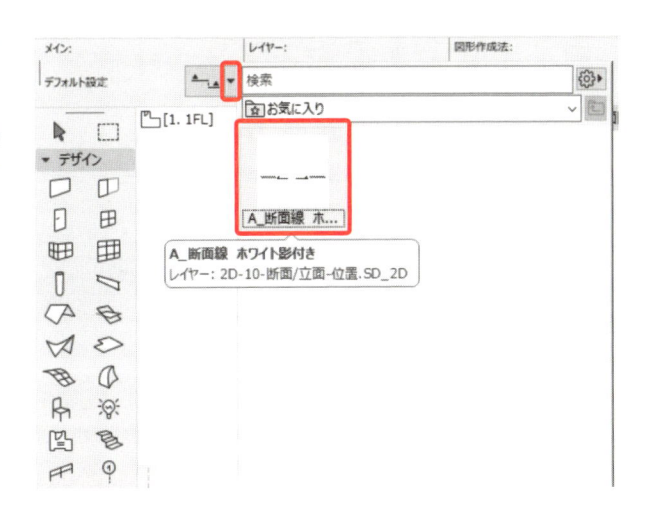

③ 設定の確認のため情報ボックスから
   断面図［設定ダイアログ］ボタンをク
   リックして、［断面図のデフォルト設
   定］ダイアログボックスを開き、次の
   設定を確認し、［OK］ボタンでダイア
   ログボックスを閉じる。

   ［一般］パネル
   ● 参照ID「S1」
   ● 名前「A-A 断面図」
   ● 表示フロア「全てのフロア」
   ● 水平範囲「有限」
   ● 垂直範囲「有限」
   ● 黒い矢印のポップアップ「から
     -1.GL」
   ● 上部「25000」、下部「0」
   ● レイヤー「2D-10-断面/立面-位
     置. SD_2D」

●断面図の設定

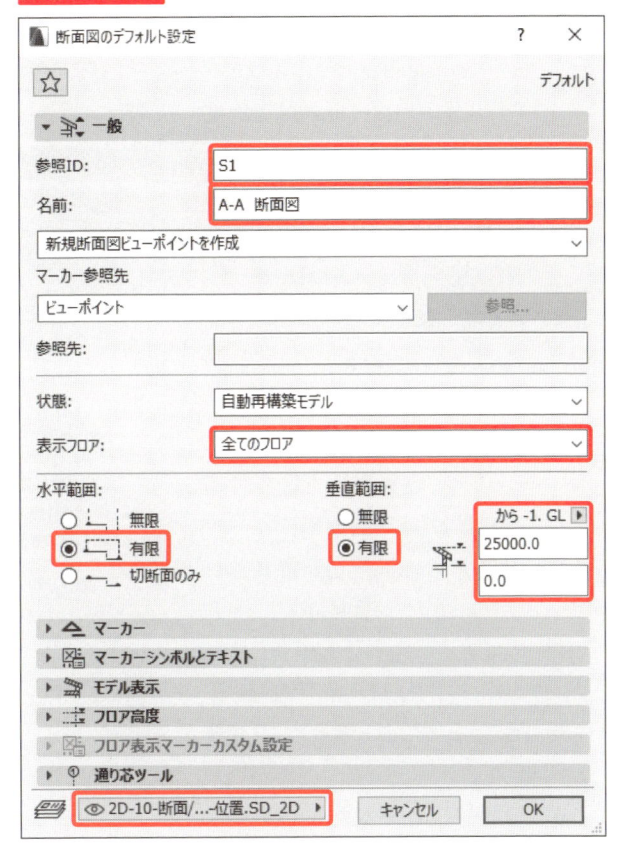

詳細

参照ID、名前：任意に文字入力できる

表示フロア：断面図マーカーを配置するフロアは任意に選択できる。配置フロアのみの表示、全てのフ
　　　　　　ロア表示、表示するフロアを参照して任意に選択の3パターンがある

水平範囲：断面線をかいたところから、見たい奥行の範囲を設定できる

垂直範囲：断面の上部および下部限界の見たい範囲の高度を入力する

[モデル表示]パネル

- [切断要素]ページから、切断表面を塗りつぶし「切断塗りつぶし-設定による」、[切断要素に統一ペン]にチェック、切断線ペン「0.20mm（ペン番号）21」、切断塗りつぶしペン「0.15mm（ペン番号）101」、切断塗りつぶし背景ペン「0mm（ペン番号）121」

- [投影要素]ページから、投影表面を塗りつぶし「統一ペンカラー」、投影表面ペン「背景色 -1」、[非切断要素に統一ペン]にチェック、非切断要素ペン「0.10mm（ペン番号）2」※企画設計時のホワイトモデルイメージで断面図を作成するための設定。

- [太陽光と影]ページから、太陽の方位「45.00°」、太陽の高度「30.00°」、[シャドウ]にチェック、陰影「25」%、塗りつぶしペン「0.15mm（ペン番号）102」、塗りつぶし背景ペン「透過 0」

- [背景範囲を指定]ページにチェック、投影表面を塗りつぶし「なし」、[非切断要素に統一ペン]にチェック、非切断要素ペン「0.10mm（ペン番号）2」、[シャドウ]にチェック、陰影「25」%、塗りつぶしペン「0.15mm（ペン番号）102」、塗りつぶし背景ペン「背景色 -1」

- [境界輪郭]ページから、境界表示「輪郭あり」

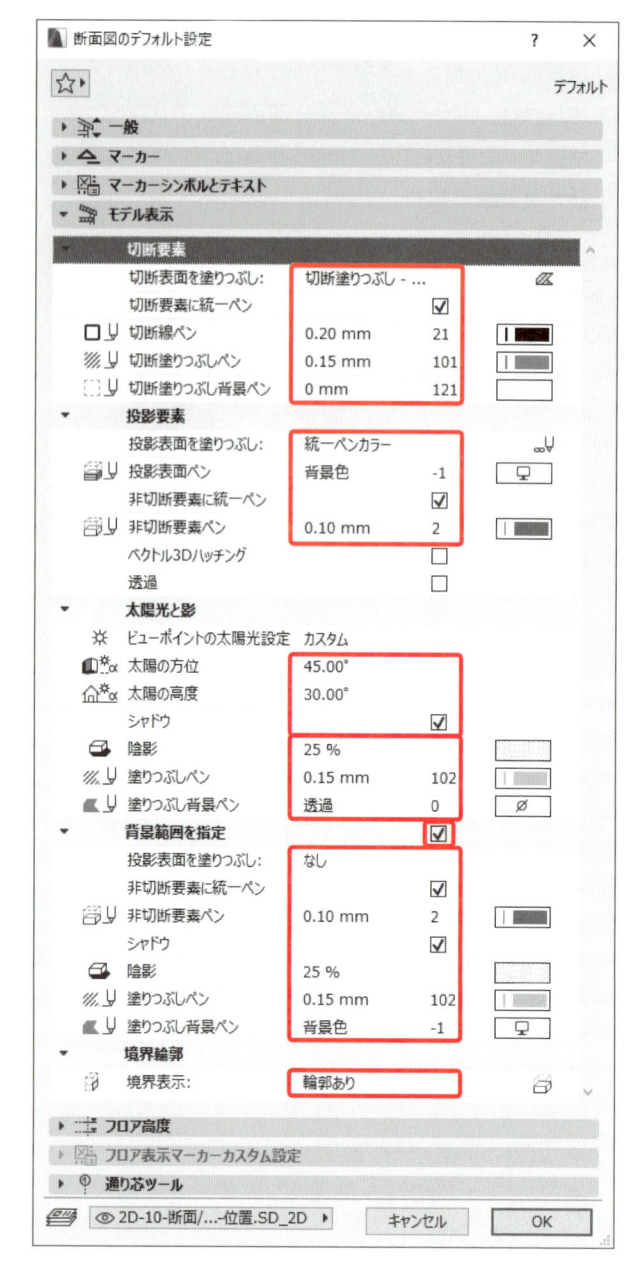

02 | モデルから A-A 断面図を切り出す

A-A断面図は建物の長手方向を切り出すので、敷地を東西にわたり水平に断面線をひく。

① ポップアップナビゲータの[プロジェクト一覧]で[1. 1FL]をダブルクリックして、1FLの平面図ウィンドウを表示する。

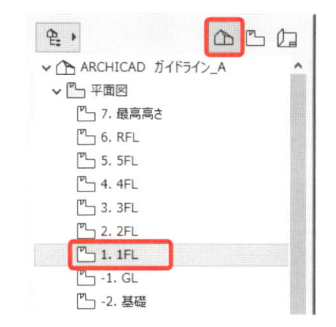

② 始点として3通と4通の間で敷地の西側境界線を左へ少しオーバーした任意の点❶でクリック、終点としてマウスを右へ水平に動かして自動表示されるスナップガイドをなぞりながら東側境界線を越え、道路境界線を右へ少しオーバーした任意の点❷でクリックする。

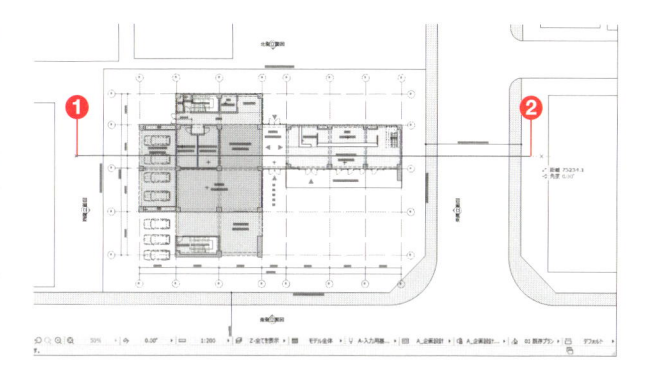

詳細

クリックしてかいた断面線の範囲にある要素が断面図ウィンドウに表示される。

③ カーソルが「目玉カーソル」◁にかわる。手順②でかいた断面線の上側でクリックして北方向を見た断面として設定する。この目玉カーソル◁でクリックした位置が、断面表示の奥行範囲になる。

④ ポップアップナビゲータの［プロ
ジェクト一覧］の［断面図］フォル
ダー内に［S1 A-A断面図（自動再構
築モデル）］が自動作成される。これ
をダブルクリックする。

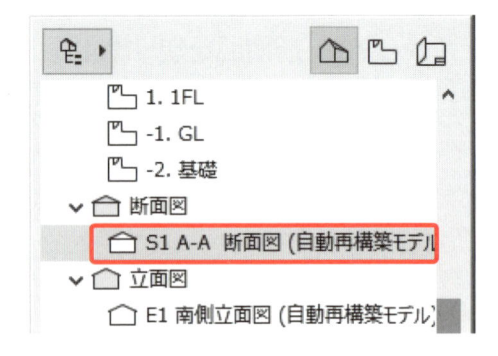

⑤ 断面図ウィンドウで企画設計モデル
から切り出したA-A断面図が表示さ
れる。

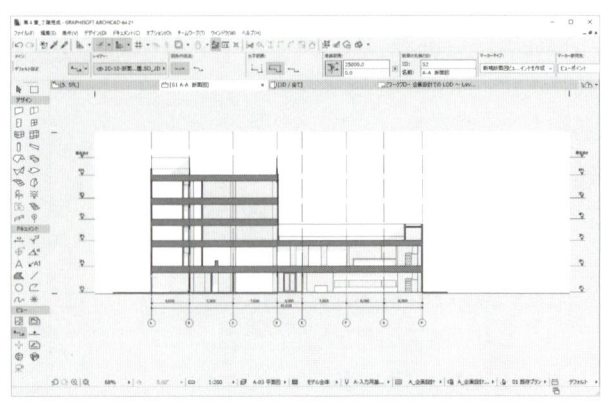

詳細

手順⑤の図は断面図の表示範囲をわか
りやすくするため、断面図ウィンドウ上で右クリッ
クし、コンテキストメニューから［断面図範囲］を選
択して、グレーの塗りつぶしをオンにしている。

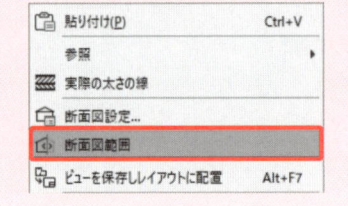

---

03 寸法を作成する

前述の立面図の作成で空と土の背景、境界線、文字の作図について解説をおこなった。同
様にして断面図の体裁もととのえておこう。ここではそれらの作図が完了している前提で、寸
法の入力について解説する。最初に階高さごとの寸法を入力する。使うのは［線形寸法ツー
ル］だ。

① ツールボックスの［線形寸法ツール］
をクリックする。

●使用するツール［線形寸法ツール］

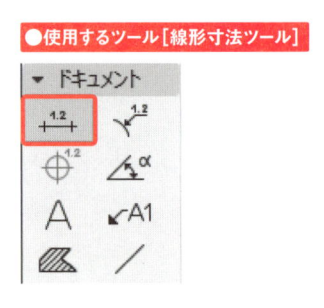

② 情報ボックスで線形寸法[設定ダイアログ]ボタン横の▼をクリックして[お気に入り]を表示し、「A–寸法1:200」をダブルクリックして設定を適用する。

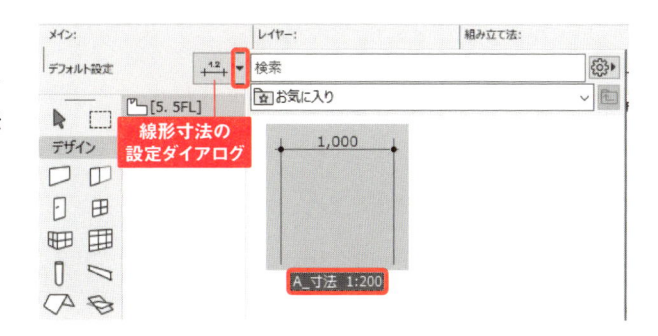

③ 設定を確認するため、情報ボックスの線形寸法[設定ダイアログ]ボタンをクリックして[線形寸法のデフォルト設定]ダイアログボックスを開く。次の設定を確認し、[OK]ボタンでダイアログボックスを閉じる。

[寸法タイプ]パネル
- 寸法タイプ「線形方法」
- 符号タイプ「黒丸」
- 引出し線「カスタム高さ」※引出し線付きの寸法。
- マーカーペン「(ペン番号)1」
- 寸法線ペン「(ペン番号)61」

[テキストスタイル]パネル
- フォントタイプ「Meiryo UI」
- フォントスクリプト「日本語」
- フォントサイズ「2」mm
- 寸法テキストペン「(ペン番号)1」
- テキスト位置「線の上」

- レイヤー「2D-09-寸法/角度/高度.SD_2D」

●線形寸法の設定

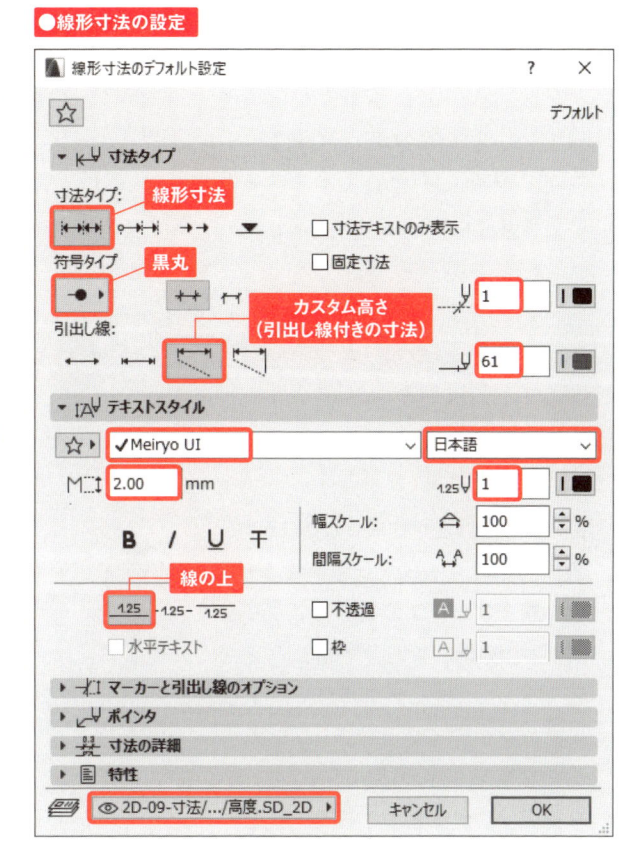

④ まずは階高さごとの寸法を作成する。情報ボックスで図形作成法を長押しし、[X-Yのみ]を選択する。

⑤ 断面図右側のいずれかのフロア高度線上❶でクリックして各高度線上に寸法基準点を表示し、続いて敷地境界と隣地の地面との交点❷でクリックして寸法基準点を指定する。

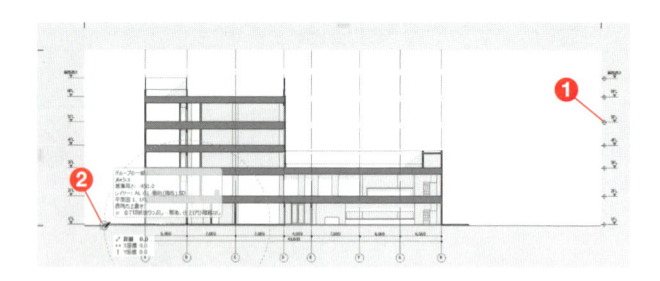

⑥ 寸法基準点を指定し終えたら、ダブルクリックしてカーソルをハンマーのインテリジェントカーソル🔨にする。その状態でクリックした点に寸法線が配置される。

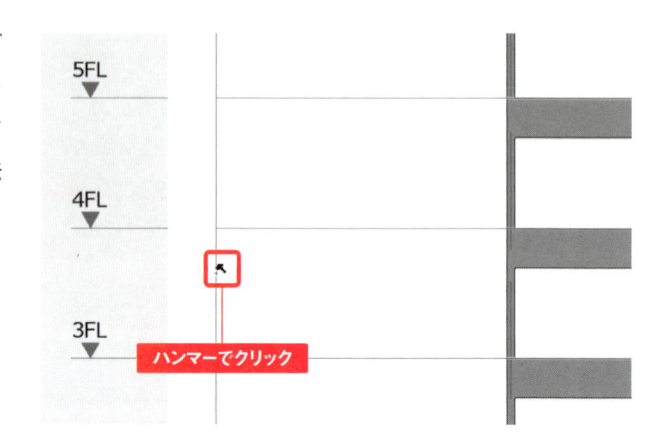

⑦ 図のように寸法が作成される。続けて全体高さの寸法線を配置する。一番高い屋上フェンスの頂点❶でクリック、敷地境界と隣地の地面との交点❷でクリックし、ダブルクリックしてハンマーのインテリジェントカーソルを表示する。各階寸法の左でクリックして全体高さ寸法線を配置する。

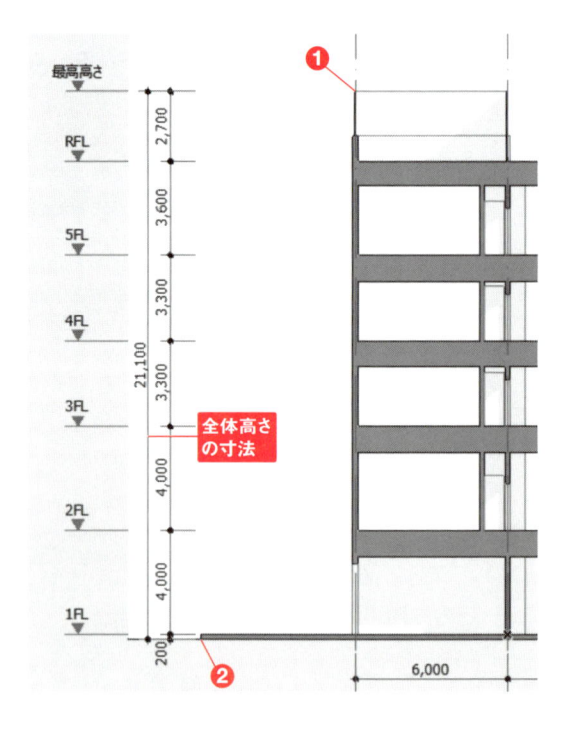

Tips 寸法基準点に表示されるマーク

寸法基準点をクリックするとその位置に⊕や⊞マークが表示される。「円形の基準点」⊕が表示された場合は、対象となる要素が伸縮または移動すると寸法線が追従し、寸法値も変わる。このときカーソルは黒塗り鉛筆✎になっている。

「矩形の基準点」⊞が表示される場合は、対象となる要素が伸縮または移動しても寸法値や寸法線が追従しない。このときのカーソルは芯入り鉛筆✐になっている。

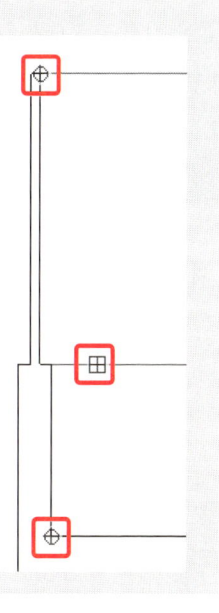

Tips 寸法基準点をまちがってクリックしたときは？

寸法基準点をまちがってクリックした場合は、もう一度その点（⊕または⊞表示）の上でクリックすると点の指定が解除される。

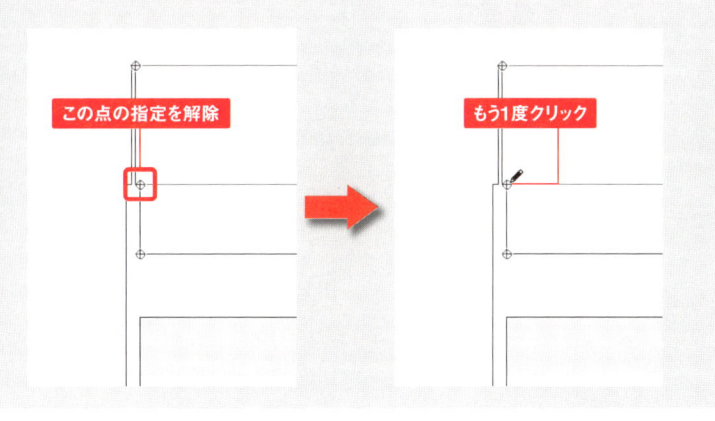

この点の指定を解除

もう1度クリック

3 > 平面図を作成

企画設計モデルから[立面図ツール]や[断面図ツール]で、新たに立面図や断面図を切り出すという流れを解説した。ここではすでにある平面図をARCHICADの環境設定を使って「設計図」としてととのえる設定やその流れについて解説する。

01 梁を非表示にする

企画設計段階で、スケール1/200程度の平面図に梁が破線で表示されると少し見づらい図面になる。ここでは梁の表現されない平面図として仕上げることにする。

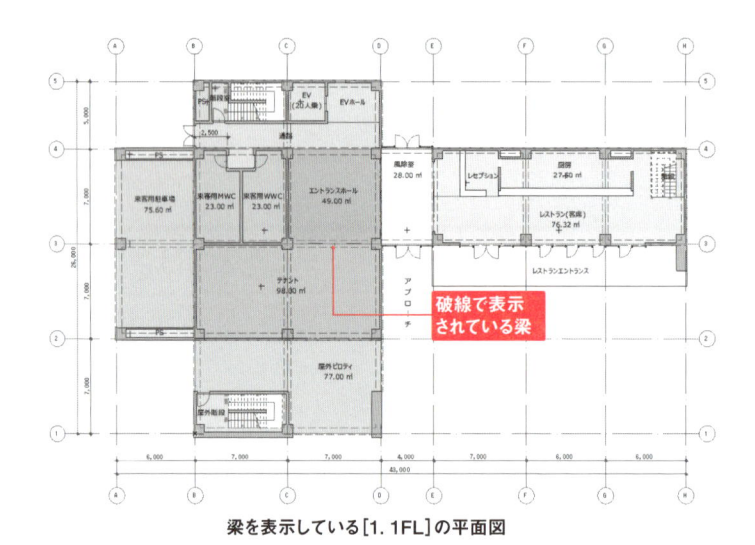

梁を表示している[1.1FL]の平面図

① ポップアップナビゲータの[プロジェクト一覧]で[1.1FL]をダブルクリックして、1FLの平面図ウィンドウを表示する。

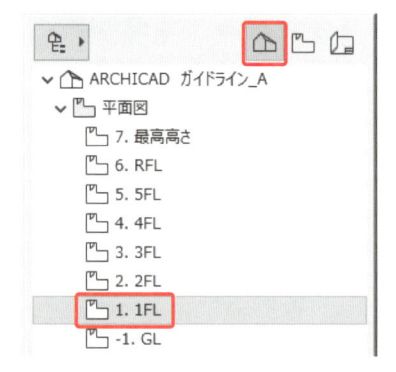

② [ドキュメント]メニューから[レイヤー]→[レイヤー設定(モデル)]を選択する(もしくは Ctrl + L キーのキーボードショートカット)。

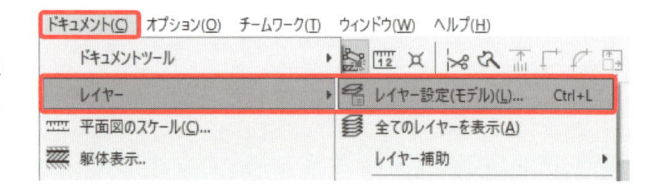

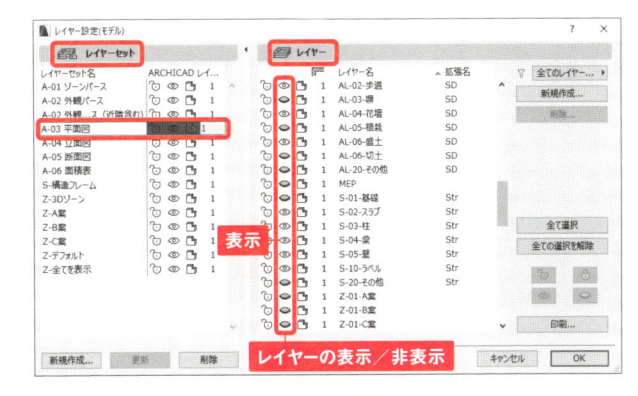

③ [レイヤー設定（モデル）]ダイアログボックスが開く。[レイヤーセット]で、「A-03平面図」を選択して、[レイヤー]の表示/非表示の組み合わせを確認する。ここでは[レイヤー]の「S-04-梁.Str」が表示になっている。

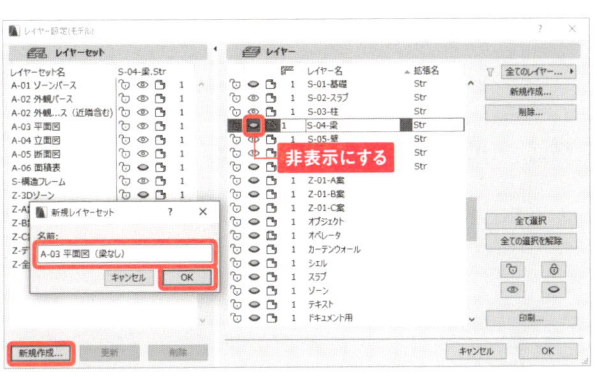

④ [レイヤー]の「S-04-梁. Str」の表示アイコン👁をクリックして非表示👁にする。

⑤ このレイヤーの状態を新しいレイヤーセットとして保存する。下の[新規作成]ボタンをクリックして、[新規レイヤーセット]ダイアログボックスを開き、名前に「A-03 平面図（梁なし）」と入力し、[OK]ボタンをクリックする。

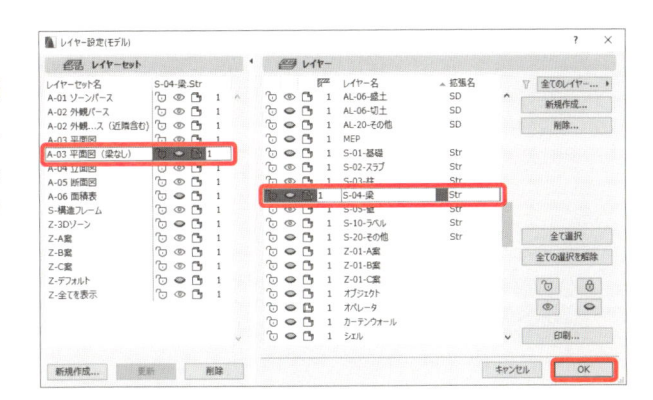

⑥ [レイヤーセット]に、「A-03平面図（梁なし）」レイヤーセットが追加される。そのレイヤーセットが選択された状態のまま、[OK]ボタンをクリックしてダイアログボックスを閉じる。

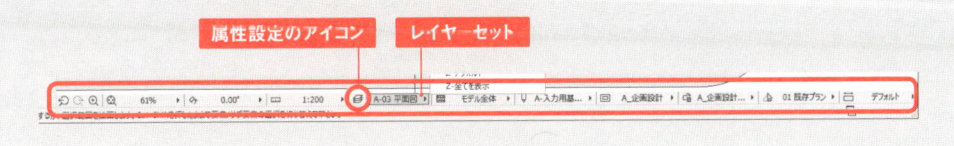

Tips 　簡単にビューを切り替えられる クイックオプションバー

ARCHICAD 20から登場したクイックオプションバーで、表示しているレイヤーセット名をクリックすると、複数のレイヤーセット名を確認でき、レイヤーセットを選択し直せば、簡単にビューを切り替えられる。また、セット名の左横にあるアイコンをクリックすると、属性設定のダイアログボックスに移動することもできる。

属性設定のアイコン　　レイヤーセット

⑦ 平面図を確認する。図のように梁が
　非表示になった。

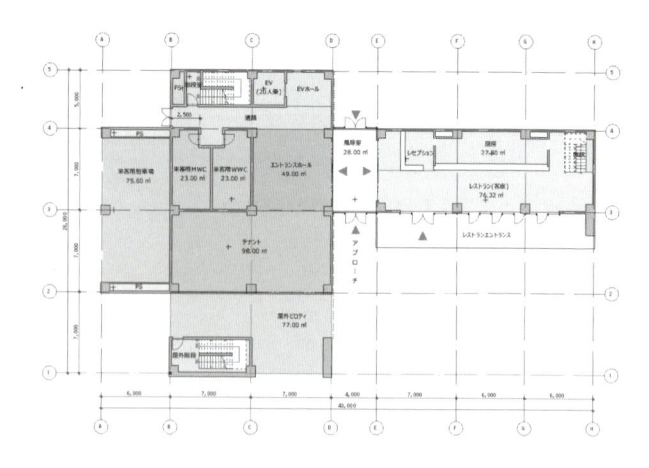

02 | 図面のスケールを設定

ARCHICADの図面のスケールは、平面図、立面図、断面図、3D、2Dなどの作業ウィンドウごとに設定できる。ここでは平面図のスケールを1:200に設定する。

① [ドキュメント]メニューから[平面図
　のスケール]を選択する。

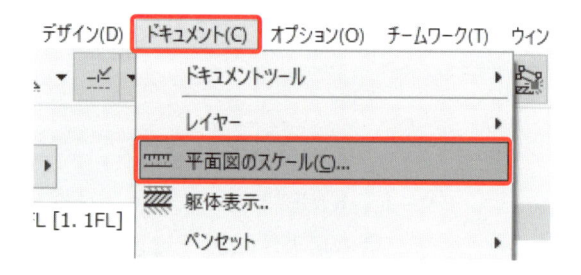

② [スケール(平面図)]ダイアログボッ
　クスが開く。ポップアップリストか
　ら、企画設計のスケールとしてあら
　かじめ登録された標準スケールの
　「1:200」を選択し、[OK]ボタンでダ
　イアログボックスを閉じる。

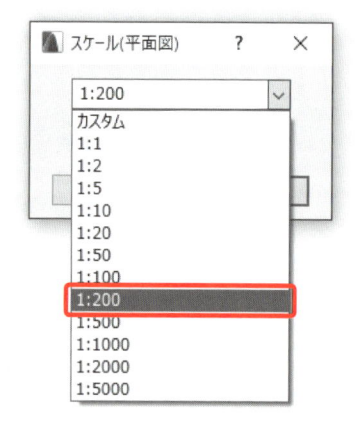

詳細

ポップアップリストにない非標準スケールの場合は、[カスタム]を選択
して数値をフィールドに入力し、スケールの設定をおこなう。

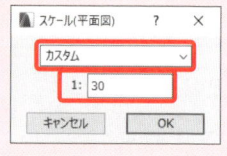

詳細 立面図、断面図、3Dウィンドウのそれぞれでスケールを設定すると、［ドキュメント］メニューからのサブメニュー名は次のようになる。

レイヤー ▶	レイヤー ▶	レイヤー ▶
〰 立面図スケール...(C)	〰 立断面のスケール(C)...	〰 3Dのスケール...
〼 躯体表示..	〼 躯体表示..	〼 躯体表示..

立面図 断面図 3Dウィンドウ

---

03 | ペンとカラーを設定

ARCHICADではペンごとに固有のカラーと線の太さを設定する。設定したペンはペン番号で管理され、各ツールの設定ダイアログボックスで、各要素にペン番号を割り当てられる。ARCHICADガイドラインではあらかじめ企画設計用のペンとカラー設定を準備している。この設定について解説する。

① ［ドキュメント］メニューから［ペンセット］→［ペンとカラー（モデル）］を選択する。

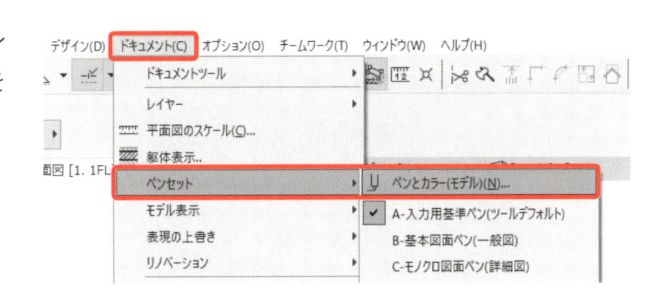

② ［ペンとカラー（モデル）］ダイアログボックスが開く。［使用可能なペンセット］パネルから［モデルのペンセットを選択］の一覧を確認する。ここで企画設計で使用する［A -入力用基準ペン（ツールデフォルト）］を選択し、［OK］ボタンをクリックしてダイアログボックスを閉じる。

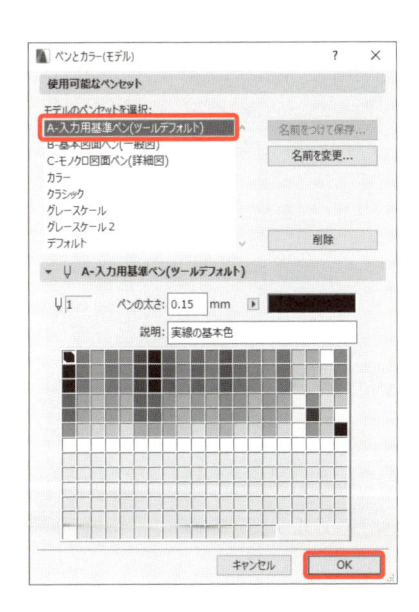

ARCHICADのデフォルトで準備されているペンセットは[カラー][クラシック][グレースケール][グレースケール2][デフォルト]の5つのペンセットだ。本書のARCHICADガイドラインで準備したペンセットは以下の3つだ。

- [A-入力用基準ペン(ツールデフォルト)]→企画設計で使用する。入力する時に、色分けにより線等の意味やオブジェクト(家具や建具等)の性質などをわかりやすくする
- [B-基本図面ペン]→基本設計で使用する。基本図面で塗りつぶしや細線として使用するグレーを含めた白黒のペンカラーセット
- [C-モノクロ図面ペン]→実施設計で使用する。実施図面をモノクロで出力する場合を前提としたペンの設定。ペン番号別に太さを管理する

[A -入力用基準ペン(ツールデフォルト)]ペンセットの内容はダイアログボックスの下部に表示され、次のようになっている。

- [ペン番号]と[ペンの太さ]→ペン番号がその線の太さとペンカラーを区別する。また同じペンカラー色でもペン番号によって線の太さを変えることができる
- [説明]→ペンの用途の説明文を入力できる
- [ペンカラーのパレット]→255色のカラーを表示。1つのペンカラーをクリックして選択すると、[ペン番号][ペンの太さ][説明]にそのペンカラーの設定が表示される

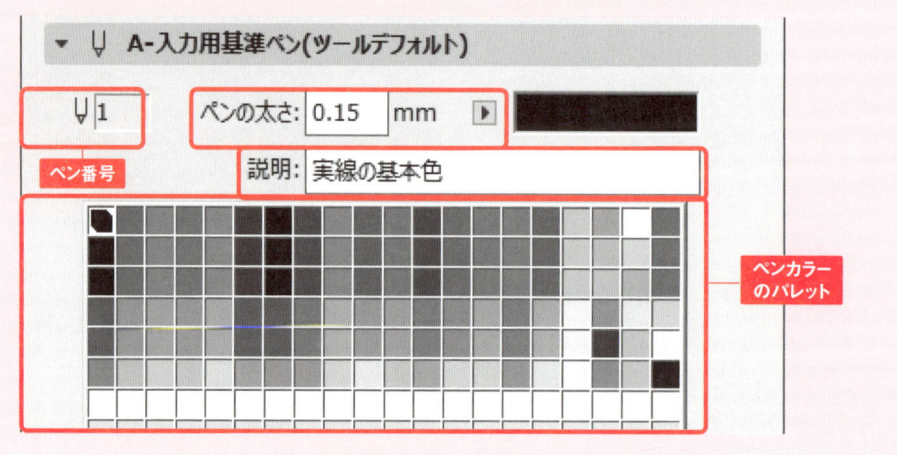

04 [モデル表示オプション] の設定

[モデル表示オプション]は、各要素の詳細レベル表現を組み合わせていろいろな図面表現を可能にする機能だ。たとえば、1:100の平面図を作成する場合は開口部表現を簡易に、1:50の平面詳細図を作成する場合は開口部表現を詳細にするなど、ひとつのモデルで複数の表現の切り替えができる。ここでは、[モデル表示オプション]ダイアログボックスの[構造要素オプション][階段と手摺りオプション][日本語版ライブラリの詳細レベル(ARCHICADライブラリ21)]の3つのパネル設定について解説する。

① ［ドキュメント］メニューから［モデル
表示］→［モデル表示オプション］を選
択する。

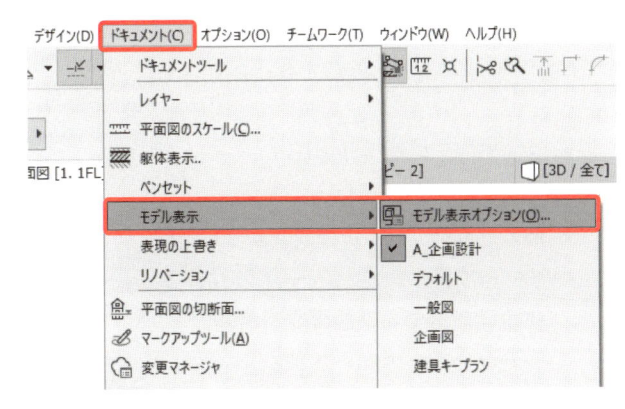

② ［モデル表示オプション（MVO）］ダ
イアログボックスが開くので、設定
をそれぞれ確認する。［モデル表示オ
プションセット］パネルで［A_企画設
計］を選択して、［構造要素オプショ
ン］パネルを開き、次の設定を確認す
る。

- 梁を表示 → ［輪郭線］
- 柱オプション → ［柱シンボルを
表示］にチェック
- カーテンウォールオプション →
［詳細］を選択
- マークアップオプション →
［マークアップ項目を表示］に
チェック
- ゾーンオプション → ［ゾーンス
タンプを表示］にチェック
- ドアオプション → ［平面図で表
示］を選択
- 窓オプション → ［平面図で表示］
を選択
- 天窓オプション → ［平面図で表
示］を選択

251

詳細

ARCHICADのデフォルトで準備されているモデル表示オプションセットは［デフォルト］［一般図］
［企画図］［建物キープラン］［詳細図］［天井伏図］［法規制］の7つだ。本書のARCHICADガイドライ
ンで追加しているモデル表示オプションセットは「A_企画設計」になる。

③ 次に［階段と手摺りオプション］パネルを開き、次の設定を確認する。

- 3D/断面図の階段詳細レベル → ［詳細］
- 階段平面図シンボル構成要素 → 全ての項目にチェック
  ※企画設計でも平面図シンボル表現は全て有効にしている。
- 階段平面図シンボル → ［平面図表示］
- 3D/断面図の手摺り詳細レベル → ［スキーム］
  ※［スキーム］を選択すると3Dモデルの厚みを表示しない。
- ［オプション］ボタンをクリックし、［3Dモデル］の［表面］→「白」
- 手摺り平面図シンボル構成要素 → ［レール］のみチェック
  ※企画設計で必要な設定。

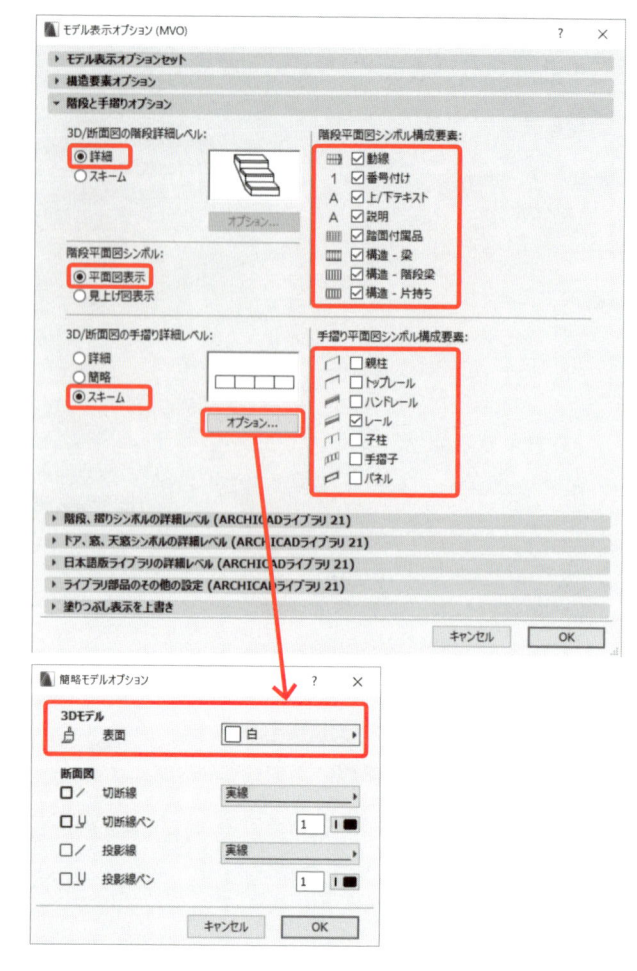

④ 次に［日本語版ライブラリの詳細レベル（ARCHICADライブラリ21）］パネルを開き、次の設定を確認したら［OK］ボタンをクリックして、ダイアログボックスを閉じる。

- ［ドアと窓の詳細レベル］のドア → ［簡易（枠表現なし）］、窓 → ［簡易（枠表現なし）］
- ［ゾーンスタンプ設定］のスタンプタイプ →「カスタム」

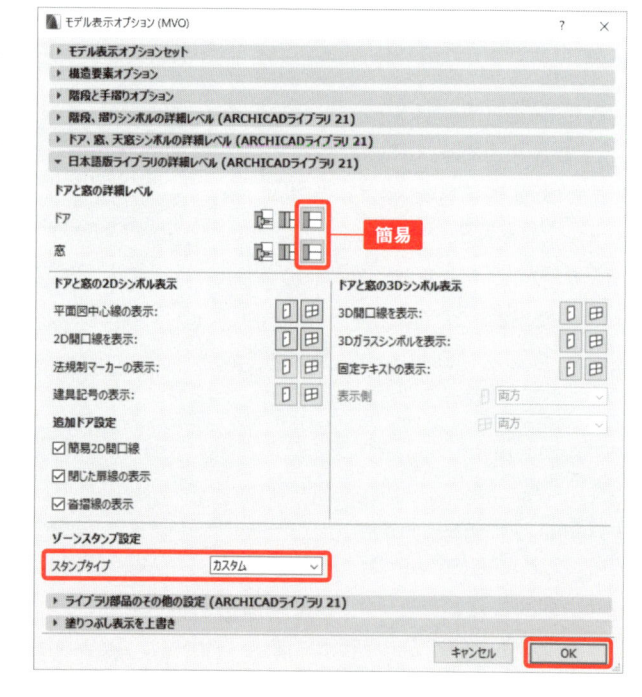

05 ［表現の上書き］を設定

［表現の上書き］とは、ARCHICAD19まで［モデル表示オプション(MVO)］ダイアログボックスにあった［塗りつぶし表示を上書き］が独立し、新たな設定が追加された機能だ。配置している要素に対して、「塗りつぶし」、「線」、「材質の種類」や「色」を上書きすることができる。たとえば、配置している要素の上に紙をのせ、赤や青など別の色を塗ってちがう絵にしても、のせておいた紙を外せば元の絵にもどる…というイメージだ。上手く使いこなして、幾通りものモデル表現や図面表現を楽しみたい。

① ［ドキュメント］メニューから［表現の上書き］→［表現の上書きセット］を選択し、［表現の上書きセット］ダイアログボックスを開く。

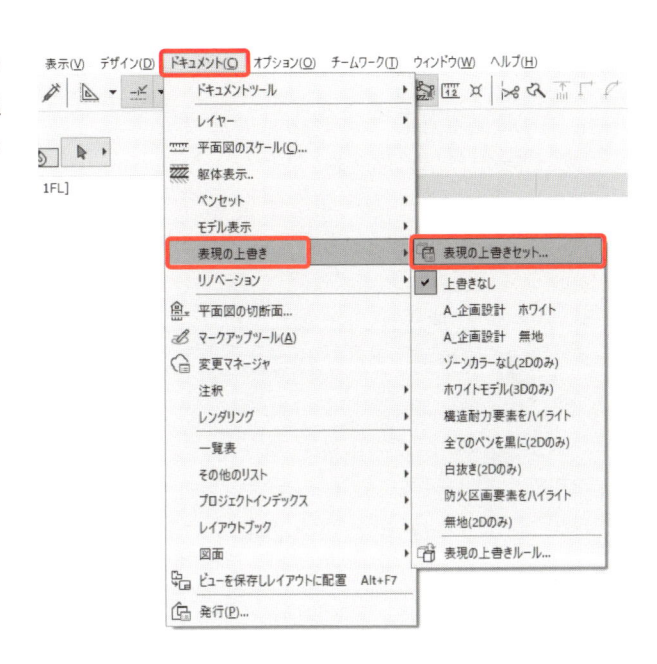

② 左側の表現の上書きセットの一覧で「A_企画設計　無地」を選択する。

③ 右側の［ルールを適用する順序］を確認すると、「☆　全て切断塗りつぶし - 無地、仕上げ分離線なし」ルールが表示されている。これは企画設計モデル用に作成したオリジナルの表現の上書きセットとルールだ。このルールを選択し、右下の［ルールを編集］ボタンをクリックをする。

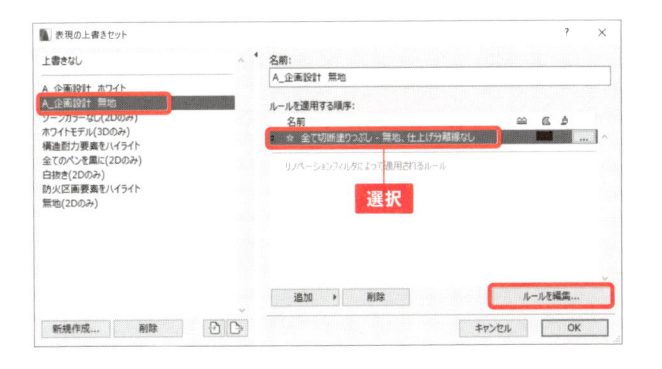

④ ［表現の上書きルール］ダイアログ
ボックスが開く。左側で選択したルー
ル名を、右側で次の設定を確認し、
［OK］ボタンをクリックしてダイアロ
グボックスを閉じる。

　　［基準］パネル
　　● 条件 → 要素タイプ［等しい］
　　● 値 → ［全てのタイプ］※2Dと3D
　　　の全てのツール。

　　［上書きスタイル］パネル
　　● ［塗りつぶし種類］にチェック →
　　　「100%」を選択
　　● ［切断塗りつぶしの上書き］をオン

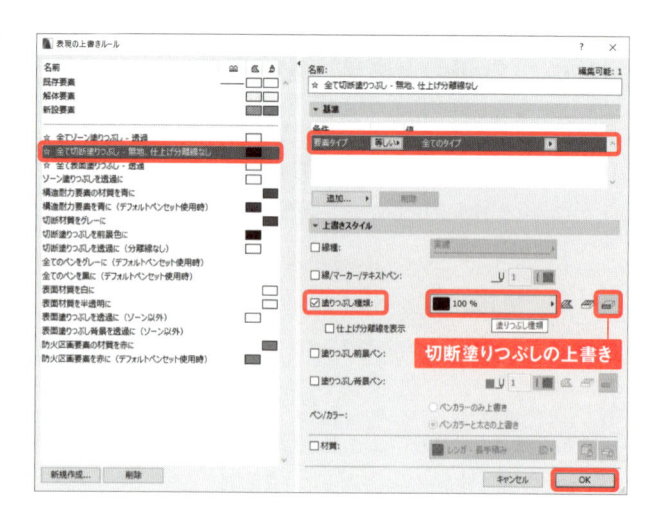

⑤ ［表現の上書きセット］ダイアログ
ボックスに戻り、「A_企画設計　無
地」の表現の上書きセットが選択され
ていることを確認してから［OK］ボタ
ンをクリックし、ダイアログボックス
を閉じる。

⑥ 平面図ウィンドウを確認すると、壁や
柱の切断面がグレーのべた塗表現に
切り替わったことが確認できる。べた
塗の色は［ビルディングマテリアル］
設定の［構造と表現］パネルにある［切
断塗りつぶし前景ペン］のペンカラー
による。

「A_ 企画設計　無地」表現の上書きセット

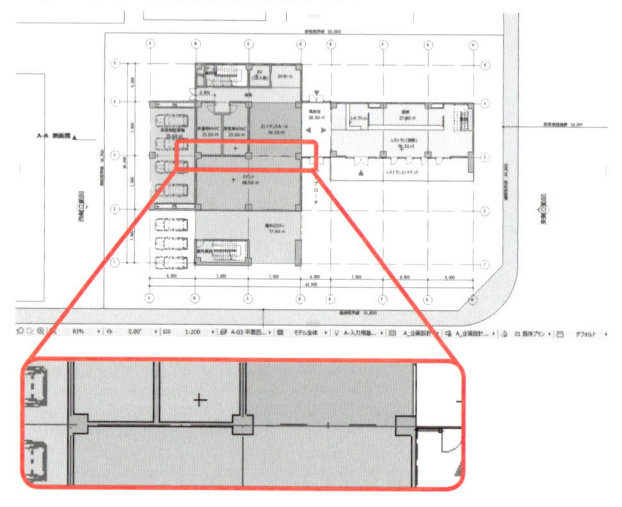

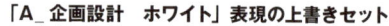

⑦ クイックオプションバーの［表現の
上書きセット］ボタンをクリックして
「A_企画設計　ホワイト」に切り替え
てみよう。ゾーンの背景カラーが透過
になり、柱や壁要素などの切断面も白
色になっていることが確認できる。

「A_ 企画設計　ホワイト」表現の上書きセット

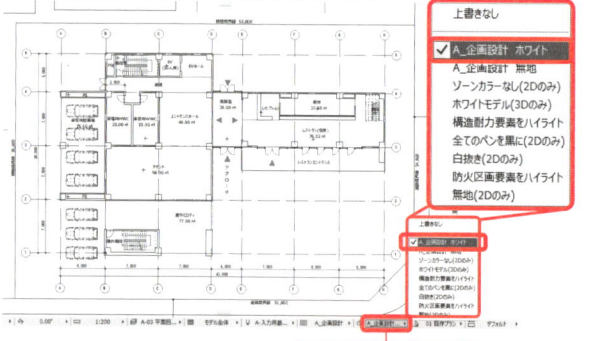

詳細

　クイックオプションバーの［表現の上書きセット］ボタンのアイコン部分をクリックすると、［表現の
上書きセット］ダイアログボックスが開ける。

254

⑧ 再度、クイックオプションバーの[表現の上書きセット]ボタンをクリックし、[上書きなし]に切り替えると、各要素のツールのダイアログボックスで設定をしている元の表現に切り替わる。これは何も上書きされていない平面図だ。

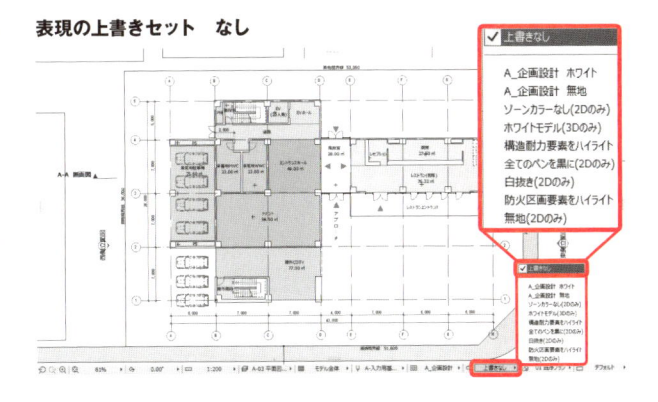

表現の上書きセット　なし

06　ビューを保存する

ここまで平面図を作成するための環境設定について解説してきた。ここからはその環境設定を使って、図面として平面図をととのえる[ビューの保存]について解説する。用途別のフォルダーに分類し、ビューを保存しておくことが次の紙の図面の作成ステップとなる。あらかじめビューを保存するフォルダーを用意した練習用ファイルの「第5章_ビューの保存.pln」ファイルを開いた状態から解説を進める。

(1)1階平面図のビューを保存

① ポップアップナビゲータの[プロジェクト一覧]で[1. 1FL]をダブルクリックして、1FLの平面図ウィンドウを表示する。

② クイックオプションバーの[レイヤーセット]ボタンをクリックし、[Z-全てを表示]を選択する。

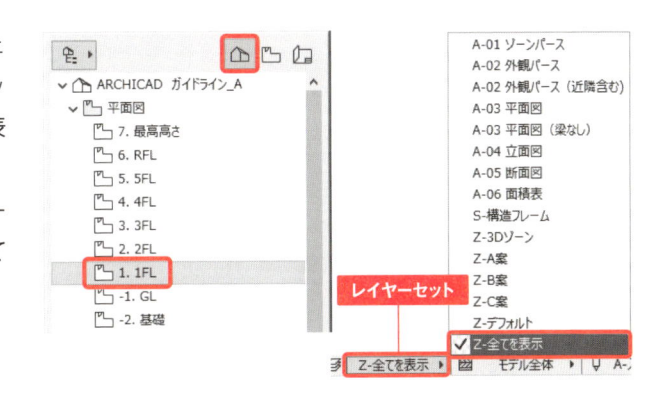

③ 1FLの平面図ウィンドウにすべての要素が表示される。

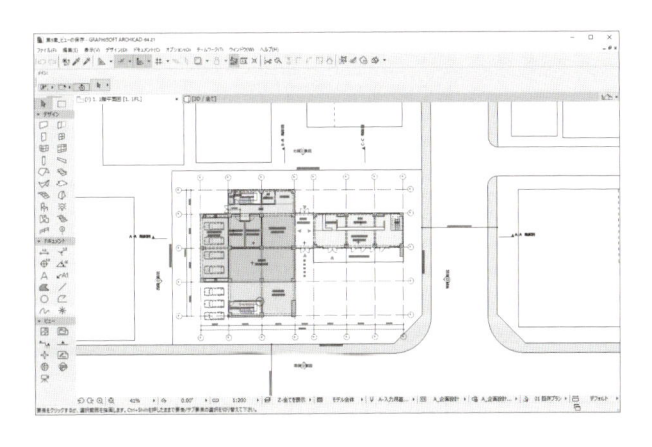

255

④ 平面図ウィンドウに表示する色や
スケール、レイヤーの状態を整えて
「1階平面図」としてビュー保存す
る。ポップアップナビゲータ上部の
[ビュー一覧]ボタンをクリックして、
リストを表示する。

⑤ あらかじめ作成してある[色有_平面
図]フォルダーの上で右クリックし、
コンテキストメニューから[現在の
ビューを保存]を選択する。

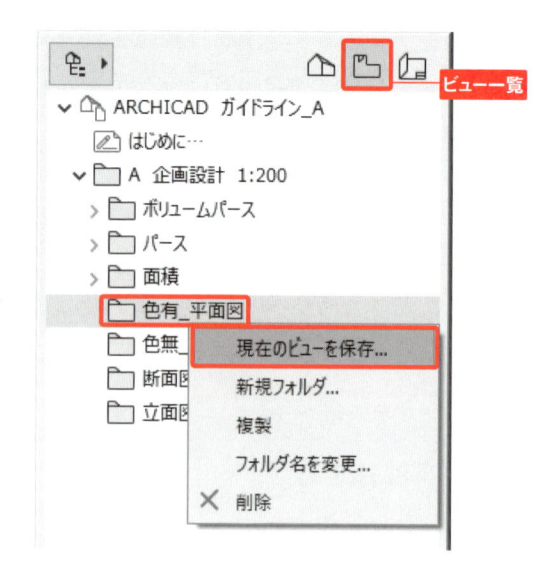

⑥ [ビューを保存]ダイアログボックス
が開く。次のように設定したら、[作
成]ボタンをクリックしてダイアログ
ボックスを閉じる。

[ビューID]パネル
● ID「プロジェクト一覧」→「1.」
● 名前「カスタム」→「1階平面図」と
  入力
[一般]パネル
● レイヤーセット「A-03平面図」(梁
  なし)」
● スケール「1:200」
● 構造表示「モデル全体」
● ペンセット「A-入力用基準ペン
  (ツールデフォルト) 」
● モデル表示オプション「A_企画設
  計」
● 表現の上書き「上書きなし」
● リノベーションフィルタ 「O1 既
  存プラン」

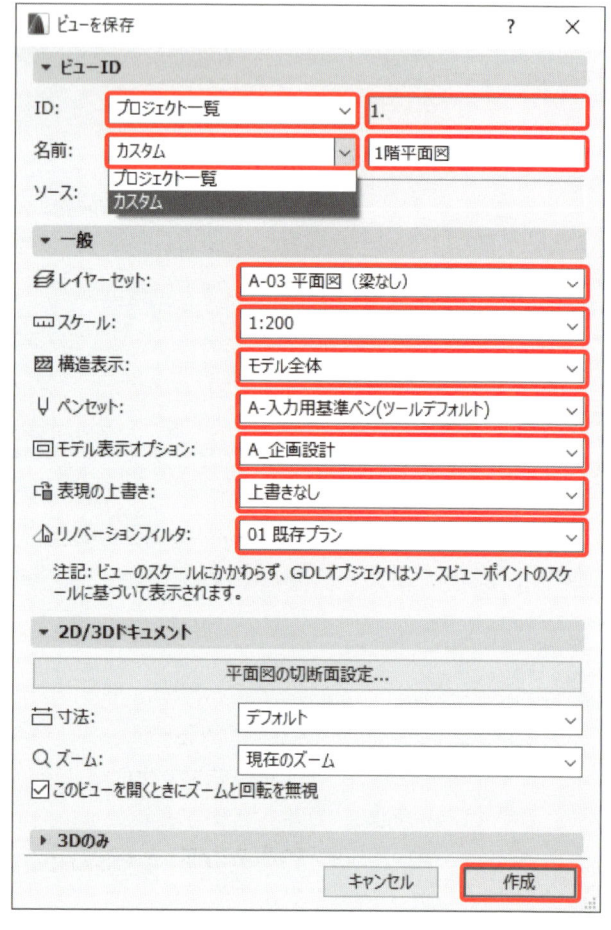

⑦「色有_平面図」フォルダーに「1階平面図」ビューが保存される。

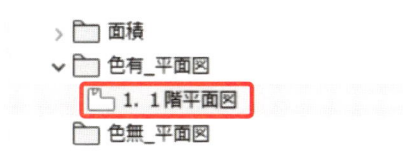

⑧ 平面図ウィンドウを確認すると梁要素のレイヤーが非表示になっていて、各部屋は色別で塗り分けられ、壁や柱の塗りつぶし断面表現が白色になっていることが確認できる。

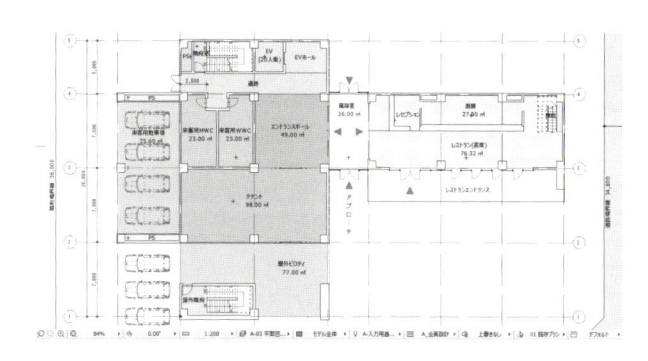

Tips　ビュー一覧のコマンドボタンを使う

P.42の「05　ポップアップナビゲータ」で、ナビゲータを常時表示する方法を解説しているが、ナビゲータを常時表示した状態で［ビュー一覧］ボタンをクリックすると、ナビゲータパレットの下部にビュー関連のコマンドボタンを表示する。以下、左から順番に説明する。

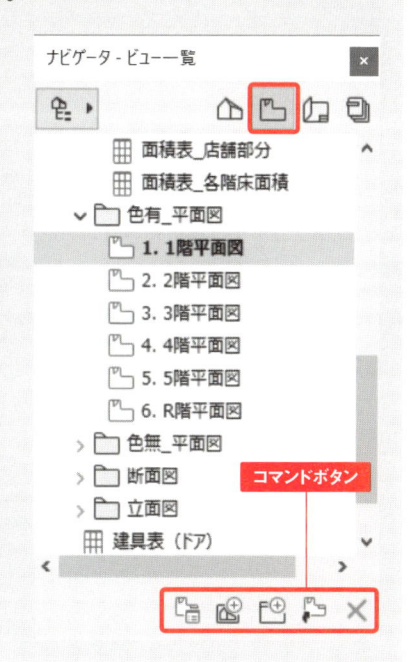

- ［ビュー設定］ボタン：選択したビューの［ビュー設定］ダイアログボックスを開く
- ［現在のビューを保存］ボタン：［ビューを保存］ダイアログボックスが開き、ここで［作成］ボタンをクリックすると、現在のビューが保存される
- ［新規フォルダー］ボタン：新規フォルダーを作成する
- ［フォルダーをクローン］ボタン：［フォルダーをクローン］ダイアログボックスを開く
- ［削除］ボタン：選択されたビューを削除する

(2) A-A断面図のビューを保存

① ポップアップナビゲータの[プロジェクト一覧]ボタンをクリックする。[断面図]フォルダーから[S1A-A 断面図]をダブルクリックする。

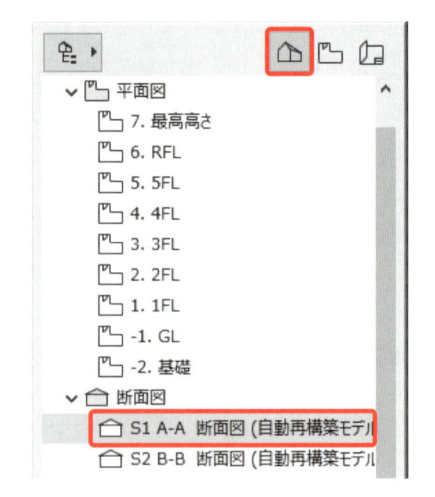

② 断面図ウィンドウが表示される。前項の平面図のビュー保存で、レイヤーセット[A-03平面図(梁なし)]を選択したので、断面図上でも梁が非表示になる。

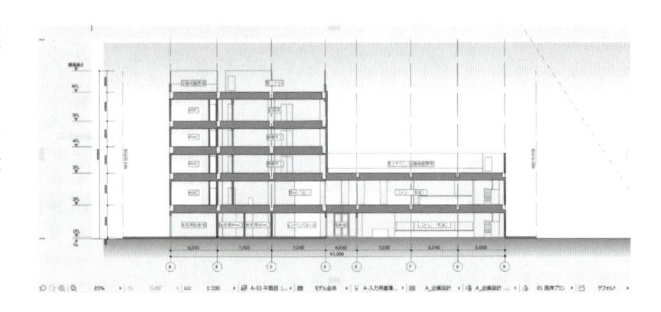

③ ポップアップナビゲータ上部の[ビュー一覧]ボタンをクリックして、リストの表示を切り替える。

④ あらかじめ作成してある[断面図]フォルダーの上で右クリックし、コンテキストメニューから[現在のビューを保存]を選択する。

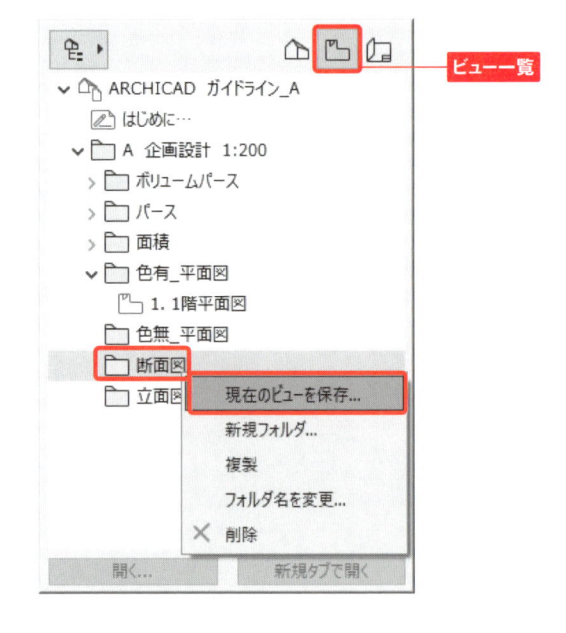

⑤ [ビューを保存]ダイアログボックス
が開く。次のように設定し、[作成]ボ
タンをクリックしてダイアログボッ
クスを閉じる。

[ビューID]パネル
● ID「プロジェクト一覧」→「S1」
● 名前「カスタム」→「A-A 断面図」
　と入力
[一般]パネル
● レイヤーセット「A-O5 断面図」
● 表現の上書き「A_企画設計 無地」

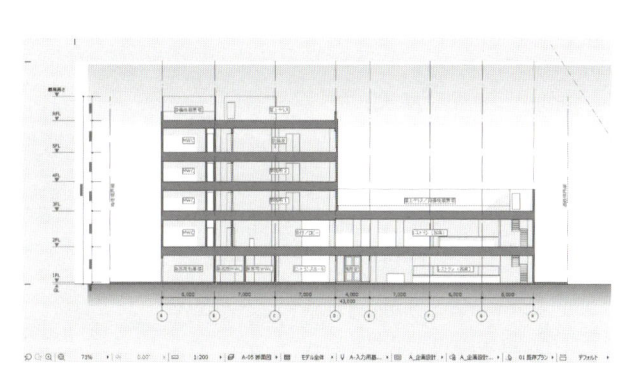

ダイアログボックスの内容:

ビューを保存

▼ ビューID

ID: プロジェクト一覧 / S1

名前: カスタム / A-A 断面図

ソース: S1 A-A 断面図 (自動再構築モデル)

▼ 一般

レイヤーセット: A-05 断面図

スケール: 1:200

構造表示: モデル全体

ペンセット: A-入力用基準ペン(ツールデフォルト)

モデル表示オプション: A_企画設計

表現の上書き: A_企画設計 無地

リノベーションフィルタ: 01 既存プラン

注記: ビューのスケールにかかわらず、GDLオブジェクトはソースビューポイントのスケールに基づいて表示されます。

▼ 2D/3Dドキュメント

平面図の切断面設定...

寸法: デフォルト

ズーム: 現在のズーム

☐ このビューを開くときにズームと回転を無視

▸ 3Dのみ

キャンセル　作成

⑥ 「断面図」フォルダーに「S1 A-A断面
図」ビューが保存される。断面図ウィ
ンドウを確認すると梁が表示され、床
や壁の断面表現が「無地」の塗りつぶ
しになった断面図が確認できる。

(3)南側立面図のビューを保存

① ポップアップナビゲータ上部の[プロジェクト一覧]ボタンをクリックしてリストの表示を切り替える。[立面図]フォルダーから[E1 南側立面図]をダブルクリックする。

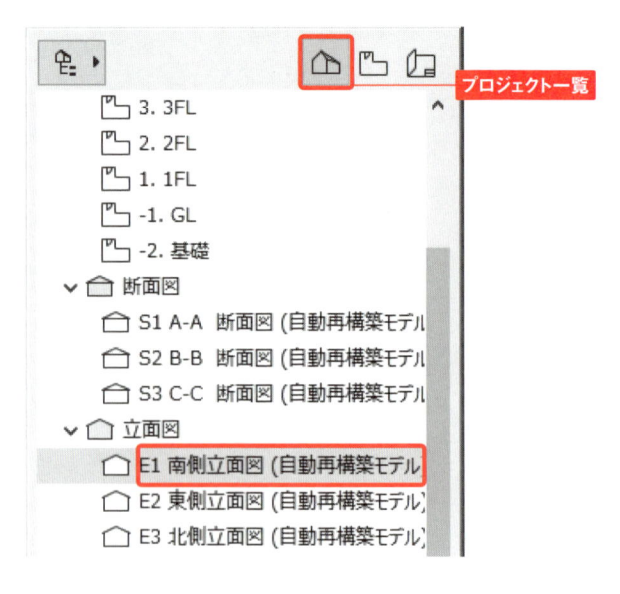

② 立面図ウィンドウが表示される。前項の断面図のビュー保存で通り芯のレイヤーを表示するレイヤーセット[A-05断面図]を選択しているので、建物の前に通り芯が表示される。ここでは通り芯のレイヤーが非表示のレイヤーセットを適用してからビューの保存をおこなう。

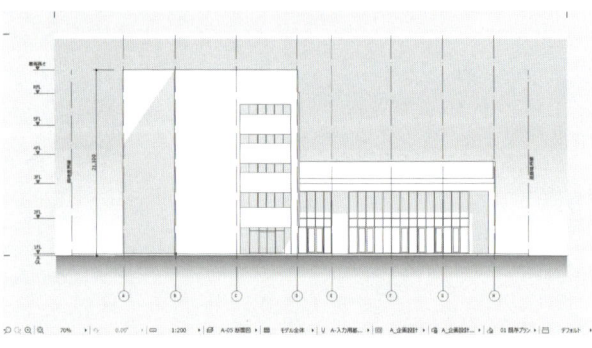

③ ポップアップナビゲータ上部の[ビュー一覧]ボタンをクリックして、リストの表示を切り替える。

④ あらかじめ作成してある[立面図]フォルダーの上で右クリックし、コンテキストメニューから[現在のビューを保存]を選択する。

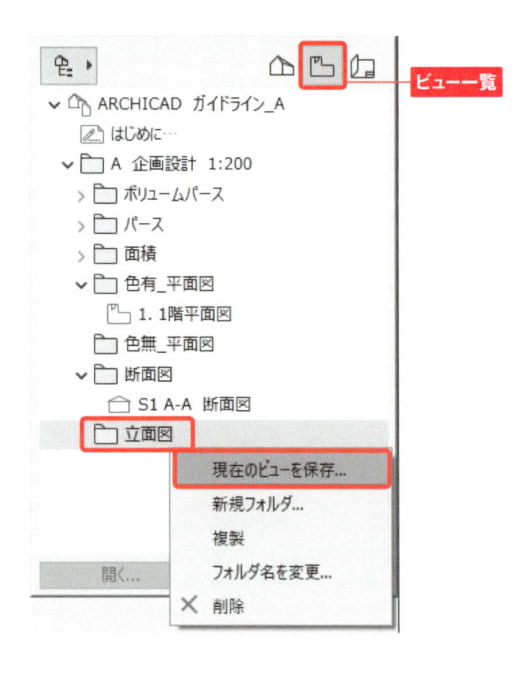

⑤ [ビューを保存]ダイアログボックスが開く。次のように設定し、[作成]ボタンをクリックしてダイアログボックスを閉じる。

[ビューID]パネル
- ID「プロジェクト一覧」→「E1」
- 名前「カスタム」→「南側立面図」と入力

[一般]パネル
- レイヤーセット「A-04立面図」※通り芯のレイヤーが非表示になっているレイヤーセット。

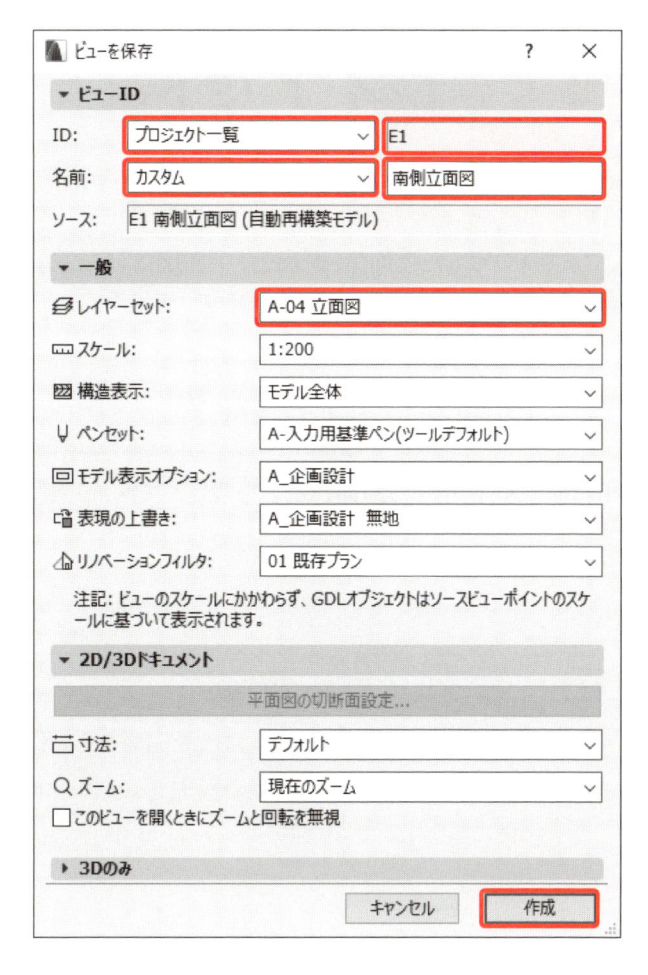

⑥「立体図」フォルダーに「南側立面図」ビューが保存される。立面図ウィンドウを確認すると通り芯のレイヤーが非表示になった。企画設計イメージのホワイトモデルらしい立面図が確認できる。

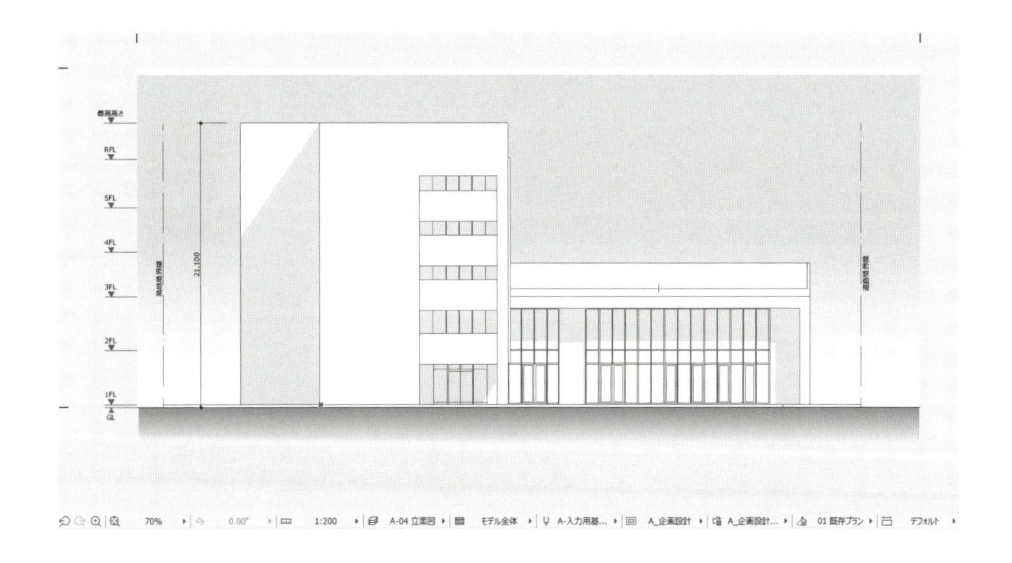

03 レイアウト

ここまでで作成した立面図、断面図、平面図は「ビュー」だ。これらのビューを図面に美しく配置して初めて印刷できる「図面」のできあがりだ。

1 図面をレイアウトする

用紙サイズ、使用する図面枠などを設定して図面用紙（マスタレイアウト）をつくることから始めよう。

---

01 | マスタレイアウトの作成

あるサイズの用紙に、それにあった図面枠を配置したオーダーメイドの図面用紙を[マスタレイアウト]とよぶ。マスタレイアウトに平面図や立面図のビューが配置され、印刷されて紙の図面になる。ここでは[マスタレイアウト]の作成方法を解説する。

① ポップアップナビゲータ上部の[レイアウトブック]ボタンをクリックして、レイアウトブックのリストを表示する。

② [マスタ]の上で右クリックし、コンテキストメニューから[新規マスタレイアウト]をクリックする。

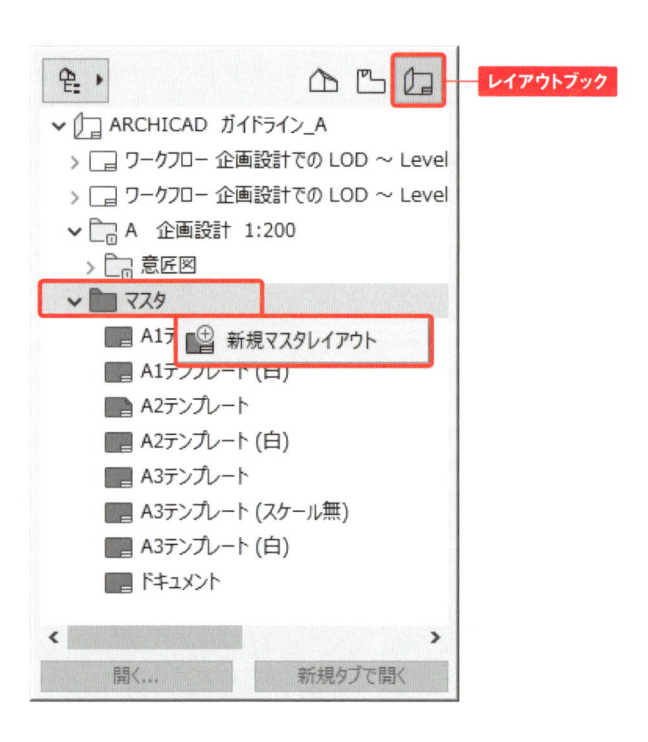

③ ［新規マスタレイアウトを作成］ダイ
アログボックスが開く。次のように設
定し、［作成］ボタンをクリックしてダ
イアログボックスを閉じる。

　［名前とサイズ］パネル
　● 名前「A3 図面枠」と入力
　● サイズ「A3(ISO)-メートル」

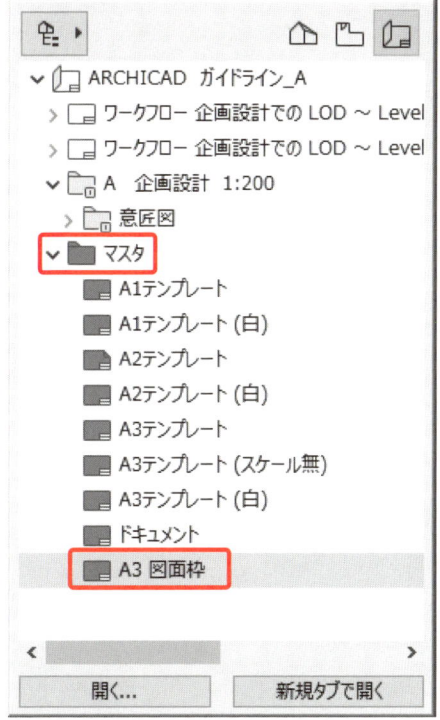

④ リストの［マスタ］フォルダー内の一
番下に［A3 図面枠］マスタレイアウ
トが作成されていることを確認する。

263

⑤ 新規作成したマスタレイアウトがレイアウトブックの作業ウィンドウに表示される。ツールボックスでは、レイアウトブックで使えないツールがグレーアウト表示になる。ツールボックスの[線ツール]や[テキストツール]などで枠や文字などを配置すれば図面枠が作成できる。

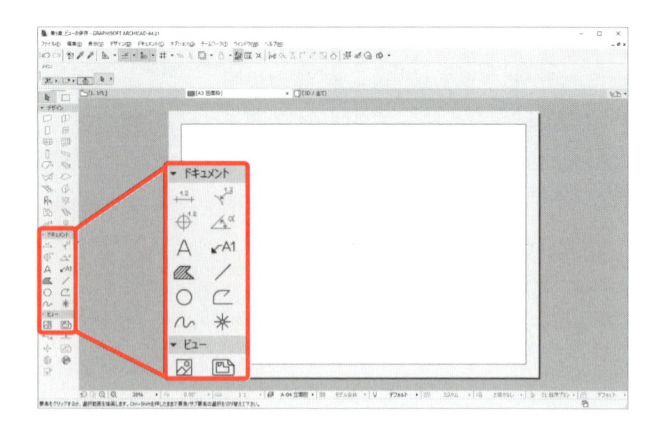

---

02 ［自動テキスト］を使う

図面枠に会社名や設計担当者などの文字を入力するときは、[自動テキスト]を使うと便利だ。自動テキストとはプロジェクトに設定された設計者や会社の情報を文字として表現するものだ。ここでは自動テキストの設定と配置方法を解説する。

① [レイアウトブック]の[マスタ]フォルダーから、[A3テンプレート]をダブルクリックしてマスタレイアウトを開いておく。

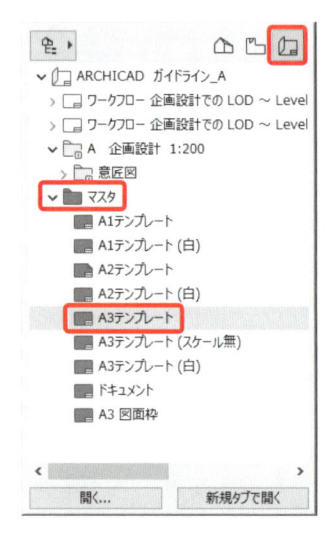

② [ファイル]メニューから[情報]→[プロジェクト情報]を選択する。

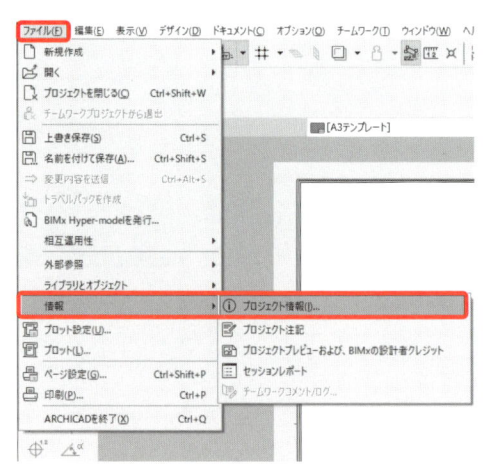

③ [プロジェクト情報]ダイアログボックスが開く。[連絡先の詳細]ページを開き、[連絡先の会社]に会社名を入力したら[OK]ボタンをクリックしてダイアログボックスを閉じる。

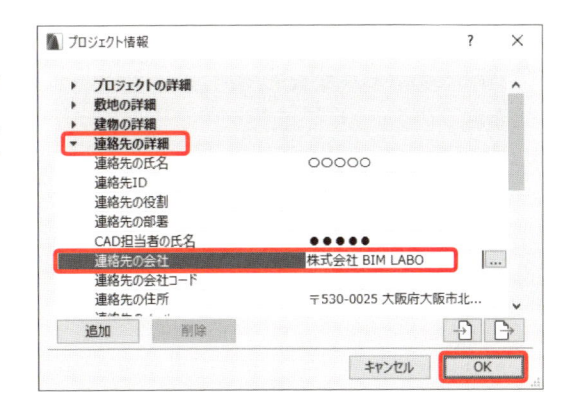

④ ツールボックスから[テキストツール]をクリックする。

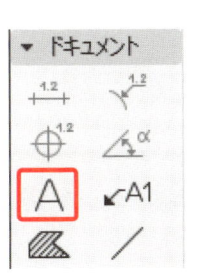

⑤ 図面枠の会社名のあたりを拡大表示し、会社名枠内の左側あたりでダブルクリックする。

⑥ [テキスト]パレットとテキストを入力するポイントが表示される。[自動テキストを挿入]ボタンをクリックする。

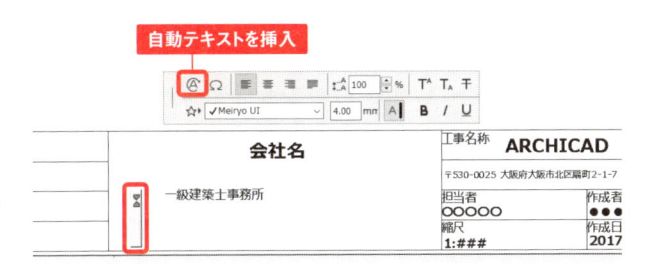

⑦ ポップアップで[プロジェクト情報]のリストが表示される。[連絡先の詳細]を選択して、その中から[連絡先の会社]を選択し、[追加]ボタンをクリックする。

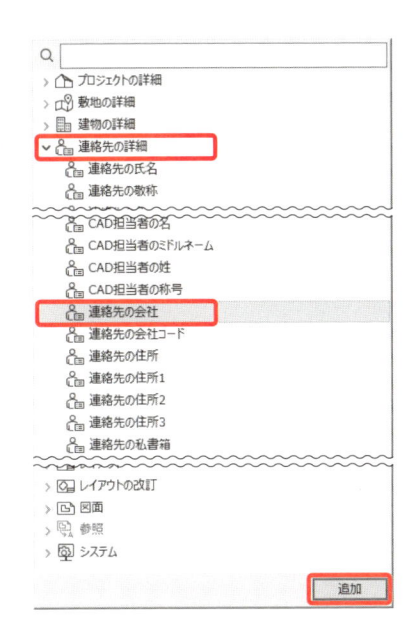

⑧ [プロジェクト情報]ダイアログボックスで登録しておいた会社名が表示される。余白でクリックして、自動テキストの配置完了だ。

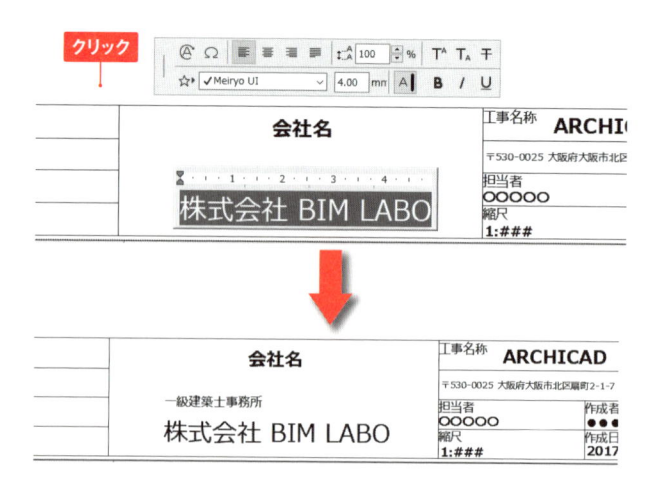

詳細

配置した文字の大きさや角度を編集したい場合は、その文字を選択しておいてから、情報ボックスの[フォントサイズと回転]でも編集がおこなえる。

03 図面[レイアウトシート]の作成

紙の図面1枚1枚を[レイアウトシート]とよぶ。その作成方法を解説する。レイアウトシートは[レイアウトブック]内のフォルダー（[グループ]）に分類して作成できる。レイアウトブックは文字どおり図面＝レイアウトシートを集めた1冊の図面集＝ブックだ。

① 新規のレイアウトシート（図面）を保存するフォルダーを作成する。ポップアップナビゲータの[レイアウトブック]内で一番上に表示されているプロジェクト名（ここでは「ARCHICAD ガイドライン_A」）の上で右クリックして、コンテキストメニューから[新規グループを作成]をクリックする。

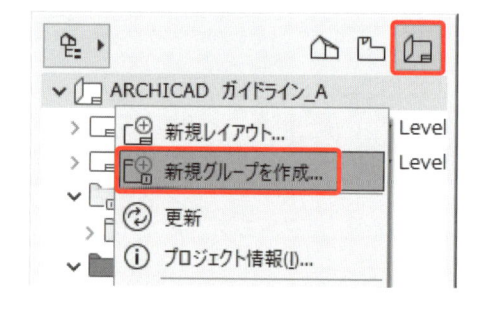

② [新規グループを作成]ダイアログ
　ボックスが開く。次のように設定し、
　[作成]ボタンをクリックしてダイア
　ログボックスを閉じる。
　[グループID]パネル
　● ID[カスタムID]
　● 名前「演習」と入力
　[このグループでの項目ID]パネル
　● [ID頭文字]のチェックを外す
　● IDスタイル「001、002、003」

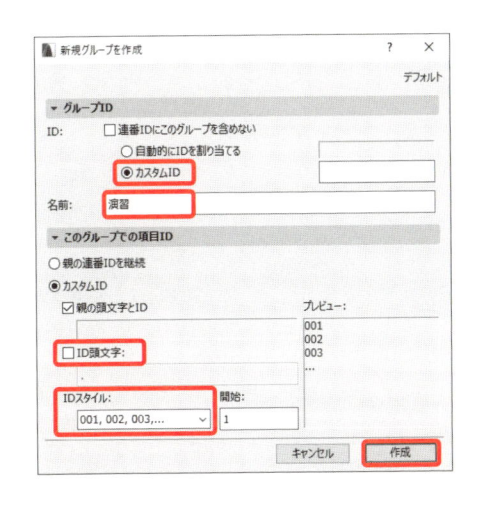

③ ポップアップナビゲータの[レイアウ
　トブック]に[演習]グループが作成さ
　れていることを確認する。

④ 新規にレイアウトシートを作成する。
　前手順で作成した新規グループの
　「演習」上で右クリックし、コンテキス
　トメニューから[新規レイアウト]を
　クリックする。

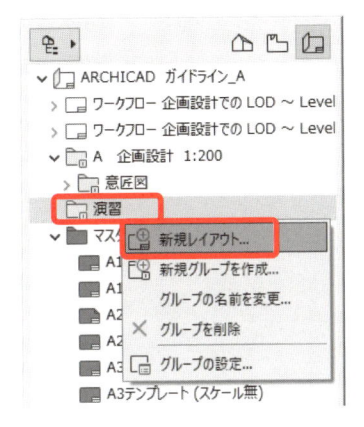

⑤ [新規レイアウトを作成]ダイアログ
　ボックスが開く。次のように設定し、
　[作成]ボタンをクリックしてダイア
　ログボックスを閉じる。

　[IDと形式]パネル
　● レイアウトID[自動的にIDを割り
　　当てる]
　● レイアウト名「1階平面図」と入力
　● マスタレイアウト「A3テンプレー
　　ト」

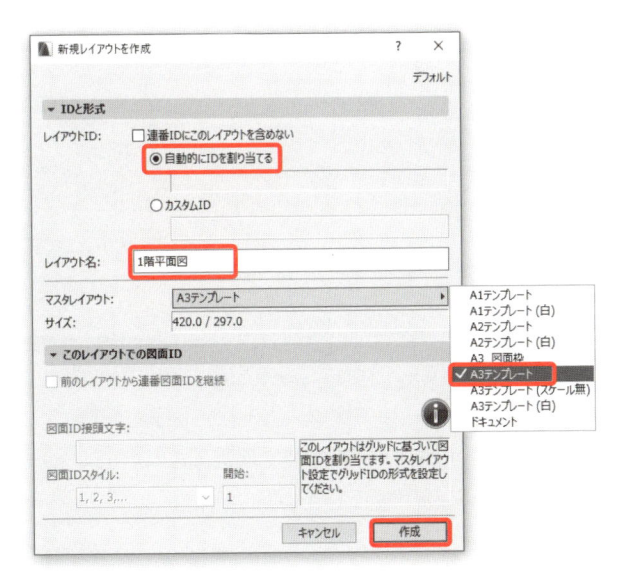

⑥ ポップアップナビゲータの[レイアウトブック]の「演習」グループの中に[1階平面図]レイアウトシートが作成されていることを確認する。

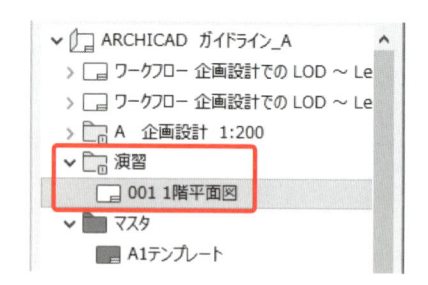

04 | 図面をレイアウトする

[1階平面図]レイアウトシートは作成したが、まだ図面は配置されていない。「ビューを保存する(P.255)」で作成したビュー一覧の[1.1階平面図]ビューをこのレイアウトシートに配置して図面は完成する。[1階平面図]レイアウトシートを開いた状態からスタートする。

① ツールボックスの[図面ツール]をクリックして、レイアウトシート中央あたりでクリックすると[図面を配置]ダイアログボックスが表示される。

② [図面を配置]ダイアログボックスの[図面をリンク]から[内部ビュー]を選択し、「色有_平面図」フォルダー内の「1.1階平面図」を選択して[配置]ボタンをクリックする。

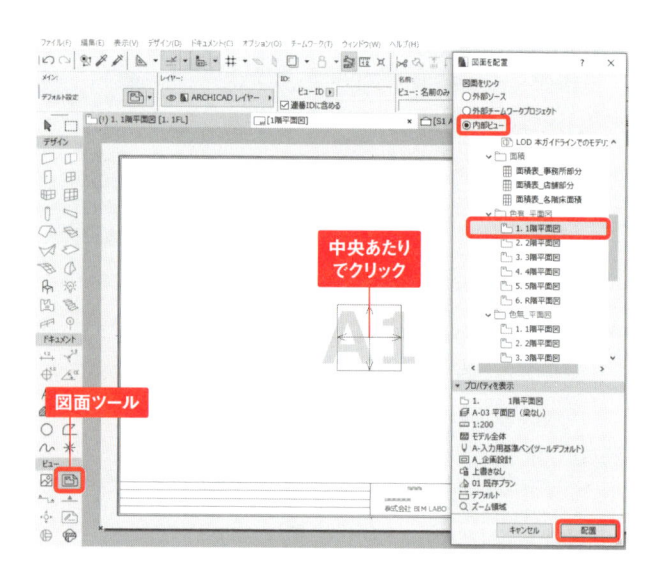

詳細

　[図面ツール]からビューを配置すると、現在開いているプロジェクトの[内部ビュー]と[外部ソース]、[外部チームワークプロジェクト]から図面を配置することができる。またARCHICAD18 Soloから[外部参照]機能で外部データを配置できるようになったが、ARCHICAD固有のファイル形式を除いた外部データのみとなる。

③ ［1階平面図］レイアウトシートに［1.1
階平面図］ビューが配置される。

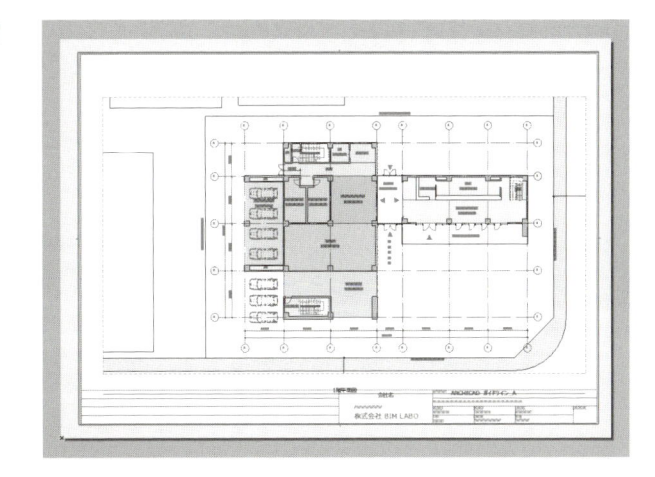

④ 図面のレイアウト位置を調整する。
ツールボックスの［矢印ツール］を
クリックし、配置したビューを選択
する。

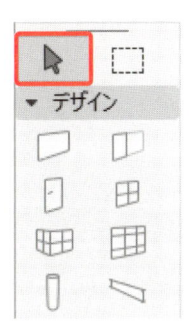

⑤ 配置したビューの辺上❶にカーソ
ルを置いて三つ又インテリジェント
カーソルを表示し、クリックしてペッ
トパレットを表示する。

⑥ ペットパレットの［辺をオフセット］
ボタンをクリックし、ビュー上部の辺
をレイアウトシートの図面枠いっぱ
いまで伸ばす。同様にして残りの3辺
もオフセットする。

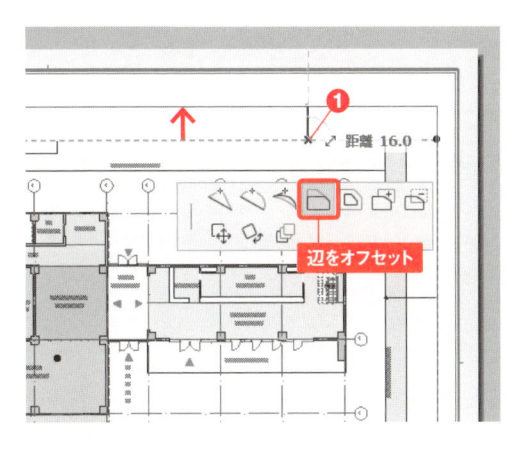

⑦ 次にレイアウトシートとビューの両
方に図面名が表示されているので、
ビューの図面名を非表示にする。

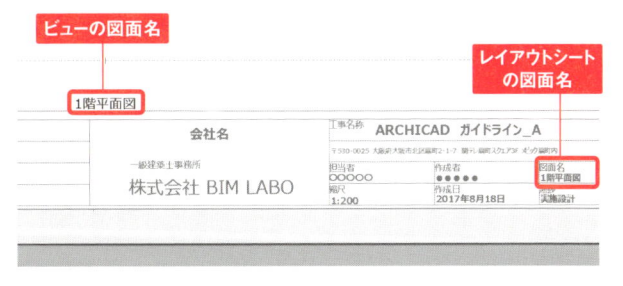

⑧ ビューを選択して、情報ボックスの図面[設定ダイアログ]ボタンをクリックする。

⑨ [選択した図面の設定]ダイアログボックスが開く。[タイトル]パネルの[タイトルタイプを選択]から[タイトルなし]を選択し、[OK]ボタンをクリックして、ダイアログボックスを閉じる。

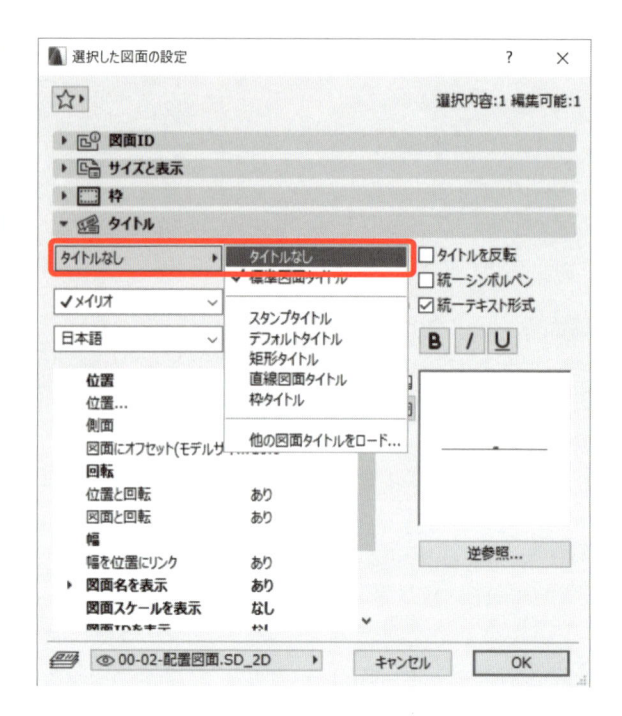

⑩ ビューの図面名が非表示になる。

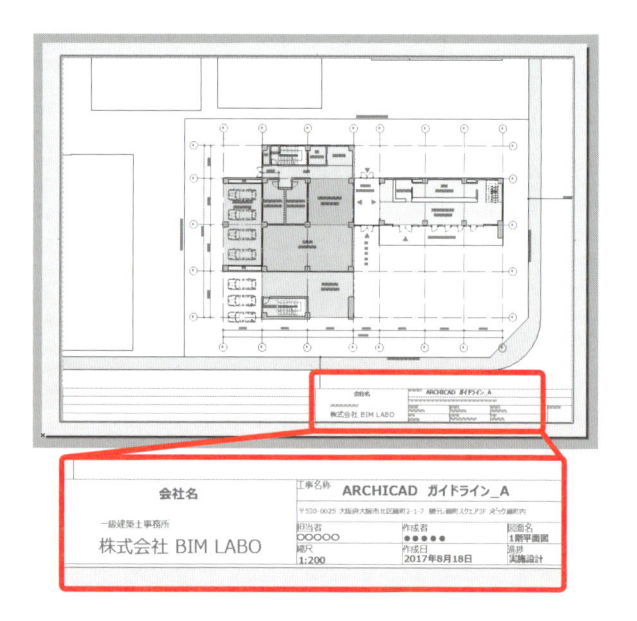

2 ＞ レイアウトブックをつくる

企画設計で使う複数の図面を1冊のレイアウトブックとして、平面図と同じ要領で完成させてみよう。この企画設計用の14枚の図面（レイアウト）は、ダウンロード付録の「練習用ファイル」フォルダーにある「ARCHICAD BIMガイドライン企画設計編.pln」ファイルに収録されている。ナビゲータの［レイアウトブック］を開くと、［A_企画設計　1:200］フォルダー内の［意匠図］フォルダーに下記の図面名でおさめられている。企画設計なので図面のスケールは1:200で統一し、次のような図面の構成としている。代表的なレイアウトシートを図「001 面積表」以降に示す。

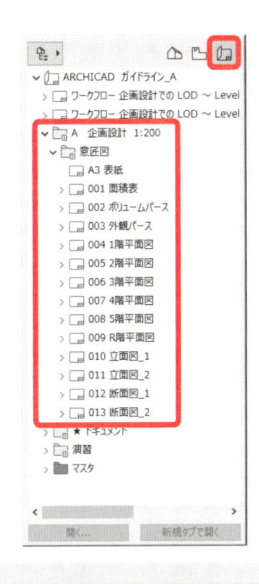

A3 表紙	007 4階平面図
001 面積表	008 5階平面図
002 ボリュームパース	009 R階平面図
003 外観パース	010 立面図_1
004 1階平面図	011 立面図_2
005 2階平面図	012 断面図_1
006 3階平面図	013 断面図_2

001 面積表

002 ボリュームパース

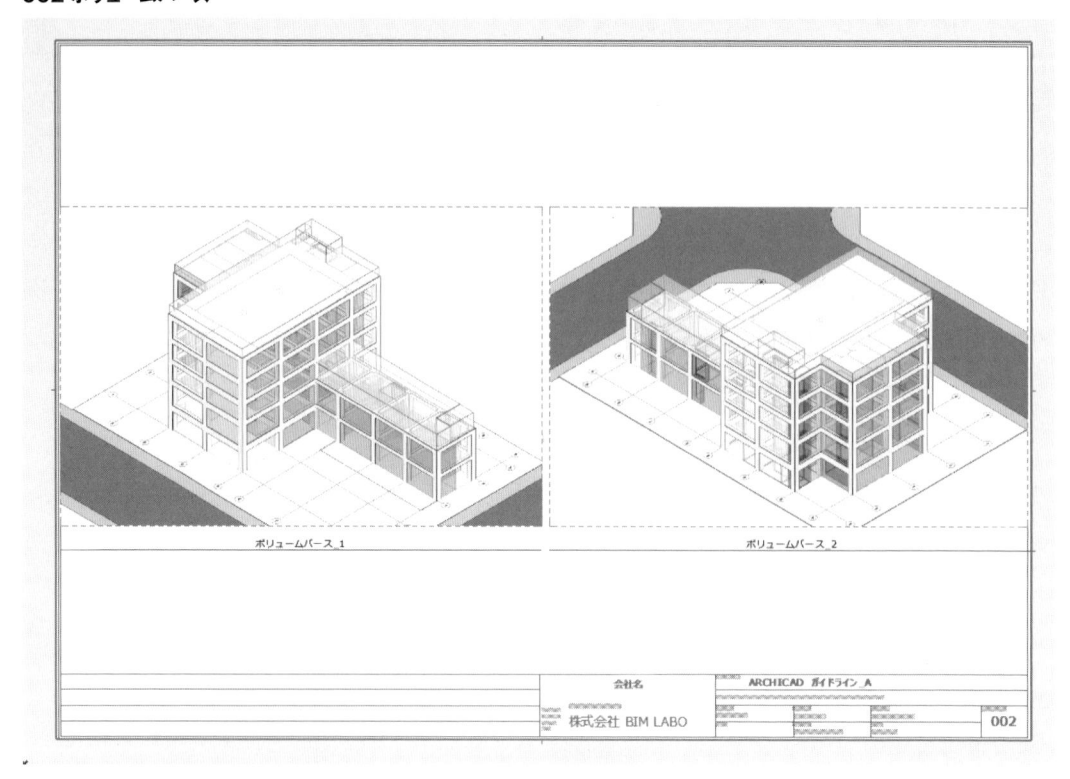

ボリュームパース_1　　ボリュームパース_2

会社名
株式会社 BIM LABO
ARCHICAD ガイドライン_A
002

003 外観パース

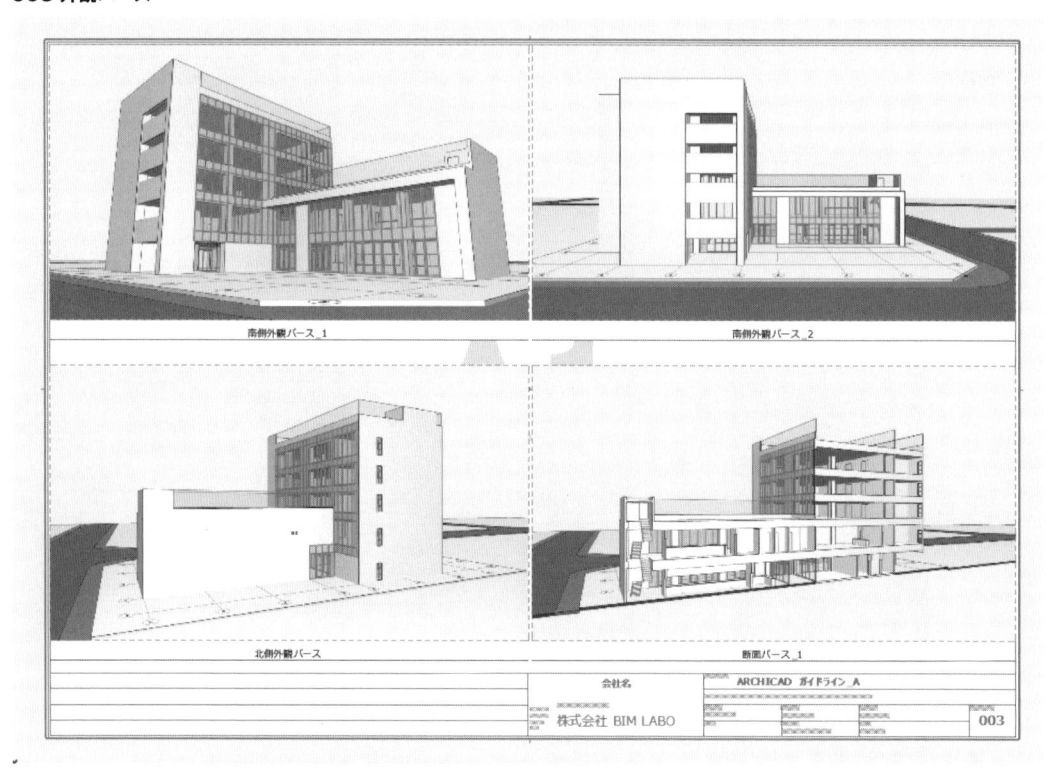

南側外観パース_1　　南側外観パース_2

北側外観パース　　断面パース_1

会社名
株式会社 BIM LABO
ARCHICAD ガイドライン_A
003

004 1階平面図

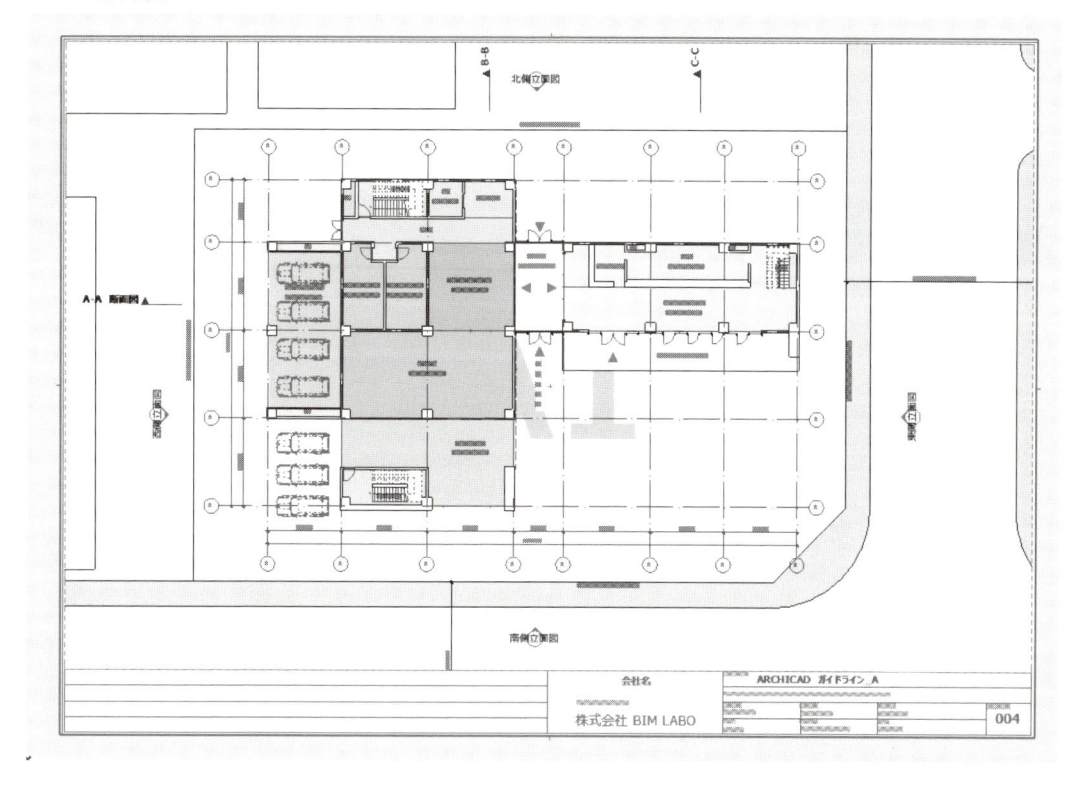

010 立面図_1

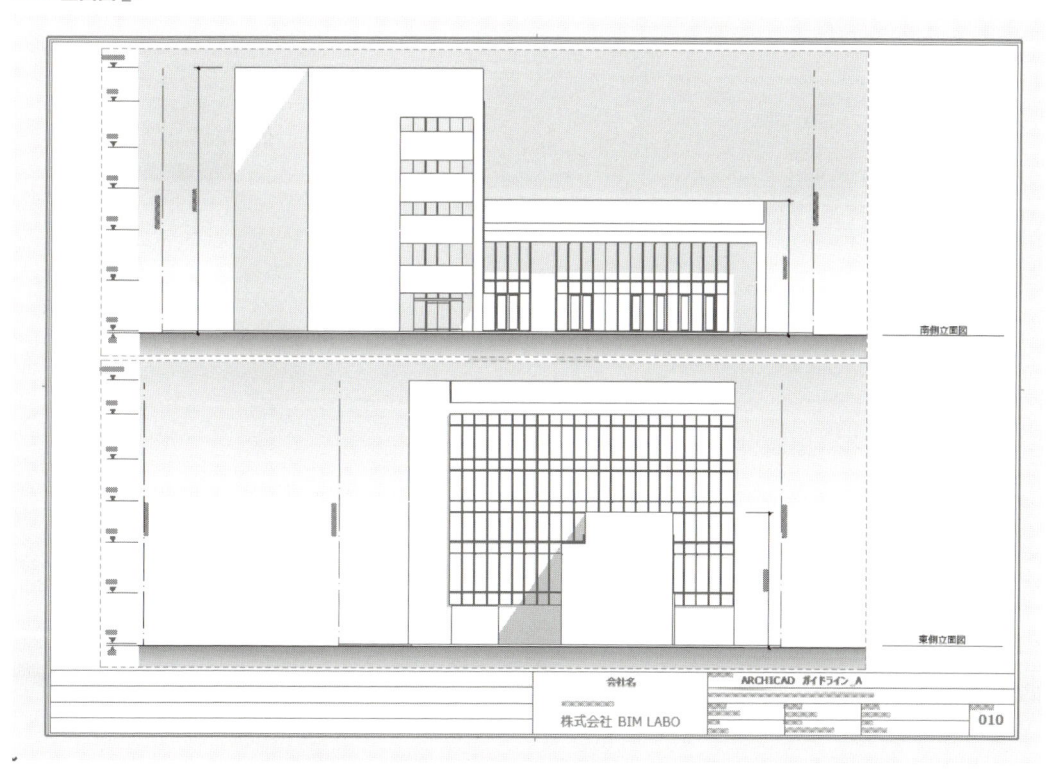

012 断面図 _1

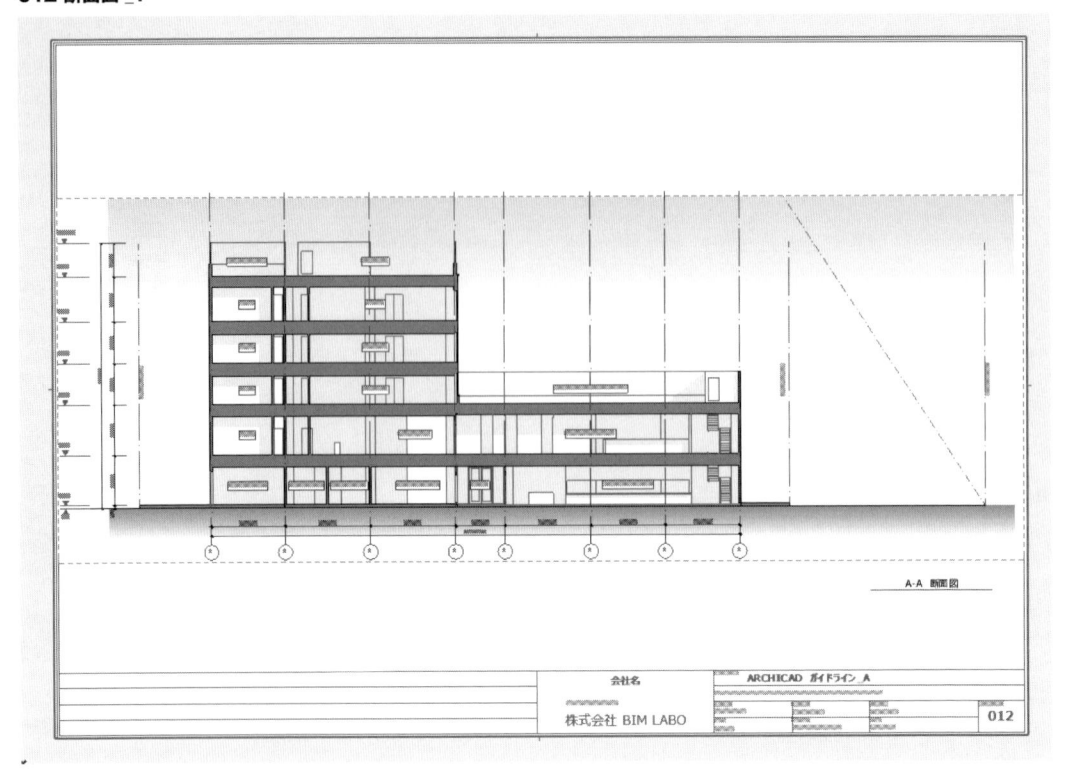

A-A 断面図

会社名

株式会社 BIM LABO

ARCHICAD ガイドライン_A

012

付録

- モデル要素テーブル
- 要素ごとのLOD

モデル要素テーブル

次の表は「ARCHICAD BIM ガイドライン」をベースにした。「モデル要素テーブル」だ。

企画設計段階ではLOD 100、基本設計ではLOD 200、実施設計ではLOD 300という具合に割り切れればいいのだが、実際のプロジェクトはそうもいかない。たとえばこの表では実施設計になっても天井はLOD 200のままだ。LOD 300 の天井は「要素ごとのLOD」で「仕様としての厚さ、支持方法をモデル化したアセンブリ位置、ジョイント位置は示されるがモデル化はされない」と定義した。今回の実施設計モデルでは、支持方法まではモデリングの必要はないと判断したので、「モデル要素テーブル」で、実施設計段階の天井はLOD 200とした。

このようにプロジェクトによって各部のLODが変わる。そのためにあらかじめ「モデル要素テーブル」のような整理をして、プロジェクトの関係者にLODについての合意を図っておくことが大切だろう。

モデル要素テーブル

			A:企画設計			B:基本設計	
			LOD	MEA	注記	LOD	MEA
B 建屋（シェル）	B10 上部構造	B1010 構造床、構造梁、構造柱	100	A	床は意匠要素に含む	200	A
		B1080 階段	100	A		200	A
	B20 外部垂直要素	B2010 外壁	100	A		200	A
		B2020 外部窓	100	A		200	A
C 内部	C10 内部要素	C1010 間仕切壁	100	A		200	A
		C1030 内部ドア	200	A		300	A
		C1070 天井	100	A		200	A
	C20 内部仕上げ	C2030 床仕上	/	/		200	A
D 設備	D20 配管	D2010.60 衛生器具	/	/		200	A
E 装置・家具	E20 家具	E2010 造作家具	100	A		200	A
G 外構工事	G20 外構		/	/		200	A

※ ╱ はBIMモデルを入力していない要素を示す。

モデル要素作成責任者
MEA（Model Element Author）凡例
A: 総合（意匠）設計者
S: 構造設計者
M: 設備設計者
C: 施工責任者

注記	C:実施設計			D:施工図			備考
注記	LOD	MEA	注記	LOD	MEA	注記	備考
	300	S	構造図を作成した場合	300	S	躯体図に必要な範囲に限る	RC造の例
	300	A		300	A	躯体寸法	
構成要素を確定 仕上種別の確定	300	A	各要素の厚さ	400	S/A	スタッド位置も含む	
	300	A	W、Hと窓仕様	350	A	ラフ開口、抱き	
	300	A	耐火性能	400	S/A		
	350	A	W、Hとドア仕様	350	A	ラフ開口、抱き	
仕上種別の確定	200	A	支持方法は未定				
仕上種別の確定	350	A	品名が確定				
	300	A	サイズ、形状、空間、位置				
	200	A	詳細は製作図で				
仕上種別の確定	200	A	設備配管は含まず				

要素ごとの LOD

「ARCHICAD BIM ガイドライン」で、筆者らがLODについて整理し提案をおこなったものがこの「要素ごとのLOD」だ。各建築要素についてどこまでモデリングし、ARCHICADでどのように表現すべきかをまとめている。2013年に米国でBIMFORUMによって発刊された「2013 LOD 仕様書」などを参考にしている。もちろん日本の業界団体などによって、このLOD標準がまとまることが望ましいと筆者らは考えている。この「ARCHICAD BIM ガイドライン」掲載の「要素ごとのLOD」は、それまでの間をつなぐ筆者らによる1つの提案と考えてほしい。

ガイドラインモデル
A: 企画設計モデル
B: 基本設計モデル
C: 実施設計モデル

B1010　構造床、構造梁、構造柱

LOD	解説	図	ガイドラインモデル
100	他の意匠床などの要素内に含まれる サイズや位置は決定ではない		A
200	構造タイプ(=コンクリート) 概略のサイズ、形状		B
300	モデリングする要素 ・躯体サイズと位置、構造芯と方向 ・コンクリート種類 ・既成品でない場合は斜めの面の形状、寸法 ・配筋(非グラフィックでも) 非グラフィク要素としての情報 ・設備の貫通 ・仕上げ、むくり、面取り ・おさまり詳細図 ・埋め込み金物やアンカー・ロッド ・積載荷重 ・せん断補強とスタッド ・断面リスト情報		C
350	略		
400	略		

B1080 階段

LOD	解説	図	ガイドラインモデル
100	階段の要素（手摺、避難通路、踏板）は他の空間やマス要素に含まれる、もしくはその概略位置だけを示す概要モデル		A
200	踏面や蹴上げを持つ一般モデル 次の要素を含む見かけ全体 ・見かけの長さ、幅寸法 ・見かけのレベル、踊場の垂直寸法		B
300	基本的な支持材（ササラ桁）のモデリング 踏板、蹴込み板は段鼻のデザインとともにモデリング		C
350	二次的な支持材（吊材、ブラケットなど）のモデリング 必要なクリアランス・法規制もモデリング		
400	全階段要素が支持部材と取り付け方法がわかるようにモデリング		

B2010 外壁

LOD	解説	図	ガイドラインモデル
100	建物全体をかたまりとして表現、もしくはそのタイプやマテリアルが識別できない壁要素 サイズや位置は決定ではない		A
200	マテリアル（例：レンガ、タイル）によって区別のつく壁 壁全体の概略の壁厚 正確な位置は決定ではない		B

LOD	解説	図	ガイドラインモデル
300	面板、構造躯体、断熱、空気層などの各壁システム要素で構成される全体の厚みをもった合成壁(個々の要素のモデリングはLOD350、400を参照) 壁にあく窓、ドア、大型の設備開口は基本寸法でモデル化する 非グラフィック要素として次の情報を持つ ・壁のタイプ ・マテリアル		C
350	独立した各壁要素で構成される壁 すべての開口についてラフ幅、ラフ高さのモデリング		
400	含むべきモデリング要素 ・スタッドと上下枠 ・石貼りユニット ・補強 ・ボード ・断熱材		

B2020　外部窓

LOD	解説	図	ガイドラインモデル
100	タイプやマテリアルは識別できない壁につく窓 サイズや位置は決定ではない		A
200	だいたいの位置、サイズ、個数、タイプ 単純な一つのコンポーネントとして作成される、もしくは単一のフレームとガラスとだけで表現される窓 基本サイズは表現する		B
300	窓ユニットは決まった位置に基本サイズでモデリングされる 窓枠の外形寸法とガラス部の寸法は3mm程度の誤差以内でモデリングされる 窓の開閉方法が表現される 非グラフィック要素として次の情報を持つ ・外観要素(仕上げ、ガラスタイプ) ・特性(U値、風耐力、防爆性能、構造耐力、空気、温度、水、音) ・機能(ハメ殺し、ケーシング、ダブル・シングル、吊り、オーニング、すべり出し、スライド)		C
350	ラフ開口寸法 壁との取り合い方法(抱き) 壁とのおさまり詳細図		

| 400 | 枠の詳細
ガラスの取り付け方法（ガスケット）
アタッチメントのコンポーネント | | |

C1010　間仕切壁

LOD	解説	図	ガイドラインモデル
100	概要モデル要素、もしくはタイプやマテリアルを持たないシンボル タイプや位置は決定ではない		A
200	マテリアル（例：石こう、石貼り）によって区別のつく壁 壁全体の概略の壁厚 位置、高さ、立面形状は決定ではない		B
300	フレームと仕上げの壁システム要素で構成される全体の厚みをもった合成壁（個々の要素のモデリングはLOD350、400を参照） 位置、高さ、立面の形状をモデリングする。壁にあく窓、ドア、大型の設備開口は基本寸法でモデル化する 非グラフィック要素として次の情報を持つ 　・壁のタイプ 　・耐火性能		C
350	構造材、仕上げ層が独立した各壁要素でモデリングされる壁 すべての開口についてラフ幅、ラフ高さのモデリング 主なフレーム、たとえばスタッド、キッカー、筋かい、枠はモデル化される		
400	含むべきモデリング要素 　・スタッドと上下枠 　・筋かい 　・断熱材 　・シートもしくはボード 　・開口、貫通孔		

LOD	解説	図	ガイドラインモデル
100	概要モデル要素、もしくはタイプやマテリアルを持たないシンボル タイプや位置は決定ではない		
200	単純な一つのコンポーネントとして作成されるか、単一のフレームとパネルとだけで表現される窓 基本サイズは表現する		A
300	次の要素を含むタイプでモデリングされる組立ドア ・ドアパネルとフレーム（あれば） ・非グラフィック要素として持つ金物の情報 ・開閉の方法 ・開閉のために必要なスペースを表現		B
350	壁のラフ開口をモデリング 主なフレームとの壁の抱き形状をモデリング あれば開閉方法もしくはメカニズムをモデリング		C
400	フレーム、マリオンの押し出し形状 パネルの寸法 ブラケット、サポート、シール、敷居などの付属物のモデリング		

C1070 天井

LOD	解説	図	ガイドラインモデル
100	床、部屋などので合成されたオブジェクト、もしくはタイプやマテリアルを持たない概要モデル 高さ、厚さや位置は決定ではない		A
200	概略の厚さ、高さを表す一般的なアセンブリ		B・C
300	仕様としての厚さ、支持方法をモデル化したアセンブリ 位置、ジョイント位置は示されるがモデル化はされない		
350	天井グリッドをモデリング ブレース、フレームなどの支持構造の部材をモデリング エキスパンション、ジョイント部は指定の幅モデル化		
400	すべてのティー、吊材、支持構造を含むアセンブリがモデル化される		

C2030 床仕上

LOD	解説	図	ガイドラインモデル
100	モデルに付けられた、仕上げ材についての非グラフィックな情報		
200	一般的なマテリアルのタイプ（タイル、パネル貼りなど）、おおまかな寸法と立面での形状 10mm以上の厚さのものはおおむねモデリングする		B
300	タイプの仕様（T-1タイプのタイル貼りなど）にもとづきモデリング 厚さとその範囲は正確にモデリング		

LOD	解説	図	ガイドラインモデル
350	非グラフィック要素として次の情報を持つ ・メーカー名 ・モデル		C
400	配置パターン エキスパンションや継手 端部おさまり		

D2010.60 衛生器具

LOD	解説	図	ガイドラインモデル
100	図表、もしくは概要モデル 概念もしくは基本的な位置とフロー		
200	一般モデルのおおまかなサイズ、形状、位置 支持材を配置するためのクリアランスの概略 の許容差		B
300	サイズ、形状、空間、位置の設計仕様としてモデリング サイズ、形状、空間、クリアランスが器具の配置からわかる 実際のアクセス・規則のクリアランスがモデル化		C
350	サイズ、形状、空間、位置、接続、取り付け方法のわかる建築要素としてモデリング サイズ、形状、空間、クリアランスが器具の配置からわかる		
400	製造と現場での据え付けのための補助的なコンポーネントを追加		

E2010　造作家具

LOD	解説	図	ガイドラインモデル
100	タイプやマテリアルを持たない概要モデル タイプ、位置は決定ではない		A
200	おおまかな寸法の一般モデル 位置と数は決定ではない 非グラフィック要素として次の情報を持つ 　・オブジェクトのタイプ		B・C

G20　外溝

LOD	解説	図	ガイドラインモデル
100	図表もしくは概要モデル		
200	下記を含むモデル要素 　・基礎要素のおおまかなサイズと形状 　・電気ガス水道と構造物のおおまかなサイズと位置 　・法適合 　・おおまかな配管の材料 　・概略土地形状 　・敷地内の建物位置と、敷地の地図上の位置		B・C

索引

＜著者紹介＞

鈴木 裕二（すずき ゆうじ）
1954年大阪生まれ。アド設計代表（http://www.add.co.jp/）。建材メーカーに勤務後1991年、兵庫県西宮市に一級建築士事務所 アド設計を設立、2011年にはBIMの普及をめざしBIM LABO（http://www.bimlabo.jp/）を大阪市に設立する。建築専用CAD「addCad」をはじめ、AutoCAD アプリケーション「アドメニュー」の開発・販売も手掛ける。『徹底解説AutoCAD LT』シリーズをはじめ『AutoCAD神テク100』（いずれもエクスナレッジ刊）、『ARCHICADでつくるBIM施工図入門』（鹿島出版会）など著書多数。

新 貴美子（あたらし きみこ）
1971年大阪生まれ。ATELIER NEWS 代表。個人の建築設計事務所で勤務後、2001年、ATELIER NEWSを設立し、おもに住宅設計や店舗設計に携わる。2011年、BIM LABO設立メンバーに参画し、設計業務と並行しながらBIMコンサルティングも担う。GRAPHISOFT社認定のGRCメンバーでもある。

亀岡 雅紀（かめおか まさのり）
1973年大阪生まれ。ディースタイル カンパニー代表（http://3d-style.com/）。機械メーカーでサービスエンジニアとして勤務後、建築に興味を抱き専門学校を経て設計事務所に勤務。2002年 ディースタイル カンパニーを設立、レクサス店舗開発設計プロジェクトなど多数のプロジェクトに参加。2003年から中央工学校OSAKAの講師に就任。2008年 3Dオブジェクト販売サイト『バッテラ』（http://batsu-tera.net）をオープン。2011年 BIM LABO結成に参加、2017年 方向性の相違によりBIM LABOを脱退。現在はARCHICADのトレーニングからBIMの運用まで幅広い活動を行っている。

ARCHICAD 21ではじめるBIM設計入門[企画設計編]

2017年 12月 4日　初版第1刷発行

著　者―――――　鈴木 裕二・新 貴美子・亀岡 雅紀

発行者―――――　澤井 聖一
発行所―――――　株式会社エクスナレッジ
　　　　　　　　〒106-0032　東京都港区六本木7-2-26
　　　　　　　　http://www.xknowledge.co.jp/

問合せ先
編集　TEL：03-3403-5898
　　　FAX：03-3403-0582
販売　TEL：03-3403-1321
　　　FAX：03-3403-1829
　　　info@xknowledge.co.jp

[本書記事内容に関するご質問について]
本書記事内容についてのご質問は電話では受付／回答できません。質問シート（P80）をご利用ください。

[無断転載の禁止]
本書掲載記事（本文、図表、イラストなど）を当社及び著作権者の許諾なしに無断で転載（引用、翻訳、複写、データベースへの入力、インターネットでの掲載など）することを禁じます。

©2017　鈴木 裕二・新 貴美子・亀岡 雅紀